L'ACADEMIE ROYALE
DE MUSIQUE
AU XVIIIe SIECLE

VOLUME II

Da Capo Press Music Reprint Series

GENERAL EDITOR

FREDERICK FREEDMAN

VASSAR COLLEGE

L'ACADEMIE ROYALE
DE MUSIQUE
AU XVIIIe SIECLE

Documents Inédits Découverts aux Archives Nationales

By Emile Campardon

VOLUME II

𝄢 DA CAPO PRESS • NEW YORK • 1971

A Da Capo Press Reprint Edition

This Da Capo Press edition of
L'Académie Royale de Musique au XVIIIe Siècle
is an unabridged republication of the first
edition published in Paris in 1884 in an
edition limited to 315 copies.

Library of Congress Catalog Card Number 73-141152

SBN 306-70090-5

Published by Da Capo Press
A Division of Plenum Publishing Corporation
227 West 17th Street, New York, N.Y. 10011
All Rights Reserved

Manufactured in the United States of America

Not for Distribution or Sale in France

L'ACADÉMIE

ROYALE

DE MUSIQUE

AU XVIIIe SIÈCLE

DOCUMENTS INÉDITS DÉCOUVERTS AUX ARCHIVES NATIONALES

PAR

ÉMILE CAMPARDON

II

PARIS

BERGER-LEVRAULT ET Cie, ÉDITEURS

5, RUE DES BEAUX-ARTS

MÊME MAISON A NANCY

1884

J

ACQUET (Louise), chanteuse. On a fait à la louange de cette actrice, qui débuta vers 1739, le quatrain suivant :

> Jacquet par son air de gaîté
> Animeroit le plus farouche ;
> Le plaisir et la volupté
> Brillent en ses yeux et sur sa bouche.

Elle quitta l'Opéra en 1755 (1), avec 1,000 livres de pension.

Mlle Jacquet passait pour une très-mauvaise camarade. Elle joua, dit-on, un assez vilain rôle, en 1740, dans une affaire scandaleuse dont il sera parlé plus loin (2) et dont l'héroïne, une danseuse nommée Mlle Marie-Antoinette Petit, fut momentanément expulsée de l'Opéra. Mlle Jacquet se défendit de son mieux et publia même un mémoire à ce sujet, mais son plaidoyer fut trouvé d'une extrême faiblesse et ne convainquit personne.

---

(1) C'est la date que l'on trouve indiquée dans la liste des pensionnaires de l'Académie royale de musique. Toutefois, les *Spectacles de Paris* mentionnent son nom parmi les chanteuses en exercice jusqu'en l'année 1758.

(2) Voy. l'article PETIT (Marie-Antoinette).

Mlle Jacquet a chanté à l'Académie royale de musique les rôles suivants : Mélisse, dans *Atys,* tragédie de Quinault, musique de Lulli, reprise en 1740 ; Dorine, Minerve, dans *Thésée,* tragédie de Quinault, musique de Lulli, reprise en 1744 ; une Marseillaise, une Bergère, une Matelotte, dans les *Fêtes de Thalie,* ballet de La Font, musique de Mouret, repris en 1745 ; Junie, dans le *Temple de la Gloire,* ballet de Voltaire, musique de Rameau, en 1745; Vénus, dans *Zaïde,* ballet de La Marre, musique de Royer, repris en 1745 ; la Fortune, dans *Persée,* tragédie de Quinault, musique de Lulli, reprise en 1746 ; Dorine, confidente de Circé, dans *Scylla et Glaucus,* tragédie de d'Albaret, musique de Leclerc, en 1746 ; la Paix, dans le *Triomphe de l'Harmonie,* ballet de Le Franc, musique de Grenet, repris en 1746 ; la Prêtresse scythe, dans les *Amours des Dieux,* ballet de Fuzelier, musique de Mouret, repris en 1747 ; une Suivante d'Hébé, Albine, dame romaine, dans les *Fragments de différents ballets,* en 1748 ; Nérine, dans *Médée et Jason,* tragédie de La Roque (l'abbé Pellegrin), musique de Salomon, reprise en 1749 ; Junon, dans *Platée,* ballet d'Autreau, Balot de Sovot et Rameau, en 1749, repris en 1754 ; une Jeune Bactrienne de la suite d'Amélite, dans *Zoroastre,* tragédie de Cahusac, musique de Rameau, en 1749 ; Chloé, bergère, dans *Ismène,* pastorale de Moncrif, musique de Rebel et Francœur, en 1750, reprise en 1751 ; Cydippe, dans *Thétys et Pélée,* tragédie de Fontenelle, musique de Collasse, reprise en 1750 ; une Guerrière, une Dryade, dans *Tancrède,* tragédie de Danchet, musique de Campra, reprise en 1750 ; Vénus, Iris, Leucosie, dans les *Sens,* ballet de Roy, musique de Mouret, repris en 1751 ; la Fortune, dans *Églé,* ballet de Laujon, musique de La Garde, en 1751 ; Céphise, dans *Pygmalion,* entrée du *Triomphe des Arts,* ballet de La Motte, musique de La Barre, retouchée par Balot de Sovot et Rameau, reprise en 1751 ; Diane, Aminte, une Naïade, dans

Acis et Galathée, pastorale de Campistron, musique de Lulli, reprise en 1752; la Principale Nymphe, dans *Daphnis et Chloé,* pastorale de Laujon, musique de Boismortier, reprise en 1752; Junon, dans *Omphale,* tragédie de La Motte, musique de Destouches, reprise en 1752; Mnémosyne, Oriade, fée, dans les *Fêtes de Polymnie,* ballet de Cahusac, musique de Rameau, repris en 1753; Érato, Timée, dans les *Fêtes grecques et romaines,* ballet de Fuzelier, musique de Colin de Blâmont, repris en 1753; Vénus, Junon, dans les *Éléments,* ballet de Roy, musique de La Lande et Destouches, repris en 1754.

(*Dictionnaire des théâtres.* — *Calendrier historique des théâtres.* — *Les Spectacles de Paris.*)

I

1745. — 7 février.

*M*lle *Louise Jacquet se plaint de son laquais et de sa cuisinière qui l'avaient volée et insultée.*

L'an 1745, le dimanche 7 février, deux heures de relevée, nous Louis Cadot, etc., ayant été requis, nous fommes tranfporté rue de Beauvais, paroiffe St-Germain-l'Auxerrois, dans l'appartement de la demoifelle Louife Jacquet, fille, de l'Académie royale de mufique : Laquelle nous a dit qu'elle a eu le malheur d'avoir pour laquais depuis le 15 mars 1742 jufqu'au 15 janvier dernier, le nommé Marais à raifon de cent livres par an et pour cuifinière pendant quatre mois moins quelques jours, la femme dudit fieur Marais à raifon auffi de cent livres par an ; qu'il ne lui eft pas poffible d'exprimer les infolences que ce laquais dans le vin a commifes envers elle, n'y ayant point de termes infâmes dont il ne fe foit fervi avec des juremens effroyables, ce qui lui auroit fait prendre le parti de le congédier ainfi que fa femme de fon fervice; que pour s'en venger l'un et l'autre, ils lui ont mal pris et enlevé à fon infu favoir, le mari : un habit de drap blanchâtre, une redingote de gros drap de pareille couleur que l'habit, une culotte de peau, quatre veftes de bafin et un chapeau bordé d'or outre l'habit, vefte et culotte de drap neufs qu'elle a appris avoir été portés en notre hôtel par ledit domeftique et lefquels habit, vefte et culotte, elle n'a pu retirer qu'en confignant 64 livres 16 fols fous la condition que cette fomme ou telle autre qu'elle paroît devoir audit Marais et à fa femme ne feroit délivrée qu'après que lefdits domeftiques lui auroient reftitué fes effets defquels il s'agit : et que ladite femme Marais lui retient une robe et un jupon d'étoffe des Indes prefque neufs, un cafaquin de coton à petites manches et un couteau à deux lames, dont l'une d'argent, qu'elle lui a donné, avec trois livres, pour le faire raccommoder chez un coutelier, fans avoir voulu lui dire jufqu'à préfent à quel coutelier elle prétendoit l'avoir donné. De la prife et rétention defquels effets elle nous a déclaré nous avoir porté fa plainte verbale lors de la remife que l'on lui fit, comme dit eft, dudit habit neuf, dans lequel tems lefdits Marais et fa femme affectèrent de vouloir lui rendre lefdits effets fans effectuation, ce qui a arrêté les pourfuites qui ont été auffi faites auprès du magiftrat de police. Tous lefquels habits, robe et effets valant au moins à jufte prix 150 livres. Et comme la comparante a intérêt de conftater que ledit Marais et fa femme lui ont mal pris et enlevé lefdits effets à l'effet de fe les faire reftituer ou la valeur d'iceux, fauf à M. le procureur du Roi à faire faire le procès s'il le juge à propos auxdits domeftiques comme lui ayant mal pris lefdits effets et entre autres audit Marais comme domeftique infolent, elle a requis notre préfent tranfport, attendu qu'elle eft actuellement indifpofée fans pouvoir vaquer à fes affaires pour nous rendre plainte de ce que deffus.

Signé : J<small>AQUET</small> ; C<small>ADOT</small>.

(*Archives nationales*, Y, 12,148.)

II

1750. — 11 feptembre.

Mlle Louise Jacquet accuse sa domestique de lui avoir volé un service de table en linge damassé.

L'an 1750, le 11 feptembre, trois heures et demie de relevée, par-devant nous Charles-Élifabeth Delavergée, pour l'abfence de Me Daminois, notre confrère, en notre hôtel eft comparue demoifelle Louife Jacquet, ordinaire

de l'Académie royale de mufique, demeurant à Paris rue de Richelieu, paroiffe St-Euftache : Laquelle nous a fait plainte contre la nommée Varin, fa
domeftique, et nous a dit que l'accufée l'ayant fervie en qualité de domeftique
en différens tems ; qu'ayant été obligée plufieurs fois de la renvoyer comme
en étant très-mécontente ; que l'ayant reprife enfin il y a huit mois, après
plufieurs follicitations de fa part, elle s'eft vue obligée de la renvoyer hier ;
que ladite Varin, accufée, a reçu fes gages, a emporté fes nippes et hardes
dans fes coffres fans aucune reftriction et fans former aucune demande contre
ladite demoifelle plaignante pour raifon de quoi que ce fût ; que ce matin,
fur les dix à onze heures, ladite demoifelle plaignante ayant demandé à la
nommée Louifon, amie de ladite Varin accufée, où cette dernière avoit porté
un fervice de table compofé de douze ferviettes et d'une nappe damaffée, ladite Louifon, qui étoit alors chez la demoifelle plaignante, lui auroit dit, de
la part de ladite Varin accufée, qu'elle dite Varin avoit retiré ledit fervice
damaffé et qu'elle comptoit le garder jufqu'à ce qu'elle demoifelle Jacquet
plaignante eût payé à ladite Varin accufée ce qu'elle lui devoit ; mais, comme
ladite demoifelle Jacquet plaignante ne doit rien à ladite Varin, qu'elle lui a
payé fes gages et que, d'un autre côté, ladite Varin en fortant de chez la plaignante a emporté toutes fes nippes, hardes, coffres et caffettes fans former
aucune demande contre ladite plaignante fa maîtreffe, mais que cependant
elle a retiré ledit fervice damaffé ci-deffus défigné fans vouloir le lui rendre,
ainfi que ladite nommée Louifon le lui a dit, à moins que la plaignante ne
lui payât ce qu'elle prétend lui être dû, quoiqu'elle ne fe foit expliqué en rien
à cet égard en fortant de chez la plaignante. C'eft la raifon pour laquelle ne
pouvant regarder ce procédé que comme une rétention furtive à deffein de
profiter et de ne pas vendre ledit fervice damaffé qui lui appartient en toute
propriété et ne peut être retenu par ladite Varin accufée fous quelque prétexte que ce foit, elle eft venue nous rendre la préfente plainte.

Signé : Louife JAQUET ; DELAVERGÉE.

(*Archives nationales,* Y, 11,677.)

J AVILLIER (CLAUDE), danseur. Voici la liste des rôles remplis par cet artiste de 1701 à 1743 : une Furie, un Suivant de
Thétys, un Magicien, un Mégarien, dans *Scylla,* tragédie de
Duché, musique de Théobalde, en 1701, reprise en 1720 et en
1732 ; une Statue, un Suivant de Comus, un Guerrier, un Afri-

cain, dans *Cadmus et Hermione,* tragédie de Quinault, musique de Lulli, reprise en 1703, en 1711 et en 1737 ; un Domestique dans les *Muses,* ballet de Danchet, musique de Campra, en 1703 ; un Suivant de Palémon, un Suivant de Bacchus, un Faune, suivant de Vertumne, un Démon, dans *Psyché,* tragédie de Corneille de Lisle, musique de Lulli, reprise en 1703 et en 1713 ; la Guerre, dans *Isis,* tragédie de Quinault, musique de Lulli, reprise en 1704 ; un Sorcier, dans *Alcine,* tragédie de Danchet, musique de Campra, en 1705 ; un Insulaire, un Suivant de Démogorgon, un Berger, un Héros, dans *Roland,* tragédie de Quinault, musique de Lulli, reprise en 1705, 1716 et 1727 ; un Gondolier, un Démon, dans *Télémaque,* fragments arrangés par Danchet, musique de Campra, en 1705 ; un Jeu, un Songe, dans le *Triomphe de l'Amour,* ballet de Quinault, musique de Lulli, revisé par Danchet et Campra, repris en 1705 ; Scaramouche, un Barquerol, jouant du tambour de basque, dans la *Vénitienne,* comédie de La Motte, musique de La Barre, en 1705 ; un Dieu des bois, un Grec, un Héros, dans *Polyxène et Pyrrhus,* tragédie de La Serre, musique de Collasse, en 1706 ; un Jeu et un Plaisir, un Magicien de la suite d'Isménor, un Homme du peuple de la Palestine, un Suivant de la Haine, un Guerrier, dans *Tancrède,* tragédie de Danchet, musique de Campra, reprise en 1707, 1717, et 1729 ; un Combattant, un Grec, un Moissonneur, un Sacrificateur, un Suivant de Bacchus, un Lutin, dans *Thésée,* tragédie de Quinault, musique de Lulli, reprise en 1707, 1720 et 1729 ; un Homme du peuple, dans *Hippodamie,* tragédie de Roy, musique de Campra, en 1708 ; un Suivant de la Victoire, un Suivant de l'Amérique, un Suivant du Destin, un Vent, dans *Thétys et Pélée,* tragédie de Fontenelle, musique de Collasse, reprise en 1708, 1712, 1723 et 1736 ; un Suivant de l'Italie, un Guerrier, un Homme du peuple, un Démon, dans *Méléagre,* tragédie de

Joly, musique de Baptistin, en 1709 ; un Guerrier, un Athénien, un Plaisir, un Suivant de la Jalousie, un Matelot, un Courtisan, dans *Philomèle,* tragédie de Roy, musique de La Coste, reprise en 1709, 1723 et 1734; un Égipan, un Guerrier, un Démon, un Thébain, dans *Sémélé,* tragédie de La Motte, musique de Marais, en 1709; un Allemand, un Pantalon, un Français, un Scara-mouche, dans les *Fêtes vénitiennes,* ballet de Danchet, musique de Campra, en 1710, repris en 1721, 1731 et 1740 ; un Suivant de la Fortune, une Divinité infernale, un Suivant de Méduse, un Sacrificateur, un Combattant de Phinée, un Fantôme, un Cour-tisan de Céphée et de Persée, dans *Persée,* tragédie de Quinault, musique de Lulli, reprise en 1710, 1722 et 1737 ; un Suivant de Saturne, un Triton, l'Hiver, une Furie, dans *Phaéton,* tragédie de Quinault, musique de Lulli, reprise en 1710, 1721 et 1742; un Vendangeur, un Masque, dans les *Saisons,* ballet de Pic, mu-sique de Collasse, repris en 1712 et en 1722 ; un Suivant de Pluton, un Guerrier, dans *Télèphe,* tragédie de Danchet, musique de Campra, en 1713 ; un Suivant de Melpomène, un Esclave algérien, un Paysan, un Masque, un Pâtre, un Matelot, un Captif, un Polonais, dans les *Fêtes de Thalie,* ballet de La Font, musique de Mouret, repris en 1722 et en 1735 ; un Art, un Prêtre, un Grec, un Berger, dans *Télémaque,* tragédie de Pelle-grin, musique de Destouches, en 1714, reprise en 1730 ; un For-geron, un Masque comique, un Pèlerin, dans les *Plaisirs de la Paix,* ballet de Mennesson, musique de Bourgeois, en 1715; un Suivant de la Discorde, un Suivant de la Paix, un Homme du peuple de la campagne, une Divinité terrestre, dans *Proserpine,* tragédie de Quinault, musique de Lulli, reprise en 1715, 1727 et 1741 ; un Habitant du Poitou, un Matelot, un Guerrier, dans *Théonoé,* tragédie de La Roque (l'abbé Pellegrin), musique de Salomon, en 1715 ; un Paysan de la suite de Palès, dans

Zéphyr et Flore, ballet de du Boullay, musique de Louis et Jean-Louis Lulli, repris en 1715 ; un Scaramouche, dans le *Bourgeois gentilhomme,* comédie-ballet de Molière, musique de Lulli, en 1716 ; un Habitant de l'ile de Cythère, un Guerrier, dans *Vénus et Adonis,* tragédie de Jean-Baptiste Rousseau, musique de Desmarets, reprise en 1717 ; un Triton, dans *Acis et Galatée,* pastorale de Campistron, musique de Lulli, reprise en 1718 ; un Magicien, un Soldat babylonien, dans *Sémiramis,* tragédie de Roy, musique de Destouches, en 1718 ; un Matelot, un Vendangeur, dans les *Plaisirs de la Campagne,* ballet de Mⁱˡᵉ Barbier (l'abbé Pellegrin), musique de Bertin, en 1719 ; un Grec, un Magicien, un Thrace, dans *Polydore,* tragédie de Pellegrin, musique de Baptistin, en 1720, reprise en 1739 ; un Berger, un Démon, dans *Renaud,* tragédie du chevalier (l'abbé) Pellegrin, musique de Desmarets, en 1722 ; un Centaure, un Athénien, un Magicien, dans *Pirithoüs,* tragédie de Séguinault, musique de Mouret, en 1723, reprise en 1734 ; un Arabe, dans la *Reine des Péris,* comédie de Fuzelier, musique d'Aubert, en 1725 ; un Habitant d'Ithaque, dans *Télégone,* tragédie de Pellegrin, musique de La Coste, en 1725 ; un Esprit terrestre, un Assyrien, un Suivant de la Gloire, dans *Pyrame et Thisbé,* tragédie de La Serre, musique de Rebel et Francœur, en 1726, reprise en 1740 ; un Habitant des rives de la Seine, un Guerrier, un Démon, un Figurant dans une fête marine, un Corinthien, un Magicien, une Furie, un Matelot, un Jeu et un Art, dans *Médée et Jason,* tragédie de La Roque (l'abbé Pellegrin), musique de Salomon, en 1713, reprise en 1727 et en 1736 ; un Jeu, dans *Orion,* tragédie de La Font et Pellegrin, musique de La Coste, en 1728 ; un Prêtre, dans la *Princesse d'Élide,* ballet de Pellegrin, musique de Villeneuve, en 1728 ; un Mauvais Génie, un Thessalien, un Berger héroïque, dans *Tarsis et Zélie,* tragédie de La Serre, musique de Rebel et Francœur, en 1728 ; un Suivant de Diane, dans le *Caprice d'Érato*, divertissement de Fuzelier, musique de Colin de Blâmont, en 1730 ; un Troyen, un Démon, un Grec, dans *Pyrrhus*, tragédie de Fermelhuis, musique de Royer, en 1730 ; un Faune, dans les *Sens*, ballet de Roy, musique de Mouret, en 1732 ; un Sacrificateur, dans *Callirhoé*, tragédie de Roy, musique de Destouches, reprise en 1732 ; un Faune, dans l'*Empire de l'Amour*, ballet de Moncrif, musique de Brassac, en 1733 ; un Zéphyr, dans *Issé*, pastorale de La Motte, musique de Destouches, reprise en 1733 ; un Homme du peuple de la Grèce, dans la *Fête de Diane*, divertissement de Fuzelier, musique de Colin de Blâmont, en 1734, repris en 1742 ; un Sacrificateur, dans *Iphigénie en Tauride*, tragédie de Duché, musique de Desmarets, mise au théâtre par Danchet et Campra et reprise en 1734 ; Borée, dans les *Indes galantes*, ballet de Fuzelier, musique de Rameau, en 1735, repris en 1736 et en 1743 ; un Scythe, dans *Scanderberg*, tragédie de La Motte et La Serre, musique de Rebel et Francœur, en 1735 ; un Masque, dans l'*Europe galante*, ballet de La Motte, musique de Campra, repris en 1736 ; un Suivant de la Fortune, un Guerrier, un Génie, un Sauvage, un Vendangeur, dans les *Romans*, ballet de Bonneval, musique de Nieil, en 1736 ; un Suivant de la Folie, un Chinois, dans les *Voyages de l'Amour*, ballet de La Bruère, musique de Boismortier, en 1736 ; un Athlète, dans *Castor et Pollux*, tragédie de Bernard, musique de Rameau, en 1737 ; un Sauvage, dans le *Triomphe de l'Harmonie*, ballet de Le Franc, musique de Grenet, en 1737 ; un Thracien, Pâris, dans le *Ballet de la Paix*, paroles de Roy, musique de Rebel et Francœur, en 1738 ; un Suivant de Plutus, dans le *Carnaval de la Folie*, comédie de La Motte, musique de Destouches, reprise en 1738 ; le Chef des combattants, dans *Alceste*, tragédie de Quinault, musique de Lulli, reprise en 1739 ; un Turc, dans *Zaïde*,

ballet de La Marre, musique de Royer, en 1739 ; un Captif, dans
Amadis de Gaule, tragédie de Quinault, musique de Lulli, reprise
en 1740; un Éolien, un Triton, dans *Alcione,* tragédie de La
Motte, musique de Marais, reprise en 1740; un Égyptien, un
Persan, dans *Nitétis,* tragédie de La Serre, musique de Myon, en
1741 ; un Troyen, dans *Ajax,* tragédie de Mennesson, musique
de Bertin, reprise en 1742; un Berger, dans *Hippolyte et Aricie,*
tragédie de Pellegrin, musique de Rameau, reprise en 1742; un
Dryade dans *Isbé,* pastorale de La Rivière, musique de Mondonville, en 1742 ; une Ombre de Héros, dans *Hésione,* tragédie de
Danchet, musique de Campra, reprise en 1743 ; un Génie dansant, dans le *Pouvoir de l'Amour,* ballet de Lefebvre de Saint-
Marc, musique de Royer, en 1743.

(Dictionnaire des théâtres.)

1734. — 5 juin.

Claude Javillier et sa femme viennent déclarer devant un commissaire que, s'étant
chargés, moyennant une pension annuelle, de l'éducation de la fille naturelle
d'un de leurs amis, et n'étant plus payés de cette pension, ils ne peuvent conti-
nuer à garder l'enfant. En conséquence, le commissaire en réfère au lieutenant
de police, qui ordonne l'admission de la jeune fille à l'hospice de la Salpêtrière.

Ce jourd'hui 5 juin 1734, en l'hôtel et par-devant nous Mathias Demortain, etc., font comparus fieur Claude Javillier, de l'Académie royale de
danfe et demoifelle Catherine Gidoif, fa femme, demeurant à l'hôtel de Soif-
fons, paroiffe St-Euftache : Lefquels nous ont dit que, pour faire plaifir et
obliger une perfonne de leurs amis qu'ils ne peuvent nommer étant obligés
envers elle au fecret, ils ont bien voulu prendre foin et veiller à l'éducation
de fa fille naturelle nommée, le premier novembre 1720, Jeanne-Michelle,
fille de Pierre-Martin Delaftre et de Jeanne-Edmée Camus, fon époufe, ainfi
qu'il paroît par fon extrait baptiftaire tiré de la paroiffe St-Louis, à Paris, le
9 mai dernier, que cette perfonne ne leur ayant remis depuis plufieurs années
aucun denier pour pourvoir à la fubfiftance de cette fille et n'ayant de lui
aucune nouvelle, ils font venus par-devant nous faire la préfente déclaration

afin qu'il foit pourvu à la fubfiftance et éducation de ladite fille, d'autant qu'ils ne peuvent plus y fournir de leur bien, étant obligés envers leurs enfans légitimes au nombre de quatre.

Signé : C. JAVILLIER ; GIDOIF-JAVILLIER.

Sur quoi, nous commiffaire, pour être fait droit fur la préfente déclaration, il en fera par nous référé à mondit fieur le lieutenant général de police en fon hôtel.

Signé : DEMORTAIN.

Et nous étant tranfporté en l'hôtel de mondit fieur le lieutenant général de police qui, après avoir pris lecture de la déclaration ci-deffus, a ordonné et ordonne que ladite Jeanne-Michelle Delaftre fufnommée fera reçue en la maifon et hôpital de la Salpêtrière, où elle fera reçue, nourrie et élevée en la manière ordinaire. Et fera la préfente ordonnance exécutée nonobftant oppofition (1).

Signé : HÉRAULT.

(*Archives nationales,* Y, 13,082.)

———

J ÉLIOTE (PIERRE), chanteur, né le 13 avril 1713, à Lasseube (2) [Basses-Pyrénées]. Ce remarquable artiste débuta à l'Opéra en 1733 et se fit en très-peu de temps une grande réputation. Ses contemporains l'ont comparé à Orphée, ainsi que le témoigne ce quatrain :

> Au dieu du chant élevons un trophée ;
> Gélyotte fait aujourd'hui
> Par fes talens ce que faifoit Orphée,
> Il fait tout courir après lui.

———

(1) Cette jeune fille entra en 1740 à l'Académie royale de musique, comme danseuse, sous le nom de Dazincourt. Elle s'y rendit célèbre, non par talent, mais par sa mauvaise conduite. Elle mourut à l'âge de 23 ans, au mois d'octobre 1743, des suites d'une maladie honteuse. M. Bernard de Rieux, président au Parlement de Paris, avait été l'un des nombreux adorateurs de cette danseuse, au sujet de laquelle on lit dans un chroniqueur la mention suivante : « 20 janvier 1743. Mardi dernier, le préfident de Rieux fit porter une fuperbe collation à la loge de Mlle Dazincourt pour qu'elle régalât fes bonnes amies, parce qu'elle avoit tiré les Rois la veille et que la fève lui étoit tombée. » (*Journal de Barbier,* VIII, 220.)

(2) Et non en 1711, près de Toulouse, comme le dit la *Biographie Didot.*

Dans son poëme de là *Déclamation,* Dorat a dit de lui :

> Le goût fut ton génie, ô toi chantre adoré,
> Toi moderne Linus par lui-même infpiré !
> Que j'aimois de tes fons l'heureufe fymétrie,
> Leur accord, leur divorce et leur économie !
> Organe de l'amour auprès de la beauté,
> Tu verfois dans les cœurs la tendre volupté !

Des critiques lui ont reproçhé de n'être pas acteur :

> Jéliot, dit Collé, eft un chanteur unique, mais il n'a ni figure, ni action ;
> il n'eft bon que dans les rôles de berger, où il faut plutôt exprimer la galan-
> terie que le fentiment. Il n'a point d'entrailles et il manque de nobleffe. Ce
> n'eft donc point du tout là un récitant, ceci foit dit fans faire tort à l'étendue
> et à la beauté de fa voix, furtout au goût divin du chant qu'il poffède et que
> perfonne n'a pouffé fi loin que lui.

Jéliote quitta l'Opéra au mois de mars 1755 avec 1,500 livres
de pension et ne joua plus que sur le théâtre de la Cour, qu'il
abandonna en 1765 (1).

En 1767, les directeurs de l'Académie royale de musique lui
firent des offres magnifiques pour l'engager à reparaître à l'Opéra ;
ils allèrent même jusqu'à lui proposer 1,000 louis pour un certain
nombre de représentations, mais Jéliote refusa absolument et pré-
féra son repos à la fortune.

Il jouait à merveille de tous les instruments, fut pourvu d'une
charge de maître de guitare du Roi (2) et obtint, le 4 mars 1753,
en survivance de son camarade Denis-François Tribou, la place
de théorbe de la Chambre.

---

(1) Il composa pour ce théâtre la musique de *Zélisca,* comédie de La Noue, qui y fut représentée en 1746, et il remplit dans cet ouvrage les rôles d'un Plaisir et d'un Berger héroïque.
(2) Il existe au musée du Louvre un tableau d'Olivier représentant un Thé chez le prince de
Conti au Temple ; on y voit Jéliote accompagnant sur sa guitare le petit Mozart qui joue du
clavecin. Le Louvre possède aussi un amusant portrait de notre chanteur, habillé en femme, et
peint par Charles Coypel.

En 1780, le Roi accorda à Jéliote une pension de 8,516 livres, en qualité de vétéran de sa musique.

Marmontel a consacré, dans ses *Mémoires,* quelques lignes, tracées de main de maître, à cet artiste. Il est bon de les reproduire ici :

Doux, riant, *amiſtoux,* pour me ſervir d'un mot de ſon pays, qui le peint de couleur natale, il portoit ſur ſon front la ſérénité du bonheur, et en le reſpirant lui-même il l'inſpiroit. En effet, ſi l'on me demande quel eſt l'homme le plus complétement heureux que j'aie vu en ma vie, je répondrai : C'eſt Géliote. Né dans l'obſcurité et enfant de chœur d'une égliſe de Touloufe dans ſon adoleſcence, il étoit venu de plein vol débuter ſur le théâtre de l'Opéra et il y avoit eu le plus brillant ſuccès : dès ce moment, il avoit été et il étoit encore l'idole du public. On treſſailloit de joie dès qu'il paroiſſoit ſur la ſcène ; on l'écoutoit avec l'ivreſſe du plaiſir ; et toujours l'applaudiſſement marquoit les repos de ſa voix. Cette voix étoit la plus rare qu'on eût entendue, ſoit par le volume et la plénitude des ſons, ſoit par l'éclat perçant de ſon timbre argentin. Il n'étoit ni beau, ni bien fait ; mais pour s'embellir, il n'avoit qu'à chanter, on eût dit qu'il charmoit les yeux en même temps que les oreilles. Les jeunes femmes en étoient folles : on les voyoit à demi-corps, élancées hors de leurs loges, donner en ſpectacle elles-mêmes l'excès de leur émotion et plus d'une, des plus jolies, vouloient bien la lui témoigner (1). Bon muſicien, ſon talent ne lui donnoit aucune peine, et ſon état n'avoit pour lui aucun de ſes déſagrémens. Chéri, conſidéré parmi ſes camarades, avec leſquels il étoit ſur le ton d'une politeſſe amicale, mais ſans familiarité, il vivoit en homme du monde, accueilli, déſiré partout. D'abord c'étoit ſon chant que l'on vouloit entendre ; et pour en donner le plaiſir, il étoit d'une complaiſance dont on étoit charmé autant que de ſa voix. Il s'étoit fait une étude de choiſir et d'apprendre nos plus jolies chanſons ; et il les chantoit ſur ſa guitare avec un goût délicieux. Mais bientôt on oublioit en lui le chanteur pour jouir des agrémens de l'homme aimable ; et ſon eſprit et ſon çaractère lui faiſoient dans la ſociété autant d'amis qu'il avoit eu d'admirateurs. Il en avoit dans la bourgeoiſie, il en avoit dans le plus grand monde ; et partout ſimple, doux et modeſte, il n'étoit jamais déplacé. Il s'étoit fait par ſon talent et par les grâces qu'il avoit obtenues, une petite fortune honnête ; et le premier uſage qu'il en avoit fait,

(1) Voyez, dans les *Mémoires de Madame d'Épinay,* édition Boiteau, I, 290 et suivantes, le récit de la paſſion qu'il inspira à Mme de La Live de Jully.

avoit été de mettre fa famille à lon aife. Il jouiffoit dans les bureaux et les cabinets des miniftres, d'un crédit très-confidérable, car c'étoit le crédit que donne le plaifir ; et il l'employoit à rendre, dans la province où il étoit né, des fervices effentiels. Auffi y étoit-il adoré. Tous les ans il lui étoit permis, en été, d'y faire un voyage, et de Paris à Pau, fa route étoit connue ; le temps de fon paffage étoit marqué de ville en ville ; partout des fêtes l'attendoient ; et à ce propos, je dois dire ce que j'ai fu de lui à Touloufe, avant mon départ. Il avoit deux amis dans cette ville à qui jamais perfonne ne fut préféré : l'un étoit le tailleur chez lequel il avoit logé, l'autre, fon maître de mufique lorfqu'il étoit enfant de chœur. La nobleffe, le Parlement fe difputoient le fecond louper que Géliote feroit à Touloufe ; mais pour le premier on favoit qu'il étoit invariablement réfervé à fes deux amis. Homme à bonnes fortunes autant et plus qu'il n'auroit voulu l'être, il étoit renommé pour fa difcrétion ; et de fes nombreufes conquêtes, on n'a connu que celles qui ont voulu s'afficher. Enfin parmi tant de profpérités, il n'a jamais excité l'envie et je n'ai jamais ouï dire que Géliote eût un ennemi (1).

Voici la liste des rôles que Jéliote a chantés à l'Académie royale de musique : Valère, amoureux de Doris, dans les *Caractères de l'Amour,* ballet de Pellegrin, musique de Colin de Blâmont, en 1733, repris en 1749 ; l'Amour, une Parque, Hippolyte, dans *Hippolyte et Aricie,* tragédie de Pellegrin, musique de Rameau, en 1733, reprise en 1742 ; un Berger, le Sommeil, Apollon, dans *Issé,* pastorale de La Motte, musique de Destouches, reprise en 1733 et en 1741 ; Télème, Acis, dans *Acis et Galatée,* pastorale de Campistron, musique de Lulli, reprise en 1734, 1744 et 1752 ; Mercure, Arion, Vertumne, dans les *Éléments,* ballet de Roy, musique de La Lande et Destouches, repris en 1734, 1742 et 1754 ; Périandre, dans la *Fête de Diane,* divertissement de Fuzelier, musique de Colin de Blâmont, en 1734, repris en 1742 ; Zéphyr, dans les *Fêtes nouvelles,* ballet de Massip, musique de Duplessis, en 1734 ; un Habitant de Délos, un Triton, dans

---

(1) « Il est réellement d'une société fort agréable, dit Mme d'Épinay ; il cause très-bien, il a de grands airs sans être fat ; il a seulement un ton au-dessus de son état. Je suis persuadée qu'il le ferait oublier, s'il n'était forcé de l'afficher trois fois par semaine. »

Iphigénie en Tauride, tragédie de Duché, musique de Desmarets, mise au théâtre par Danchet et Campra et reprise en 1734; le Chef des génies, un Matelot, un Génie, dans *Philomèle,* tragédie de Roy, musique de La Coste, reprise en 1734; la Discorde, un Songe, l'Oracle, dans *Pirithoüs,* tragédie de Séguinault, musique de Mouret, reprise en 1734; un Berger, un Berger italien, Mercure, dans *Achille et Déidamie,* tragédie de Danchet, musique de Campra, en 1735; Léandre, un Matelot, dans les *Fêtes de Thalie,* ballet de La Font, musique de La Coste, repris en 1735 et en 1745; Léonce, un Argien, Smindiride, dans les *Grâces,* ballet de Roy, musique de Mouret, en 1735, repris en 1744; Valère, amant d'Émilie, don Carlos, Damon, dans les *Indes galantes,* ballet de Fuzelier, musique de Rameau (1), en 1735, repris en 1736 et en 1743; la Magie, le Muphti, l'Aga des Janissaires, dans *Scanderberg,* tragédie de La Motte et La Serre, musique de Rebel et Francœur, en 1735; un Génie, le Génie de l'Opéra, dans les *Romans,* ballet de Bonneval, musique de Nieil, en 1736; Pélée, dans *Thétys et Pélée,* tragédie de Fontenelle, musique de Collasse, reprise en 1736 et en 1750; l'Amour, dans les *Voyages de l'Amour,* ballet de La Bruère, musique de Boismortier, en 1736; Mercure, Persée, dans *Persée,* tragédie de Quinault, musique de Lulli, reprise en 1737 et en 1746; un Suivant d'Églé, Hylas, dans le *Triomphe de l'Harmonie,* ballet de Le Franc, musique de Grenet, en 1737, repris en 1746; Morphée, Atys, dans *Atys,* tragédie de Quinault, musique de Lulli, reprise en 1738 et en 1740; Apollon,

---

(1) Jéliote s'est montré particulièrement remarquable dans cet ouvrage et le succès qu'il y obtint a été consacré par les vers suivants :

> Ah! c'eſt un dieu qui chante, écoutons-le, il m'enflamme!
> Juſqu'où vont les éclats de ſon goſier flatteur!
> Sur l'aile de ſes ſons je ſens voler mon âme,
> Je crois des immortels partager la grandeur.
>   La voix de ce divin chanteur
> Eſt tantôt un zéphyr qui vole dans la plaine
> Et tantôt un volcan qui part, enlève, entraîne
> Et diſpute de force avec l'art de l'auteur.

Philémon, Euryale, dans le *Ballet de la Paix,* paroles de Roy, musique de Rebel et Francœur, en 1738 ; Plutus, dans le *Carnaval de la Folie,* comédie de La Motte, musique de Destouches, reprise en 1738 ; le Soleil, dans les *Amours du Printemps,* ballet de Bonneval, musique de Colin de Blâmont, en 1739 ; Dardanus, fils de Jupiter et d'Électre, dans *Dardanus,* tragédie de La Bruère, musique de Rameau, en 1739, reprise en 1744 ; Triton, dans *Polydore,* tragédie de Pellegrin, musique de Baptistin, en 1739 ; Octave, prince napolitain, Almanzor, dans *Zaïde,* ballet de La Marre, musique de Royer, en 1739, repris en 1745 ; Amadis, dans *Amadis de Gaule,* tragédie de Quinault, musique de Lulli, reprise en 1740 ; le Soleil, dans les *Sens,* ballet de Roy, musique de Mouret, repris en 1740 et en 1751 ; Éraste, un Acteur de l'Opéra en Zéphyr, dans les *Fêtes vénitiennes,* ballet de Danchet, musique de Campra, repris en 1740 et en 1750 ; Ammon, dans *Jephté,* tragédie de Pellegrin, musique de Monteclair, reprise en 1740, 1744 et 1751 ; Ninus, dans *Pyrame et Thisbé,* tragédie de La Serre, musique de Rebel et Francœur, reprise en 1740 ; Ceyx, Morphée, dans *Alcione,* tragédie de La Motte, musique de Marais, reprise en 1741 ; Adonis, Linus, fils d'Apollon, dans l'*Empire de l'Amour,* ballet de Moncrif, musique de Brassac, repris en 1741 ; Éros, Amyntas, Tibulle, dans les *Fêtes grecques et romaines,* ballet de Fuzelier, musique de Colin de Blâmont, repris en 1741 et en 1753 (1) ; Cambyse, fils de Cyrus, sous le nom d'Agénor, dans *Nitétis,* tragédie de La Serre, musique de Myon, en 1741 ; Mercure, dans *Proserpine,* tragédie de Quinault, musique de

---

(1) Le rôle de Tibulle que joua Jéliote dans cet ouvrage lui valut un triomphe tout personnel et fort agréable dont j'emprunte le récit au très-curieux volume de M. Nérée Désarbres, intitulé : *Deux Siècles à l'Opéra* : « Mlle Petitpas, chanteuse de l'Opéra, était très-inflammable : un soir, chargée de remplacer Mlle Le Maure dans le rôle de Délie des *Fêtes grecques et romaines,* elle se trouva en présence de Jéliote jouant Tibulle. Le contact de ces deux chanteurs fut une explosion. Oubliant tout, le public, l'auteur, et les personnages qu'ils représentaient, ils se substituèrent à ces derniers, jouèrent, se déclarèrent leur amour pour leur compte particulier et quand la minute du baiser que comporte le dénouement de l'opéra fut arrivée, la salle entière applaudit frénétiquement à son ardente longueur. »

Lulli, reprise en 1741 ; Corèbe, dans *Ajax,* tragédie de Mennesson, musique de Bertin, reprise en 1742 ; Colin, amant de Colette, amie de Ragonde, dans les *Amours de Ragonde,* comédie de Destouches, musique de Mouret, en 1742, reprise en 1753 ; Alcidon, berger, amant d'Isbé, dans *Isbé,* pastorale de La Rivière, musique de Mondonville, en 1742 ; Phaéton, dans *Phaéton,* tragédie de Quinault, musique de Lulli, reprise en 1742 ; Agénor, dans *Callirhoé,* tragédie de Roy, musique de Destouches, reprise en 1743 ; Lycas, berger, et Iphis, prince lesbien, dans les *Caractères de la Folie,* ballet de Duclos, musique de Bury, en 1742 ; Télamon, dans *Hésione,* tragédie de Danchet, musique de Campra, reprise en 1743 ; Émire, fils du génie Elmasis, le dieu du jour, dans le *Pouvoir de l'Amour,* ballet de Lefebvre de Saint-Marc, musique de Royer, en 1743 ; Médor, Corydon, dans *Roland,* tragédie de Quinault, musique de Lulli, reprise en 1743 ; Alcide, dans *Alcide,* tragédie de Campistron, musique de Louis Lulli et Marais, reprise en 1744 ; Valère, seigneur français en chasseur, Leandro, seigneur romain, dans l'*École des Amants,* ballet de Fuzelier, musique de Nieil, en 1744 ; Thésée, dans *Thésée,* tragédie de Quinault, musique de Lulli, reprise en 1744 ; le Prince de Thrace, dans *Amadis de Grèce,* tragédie de La Motte, musique de Destouches, reprise en 1745 ; Alcide, Antiochus, dans les *Fêtes de Polymnie,* ballet de Cahusac, musique de Rameau, en 1745 ; Apollon, Trajan, dans le *Temple de la Gloire,* ballet de Voltaire, musique de Rameau, en 1745 ; Zélindor, roi des Sylphes, dans *Zélindor, roi des Sylphes,* ballet de Moncrif, musique de Rebel et Francœur, en 1745 ; Renaud, dans *Armide,* tragédie de Quinault, musique de Lulli, reprise en 1746 ; Lyncée, dans *Hypermnestre,* tragédie de La Font, musique de Gervais, reprise en 1746 ; Glaucus, dieu marin, dans *Scylla et Glaucus,* tragédie de d'Albaret, musique de Leclerc, en 1746 ; Daphnis, berger, dans *Daphnis et*

Chloé, pastorale de Laujon, musique de Boismortier, en 1747, reprise en 1752 ; Octavio, dans *l'Europe galante,* ballet de La Motte, musique de Campra, repris en 1747 ; Osiris, Arueris, dieu des arts, dans les *Fêtes de l'Hymen et de l'Amour,* ballet de Cahusac, musique de Rameau, en 1748, repris en 1754 ; Pygmalion, dans les *Fragments de différents ballets,* en 1748 ; Pygmalion, dans *Pygmalion,* entrée du *Triomphe des Arts,* ballet de La Motte, musique de La Barre, retouchée par Balot de Sovot et Rameau et reprise en 1748 et en 1751 ; Zaïs, génie de l'air, dans *Zaïs,* ballet de Cahusac, musique de Rameau, en 1748 ; un Berger, Apollon déguisé en berger, dans le *Carnaval du Parnasse,* ballet de Fuzelier, musique de Mondonville, en 1749 ; Jason, dans *Médée et Jason,* tragédie de La Roque (l'abbé Pellegrin), musique de Salomon, reprise en 1749 ; Neptune, dans *Naïs,* ballet de Cahusac, musique de Rameau, en 1749 ; Zoroastre, instituteur des Mages, dans *Zoroastre,* tragédie de Cahusac, musique de Rameau, en 1749 ; Léandre, dans *Léandre et Héro,* tragédie de Le Franc, musique de Brassac, en 1750 ; Acanthe, amant de Céphise, dans *Acanthe et Céphise,* pastorale de Marmontel, musique de Rameau, en 1751 ; le Génie de l'Amérique, dans les *Génies tutélaires,* divertissement de Moncrif, musique de Rebel et Francœur, en 1751 ; Mirtil, berger, dans la *Guirlande, ou les Fleurs enchantées,* ballet de Marmontel, musique de Rameau, en 1751 ; Tithon, dans *Tithon et l'Aurore,* ballet de Roy, musique de Bury, en 1751 ; Bacchus, dans les *Amours de Tempé,* ballet de Cahusac, musique de Dauvergne, en 1752 ; Iphis, dans *Omphale,* tragédie de La Motte, musique de Destouches, reprise en 1752 ; Colin, dans le *Devin du Village,* intermède de Jean-Jacques Rousseau, en 1753 ; Tithon, dans *Tithon et l'Aurore,* ballet de La Marre, musique de Mondonville, en 1753 ; Castor, dans *Castor et Pollux,* tragédie de Bernard, musique de Rameau, reprise en

1754 et en 1755 ; Daphnis, dans *Daphnis et Alcimadure,* pastorale de Mondonville, en 1754.

Jéliote, qu'on a fait mourir en 1782, soit à Paris, soit dans son château de Navailles (Basses-Pyrénées), était encore vivant en 1789.

Dictionnaire des théâtres. — Calendrier historique des théâtres. — Les Spectacles de Paris. — Dorat: *la Déclamation. — Mémoires du duc de Luynes,* VI, 386.— *Mémoires de Marmontel,* livre IV. — *Mémoires de Mme d'Épinay,* édit. Boiteau, I, 290. — *Journal de Collé,* édit. Bonhomme, I, 52. — Nérée Désarbres: *Deux Siècles à l'Opéra.*

1780. — 1er mai.

Brevet d'une pension de 8,516 livres accordée par le Roi à Pierre Jéliote.

Brevet d'une penfion de 8,516 livres produifant net 8,296 livres 14 fols, en faveur du fieur Pierre Jéliote, né le 13 avril 1713 à Laffeube, dioçèfe d'Oloron en Béarn, baptifé le lendemain dans l'églife paroiffiale Ste-Catherine dudit lieu, vétéran de la mufique du Roi. Cette penfion compofée des objets ci-après : une penfion de 1,416 livres, y compris 216 livres d'accroiffement pour arrérages dus en 1766, qui lui a été accordée fur le tréfor royal par brevet du 27 mai 1747 en confidération de fes fervices ; appointemens de 6,100 livres qui lui ont été confervés fur le fonds ordinaire des menus plaifirs, fans retenue, à titre de retraite le 1er janvier 1761 ; une gratification annuelle de 1,000 livres, auffi fans retenue, qui lui a été accordée fur les dépenfes extraordinaires defdits menus plaifirs le 1er janvier 1763.

PIÈCES JOINTES AU BREVET.

1. — *Acte de baptême de Pierre Jéliote.*

Extrait des regiftres des baptêmes de l'églife Ste-Catherine de Laffeube : Pierre, fils légitime de Jofeph de Jéliote et de Madeleine de Manco, naquit le treize dudit mois d'avril mil fept cent treize, a été baptifé le quatorze du même mois et an à la préfentation de Jeanne de Cafalong.

2. — *Déclaration autographe de Pierre Jéliote relative à la pension.*

Le fieur Pierre Jéliote, né à Laffeube, diocèfe d'Oloron en Béarn, le 13 avril 1713, baptifé le lendemain fur la paroiffe Ste-Catherine dudit bourg, muficien vétéran de la Chambre du Roy, demeurant à Paris, place des Victoires, paroffe St-Euftache, déclare avoir obtenu du Roy les grâces pécuniaires cy-après : Des appointemens confervés de quatre mille livres, fans aucune retenue, dont il a été payé de trois mois en trois mois par le tréforier général des menus plaifirs du Roy jufqu'au 1er janvier 1779 ; des gages confervés de douze cents livres comme maître de guitare du Roy ; des gages confervés de neuf cents livres comme joueur de théorbe de la Chambre (nota : les gages de ces deux charges fupprimées en 1761, ont été payés comme les appointemens de 4,000 livres jufqu'au 1er janvier 1779, fans retenue) ; une penfion de mille livres payée comme les précédentes et qui luy a été accordée pour le dédommager de l'argent qu'il avoit donné pour la furvivance defdites charges fupprimées; une penfion de douze cents livres fur le tréfor royal de l'échéance de may qui luy a été accordée en confidération de fes longs fervices, conformément au brevet ci-joint. Laquelle penfion accrue de 216 livres pour arrérages dus en 1766, déduction faite d'un dixième et demi fur 1,200 livres, d'un dixième feulement fur 216 livres et de trois deniers pour livre.

Montant général des grâces dont jouit le fieur Pierre Jéliote : 8,296 livres 14 fols.

Certifié véritable à Paris, le 11 août 1779.

Signé : PIERRE JÉLIOTE.

(*Archives nationales*, O¹, 678.)

K

ERKOFFEN (Anne-Marguerite de), chanteuse. Elle a rempli le rôle d'une Bergère, dans les *Plaisirs de la Paix,* ballet de Mennesson, musique de Bourgeois, en 1715. Mlle de Kerkoffen mourut à Paris, le 8 décembre 1730, dans une maison appartenant au sieur Cadot, conseiller à la Cour des aides, et située dans le cul-de-sac de l'Opéra.

(*Archives nationales*, Y, 11,293. — *Dictionnaire des théâtres.*)

I

1715. — 11 octobre.

Mlle Anne-Marguerite-Marie de Kerkoffen et sa mère se plaignent des violences inqualifiables exercées contre elles par le chevalier Briçonnet et font constater par un commissaire les blessures qu'il leur a faites.

L'an 1715, le vendredi onzième jour d'octobre, deux heures de relevée, nous Louis-Jérôme Daminois, etc., nous fommes tranfporté au troifième étage d'un petit corps de logis de derrière occupé par la veuve de Ray, fis rue St-Honoré, vis-à-vis de notre hôtel, où nous avons trouvé dame Anne Haudebert, veuve de Jean-Baptifte de Kerkoffen, officier dans le régiment de Caftellas, fuiffe, et demoifelle Anne-Marguerite-Marie de Kerkoffen, fa fille, de l'Académie royale de mufique, y demeurantes ; ladite dame marquée de deux égratignures à fang aux deux côtés de la gorge, d'une meurtriffure à la tempe gauche, d'une autre très-confidérable à la cuiffe droite, ayant l'oreille droite enfanglantée, déchirée et contufe ; ladite demoifelle bleffée aux deux bras de deux meurtriffures confidérables, d'une morfure à fang au gras de la main gauche et d'une meurtriffure à fang au bas-ventre près le nombril, provenant, ainfi qu'elle nous l'a dit, d'un coup de fourchette : dont et de tout elles nous ont fait apparoir ainfi que de quantité de cheveux arrachés de leurs têtes. Lefquelles, en cet état, nous ont fait plainte contre le fieur chevalier de Briçonnet et dit que s'étant adonné depuis quelque tems à venir les voir pour entendre chanter ladite demoifelle, elles ont eu la complaifance de recevoir fes vifites comme étant homme de condition ; qu'il leur a fait l'honneur de fouper quelquefois chez elles et ayant toujours eu pour elles des manières très-civiles et polies ; que, par reconnoiffance, il leur a fait préfent d'une pendule dans fa boîte de marqueterie et a voulu la pouffer jufqu'à vouloir affurer une penfion de 800 livres à ladite demoifelle par un contrat en bonne forme, ayant même à cet effet amené chez elle Mᵉ de Mahaut, notaire, ce qui eft demeuré fans exécution ; qu'hier, huit heures du foir, le fieur marquis de Jonfac eft venu voir les plaignantes qu'il honore de fon eftime et leur a fait l'honneur de fouper avec elles ainfi que ledit fieur accufé qui eft arrivé chez elles après lui ; qu'ils ont foupé tous quatre de compagnie dans la chambre de ladite demoifelle tranquillement et affez gaîment, quoique ledit fieur chevalier ait eu un air affez fombre pendant le fouper ; que fur le minuit ladite demoifelle, accablée de fommeil, auroit demandé permiffion auxdits fieurs de fe coucher, ce qu'elle a fait de leur agrément : Et à peine a-t-elle été couchée qu'elle a été furprife de voir venir à fon lit ledit fieur chevalier de Briçonnet qui, d'un air brutal, quoiqu'il ne fût pas gâté de vin, l'a traitée de « b........ et de p..... » ; que, lui ayant repréfenté qu'il avoit tort de s'oublier à un tel point envers elle et de la laiffer en repos, il s'eft jeté tout furieux fur elle, lui a donné plufieurs coups de poing par la tête et le corps, l'a décoiffée, s'eft faifie de fa main gauche, qui eft le côté où il étoit, et la lui a mordue au gras fi cruellement que le fang en eft venu dont le drap de fon traverfin eft teint de la largeur d'un écu, ainfi qu'il nous eft apparu ; qu'ayant appelé fa mère à fon fecours, qui y eft accourue, il a arraché du doigt de ladite demoifelle fa bague d'un brillant jaune, monté en or, ferti en argent, valant 800 livres, laquelle il a mife dans fa poche, s'eft jeté fur ladite

dame fa mère à laquelle il a donné mille coups de pied et de poing fur la
tête, par tout le corps, lui a déchiré fes cornettes et engageantes unies, qu'elle
nous a fait voir déchirées, l'a marquée à la gorge de coups d'ongle, lui a
arraché, en la décoiffant, quantité de cheveux ; qu'aux cris d'elles plaignantes, Marion, leur fervante, qui étoit en haut, étant defcendue dans ladite
chambre pour les fecourir, ledit fieur chevalier l'a prife à la gorge, l'a frappée : à quoi ledit fieur de Jonfac s'étant oppofé, les a féparés. Dans ce moment le fieur comte de Broin, ami dudit fieur de Jonfac, eft furvenu qui venoit le remmener. Ladite demoifelle, craignant que lefdits fieurs n'en vinffent
aux mains avec ledit fieur chevalier, s'eft levée de fon lit du mieux qu'elle a
pu, en robe de chambre, et les a priés inftamment de fe retirer, ce qu'ils ont
fait fans avoir eu aucune parole avec ledit fieur chevalier. Après quoi les
plaignantes font montées dans la chambre au-deffus et comme elles vouloient monter, ledit fieur chevalier, d'une fourchette d'argent qu'il tenoit et
qu'il a mife dans fa poche, en a donné un rude coup au ventre de ladite demoifelle dont il l'a bleffée à l'endroit fus-obfervé : ledit fieur chevalier, devenu plus furieux du départ defdits fieurs et de la retraite des plaignantes, fe
voyant feul dans ladite chambre de ladite demoifelle avec Clergé, fon laquais,
et ladite Marion, a d'abord renverfé fur le plancher les plats, affiettes, jattes
de porcelaine et de faïence, les bouteilles pleines et vides et les verres qui
étoient reftés fur la table qui toutes ont été brifées, ainfi que nous le voyons
par un gros tas de teffons amaffés dans la cheminée de faïence, porcelaine
et verres ; il s'eft emparé de la montre de poche de ladite demoifelle, dont la
boîte eft de métal de prince, faite par Delille, qu'elle a achetée 160 livres,
laquelle étoit dans une boîte de bois noirci à filets de cuivre fur la cheminée,
laquelle boîte il a brifée fur le plancher ; de fa garniture de tête à trois rangs
garnie de dentelle mignonnette ; de fa tabatière d'écaille blonde incruftée d'or,
montée en or, valant 200 livres, lefquels objets étoient fur la commode dont
la clef a été retirée par ladite Marion, laquelle clef ledit fieur chevalier a
voulu lui ôter et ne la lui a laiffée que parce qu'elle l'a menacé de crier au
voleur par la fenêtre donnant fur le Palais-Royal. Les plaignantes, entendant tout ce vacarme, ont crié au voleur. Ledit fieur chevalier a, de fa canne,
caffé la glace du grand miroir, de la largeur d'un pied, au coin gauche d'en
haut, laquelle glace eft de 28 pouces de haut fur 18 à 19 de large, celle du
devant de la pendule, même deux heures en émail du cadran d'icelle, qui
font les deux et trois, ainfi qu'il nous eft apparu ; que le fieur Paccini logé
au-deffous de ladite chambre, s'étant éveillé et étant furvenu, a trouvé en
icelle ledit fieur chevalier et vu tout le défordre ci-deffus, et ayant prié ledit
fieur chevalier de s'en aller, il s'eft retiré et a traité tout haut fur la montée
les plaignantes de m......... et de p....., ce qui a fait aux plaignantes dans

toute la maifon un fcandale très-çonfidérable et un préjudice de près de
2,000 livres. Et comme elles ont intérêt de fe pourvoir contre ledit fieur chevalier de Briçonnet, elles nous ont rendu la préfente plainte.

Signé : ANNE HEUDÉBERT-KERKOFFEN ; ANNE-MARGUERITE-MARIE
DE KERKOFFEN ; DAMINOIS.

(*Archives nationales,* Y, 11,647.)

II

1715. — 12 octobre.

Le chevalier Briçonnet rend plainte contre Mlle Anne-Marguerite-Marie de Ker-
koffen et sa mère, par lesquelles il a été souffleté et accablé de coups de poing sur
la tête, sur la figure et sur les jambes.

Du famedi 12 octobre 1715, fur les onze heures du matin. Par-devant nous
Jean-François Le Trouyt-Deflandes, etc., eft comparu meffire Jacques-Fran-
çois Briçonnet, chevalier non profès de l'ordre de St-Jean-de-Jérufalem, qui
nous a dit qu'il alla, jeudi dernier au foir, chez les nommées de Kerkoffen
mère et fille, ladite fille chanteufe à l'Opéra, demeurant rue St-Honoré en
une troifième chambre fur le derrière de la maifon d'un quartier du Palais-
Royal, pour y fouper à fon ordinaire, les connoiffant depuis longtems et
avant de partir pour fon voyage de Malte, les ayant quittées à caufe des
grandes dépenfes qu'elles l'obligeaient de faire pour les nourrir et entretenir.
A fon retour, vers la fin du mois de mai dernier, il rencontra lefdites Kerkoffen chez un de fes amis à dîner où elles le prièrent de retourner chez
elles et prétextèrent d'avoir bien des chofes à lui dire s'il vouloit leur faire
cet honneur, afin de l'y engager, comme font ordinairement ces femmes
d'intrigues et de plaifir. Le fieur comparant, fur les inftantes prières de ces
femmes, retourna les voir quelques jours après cette rencontre et a continué,
depuis cinq mois ou environ, d'y aller et de nourrir et entretenir pendant
tout ce tems lefdites Kerkoffen, leur ayant donné à chacune un habit de taffetas et un habit de deuil à la fille depuis la mort du Roi, plufieurs fortes de
linges, une pendule, une montre, un étui d'or à plumes, un tire-bouchon d'or,
une boîte à éponge d'or, une tabatière d'argent et autres uftenfiles à leur
ufage, leur auroit aufli fourni l'argent néceffaire pour la dépenfe de la mai-

fon. Et étant arrivé, ledit jour de jeudi dernier, chez lefdites Kerkoffen, il y trouva le fieur marquis de Jonfac qui demanda au fieur comparant s'il vouloit lui faire l'honneur de fouper avec lui chez lefdites Kerkoffen auxquelles il donnoit à fouper, ce que le fieur comparant accepta, y foupant ordinairement. Et pendant le fouper ils furent tous de bonne intelligence ; et environ l'heure de minuit ladite fille Kerkoffen fe coucha en leur préfence, le fieur marquis de Jonfac refta fur une chaife auprès de la mère et le comparant s'affit fur une chaife auprès du lit de la fille. Où étant, le fieur comparant lui reprocha fon infidélité dans des termes qui lui convenoient et au lieu de lui répondre avec docilité, elle eut l'infolence de frapper au vifage le fieur comparant qui fe leva auffitôt et la mère fe leva auffi d'auprès le fieur de Jonfac et toutes deux fe jetèrent fur le fieur comparant, le maltraitèrent de coups de pied et de poing fur la tête et le vifage et fur les jambes dont il a encore plufieurs noirs et contufions au vifage et aux jambes, qui lui caufent de grandes douleurs, et le terraffèrent. Ledit fieur comparant fe releva, et voyant que ces femmes furieufes vouloient encore le faifir et le maltraiter, il fut obligé de fe défendre de fa canne pour les éloigner de lui et éviter leur fureur. Et en levant fa canne fit tomber la pendule qu'il a achetée de Souchet, horloger, pour la donner à ladite Kerkoffen fille. Et pendant tous ces embarras où le comparant a eu le malheur de fe trouver, ledit fieur de Jonfac fe retira avec fon laquais. Et le fieur comparant, auffitôt qu'il fut retiré des mains de ces méchantes femmes qui, fuivant toutes les apparences, avoient prémédité de le poignarder et de le faire périr, comme elles difoient qu'elles vouloient faire en le maltraitant et ce qu'elles euffent fait effectivement, s'il n'avoit eu la force de fe défendre ; et comme pareilles voies font des plus criminelles et des plus répréhenfibles, il vient de ce que deffus nous rendre la préfente plainte.

Signé : Le Chevalier BRIÇONNET.

(*Archives nationales*, Y, 10,970.)

L

ABBÉ DE SAINT-SÉVINT (Joseph), musicien.
Cet artiste fut longtemps attaché en qualité de
violon à l'orchestre de l'Académie royale de musique. Il avait épousé une demoiselle Mainville,
connue autrefois sous le nom de Rosette et qui avait été actrice
à l'Opéra-Comique. Lorsqu'elle épousa Labbé, à qui elle apporta
quelque fortune, elle était veuve d'un domestique du duc d'Uzès.

*(Les Spectacles de Paris. — Journal des inspecteurs
de M. de Sartine, p. 71.)*

I

1752. — 12 février.

*Plainte portée par Joseph Labbé de St-Sévint, contre un individu qui l'avait
menacé, injurié et appelé en duel.*

L'an 1752, le famedi 12 février, fix heures de relevée, en l'hôtel et par-
devant nous Louis Cadot, etc., eft comparu fieur Jofeph Labbé de St-Sévint,

de l'Académie royale de mufique, demeurant à Paris rue St-Thomas-du-Louvre : Lequel nous a rendu plainte contre le nommé Conftantin, muficien, tenant chambre garnie, rue l'Évêque, de ce que cejourd'hui lui Conftantin étant venu chez lui comparant pour y retirer de la vaiffelle d'argent qui lui a été délivrée fans aucune difficulté par la perfonne à qui elle avoit été confiée, il auroit eu l'impudence de dire d'abord à lui comparant qu'il étoit un poliffon, qu'il le moucheroit et qu'icelui comparant n'avoit qu'à mettre fon habit, étant lors en robe de chambre, il le lui prouveroit en le défiant de defcendre habillé avec fon épée, lui propofant un duel. A quoi, par prudence et attendu la défenfe de pareils cartels, lui comparant n'a pas voulu adhérer furtout vis-à-vis d'un pareil fujet auquel il a feulement répondu qu'il ne pouvoit pas le fatisfaire ; que ledit Conftantin lui a répliqué que lui comparant étoit un jean-foutre ; qu'icelui comparant n'a pu s'empêcher, étant outré et pouffé à bout de s'entendre ainfi injurier et offenfer chez lui, de dire audit Conftantin qu'il en étoit un autre. Lequel Conftantin s'en alla en faifant entendre à lui comparant qu'il le trouveroit et que partout où il pourroit le joindre il lui couperoit les oreilles. Et comme il n'eft pas douteux que ledit Conftantin a formé le projet d'affaffiner et de tuer le comparant, qui a d'ailleurs intérêt d'obtenir raifon des imputations et excès ci-deffus, il eft venu nous rendre plainte (1).

Signé : CADOT ; LABBÉ FILS DE ST-SÉVINT.

(Archives nationales, Y, 12,155.)

II

1754. — 30 avril.

Joseph Labbé de St-Sévint est accusé d'avoir commis des dégradations importantes dans une maison située à Montmartre et qui lui était louée par M. de Rochebrune, ancien capitaine d'infanterie.

L'an 1754, le mardi 30 avril, entre onze heures et midi, en l'hôtel de nous Pierre Vial de Machurin, etc., eft comparu M. Jacques de Rochebrune, ancien capitaine d'infanterie, chevalier de l'ordre militaire du Chrift de Portugal, demeurant à Paris rue de Vaugirard, paroiffe St-Sulpice, propriétaire

---

(1) Le lendemain Constantin ayant fait des excuses à Labbé, celui-ci se désista de sa plainte.

d'une maifon fife à Montmartre, rue d'Enfer : Lequel nous a rendu plainte contre le fieur Jofeph St-Sévint Labbé, ordinaire de l'Académie royale de mufique, et le fieur Laurent Perrier, ordinaire de la mufique du Roi (1), et nous a dit que par bail paffé devant Me Caron et fon confrère, notaires, le 14 août 1751, il leur auroit loué fadite maifon de Montmartre pour fix années du jour de St-Rémy audit an, pour 130 livres par an, duquel bail la réfiliation a été faite et confentie il y a quelques jours. Et lui dépofant a appris famedi dernier par le jardinier de ladite maifon que lefdits fieurs Labbé et Perrier avoient fait enlever leurs meubles de ladite maifon dont ils lui avoient laiffé les clefs ; que lui comparant y étant allé dimanche dernier et ledit jardinier ayant ouvert les portes de ladite maifon et chambres d'icelle, ledit fieur comparant a été furpris de voir qu'un chambranle et bord de chêne de la cheminée de la chámbre du premier étage, tous les lambris de la même chambre et la porte d'une autre chambre avec fa ferrure avoient été enlevés et dégradés et beaucoup de vitres caffées ; qu'il a été de même dégradé, enlevé et emporté fix grands vafes de faïence bleus et blancs qui étoient fur la terraffe du jardin et qu'il a été coupé jufqu'au pied cinq arbres du nombre de ceux qui règnent le long de la terraffe. Defquels enlèvemens et dégradations ledit fieur comparant nous rend la préfente plainte.

Signé : DE ROCHEBRUNE ; VIAL DE MACHURIN.

(*Archives nationales*, Y, 12,600.)

LABORIE (ANNE), danseuse. Après avoir été attachée, de 1783 à 1784, à l'École de danse de l'Académie royale de musique, elle entra dans les chœurs en 1785 et y figurait encore en 1789.

(*Les Spectacles de Paris.*)

1787. — 25 octobre.

*Déclaration de grossesse faite par M*lle *Anne Laborie.*

L'an 1787, le jeudi 25 octobre, neuf heures du matin, en l'hôtel et pardevant nous Pierre-Clément Daffonvillez, etc., eft comparue Anne Laborie,

---

(1) Lisez Poirier. Il figurait parmi les hautes-contres à l'Académie royale de musique et au Concert spirituel.

mineure, âgée de 18 ans, mais émancipée par fa qualité de danfeufe à l'Académie royale de mufique, demeurant à Paris rue du Faubourg-St-Martin, maifon du premier épicier à droite en entrant par le boulevard, paroiffe St-Laurent : Laquelle, pour fatisfaire aux édits et déclarations de nos Rôis et notamment à celui d'Henri II, nous a déclaré qu'elle eft enceinte de quatre mois et demi et fe foumet d'élever l'enfant qu'elle porte dans la religion catholique, apoftolique et romaine, et nous a rendu plainte contre le fieur Bauduit, Américain, âgé d'environ 45 ans, demeurant rue des Foffés-du-Temple, vis-à-vis du fieur Lenfant, fculpteur ; qu'elle a fait la connoiffance dudit fieur Bauduit les premiers jours du carême dernier à l'iffue d'un opéra dans lequel la comparante avoit danfé ; que depuis il a fouvent fréquenté la comparante qui, féduite par fes promeffes avantageufes, eut la foibleffe de fe rendre à fes vœux ; que c'eft de fes œuvres qu'elle eft enceinte; que dans les premiers tems de fa groffeffe le fieur Bauduit lui a renouvelé fes promeffes et l'avoit affurée de ne la laiffer manquer de rien non plus qu'à fon fruit. Obferve la dépofante qu'elle n'a jamais reçu aucune fomme dudit fieur Bauduit; que dans le moment où elle a commencé à en avoir befoin, c'eft-à-dire la femaine dernière, elle lui écrivit, mais n'en eut aucune réponfe ; que cette conduite et fon délaiffement depuis quinze jours ouvrent enfin les yeux de la comparante qui s'aperçoit, mais trop tard, qu'on a abufé de fa crédulité et de fon défaut d'expérience. Pourquoi elle eft venue nous rendre la préfente plainte (1).

Signé : DASSONVILLEZ ; LABORIE.

(*Archives nationales*, Y, 11,989.)

———

LA CHANTERIE (MARIE-LOUISE GUÉNON DE), chanteuse, née vers 1733. Elle débuta à l'Académie royale de musique en 1749 ou 1750 et y resta jufqu'en 1766. On trouve dans l'*Espion anglais* une assez plaisante anecdote sur cette actrice.

Mlle La Chanterie étoit autrefois une fille des chœurs de l'Opéra, d'une beauté rare, ingénue, un ange femelle. Les peintres la prenoient pour modèle. Un d'entre eux, chargé de peindre une mère du Chrift pour le tableau

---

(1) Ayant sans doute reçu une indemnité, Mlle Anne Laborie retira sa plainte le 9 novembre suivant et prétendit qu'elle s'était trompée en désignant Bauduit comme l'auteur de sa grossesse.

d'un maître autel, avoit eu recours à fa tête et l'avoit rendue très-reffem-
blante. Un Anglois qui vifitoit les curiofités de nos églifes, mais qui avoit parcouru auparavant celles de nos fpectacles et en avoit recueilli des fruits
amers, apercevant cette belle tête calquée fur celle de La Chanterie, s'écria
avec furprife : « Ah ! voilà la vierge qui m'a donné la......!»

(Les Spectacles de Paris. — L'Espion anglais, tome II.)

I

1753. — 21 décembre.

Plainte de Mlle Marie-Louise Guénon de La Chanterie, contre son père
et sa mère.

L'an 1753, le vendredi 21 décembre, deux heures de relevée, nous Louis
Cadot, etc., ayant été requis, nous fommes tranfporté rue St-Honoré près
celle de Richelieu, vis-à-vis du café Dupuis, en une maifon de laquelle eft
principal locataire le fieur Delaporte et étant monté au fecond étage dans
lequel nous avons été introduit, y avons trouvé la plaignante avec fon père
et les ci-après nommés : Laquelle plaignante nommée Marie-Louife de La
Chanterie, fille, âgée de 20 ans ou environ, de l'Académie royale de mufique depuis trois ou quatre ans, locataire dans fes meubles de l'appartement
où nous fommes depuis environ quatre ans : Laquelle en réitérant les plaintes
par elle ci-devant rendues contre fes père et mère ainfi qu'elle nous l'a déclaré, nous a dit que la pudeur ne lui permet pas de réciter les infamies de
fes père et mère, notamment de fa mère, au fujet des avantages que la nature
a accordés à elle comparante qui l'ont réduite dans l'état où elle eft actuellement ; que le fieur fon père, nommé Jean-Baptifte-François Guénon de La
Chanterie, ci-devant commis des vaiffeaux du Roi, à préfent fans emploi,
avoit paru dans les premières années défapprouver la conduite de fa femme
et être du parti d'elle comparante qui leur a fait à l'un et à l'autre jufqu'à
préfent tous les biens qu'il lui a été poffible ; mais, depuis quelques années,
ledit fieur fon père, infatiable de fes bienfaits, cherche à traverfer et à fatiguer elle comparante, ce qui lui caufe des révolutions et des chagrins qui lui
empêchent de faire fon devoir à l'Académie, et fachant l'état critique où
elle eft depuis trois femaines, eft venu, de deffein prémédité, depuis trois
jours continuellement, voulant, malgré l'état de maladie d'elle comparante
qui n'eft pas dans l'ufage de le voir, forcer fes domeftiques pour entrer juf-

que dans fa chambre, non pas pour lui porter des fecours, mais pour augmenter fon état de maladie, s'il eft poffible : ne cherchant, ainfi que fa mère, que fa deftruction ; criant dans fa maifon en facrant et menaçant. de tout caffer, maltraitant les domeftiques, ce qu'il auroit exécuté fans leurs cris qui ont attiré une locataire de ce quartier, fa plus proche voifine, et les bourgeois ci-après nommés ; que tous ces procédés font une fuite de ceux arrivés nombre de fois, notamment il y a trois ans qu'elle étoit indifpofée et que ledit fieur fon père lui jeta un fauteuil dans le ventre par une fuite de fes autres excès ; qu'elle ne finiroit pas de les réciter fi elle les rappeloit tous ainfi que ceux de la dame fa mère qui font inexprimables par leur horreur foit envers elle, foit envers fes voifins et autres perfonnes qui s'intéreffent pour elle, fur lefquels la mauvaife humeur, le mauvais deffein de fes père et mère ont réfléchi en différentes occafions ; que fes père et mère font à préfent fans aveu, pour ne pas dire la conduite infiniment méprifable qu'ils tiennent : ce qui l'oblige malgré fon inclination et la bonté de fon caractère de nous rendre de nouveau plainte contre fefdits père et mère et même de requérir leur captivité, quoique oppofée à fes fentimens, pour prévenir les accidens qui pourroient non-feulement lui arriver, mais même à eux-mêmes, ce qui eft inévitable. Ajoutant que ledit fieur fon père a voulu mettre plufieurs fois l'épée à la main contre fes domeftiques ; que c'eft auffi par pudeur qu'elle ne récite pas les termes groffiers dont fefdits père et mère fe font répandus contre elle et qui font dreffer les cheveux fur la tête.

Signé : DE LA CHANTERIE.

Eft auffi comparu ledit fieur Guénon de La Chanterie, lequel a dit qu'il eft venu chez ladite demoifelle fa fille pour la voir et pour l'engager de s'intéreffer pour lui procurer un emploi qu'il follicite depuis longtems ; qu'il eft furpris qu'elle ait hafardé, fans vérité ni preuve, des faits qu'il a entendus avec peine puifqu'ils font oppofés à la vérité ; qu'il n'entend point l'obféder, ni que fa femme lui caufe aucune peine, mais qu'il eft bien naturel qu'ils cherchent l'un et l'autre à voir leur enfant ; qu'il nous donne fa parole d'honneur de ne plus revenir chez fadite fille puifque fa vifite lui caufe de la révolution, même d'empêcher fa femme d'y venir ou de l'accofter dans les rues. Remercie la demoifelle fa fille de ce qu'elle vient de nous déclarer qu'elle l'affiftera, ainfi que fa femme, d'un louis par mois qu'elle nous fera à cet effet délivrer pour le leur remettre, dont il la remercie. Bien entendu que l'obligation qu'elle contracte de les aider d'un louis par mois n'aura lieu que dans le cas où elle pourra le faire.

Signé : GUÉNON DE LA CHANTERIE.

Sont auffi comparus le fieur Jean-Baptifte-François Révillon, écuyer, feigneur de St-Maurice, fourrier des logis du Roi, demeurant rue Neuve-des-Ca-
pucins, et demoifelle Antoinette-Pimpernelle Dallier, de l'Académie royale
de mufique (1), demeurant au premier étage de la maifon où nous fommes :
Lefquels nous ont dit que la plupart des faits avancés par ladite demoifelle
de La Chanterie font à leur connoiffance. Ajoutant ledit fieur de St-Maurice
que ledit fieur de La Chanterie a fait mine de mettre la main fur la garde de
fon épée et la demoifelle Dallier a trouvé la demoifelle de La Chanterie aux
cris de laquelle et de fes domeftiques elle eft montée dans fon appartement,
dans un état fort trifte.

Signé : DALLIER ; DE ST-MAURICE.

Eft auffi comparue Marie-Thérèfe Cuvillier, femme d'Henri Enfiant, cordonnier, elle ouvrière : Laquelle a dit que ledit fieur de La Chanterie l'a
battue et donné des coups de poing dans l'eftomac dont elle s'eft trouvée
mal, parce qu'elle vouloit s'oppofer avec les domeftiques de la dame de La
Chanterie qu'elle connoît, etc.

Sont auffi comparus Marie-Anne Lamaille, femme de François Tiffot, domeftique chez Mme St-Julien, demeurant rue Vivienne, et Hyacinthe Magnier
dit St-Louis, tous deux domeftiques demeurant chez ladite demoifelle de La
Chanterie : Lefquels nous ont auffi rendu plainte que ledit fieur de La Chanterie s'eft répandu contre eux en toutes fortes d'invectives ; qu'il les a même
frappés et a voulu tirer l'épée contre eux en mettant toujours la main fur la
garde de fon épée pour les en percer, ce qui lui eft arrivé nombre de fois et
notamment depuis trois jours, menaçant de caffer la porte et de tout tuer ;
que ce n'eft que depuis que l'on a fermé la porte fur lui qu'il s'eft radouci et
s'eft contrefait devant nous, ce qui nous a été auffi confirmé par Marie-
Rofe Colbot, femme de Martial Champenot, cuifinière de ladite demoifelle
de La Chanterie, qui a ajouté que ledit fieur de La Chanterie lui a donné un
coup de poing derrière la tête et dit plufieurs injures, difant que c'étoient des
coquins et qu'ils le lui payeroient.

Sur quoi nous commiffaire, etc., avons ordonné que les parties fe pourvoiront par les voies de droit.

Signé : DE LA CHANTERIE ; CADOT.

(*Archives nationales*, Y, 12,156.)

---

(1) Mlle Dallier chantait dans les chœurs de l'Opéra.

II

1758. — 21 janvier et 23 février.

Interrogatoire sur faits et articles subi par Mˡˡᵉ Marie-Louise Guénon de La Chanterie, à la requête d'un loueur de carrosses à qui elle devait de l'argent.

A M. le Lieutenant civil,

Supplie humblement Bernard Henriet dit Bafque, loueur de carroffes à Paris : Difant qu'il eft en inftance par-devant vous à la Chambre civile avec demoifelle Marie-Louife de La Chanterie, fille majeure, pour raifon des carroffes qu'il lui a loués et dont il lui demande le payement. Comme il a intérêt d'avoir la confeffion et la vérité de certains faits, il a été confeillé de donner la préfente requête : ce confidéré, Monfieur, il vous plaife permettre au fuppliant de faire interroger fur faits et articles pertinens et admiffibles qui lui feroient préalablement fignifiés et en la manière accoutumée, par-devant tel commiffaire qu'il vous plaira, ladite demoifelle de La Chanterie. Et vous ferez juftice.

Signé : DE LA POMMERAYS.

Permis de faire interroger fur faits et articles par le commiffaire Chénon. Fait ce 21 janvier 1758.

Signé : DARGOUGES.

Interrogatoire subi devant le commissaire Chénon. — Du jeudi 23 février 1758, huit heures du matin.

Interrogée de fes noms, furnoms, qualités et demeure ?

A répondu fe nommer Marie-Louife de La Chanterie, âgée de près de 23 ans, de l'Académie royale de mufique, demeurant à Paris, rue de l'Échelle, paroiffe St-Roch.

Si elle connoît Bernard Henriet dit Bafque, loueur de carroffes, depuis quand, à quelle occafion et fi elle fait où il demeure ?

A répondu qu'elle connoît un cocher qui porte ce nom, qu'elle le connoît parce que le prince Lubomirski, prince polonois, qui étoit à Paris il y a environ trois ans, lui prêta une voiture qui étoit conduite par ce cocher, mais ne fait fa demeure.

Si elle a connu en 1754 un jeune homme allemand nommé Cotteski et fi elle ne logeoit pas alors rue St-Honoré près celle de Richelieu ?

A répondu qu'elle ne connoît pas et n'a pas connu de jeune homme qui portât ce nom ; qu'il eft vrai qu'elle demeuroit il y a quatre ans rue St-Honoré près celle de Richelieu.

Si elle n'a pas envoyé ledit Cotteski vers la fin du mois de feptembre 1754 chez ledit Bafque pour voir un équipage qui pût lui convenir ?

A répondu que non.

Si elle ne fe fouvient pas que ledit Cotteski entra dans fon appartement pour annoncer ledit Bafque, qu'elle fortit fur le carré de fon efcalier fous prétexte qu'elle avoit du monde et dit audit Bafque que ledit Cotteski lui avoit fait beaucoup de récits d'une voiture qu'il avoit vue chez lui et fi elle ne lui demanda pas quel prix il vouloit la louer par mois ?

A répondu que cela n'eft pas vrai.

Si elle ne convint pas pour cette voiture à 430 livres par mois et 72 livres pour les guides et cocardes, comme auffi que ledit Bafque enverroit cette voiture le lendemain, 1er octobre 1754, à dix heures du matin, avec un bon cocher ?

A répondu que non.

Si ledit Bafque ne lui a pas dit alors qu'il avoit fait bien de la dépenfe pour les chevaux et la voiture, qu'elle lui feroit plaifir de lui avancer quelque chofe et fi elle ne lui répondit pas qu'elle n'avoit pas d'argent pour le moment, qu'elle devoit en toucher dans quatre ou cinq jours et qu'elle lui payeroit auffitôt le premier mois d'avance et les trois louis pour les guides ?

A répondu que non.

Si ledit jour, 1er octobre 1754, elle n'envoya pas chez ledit Bafque, à neuf heures du matin, le nommé St-Louis, fon domeftique, pour faire partir cette voiture, fi le cocher ne mit pas un bouquet dedans comme elle fervoit pour la première fois et fi elle ne lui donna pas un écu de trois livres ledit jour après midi pour boire ?

A répondu qu'elle ne fe fouvient pas d'y avoir envoyé fon domeftique, ne fe fouvient pas non plus du bouquet ni qu'elle ait donné pour boire au cocher : que ce dernier objet pourroit être parce que lorfqu'on lui prête une voiture, elle donne toujours pour boire au cocher.

Si le lendemain 2 octobre elle ne renvoya pas chez ledit fieur Bafque ledit St-Louis pour lui dire qu'elle ne vouloit pas du cocher qu'il lui avoit envoyé la veille, attendu qu'il s'étoit grifé pendant le fpectacle, qu'il falloit la voiture à l'inftant pour aller à la répétition de l'Opéra et fi ledit Bafque ne l'a pas conduite ce jour-là lui-même ainfi que par la fuite ?

A répondu qu'elle n'a point envoyé et ne s'eft pas même aperçue du changement de cocher.

Si ledit jour elle ne fut pas prendre la demoifelle Adélaïde, qui demeuroit rue du Mail et ne revinrent pas enfemble dans le carroffe rue St-Nicaife pour la répétition de l'Opéra ?

A répondu que cela peut être.

Si ledit jour 2 octobre, après midi, elle n'envoya pas ledit Bafque chez le tailleur avec ledit Cotteski et ledit St-Louis, domeftique, et ne le fit pas habiller uniforme avec fes deux laquais d'un drap couleur de cendre, paremens rouges, deux galons d'argent fur les manches et la vefte rouge galonnée à la Bourgogne en argent et fi elle eût fait cela à un cocher qui ne lui eût pas appartenu ?

A répondu que ce n'eft point elle qui a fait habiller ledit Bafque, que c'eft le prince Lubomirski qui avoit auffi fait habiller les deux laquais de la répondante ; qu'elle ne connoît même pas le tailleur.

Si dans ce tems-là et relativement au payement qu'elle avoit promis audit Bafque lors de la location de la voiture, elle ne lui dit pas qu'elle avoit entre fes mains une lettre de change de 12,000 livres du prince Lubomirski et fi elle ne remit pas à payer ledit Bafque fur cet effet de jour en jour?

A répondu que le fait n'eft pas vrai.

Si le prince ne partit pas de Paris, comme ledit Bafque l'a appris d'elle répondante, le 27 novembre 1754 après l'Opéra et fi ce départ ne l'inquiéta pas tant pour elle-même que pour ledit Bafque qu'elle avoit promis de payer fur la lettre de change ci-deffus ?

A répondu qu'elle ne fe fouvient plus du jour du départ du prince et ne l'a appris que huit jours après.

Si quelques jours après le départ du prince la répondante ne reçut pas une lettre de lui datée de Bruxelles, fi elle n'en fit pas lecture audit Bafque pour l'engager à prendre patience, en préfence de la nommée Tino, fa femme de chambre, et fi par cette lettre le prince ne lui marquoit pas de ne pas fe chagriner, que fon gouverneur lui remettroit ce qu'il lui avoit promis ?

A répondu qu'elle a reçu plufieurs lettres du prince, mais n'en a jamais fait lecture audit Bafque.

Si à cette occafion ledit Bafque ne la mena pas dans le cloître des Mathurins chez un avocat que le fieur Madeline, gouverneur du prince, avoit chargé d'arranger fes affaires et fi le gouverneur ne lui fit point une lettre de change de 7,300 et quelques livres fuivant qu'elle l'a dit audit Bafque ?

A répondu que ce n'eft point ledit Bafque qui a mené la répondante chez le procureur du prince, cloître des Mathurins, qu'elle y a été dans un fiacre, qu'effectivement le gouverneur du prince lui a fait un billet de 7,000 francs pour fûreté des bijoux que le prince avoit à elle répondante, que Bafque n'en a été inftruit que comme ceux qui avoient eu affaire au prince, la répondante ne le lui ayant jamais dit.

Si quelques jours après ce départ, c'eft-à-dire le 3 ou 4 décembre de la même année, le prince ne revint pas de Bruxelles et fi elle ne le tint pas caché chez elle pendant quelque tems ?

A répondu que le prince eft revenu à Paris, mais qu'il ne s'eft point tenu caché.

Si le 6 décembre 1754 elle ne dit pas audit Bafque, qui la follicitait pour fon payement, qu'elle avoit des nouvelles du prince, qu'elle toucheroit dans peu les 19,000 et tant de livres qui lui étoient dues et qu'elle le fatisferoit, qu'il n'avoit qu'à lui apporter fon mémoire, cependant qu'elle ne fe ferviroit plus de la voiture de quelques jours et qu'il pouvoit la louer ?

A répondu que le fait n'eft pas vrai.

Si la conduite qu'elle tint alors avec ledit Bafque de lui dire qu'elle alloit être payée des 19,000 et tant de livres portées en fes lettres de change, qu'elle le fatisferoit et qu'il n'avoit qu'à lui apporter fon mémoire ne prouve pas qu'elle a eu affaire à lui perfonnellement et à quelle autre fin elle auroit pu lui tenir ce difcours ?

A répondu qu'elle n'a point tenu ce propos audit Bafque ni à qui que ce foit.

Si le 25 janvier 1755 elle n'envoya pas chercher ledit Bafque par le nommé Lapierre, fon domeftique ?

A répondu qu'elle ne s'en fouvient pas.

Si le prince n'étoit pas parti alors et fi elle ne lui a pas fait fournir une chaife de pofte par le nommé Pafcal, fellier, moyennant 4 livres par jour : laquelle chaife étant reftée à Bruxelles environ dix mois, elle a été obligée de payer à ce fellier une fomme de 800 livres ou environ, malgré toutes fes défenfes que c'étoit pour le prince ?

A répondu que le fait eft vrai, qu'elle a payé le fellier et ne s'eft point défendue parce qu'elle en avoit répondu.

Si lorfque ledit Bafque fut la trouver le 25 janvier 1755, elle ne lui dit pas qu'elle ne le pouvoit pas payer, qu'elle avoit remis au fieur Tourton, banquier, les deux lettres de change de 19,000 et tant de livres pour qu'il lui en procurât le payement ?

A répondu qu'il eft vrai qu'elle avoit remis le papier au fieur Tourton ; ne fe fouvient pas fi elle l'a dit à fes domeftiques, mais eft très-fûre de n'avoir pas promis audit Bafque de le payer fur cet objet ?

Si elle ne fit pas voir auffi audit Basque, en préfence dudit Cotteski et de
fadite femme de chambre, un pouvoir de retirer à fon profit tous les effets
que le prince avoit mis en gage de valeur de plus de 10,000 livres ?

A répondu qu'elle ne lui a jamais fait voir ce pouvoir.

Si elle n'ajouta pas qu'elle vouloit reprendre un équipage au mois, mais
qu'elle ne vouloit pas qu'il paffât 300 livres par mois, qu'elle avoit appris que
les loueurs de carroffes donnoient 20 fols par jour au domeftique, qu'elle
n'entendoit pas qu'on donnât rien à fes gens, par conféquent qu'elle comptoit avoir cette voiture pour 300 livres ?

A répondu que le fait n'eft pas vrai et qu'elle n'a point eu pareille expli-
cation avec ledit Basque.

Si elle ne lui a pas dit encore que dans le courant de trois mois elle lui
payeroit l'ancien mémoire avec le courant et que fi il vouloit à cet égard un
acte par-devant notaire, elle lui en feroit un ?

A répondu que non.

Si ledit Basque ne lui dit pas alors qu'il fe repofoit et comptoit fur fa
bonne foi, qu'il n'avoit pas befoin d'acte et que fa parole lui fuffifoit ?

A répondu que non.

Si en effet elle n'eft pas obligée de tenir cette parole quoiqu'il n'y ait pas
d'écrit et fi elle peut faire fervir la confiance et la facilité dudit Basque pour
en abufer ?

A répondu que fi elle lui avoit promis, elle lui tiendroit parole, comme elle
a fait au fieur Pafcal.

Si elle ne convint pas alors de prix à 330 livres par mois pour cette voiture
moins belle que la première, à condition que ledit Basque fourniroit nouveaux
guides cramoifis et cocardes à fon compte ?

A répondu que le fait n'eft pas vrai.

Si elle ne demeuroit pas alors rue de l'Échelle, même appartement qu'à
préfent et ne donna pas ordre de la mener le furlendemain 27 janvier ?

A répondu qu'elle fe fouvient d'avoir eu le carroffe quelque tems pendant
qu'elle demeuroit rue de l'Échelle, tant que le prince eft refté à Paris.

Si elle ne fut pas ce jour-là à la meffe à St-Euftache, à dix heures du
matin, avec la voiture et la même livrée que celle ci-devant et l'après-midi
à la Planchette, du côté de Neuilly, et fi la voiture s'étant embourbée elle
ne fut pas obligée de defcendre, ce qui lui fit quelque peine pour aller à
pied ?

A répondu qu'elle ne s'en fouvient pas.

Si le lendemain elle ne donna pas ordre audit Basque d'aller prendre ledit
fieur Audouin qui demeuroit rue Neuve-des-Petits-Champs, à huit heures du
matin, et fi le fieur Audouin, avec la voiture et ledft Basque, muni du pou-

voir du prince qui étoit parti et un ouvrier pour eſtimer la valeur des effets, n'alla dans pluſieurs endroits pour retirer les effets engagés : lequel ayant vendu leſdits effets retint ce qu'il avoit avancé et remit le ſurplus à la répondante ?

A répondu que le fait eſt vrai, à l'exception que ce n'étoit pas dans la voiture de Baſque et que c'étoit dans un fiacre, parce que le prince étoit parti et que la répondante n'avoit plus ſon carroſſe.

Si au lieu de payer ledit Baſque, comme elle le lui avoit promis, ſur les premiers fonds qui devoient lui rentrer, elle n'employa pas cet argent à payer pluſieurs termes de loyer parce que, faute de payement, le propriétaire lui avoit donné congé ?

A répondu qu'elle a employé cet argent à ſes affaires et qu'elle n'en doit pas de compte.

Si relativement à ce congé elle n'a point prêté la voiture et ledit Baſque au fieur Daguino, architecte, pour aller entre autres chez ſon propriétaire qui demeure près de la Pitié, lequel architecte a tout accommodé avec lui ?

A répondu qu'elle ne s'en ſouvient pas.

Si elle n'a pas prêté pluſieurs fois cette voiture dernière par elle louée au fieur Andouin pour aller à ſa maiſon de campagne ſituée à Thiais, près Choisy, et ſi elle croit qu'elle auroit pu diſpoſer ainſi de cette voiture ſi elle n'eût pas été à ſes dépens ?

A répondu que le fait eſt vrai et que lorſqu'on lui donne une voiture, elle en diſpoſe à ſon gré.

Si ledit Baſque ne l'a pas menée ſouvent à la Barrière-Blanche, dîner chez M. le marquis de St-Germain ?

A dit que cela peut être et qu'il l'a menée dans bien d'autres endroits.

S'il ne l'a pas auſſi menée pluſieurs fois dîner et ſouper à Paſſy, aux Eaux minérales ?

A répondu qu'il l'a menée où elle avoit affaire.

S'il ne lui eſt pas arrivé, un jour qu'il la conduiſoit à Paſſy, qu'étant deſcendue aux Eaux minérales, elle lui donna ordre de revenir ſur les onze heures du ſoir au bas de la maiſon du fieur de la Popelinière, que ledit Baſque revint à cet endroit à l'heure marquée, mais qu'au lieu de deſcendre par l'endroit indiqué, elle deſcendit par un autre, de ſorte que ne la trouvant pas, elle fut obligée de revenir à Paris à pied, dans la nuit, tenant ſa femme de chambre et Lapierre, ſon domeſtique, ſous le bras, ce qui la fatigua et la chagrina beaucoup ?

A répondu que cela peut être, qu'il lui a fait bien d'autres ſottiſes.

Si ledit Baſque ne l'a pas menée pluſieurs fois, avec la demoiſelle Adélaïde, dîner chez le fieur Audouin, à Thiais ?

A répondu que oui.

S'il ne l'a pas menée plufieurs fois en vifite à Ste-Geneviève ?

A répondu que oui.

S'il ne l'a pas menée chez le fieur Lorillard, bijoutier, rue de Harlay ?

A répondu que oui.

Si la dernière fois qu'il l'a menée ce ne fut pas le 23 avril 1755, et fi ce jour-là, après l'avoir bien fait rouler dans Paris, elle, la demoifelle Adélaïde et le fieur Audouin jufqu'à deux heures, ayant pris de quoi dîner, elle ne fe fit pas mener avec cette compagnie à Thiais ?

A répondu qu'elle ne fe fouvient pas du jour ni fi c'eft la dernière fois qu'il l'a menée.

Si le lendemain 24 avril, ledit Bafque ne fut pas la trouver et la remercia de fon fervice en lui difant qu'il y avoit près de fix mois qu'il lui fourniffoit et la menoit en voiture fans avoir touché un fol et qu'il ne pouvoit plus faire d'avances ?

A répondu que le fait eft vrai.

Si elle ne lui répondit pas alors qu'elle étoit dans l'impoffibilité de le fatiffaire pour le moment, mais qu'il n'y perdroit jamais rien et fi ledit Bafque étant monté de fon appartement dans la cuifine, elle ne lui envoya pas ladite Tino, fa femme de chambre, pour lui répéter la même chofe.

A répondu que le fait n'eft pas vrai.

Si depuis ce tems-là ledit Bafque n'a pas été plufieurs fois chez elle pour lui demander de l'argent et pourquoi elle l'a toujours remis puifqu'elle lui devoit comme lui ayant promis et comme ayant loué fes voitures ?

A répondu qu'elle ne l'a jamais vu chez elle depuis qu'elle a quitté la voiture.

Si ledit Bafque n'a pas été lui demander de l'argent entre autres jours au mois d'août 1756, lorfqu'il y avoit chez elle le fieur Lorillard, bijoutier, qui parloit d'une boîte qu'elle lui avait donnée à vendre de la fomme de 3,000 livres, en échange de laquelle il lui avoit fourni des boucles d'oreilles et autres effets ?

A répondu qu'elle ne l'a pas vu ce jour-là ni autre.

Si la répondante ne dit pas ce jour-là audit Bafque qu'elle le prioit de prendre patience, qu'elle alloit lui envoyer quelque chofe pour l'intérêt de fon argent et fi elle ne defcendit pas, en effet, dans fon appartement et ne lui envoya pas 48 livres par fa femme de chambre, laquelle ayant été lui dire que ledit Bafque n'étoit pas content, elle ne lui envoya pas encore 24 livres, ce qui fait en tout 72 livres que ledit Bafque a reçues ?

A répondu que le fait n'eft pas vrai et qu'elle ne lui a jamais rien donné que pour boire.

Si elle ne ſe ſouvient pas que ledit Baſque a été depuis cet à-compte plu-ſieurs fois encore chez elle pour avoir quelque argent et qu'elle lui faiſoit toujours dire qu'elle étoit en compagnie ?

A répondu qu'on ne le lui a jamais annoncé.

S'il n'eſt pas vrai que ledit Baſque, laſſé de tous ces faux-fuyans, lui a écrit deux lettres ?

A répondu qu'il lui a effectivement écrit deux fois, mais n'y a point fait de réponſe.

Si par la première de ces lettres il ne lui marquoit pas qu'il étoit dans un extrême beſoin, qu'il avoit appris avec plaiſir qu'elle étoit dans la ſituation heureuſe de le ſatisfaire et la prioit d'entrer en payement ?

A répondu qu'elle ne s'en ſouvient plus.

Si le domeſtique de la répondante ne lui donna pas cette lettre en préſence d'un monſieur qui demeuroit rue du Haſard, auquel elle fit la lecture de cette lettre, que ce monſieur ayant dit qu'il falloit finir à payer cet objet, elle lui répondit qu'elle donneroit audit Baſque un à-compte ſous quelques jours ?

A répondu que le fait n'eſt pas vrai.

Si à la ſeconde lettre elle ne dit pas à ſon domeſtique de dire audit Baſque qu'elle n'étoit pas ſi bien qu'il le croyoit, car s'il la preſſoit ſi fort ou ſi il la traduiſoit en juſtice, elle nieroit lui rien devoir, attendu qu'il n'avoit pas de billet d'elle ?

A répondu que le fait n'eſt pas vrai.

Si c'eſt pour tenir cette dernière parole qu'elle a avancé dans ſes écritures du 20 janvier dernier pour défenſes à l'aſſignation que ledit Baſque lui a fait donner le 11 janvier précédent, qu'elle n'avoit jamais loué aucun carroſſe dudit Baſque, qu'elle n'avoit fait aucune convention avec lui ni aucun prix, qu'elle avoit ſeulement connoiſſance que le prince Lubomirski, Polonois, avoit fait uſage de carroſſes appartenant audit Baſque pendant ſa réſidence à Paris, mais qu'elle ne pouvoit être tenue d'en payer le loyer puiſqu'elle n'en avoit jamais loué perſonnellement ni fait de prix ni de convention avec lui ?

A répondu qu'elle l'a fait dire ainſi dans ſes écritures par ſon procureur parce que c'eſt la vérité, que ledit Baſque a traité perſonnellement avec le prince et qu'il a dû être fait un bail entre eux, ainſi qu'il eſt d'uſage, que s'il avoit traité avec la répondante il y auroit un bail avec elle.

Si elle a donné pouvoir à ſon procureur de faire ſignifier une pareille défenſe ?

A répondu que oui.

Si elle croit cette défenſe conforme à la vérité et qui eſt-ce qui peut la lui avoir ſuggérée ?

A répondu qu'elle ne lui a point été ſuggérée, étant la vérité.

Si elle ne s'aperçoit pas qu'elle ſe dément tout à fait avec les faits à elle oppoſés ci-deſſus puiſque les louages de carroſſes à elle faits perſonnellement ont deux époques. La première depuis le 1er octobre 1754 juſqu'au 6 décembre de la même année pendant lequel tems, à la vérité, le prince pouvoit être à Paris, et la ſeconde du 27 janvier 1755 juſqu'au 23 avril ſuivant, pendant lequel tems il étoit hors de Paris?

A dit avoir répondu ci-deſſus qu'elle n'a eu les équipages dudit Baſque que pendant le tems que le prince a été à Paris puiſque c'étoit du prince qu'elle les tenoit.

A elle repréſenté que, outre que le prince n'a donné aucun ordre pour la première location de carroſſe, il auroit été impoſſible qu'il en donnât pour la ſeconde, n'étant pas à Paris alors, encore moins pour pouvoir ſe ſervir de ce carroſſe comme la répondante a dit par ſes écritures en avoir connoiſſance ?

A dit avoir répondu ci-deſſus.

Si elle ne prétend pas tirer cette défenſe de ce que ledit Baſque pendant la première location de carroſſe à la répondante a mené, par ſes ordres et tandis qu'elle étoit à l'Opéra, le prince deux ou trois fois au plus à d'autres ſpectacles parce qu'il avoit prêté ſa voiture journalière pour le moment, leſquelles courſes n'ont pas empêché le ſervice de la répondante ?

A dit avoir répondu ci-deſſus, que d'ailleurs le prince étoit maître de cette voiture puiſqu'elle lui appartenoit.

Si quoiqu'il n'y ait point d'écrit, elle ſe croit moins obligée de payer et plus en droit de faire perdre par une dénégation ce qu'elle doit à juſte titre audit Baſque ?

A répondu qu'elle ne lui doit rien.

Quels motifs ont pu la déterminer à faire ſignifier une pareille défenſe et ſi ce n'eſt pas par la crainte de ne pas avoir du tems ou d'être preſſée trop vivement, quoique cependant elle dût être perſuadée par les bonnes façons dudit Baſque qu'il ne vouloit point lui faire de peine et par le tems qu'il lui a donné qu'il lui donneroit tout celui dont elle pourroit avoir beſoin pour le payer à ſa commodité comme il y eſt diſpoſé et le lui offre encore ?

A répondu que c'eſt parce qu'elle ne lui doit rien, n'ayant point traité avec lui.

Si elle ne croit pas être entrée en payement par les 72 livres qu'elle a données à-compte audit Baſque et pour quelle raiſon elle lui avoit pu donner cette ſomme au mois d'août 1756 ſi, ſelon ſes écritures, ce carroſſe avoit été loué et employé pour le prince ?

A répondu qu'elle ne lui a point donné trois louis au mois d'août, qu'elle ne lui a jamais donné que des pour boires qui peuvent peut-être monter à cette ſomme.

Si elle ne doit pas audit Bafque le contenu en fa demande, déduction faite des 72 livres qu'il a reçues et qu'il offre imputer fur le principal ?

A répondu qu'elle ne doit rien.

Si elle croit que Bafque puiffe faire la preuve, comme il l'offre, de tous les faits ci-deffus et fi elle y confent ?

A répondu qu'il lui eft impoffible d'en faire la preuve, eft furprife de fon procédé parce qu'il eft conftant qu'il s'eft pourvu au prince lui-même dont il a les lettres par lefquelles le prince promet le payer, qu'il a même été à cet effet chez l'avocat du prince, cloître des Mathurins, pour fe faire comprendre au nombre des créanciers et ne croit pas au furplus que ce foit le cas de la preuve.

Signé : CHÉNON; LA CHANTERIE.

(*Archives nationales*, Y, 11,336.)

L ACOSTE (LOUIS), batteur de mesure. On doit à cet artiste la musique des ouvrages suivants : *Philomèle,* tragédie de Roy, représentée le 20 octobre 1705 ; *Bradamante,* tragédie de Roy, représentée le 2 mai 1707 ; *Créüse l'Athénienne,* tragédie de Roy, représentée le 5 avril 1712; *Télégone,* tragédie de Pellegrin, représentée le 6 novembre 1725 ; *Orion,* tragédie de Pellegrin et La Font, représentée le 17 février 1728; *Byblis,* tragédie de Fleury, représentée le 6 novembre 1732.

Il faut ajouter à cette liste *Aricie,* ballet en cinq actes de l'abbé Pic, représenté en 1697.

Lacoste est mort en 1754.

(*Dictionnaire des théâtres.— Les Spectacles de Paris.—*
Nérée Désarbres : *Deux Siècles à l'Opéra.*)

1701. — 16 juin et 6 juillet.

Plaintes d'un horloger contre sa femme qui vivait en mauvais commerce avec Louis Lacoste.

L'an 1701, le jeudi 16 juin, huit heures du matin, eft comparu par-devant nous Charles Bourdon, etc., Jacob Sardet, maître horloger à Paris, demeurant quai de l'Horloge-du-Palais : Lequel nous a dit et fait plainte de ce qu'il y a environ dix ans qu'il a époufé Marie Dupille, fa femme, avec laquelle il auroit vécu en union et intelligence, mais il y a environ dix-huit mois que ladite Dupille a eu la connoiffance du nommé Louis Lacofte, muficien de l'Opéra, duquel elle fe feroit amourachée et jetée dans une débauche honteufe, vivant en adultère avec lui : ce qui étant venu à la connoiffance du plaignant, il auroit fait fes efforts pour la retirer de cette débauche et défordre, mais ladite Dupille, loin d'écouter aucune raifon, auroit pris et emporté de chez le plaignant tout ce qu'elle auroit pu prendre tant en meubles, hardes, linges que matières d'or dont il fe fert à fes ouvrages, traitant le plaignant de b..... de chien, gueux, malheureux et autres injures, prenant tout l'argent qu'elle peut attraper au plaignant, ayant eu des chambres meublées en ville à l'infu du plaignant où elle fe retire avec ledit Lacofte, vivant, buvant, mangeant et couchant enfemble comme mari et femme : icelle Dupille menaçant même de faire tuer le plaignant s'il l'empêche de vivre avec ledit Lacofte à fa volonté, abandonnant le plaignant et leurs enfans pour vivre en adultère avec ledit Lacofte, en ruinant le plaignant d'honneur, de réputation et de biens, ayant en fon abfence fait venir chez lui un tapffiier pour emporter le peu de meubles qui lui refte et le réduire à la dernière extrémité. Et le jour de mardi, au matin, le plaignant s'apercevant toujours que ladite Dupille le voloit et prenoit tout ce qu'elle lui pouvoit attraper, ayant deux gros et demi vingt-quatre grains d'or en fil pour en faire de petites blondes à garnir, il n'auroit pas été plutôt forti de la chambre où cela étoit et revenu un moment après, que ladite Dupille en auroit ôté et rompu une partie : lui ayant encore pris dimanche dernier deux écus blancs ; lui ayant pris et emporté une grande partie de fon ·linge, vaiffelle, batterie de cuifine et généralement tout ce qu'elle peut attraper. N'ayant ladite Dupille prefque plus de hardes dans la maifon du plaignant, les ayant emportées furtivement dans la chambre qu'elle a en ville. Le père et la mère de ladite Dupille, qui ont connoiffance de fa débauche et défordre, avec fes parens et amis étant tous convenus de la faire enfermer à l'Hôpital général, du confentement du plaignant, qui eft réduit dans un état déplorable de voir le défordre dans lequel eft ladite Dupille, laquelle non contente de ruiner le plaignant le menace encore de le faire tuer et affaffiner. Et d'autant que le plaignant a un intérêt très-sensible à empêcher que ladite Dupille ne continue une telle vie et défordre et qu'il n'eft même en fûreté de fa vie, pourquoi eft venu nous rendre plainte.

Signé : Bourdon ; Jacob Sardet.

Et le mercredi 6 juillet audit an, deux heures de relevée, font comparus par-devant nous, commiffaire fufdit, ledit Jacob Sardet, Robert Dupille, maître franger-boutonnier à Paris, et Marie Hauville, fa femme, père et mère de ladite Dupille, femme Sardet : Lefquels nous ont dit et fait plainte, favoir, ledit Sardet, en continuant celle ci-deffus à nous rendue, qu'à la prière de fa femme et de leurs parens et amis, il auroit difcontinué à faire les pourfuites et procédures dans l'efpérance que fadite femme´vivroit mieux, ainfi qu'elle avoit promis, mais il voit avec douleur que nonobftant toutes fes promeffes réitérées, elle continue à vivre dans le défordre et adultère avec ledit Lacofte, emportant tout ce qu'elle peut attraper de chez le plaignant, fon mari, pour fubvenir à fes débauches, mettant en gage fes habits et hardes : tout le voifinage étant fcandalifé de fa mauvaife vie et défordre. Et lefdits Dupille et fa femme de ce qu'ils ont fait leur poffible pour tâcher à obliger ladite Dupille, leur fille, de rentrer dans fon devoir et ne plus vivre en adultère avec ledit Lacofte, prendre et emporter ainfi qu'elle fait les meubles, deniers comptant, marchandifes et autres chofes dudit Sardet, fon mari, pour entretenir ledit Lacofte dans fon crime avec elle. Pourquoi ils font venus nous rendre la préfente plainte (1).

Signé : JACOB SARDET; BOURDON.

(*Archives nationales*, Y, 10,732.)

Voy. : PASQUIER (MADELEINE-CLAUDE).

———

LACOUR (JEANNE TALLEFERT, dite), danseuse. Elle fut attachée à l'Académie royale de musique de 1759 à 1763. Champfort raconte que le duc de La Vallière, la voyant un jour à l'Opéra sans diamants, s'approcha d'elle et lui demanda pourquoi elle n'en portait pas. « C'est, répondit spirituellement la danseuse, que les diamants sont la croix de Saint-Louis de notre état ! » Cette saillie transporta le duc, qui devint amoureux fou de Mlle Lacour. On prétend qu'il se prêtait à toutes ses fantaisies, même les plus déplacées, et qu'un jour elle lui ôta son cordon bleu, le posa par terre et s'écria : « Mets-toi à genoux là-dessus, vieille ducaille ! »

Le document publié plus bas nous montre Mlle Lacour possé-

———

(1) A la fuite de cette plainte, Marie Dupille fut enfermée à l'Hôpital général.

dant enfin la croix de Saint-Louis de son état, c'est-à-dire des diamants en grande quantité et fort beaux, mais il nous apprend
aussi que la pauvre danseuse fut dépouillée par un voleur de
toutes ses richesses. Les inquiétudes bien naturelles qu'elle ressen-
tit à ce propos ne furent heureusement pas de longue durée et quelque temps après elle rentra en possession de ses précieux effets.

(Journal des inspecteurs de M. de Sartine, p. 11, 43, 57
et 167.)

1762. — 28 janvier.

Vol de diamants commis chez Mlle Jeanne Tallefert, dite Lacour.

L'an 1762, le jeudi 28 janvier, une heure de relevée, en l'hôtel et par-
devant nous Bernard-Louis-Philippe Fontaine, etc., eſt comparue demoiſelle Jeanne Tallefert de Lacour, penſionnaire à l'Opéra, demeurant rue
St-Joſeph, paroiſſe St-Euſtache : Laquelle nous a déclaré que, depuis deux
ans, le nommé Daviel, de l'âge d'environ 21 ans, s'eſt adonné à venir
chez elle et à s'y rendre utile par ſes complaiſances et même a feint d'aimer
la ſœur de la comparante et de la rechercher pour le mariage ; qu'en outre
la comparante lui avoit permis de coucher dans ſa maiſon, lorſqu'il le vouloit, dans une chambre au ſecond étage ; que même la comparante a pris
confiance en lui et l'a chargé, en différens tems, de pluſieurs commiſſions ;
qu'il y a trois ou quatre jours que la comparante lui a confié une montre à
boîte d'or ciſelée à fleurs, appartenant à la ſœur de la comparante pour la
faire raccommoder et dont il s'eſt chargé ; qu'avant-hier, dans le cours de
l'après-midi, la comparante a encore confié audit Daviel une petite montre
deux criſtaux, l'un deſſus, l'autre dèſſous, qui lui ſervoit de boîte et dont
le cercle eſt garni de diamans, et dont le mouvement eſt fait par Baillon, à
l'effet auſſi de faire raccommoder quelque choſe au mouvement et de la régler.
Nous obſerve que ledit Daviel, en prenant leſdites deux montres, n'a pas dit
à quel horloger il les remettroit et que la comparante ne lui en a pas aſſi-
gné ; qu'hier, ſur les onze heures du ſoir, ledit Daviel, ayant ſoupé avec elle,
lui dit, en converſant, qu'il coucheroit dans ſa maiſon ; que la comparante
ſe mit au lit avec ſa ſœur et qu'enſuite ledit Daviel tira et ferma les rideaux
du lit, enſuite s'en alla et ferma la porte et a remis les clefs au domeſtique ;
qu'aujourd'hui, à onze heures, la comparante a demandé ſes poches, qui ſont

ordinairement fur une bergère à côté du lit, à fa fœur qui étoit levée ; que les ayant cherchées partout, elle a dit qu'elle ne les trouvoit pas ; qu'alors la comparante s'eft levée et a cherché elle-même et que, ne les ayant pas trouvées, elle a cherché dans fon armoire pour voir fi on ne les y avoit pas ferrées ; qu'elle ne les y a pas trouvées et, au contraire, a remarqué qu'on avoit emporté la caffette où elle mettoit fes diamans ; qu'auffitôt la comparante eft entrée dans la chambre où avoit couché ledit Daviel et qu'elle a découvert qu'il y avoit apparence qu'il étoit forti pendant la nuit, ce qu'il a pu faire au moyen de ce que la groffe clef de la porte d'entrée étoit derrière la porte ; qu'ayant cherché dans ladite chambre, on a trouvé fous le lit ladite caffette fermée et fans clef ; qu'elle a auffitôt envoyé chercher un ferrurier mais qu'il ne s'eft rien trouvé dans ladite caffette ; que l'on a auffi trouvé lefdites poches vidées, enveloppées dans une ferviette et mifes au linge fale ; que toutes ces circonftances lui ont annoncé que c'étoit ledit Daviel qui lui avoit pris fes poches et ladite caffette la veille au foir après avoir tiré les rideaux du lit, joint à ce que ledit Daviel ne fe trouve point.

Les bijoux et diamans confiftent :

1° En un collier de diamans monté à jour et qui a coûté 15,500 livres et qui eft actuellement démonté, fe brifant en différentes pièces pour fervir à différens ufages et que le milieu eft en nœud de ruban avec une poire ;

2° Une paire de girandoles de brillans montée à plein quant aux pierres et à jour quant au milieu, lefquelles ont coûté 9,600 livres ;

3° Deux appliques de bracelets et brillans montées à jour dont l'une a coûté 4,000 livres, ayant au milieu une pierre très-groffe, et l'autre ayant coûté cent louis ;

4° Deux fleurs de diamans brillans, fervant foit de boucles de chien, foit de fleurs dans la tête, ayant dans le milieu de toutes deux un diamant très-gros et ont coûté 3,000 livres ;

5° Un papillon de diamans brillans pour mettre dans les cheveux, de valeur de 30 louis ;

6° Une bague d'un diamant blanc brillant et feul, qui a coûté 18,000 livres ;

7° Une bague de plufieurs diamans de couleurs, blancs et verts et repréfentant une mouche dont les ailes font quatre opales, entourée de brillans, de valeur de 25 louis ;

8° Une petite croix de diamans de valeur de 10 louis, appelée communément *prétention* ;

9° Une grande boîte d'homme à tabac, carrée, d'or, émaillée en cartouche, le milieu repréfentant une corbeille de fleurs, de valeur de 100 louis ;

10° Une autre boîte à tabac ronde et à charnières, de vieux laque, doublée d'or et étant deffus travaillée en or, de valeur de 25 louis ;

11º Une autre boîte d'or ronde et à charnières, à ufage de femme, le fond uni et poli avec des ors de couleur, repréfentant divers attributs de toilette et de mufique ;

12º De plus, une autre boîte d'or carrée propre à mettre du rouge et des mouches, à deux fonds, à chacun defquels il y a une glace et garnie de fa broffe à rouge, de valeur de 25 louis ;

13º Un étui d'or de couleur, de forme ovale, repréfentant différens animaux, ayant coûté 400 livres ;

14º Un flacon de criftal de roche dont le bouchon et la monture font d'or émaillé, repréfentant deux Flamands, qui a coûté 35 louis ;

15º Un autre flacon tout d'or émaillé, ayant un fecret pour mettre un portrait et qui a coûté 15 louis ;

16º Une bourfe de foie tricotée de plufieurs couleurs, dans laquelle il y avoit trois ou quatre louis ;

17º Sept ou huit petits bijoux de montre, en or, qui étoient attachés à une chaîne de montre d'or, confiftant en un cornet de trictrac, un petit bonnet, une petite hotte, deux cachets, dont l'un à deux faces ;

18º Trois cuillères, deux fourchettes à bouche et une grande cuillère à ragoût, le tout d'argent, fans armes, ni chiffres ;

19º Une garniture de dentelle d'Angleterre, col, manchettes à trois rangs de pareille dentelle avec un fichu de col auffi de pareille dentelle, le tout ayant coûté 25 louis. Plus une paire de manchettes et un fichu de point ayant coûté 15 louis. Une paire de manchettes et un fichu de Valenciennes ayant coûté environ 500 livres, et une paire de manchettes d'Angleterre dont elle ignore la valeur.

Nous obfervant que ledit Daviel, de l'âge d'environ 21 ans, de taille de cinq pieds deux ou trois pouces, maigre, ayant le bas du vifage affilé, un côté du vifage plus gros que l'autre, les yeux très-enfoncés, petits et couverts, le fourcil noir et épais, les cheveux noirs et en très-grande quantité, la bouche très-grande et de belles dents, le front petit, le haut des joues exhauffé, les épaules plates et carrées, les deux jambes minces, fur l'une defquelles il y a une groffeur, et en général l'air finiftre et boitant un peu, portant épée et cheveux en bourfe, ayant ordinairement un habit de drap gris, une vefte rouge et une culotte de raz de St-Cir noir, etc. (1).

Signé : TALLEFERT DE LACOUR ; FONTAINE.

(*Archives nationales*, Y, 13,114.)

---

(1) Mlle Lacour rentra en possession de tous ses bijoux. De l'enquête qui fut faite, il sembla résulter que la sœur de Mlle Lacour, qui se faisait appeler Mlle de La Bouchardière, était la complice du voleur avec lequel elle entretenait des relations intimes.

LACOUR (LOUISE DE), chanteuse.

1768. — 23 janvier.

Mlle Louise de Lacour se plaint d'un vol commis chez elle.

L'an 1768, le famedi 23 janvier, onze heures du matin, en notre hôtel et par-devant nous Jean-François Hugues, etc., eft comparue demoifelle Louife de Lacour, fille, chanteufe à l'Académie royale de mufique, demeurant à Paris, rue de Cléry, chez Tatry, logeur en chambres garnies: Laquelle nous a dit et déclaré qu'elle eft fortie hier de chez elle fur les huit heures du matin pour aller à la répétition de l'Opéra; que, rentrant dans la maifon dudit Tatry fur les deux heures après midi, elle rencontra le nommé Fran-çois, favoyard, lequel fait les commiffions de la comparante, qui lui dit que ledit Tatry et fa femme avoient, fur le midi, fait faire ouverture, par un fer-rurier, de l'appartement que la comparante occupe chez eux, au premier étage, fur le derrière, duquel elle avoit emporté la clef; qu'ayant ouvert la porte d'entrée dudit appartement et entrée dans fa chambre, elle s'aperçut qu'on lui avoit pris tant fur fon lit que dans la commode, qui ne ferme point à clef, une robe à jupon de taffetas des Indes, rayé noir et blanc, une peliffe de fatin noir à mouches, une calèche de taffetas noir, deux chemifes neuves unies, une paire de bas de foie blancs, deux paires de manchettes dont une de gaze et une de blonde, un jupon de fatin rofe et deux mouchoirs de batifte, une paire de fouliers qui étoient fous fon lit et une paire de boucles à pierres; que la comparante ayant auffitôt été chez ledit Tatry et fa femme leur demander pourquoi ils avoient, à fon infu, ouvert la porte de fon apparte-ment et pris lefdits effets, ils lui répondirent que c'étoit pour la fûreté du loyer et qu'ils ne les rendroient pas qu'ils ne foient payés entièrement dudit loyer, malgré que la comparante leur ait dit qu'elle ne leur devoit rien puifque le mois n'étoit pas encore échu, comme de fait déclare la compa-rante qu'elle ne doit que le mois courant qui écherra jeudi prochain 28 de ce mois. Et comme il feroit inique qu'un logeur en chambres garnies pût, de fon autorité privée, faire ouvrir les portes des chambres des perfonnes qu'il loge, en leur abfence, et de prendre les effets pour la fûreté des mois courans, elle comparante eftime devoir fe pourvoir contre ledit Tatry et fa. femme.

Signé : L. LACOUR ; HUGUES.

(*Archives nationales*, Y, 11,009.)

LAFOREST (Mlle), danseuse. Cette personne, qui ne figura que pendant fort peu de temps dans le corps de ballet de l'Académie royale de musique, passait pour une créature acariâtre, méchante et d'un libertinage révoltant. Le document publié ci-après nous apprend en outre que c'était une effrontée voleuse.

(*Journal des inspecteurs de M. de Sartine*, p. 51, 57, 77, 120, 158, 164, 189, 274, 285.)

1762. — 14 juillet.

Le baron de Warsberg rend plainte contre Mlle Laforest, par qui il avait été trompé et volé de la manière la plus odieuse.

L'an 1762, le mercredi 14 juillet, heure de midi, en l'hôtel et par-devant nous Gilles-Pierre Chenu, etc., eft comparu meffire Charles baron de Warfberg, meftre de camp de cavalerie, demeurant à la barrière Ste-Anne : Lequel nous a rendu plainte et dit qu'il y a environ deux ans, étant venu en cette ville, il s'y livra, comme tous les jeunes gens de fon âge, aux plaifirs fans en connoître le danger; qu'il y fit malheureufement la connoiffance d'une demoifelle Laforeft, ci-devant attachée à l'Opéra; qu'il ne fut pas longtems à lier avec elle l'intimité la plus parfaite qu'elle ferra au point que le plaignant lui a donné plus de 30,000 livres indépendamment de beaucoup d'autres qu'elle lui a mangées ou fait manger; que s'étant enfin aperçu, quoiqu'un peu tard, qu'il étoit fa dupe et qu'elle le ruineroit, il auroit imaginé de rompre un commerce auffi dangereux et en conféquence de retourner, après quelques mois de féjour dans cette capitale, à Sarrebourg, près Trèves, dans fon pays; que la demoifelle Laforeft, dont ce voyage paroiffoit devoir déranger les arrangemens de fortune, fit tout au monde pour pouvoir l'empêcher mais en vain; qu'en conféquence, défefpérée, elle eut recours à un ftratagème, fruit de fon imagination et bien digne d'elle, ce fut de s'annoncer enceinte des œuvres du plaignant, devant lequel elle affecta de prétendus maux de cœur et autres incommodités, fymptômes ordinaires de la groffeffe, ainfi qu'elle l'affura et voulut le perfuader, ce dont le plaignant fut encore la dupe, ladite Laforeft paroiffant fe défoler de fe voir abandonner dans une pareille circonftance; qu'il lui témoigna lors que s'il étoit vrai, ce dont il doutoit fort, qu'elle fût enceinte comme elle le difoit, il lui procureroit les fecours convenables à fon état et enfuite partit pour Sarrebourg, où, quelque tems après, il fut fort étonné de voir ladite demoifelle Laforeft qui lui renouvela fes affurances de groffeffe et fes follicitations de faire quelque chofe en faveur de fondit enfant ; que le plaignant très-fâché de l'extravagance de ladite Laforeft d'être ainfi venue le trouver dans le fein de fa famille y divulguer fon déshonneur, fit tout au monde pour la déterminer à s'en retourner très-promptement, ce qu'il ne put obtenir d'elle à moins qu'il ne lui fît en faveur de fondit enfant à venir un billet de 12,000 livres, affaifonnant fa demande de pleurs, de défolations et de ce dont les filles de pareille efpèce font dans l'ufage d'ufer pour des dupes ; que le plaignant, ayant beaucoup mangé et dépenfé avec et pour ladite Laforeft pour laquelle il s'étoit même dérangé, avoit bien pris le parti de ne plus être fa dupe, mais cependant défirant beaucoup de la voir s'en retourner, confentit de faire le billet de 12,000 livres fous condition verbale très-expreffe que le montant feroit appliqué au profit de l'enfant dont elle fe difoit enceinte et que ce billet n'auroit point lieu dans le cas où la prétendue groffeffe feroit fans réalité, que même pour plus d'affurance en faveur dudit prétendu enfant il a fait ledit billet daté, à la prière de ladite Laforeft, de Paris, du mois de mars 1761, quoique fait à Sarrebourg en juin de ladite année, et dit *valeur reçue comptant*, quoiqu'il n'en ait fourni aucune, à l'ordre du fieur Vaxheim, capitaine de dragons, ami du plaignant, qu'il en prévint, en le priant de repaffer, ainfi qu'il a fait, le fien au profit de ladite demoifelle Laforeft, afin que cela n'eût point l'air de la part du plaignant d'un billet fait à une fille et que, dans le cas où il mourroit avant l'échéance, fa famille le payât, ce qu'elle ne feroit fûrement point s'il étoit fait au nom d'elle demoifelle Laforeft, que l'on imagineroit n'en avoir jamais fourni de valeur réelle et en efpèces et toujours fous la condition que c'étoit pour l'enfant, et que point de groffeffe point de paiement de billet, que dans ce cas elle le remettroit comme nul, ce qui fut bien accepté et promis par la demoifelle Laforeft qui, n'étant point enceinte comme elle l'avoit dit, n'eft conféquemment point accouchée et a néanmoins gardé le billet que l'on lui a inutilement demandé plufieurs fois comme nul et qu'elle a refufé conftamment de rendre tant au plaignant qu'audit Vaxheim, inftruit des conditions et qui s'en trouve aujourd'hui endoffeur vis-à-vis cette demoifelle Laforeft à laquelle il n'a cependant jamais rien dû et ne doit rien, ce qu'il a repréfenté à ladite Laforeft qui, pour la remife dudit billet nul à tous égards, n'a pas été honteufe de demander fix mille livres dont elle a dit avoir befoin ; qu'elle s'obftine d'autant plus à vouloir foutirer cette fomme du plaignant que, depuis fon retour dans cette ville, elle a trouvé moyen de le revoir, de renouer avec lui pour quelques jours dans le voyage qu'il a fait l'année dernière, précédant celui-ci, et de lui retirer fûrement une contre-lettre qu'elle lui avoit donnée relativement audit billet, après quoi elle a levé le maſque, ce qui n'a fait que confirmer de nouveau le plaignant de la mauvaiſe foi de ladite Laforeſt. Et comme il a l'intérêt le plus ſenſible de ravoir ſondit billet de 12,000 livres dont il n'a jamais reçu la moindre valeur, etc., il eſt venu nous rendre plainte contre ladite Laforeſt.

Signé : CHENU ; LE BARON DE WARSBERG.

(Archives nationales, Y, 11,571.)

———

LAGUERRE (MARIE-JOSÈPHE), chanteuse. En 1772, elle figu-rait dans le chœur du chant de l'Académie royale de musi-que et fut cette année même l'héroïne d'un scandale qui fit grand bruit. Surprise dans une loge, pendant une répétition, en tête-à-tête trop intime avec M. de Meslay, président de la Chambre des comptes, il fut un instant question de l'expulser de l'Opéra. Mais, plus heureuse que Mlle Petit, danseuse, qui fut, en 1740, pour semblable aventure, momentanément rayée des contrôles de l'Académie royale de musique, Mlle Laguerre en fut quitte pour la peur et probablement pour une peine disciplinaire (1). Choisie quelque temps après pour doubler certains premiers rôles, elle ne tarda pas à conquérir tous les suffrages, tant à cause de la pu-reté et de la sensibilité de sa voix, l'une des plus belles qu'on eût jamais entendues au théâtre, que par sa ravissante figure, ronde et vermeille, que l'on ne manqua pas de comparer à une rose. Toutefois elle était loin d'être bonne actrice et son jeu man-quait absolument de noblesse. Les rôles d'Alceste et d'Armide qu'elle chanta en 1776 et en 1778, furent l'occasion pour elle de

———

(1) Mlle Laguerre n'en devint pas pour cela plus circonspecte, s'il faut en croire un pamphlet intitulé : l'Espion du boulevard du Temple, dans lequel on lit : « Eh ! pourquoi ne dirai-je pas que je fus moi-même témoin que pendant le concert ſpirituel du 24 décembre de l'année précédente (1782), Mlle Laguerre, pendant un Dioni-oratorio, exécutoit dans un coin avec Volange, dont tout Paris ſait qu'elle a fait ſon ſapajou, un intermède qui s'accordoit peu avec la ſpiritualité du con-cert. » — Volange, dont il est ici question, était un comédien très en vogue du spectacle des Variétés-Amusantes.

véritables triomphes. Un accident qui lui arriva lorsqu'elle joua pour la première fois Armide, la rendit plus sympathique encore au public. Pendant toute la représentation on avait remarqué qu'elle paraissait souffrante et qu'elle ne dominait son état que par des efforts de volonté, lorsque tout à coup, vers la fin de la pièce, elle tomba sans connaissance sur la scène et ne put terminer son rôle. Les spectateurs attribuant cette défaillance aux efforts de l'artiste, lui prodiguèrent leurs applaudissements. Ce ne fut que quelques années plus tard que l'on comprit les causes de cette dé-faillance qui avait paru d'abord si intéressante. Ce n'était ni le travail, ni l'émotion qui avait produit cette syncope, c'était tout simplement le vin de Champagne, dont Mlle Laguerre avait l'habi-tude de boire d'une façon exagérée lorsqu'elle était en scène. On en eut bien la preuve au mois de janvier 1781, lors des repré-sentations d'*Iphigénie en Tauride*, tragédie de Dubreuil, musique de Piccini, où elle parut sur le théâtre dans un état complet d'ivresse (1).

Grimm, dans sa *Correspondance littéraire,* a raconté cette dé-plorable histoire en ces termes :

Il est arrivé à la seconde représentation d'*Iphigénie*, un événement trop mémorable pour être oublié dans les fastes de l'Académie royale de musique. Mlle Laguerre, qui, dans sa première jeunesse, se signalait *in triviis,* payait les fiacres sans bourse délier, qui, quelques années après, sut ruiner dans l'espace de cinq ou six mois, M. le prince de Bouillon(2), qui vient d'épuiser encore

(1) Ce qui fit dire à quelqu'un : « Ce n'est plus Iphigénie en Tauride, c'est Iphigénie en Cham-pagne ! »

(2) Elle lui mangea 800,000 livres en trois mois. On a fait sur M. de Bouillon, qui était cham-bellan du roi, et sur Mlle Laguerre la chanson suivante sur l'air : *Si le Roi m'avait donné.*

Bouillon eſt preux et vaillant,
Il aime La guerre ;
A tout autre amuſement
Son cœur la préfère.
Ma foi ! vive un chambellan
Qui toujours s'en va diſant :
Moi j'aime La guerre
O gué !
Moi j'aime La guerre !

la fortune d'un de nos plus riches fermiers généraux, M. Haudry de Soucy, et qui n'a jamais pu renoncer aux douces habitudes de ses premières liaisons, Iphigénie-Laguerre était ivre, mais ivre au point de chanceler sur la scène et de se rendre fort incommode à toutes les prêtresses empressées à la soutenir ; on ne sait comment elle a pu achever son premier acte. La crainte d'interrompre le spectacle et surtout la compassion qu'inspirait la situation où l'on supposait que devait être en ce moment le malheureux Piccini, obtint du parterre plus d'égards et de ménagements qu'on ne devait peut-être en attendre : il n'y eut que des murmures sourds ; on se défendit de rire et de huer. Tous les secours qui pouvaient dissiper promptement les vapeurs qui offusquaient encore le cerveau de la princesse lui furent administrés dans l'intervalle du second acte et la mirent en état de chanter avec plus de décence dans les deux derniers. Cet accident n'a pas eu de grandes suites. Le Roi s'en étant fait rendre compte, dit à M. Amelot : *Eh bien! vous l'avez envoyée en prison?...* Elle n'y était pas encore ; mais elle reçut le soir même l'ordre de se rendre au For-Lévêque et s'y soumit avec beaucoup de résignation. On l'en a fait sortir deux jours après pour reprendre son rôle à jeûn. Elle a dit avec beaucoup de sensibilité les deux premiers vers du rôle :

> O jour fatal que je voulais en vain
> Ne pas compter parmi ceux de ma vie !

Le public parut ivre à son tour et le lui témoigna par des applaudissements sans fin et sans nombre. Il est vrai qu'elle chanta mieux que jamais ; à la fin du premier acte on lui fit annoncer, de la manière qui pouvait donner le plus de prix à cette grâce, que sa liberté lui était rendue. M. Piccini et le

> Au sortir de l'Opéra
> Voler à La guerre,
> De Bouillon ? qui le croira,
> C'est le caractère.
> Elle a pour lui des appas
> Que d'autres n'y trouvent pas.
> Enfin c'est La guerre,
> O gué !
> Enfin c'est La guerre.
>
> A Durfort il faut Duthé,
> C'est sa fantaisie ;
> Soubise, moins dégoûté,
> Aime La Prairie.
> Mais Bouillon qui pour son Roi
> Mettroit tout en désarroi,
> Aime mieux La guerre,
> O gué !
> Aime mieux La guerre.

Mlles Duthé et La Prairie, nommées dans le dernier couplet, étaient deux courtisanes célèbres qui avaient appartenu à l'Académie royale de musique.

prince de Guéméné qui s'intéressent beaucoup à l'honneur de la musique italienne, avaient vivement intercédé en sa faveur.

Mlle Laguerre se fit pardonner cette incartade une peu forte par
la manière dont elle chanta quelques mois plus tard le rôle d'Andromaque dans *Andromaque,* tragédie de Pitra, musique de Grétry, qui écrivit à ce propos dans ses *Mémoires :* « Mlle Laguerre,
dont l'organe ravissant retentit encore dans nos cœurs, chanta en
double et semblait avoir emprunté les accents mêmes de la veuve
d'Hector. »

Mlle Laguerre mourut, le dimanche 9 février 1783, des suites
d'une maladie honteuse (1). Dans ses derniers instants, elle avait
fait appeler auprès d'elle le curé de Saint-Nicolas-des-Champs, sa
paroisse. Le prêtre trouva la malheureuse actrice dans un appartement d'une saleté révoltante et presque entièrement démeublé,
et c'est avec la plus grande surprise qu'il apprit qu'elle laissait
300,000 livres en effets et 30,000 livres de rente.

Elle étoit fort avare, disent les *Mémoires secrets,* et faifoit de tems en tems
la vente de fes meubles et bijoux pour en avoir d'autres du premier amant
qu'elle enlaceroit (2). Il n'y avoit pas longtems qu'elle avoit fait cette opération lorfque la maladie l'a furprife. Du refte, c'étoit, au moral, un très-mauvais fujet ayant, outre les défauts, les vices dont on a parlé plufieurs fois,
celui de voler, qu'on ne pouvoit croire, mais conftaté par le témoignage de
toutes fes camarades et dont elle ne s'étoit pas corrigée, même dans la plus
grande opulence.

Voici la liste des principaux opéras ou ballets héroïques dans
lesquels Mlle Laguerre a chanté : *le Feu,* acte des *Éléments,* ballet
de Roy, musique de Destouches, repris en 1773 (rôle de l'A-
mour); *Orphée,* tragédie de Moline, musique de Gluck, en 1774

(1) « Elle est morte, dit Grimm, des suites de la maladie que M. le chevalier de Godernaux a
nommée si ingénieusement la maladie anti-sociale. »

(2) Il existe un *Catalogue* d'une des ventes faites par Mlle Laguerre, dont M. le baron Charles
Davillier a donné, il y a quelques années, une réimpression chez Aubry.

reprise en 1781 (rôle d'Eurydice); *Adèle de Ponthieu,* tragédie de Saint-Marc, musique de Laborde, reprise en 1775 et en 1781 (rôle d'Adèle); *Céphale et Procris,* tragédie de Marmontel, musique de Grétry, en 1775 (rôle de Procris); *Cythère assiégée,* ballet de Favart, musique de Gluck, en 1775; *Hylas et Églé,* acte du *Triomphe de l'Harmonie,* ballet de Lefranc, musique de Grenet, Legros et Désormery, repris en 1775 (rôle d'Églé); *Iphigénie en Aulide,* tragédie du bailli du Roullet, musique de Gluck, reprise en 1775 (rôle d'Iphigénie); *Alceste,* tragédie du bailli du Roullet, musique de Gluck, en 1776 (rôle d'Alceste); *les Romans,* ballet de Bonneval, musique de Nieil et Cambini, repris en 1776; *Armide,* tragédie de Quinault, musique nouvelle de Gluck, reprise en 1778 (rôle d'Armide); *Roland,* tragédie de Quinault, musique nouvelle de Piccini, reprise en 1778 (rôle d'Angélique); *Hellé,* opéra de La Boullaye et Le Monnier, musique de Floquet, en 1779 (rôle d'Hellé)(1); *Atys,* tragédie de Quinault, musique nouvelle de Piccini, reprise en 1780 (rôle de Sangaride); *Écho et Narcisse,* pastorale de Tschudy, musique de Gluck, reprise en 1780 (rôle d'Écho); *Andromaque,* tragédie de Pitra, musique de Grétry, reprise en 1781 (rôle d'Andromaque); *Apollon et Coronis,* acte des *Amours des Dieux,* ballet de Fuzelier, musique nouvelle de Rey frères, en 1781 (rôle de Coronis); *Iphigénie en Tauride,* tragédie de Dubreuil, musique de Piccini, en 1781 (rôle d'Iphigénie); *la Double Épreuve, ou Colinette à la Cour,* musique de Grétry, en 1782 (rôle de la Comtesse).

(L'*Espion anglais,* tomes II et III. — *Mémoires secrets,* VI, 214; VIII, 136; IX, 126; XIII, 280; XXII, 84, 99. — *Journal de Paris,* 11 février 1789, 11 février 1783. — *Le Chroniqueur désœuvré, ou l'Espion du boulevard du Temple.* — Grimm : *Correspondance littéraire,* X, 388; XI, 338. — *Mémoires de Grétry.*)

(1) Il paraît qu'à la première représentation, qui eut lieu le 5 janvier 1779, Mlle Laguerre fut détestable. « Mais, disent les *Mémoires secrets,* ceux qui savent l'anecdote l'excusent. Elle avoit perdu, le jour même, son amant, le sieur Caffaigne, apothicaire, que les camarades de l'actrice décoroient plaisamment du titre de premier commis de La guerre. »

1776. — 16 août.

Mlle Marie-Josèphe Laguerre se plaint d'avoir été insultée de la façon la plus grave par deux de ses voisins et par le portier de sa propre maison.

L'an 1776, le lundi 16 août, quatre heures de relevée, en notre hôtel et par-devant nous Louis Joron, etc., eft comparue demoifelle Marie-Jofèphe Laguerre, de l'Académie royale de mufique, fille mineure, demeurant à Paris, rue de Bondi, paroiffe St-Laurent, en une maifon dont elle eft propriétaire : Laquelle nous a rendu plainte contre le fieur Varenne et le fieur Varenne, fon fils, tous deux locataires d'un corps de logis dépendant de ladite maifon, et nous a dit que mercredi dernier, veille de l'Affomption, fes père et mère, frère et fœurs de ladite demoifelle de Laguerre ont défiré de lui donner un bouquet attendu que le lendemain étoit fa fête ; qu'en conféquence, ils ont tiré, vers les onze heures et demie du foir, un petit feu d'artifice compofé feulement de trois petits foleils et de quatre ou cinq petites gerbes fans aucun pétard, ce qui a duré cinq minutes tout au plus; obfervant qu'il n'y avoit aucune fufée montante. Que pendant ce petit divertiffement ledit fieur Varenne fils s'eft mis à la fenêtre, a invectivé la demoifelle Laguerre, l'a appelée f..... et a ajouté : « Si tu ne finis pas, je defcendrai et te frotterai les oreilles », qu'accablée de pareilles invectives auxquelles ladite demoifelle Laguerre n'avoit pas lieu de s'attendre, elle s'eft contentée de rentrer dans fon appartement fans rien dire. Que cejourd'hui dans la matinée, ladite demoifelle Laguerre, ne pouvant oublier l'infulte qui lui avoit été faite par ledit fieur Varenne fils mercredi dernier, a donné ordre à fon portier de ne plus fiffler à l'avenir pour lefdits fieurs Varenne père et fils de la même manière que par le paffé. Obferve ladite demoifelle Laguerre qu'elle a fait l'acquifition de la maifon en queftion du fieur Lemaître, avocat au Parlement, et que c'eft ledit fieur Lemaître qui a loué audit fieur Varenne père, le corps de logis qu'il occupe dans la même maifon, fuivant le bail fait double entre eux fous fignatures privées, le 25 avril 1775, par lequel bail il n'a point été ftipulé que le portier feroit tenu de fiffler pour ledit fieur de Varenne ; mais il y a été feulement inféré la claufe qui fuit : « Outre par-deffus la fomme de 3,000 l. annuellement ci-deffus ftipulée pour le prix du préfent bail, fera tenu ledit locataire de payer au portier ou à la portière de ladite maifon la fomme de cent livres par an, le furplus des gages dudit portier ou portière demeurant à la charge dudit fieur bailleur ou de ceux qui occupent préfentement ou qui pourront occuper à l'avenir le corps de logis du devant de ladite maifon. » Qu'il réfulte de cette claufe que ledit fieur Varenne étoit tenu de payer 100 livres par an au portier ; mais il n'en réfulte pas que le portier fût tenu de fiffler pour ledit fieur de Varenne. Que ladite demoifelle Laguerre, aujourd'hui propriétaire de ladite maifon, ayant ci-devant confenti tacitement que le portier fifflât pour ledit fieur Varenne, a voulu aujourd'hui rentrer dans le droit de fa propriété; en conféquence, elle a défendu, ainfi qu'il eft dit ci-deffus, de fiffler à l'avenir pour ledit fieur Varenne pour le punir des infultes que lui avoit faites ledit fieur Varenne fils et auxquelles le fieur Varenne père ne s'étoit pas oppofé. Que, fur la défenfe faite par ladite demoifelle Laguerre à fon portier de fiffler pour ledit fieur Varenne père, ledit fieur Varenne père s'eft emporté contre elle, lui a dit toutes fortes d'invectives, l'a tutoyée, en lui difant, entre autres chofes : « Tu es une vieille folle, une impertinente et une f...... et le portier reftera ici malgré toi. » Qu'après les infultes ci-deffus ledit fieur Varenne a donné des ordres au portier qui, en conféquence, a manqué effentiellement à la plaignante. Que, fe voyant ainfi maltraitée, ladite demoifelle Laguerre a dit au portier qu'elle le mettroit dehors. Sur quoi ledit portier l'a infultée, l'a tutoyée et lui a dit : « Je refterai ici malgré toi et tu n'es pas faite pour me renvoyer. Je ne m'en irai point. »

Que ladite demoifelle Laguerre, défefpérée des infultes qui lui ont été faites tant par lefdits fieurs Varenne que par fon portier, ne fe croit plus aujourd'hui en fûreté dans fa propre maifon puifque ledit Barrière, qu'elle a placé elle-même dans fa maison comme portier fans le concours defdits fieurs Varenne, étant même tenue ladite demoifelle Laguerre de payer audit Barrière la totalité de fes gages dans le cas où la maifon fe trouveroit fans locataires et auquel portier elle donne actuellement des gages et des gratifications et qui, fans aucune équivoque, eft fon domeftique, s'élève ainfi contre fa maîtreffe et l'invective de la façon la plus humiliante ; dans cette pofition, ladite demoifelle Laguerre a été confeillée de venir nous rendre la préfente plainte contre lefdits fieurs Varenne et contre ledit Barrière, des faits ci-deffus, circonftances et dépendances, fe réfervant le droit de fe pourvoir contre eux par les voies et de la manière qu'elle avifera ; et, en outre, de fe pourvoir contre ledit Barrière comme domeftique infolent et, à ce titre, de le faire punir comme elle avifera ; et, enfin, de demander fon expulfion de la maifon, attendu que ce domeftique lui appartient et qu'en étant mécontente, elle eft la maîtreffe de le renvoyer.

Signé : LAGUERRE ; JORON.

(Archives nationales, Y, 13,969.)

L ANY (Jean-Barthélemy), danseur, né à Paris le 24 mars
1718. Il fut l'un des meilleurs maîtres des ballets de l'Académie royale de musique, qu'il quitta en 1770 avec 2,500 livres de pension. Collé a raconté, dans son *Journal*, l'amusante conversation que Lany eut, en 1754, lors de la reprise des *Éléments*, avec le poëte Roy, auteur des paroles de ce ballet :

Lany, qui eſt actuellement le maître des ballets, avant que de compoſer ceux de cet opéra-ci a été trouver le poëte Roi afin qu'il lui en donnât l'idée. Cette viſite a été l'occaſion d'une ſcène ſingulière et qu'il eſt plus facile d'imaginer que de décrire. Il faut ſavoir que Roi a eu cet hiver une attaque d'apoplexie avec tous ſes agrémens, comme qui diroit une paralyſie qui lui eſt reſtée ſur la moitié du corps. Ce petit accident, dont il n'eſt pas remis, lui a fait tourner ſes vues du côté de Dieu, en ſorte que cette belle âme n'eſt plus occupée que de ſon ſalut. Lany ne ſavoit rien de ces ſaintes diſpoſitions lorſqu'il fut annoncé à Roi, qui étoit dans ſon lit et qui ne le connut que lorſque le premier lui eut dit ce qui l'amenoit. Après que Lany l'eut loué comme cela ſe pratique, il le pria de lui donner ſes lumières ſur chacun des divertiſſemens de ſes actes..... *Ah! que me demandez-vous, Monſieur,* interrompit le poète converti, *dans l'état où je ſuis ? Vous voulez que je ſonge à mon ballet quand je ne dois penſer qu'à mon ſalut. Ah! Monſieur, malheureuſement mes* Élémens *ne ſont que trop bons, ils n'ont pas beſoin de ſecours étrangers.* — *Cela eſt vrai, Monſieur,* répondoit Lany, *mais c'eſt que dans le prologue ils diſent que les entrées doivent être diſtribuées de telle et telle façon et c'eſt plutôt dans l'acte d'Ixion qu'ayant à faire danſer les peuples aériens, je dois rejeter.....* — *Au nom de Dieu,* interrompoit Roi, *Monſieur, ne me parlez plus de cela; je ne dois plus m'en mêler. Ce ſont des bêtes et des ignorans que ceux qui vous ſont de pareils contes ; Monſieur, cela étoit diſpoſé de cette manière quand le Roi y danſa* (et là-deſſus longs détails de la part de Roi pour expliquer l'arrangement de toutes les danſes) ; *mais, Monſieur, je ne dois plus avoir que Dieu en vue ; puis-je m'occuper actuellement de choſes dont je ne ceſſe de gémir ? C'eſt un ouvrage immortel que les* Élémens, *Monſieur; qu'on y danſe bien ou mal, cela n'y fera rien; on ira toujours. J'en ſuis déſeſpéré, je ferai peut-être dix ans de plus en purgatoire pour en être l'auteur.* — *Mille pardons, reprenoit* Lany, *mais, Monſieur, je voudrois encore ſavoir la diſpoſition de vos entrées dans l'acte de Vertumne, car celui des Veſtales eſt tout ordinaire.....* — *Eh! non pas, morbleu, Monſieur, cela n'eſt pas ordinaire,* interrompoit Roi, *il faut faire danſer d'abord dans l'entrée des Veſtales un pas de trois à mademoiſelle..... Mais, Mon-*

fieur, qu'ai-je à faire de tout cela, moi? J'ai bien d'autres idées plus férieufes....
Lany contredifoit ; et auffitôt l'auteur d'entrer dans des détails qui inftrui-
foient pleinement le danfeur de ce qu'il vouloit favoir.

Roi, de fon côté, s'apercevant machinalement qu'il lui difoit tout en
l'affurant qu'il ne lui vouloit rien dire, s'interrompoit de tems en tems
par des retours et des gémiffemens fur lui-même..... *Eh! Monfieur, de quoi
m'occupe\z-vous là?* de chofes qui feront ma damnation ; vous êtes bien cruel de
vouloir exiger qu'un malheureux qui va paroître devant Dieu vous donne des
éclairciffemens et des lumières fur tout cela! Enfin, après bien des exclamations,
des lamentations qui n'empêchèrent pas les explications, Roi conjura enfin
Lany de le laiffer tranquille. *Permette\z, Monfieur, lui dit-il, que je me livre
entièrement à mes idées fur la religion qui doivent actuellement me remplir tout
entier ; adieu, Monfieur, je ne dois plus penfer qu'à Dieu qui eft mort fur l'arbre
d'une croix que vous voye\z là,* en lui montrant fa croix de chevalier de Saint-
Michel.

Lany obtint du Roi, en 1781, une pension de 2,500 livres en
qualité de maître des ballets de la Cour.

Il a dansé à l'Académie royale de musique dans les opéras ou
ballets dont les titres suivent : *Issé,* pastorale de La Motte, musique de Destouches, reprise en 1741 (rôles d'un Pâtre et d'un
Chinois) ; *Nitétis,* tragédie de La Serre, musique de Myon, en
1741 (une Salamandre) ; *les Amours de Ragonde,* comédie de
Destouches, musique de Mouret, en 1742, reprise en 1753 (un
Danseur dans une noce, un Paysan) ; *les Éléments,* ballet de Roy,
musique de Mouret, repris en 1742 et en 1754 (un Zéphyr, un
Chevalier romain) ; *Hippolyte et Aricie,* tragédie de Pellegrin,
musique de Rameau, reprise en 1742 (une Furie) ; *Isbé,* pastorale de La Rivière, musique de Mondonville, en 1742 (un Pantomime) ; *Phaéton,* tragédie de Quinault, musique de Lulli, reprise en 1742 (l'Automne, un Égyptien) ; *Don Quichotte chez la
Duchesse,* ballet de Favart, musique de Boismortier, en 1743
(une Pagode) ; *Hésione,* tragédie de Danchet, musique de Campra, reprise en 1743 (un Salien, un Jeu) ; *les Indes galantes,*
ballet de Fuzelier, musique de Rameau, repris en 1743 (un

Esclave africain, un Bostangi); *le Pouvoir de l'Amour*, ballet de Lefebvre de Saint-Marc, musique de Royer, en 1743 (un Sauvage); *les Fêtes de l'Hymen et de l'Amour*, ballet de Cahusac, musique de Rameau, en 1748 (un pas de cinq); *les Fragments de différents ballets*, en 1748 (un Paysan grotesque); *Pygmalion*, entrée du *Triomphe des Arts*, ballet de La Motte, musique de La Barre, retouché par Balot de Sovot et Rameau et repris en 1748 et en 1751 (un Paysan grotesque); *les Caractères de l'Amour*, ballet de Pellegrin, musique de Colin de Blâmont, repris en 1749 (un Fleuve, un Démon en Plaisir, un Paysan); *le Carnaval du Parnasse*, ballet de Fuzelier, musique de Mondonville, en 1749, repris en 1767 (un Pantomime, un Chasseur, un Berger galant); *Naïs*, ballet de Cahusac, musique de Rameau, en 1749, repris en 1764 (un Pâtre, un Habitant des côtes maritimes); *Platée*, ballet de d'Autreau et Balot de Sovot, musique de Rameau, en 1749, repris en 1754 (un Vendangeur, un Suivant de la Folie d'un caractère sérieux, un Habitant de la campagne); *Zoroastre*, tragédie de Cahusac, musique de Rameau, en 1749, reprise en 1770 (un Peuple élémentaire, un Berger); *les Fêtes vénitiennes*, ballet de Danchet, musique de Campra, repris en 1750 (un Espagnol, un Masque comique); *Ismène*, pastorale de Moncrif, musique de Rebel et Francœur, en 1750, reprise en 1751 (un Pâtre); *Léandre et Héro*, tragédie de Lefranc, musique de Brassac, en 1750 (un Chasseur); *Tancrède*, tragédie de Danchet, musique de Campra, en 1750, reprise en 1764 (un More); *Thétys et Pélée*, tragédie de Fontenelle, musique de Collasse, reprise en 1750 (un Faune); *Acanthe et Céphyse*, pastorale de Marmontel, musique de Rameau, en 1751 (un Pâtre, un Sylphe, un Homme du peuple); *les Sens*, ballet de Roy, musique de Mouret, repris en 1751 (un Pâtre); *Églé*, ballet de Laujon, musique de Lagarde, en 1751 (un Berger); *la Guirlande, ou les Fleurs enchantées*, ballet

de Marmontel, musique de Rameau, en 1751, repris en 1762
(un Pâtre) ; *Acis et Galatée,* pastorale de Campistron, musique
de Lulli, reprise en 1752 (un Berger) ; *les Amours de Tempé,*
ballet de Cahusac, musique de Dauvergne, en 1752 (un Pâtre,
Silène); *le Devin du village,* intermède de Jean-Jacques Rousseau, en 1753, repris en 1765 (un Pantomime); *les Fêtes de Polymnie,* ballet de Cahusac, musique de Rameau, repris en 1753
(un Syrien) ; *les Fêtes grecques et romaines,* ballet de Fuzelier,
musique de Colin de Blâmont, repris en 1753 et en 1762 (un
Égipan, un Pâtre) ; *le Jaloux corrigé,* opéra de Collé, musique
de Blavet, en 1753 (Arlequin); *Tithon et l'Aurore,* ballet de La
Marre, musique de Mondonville, en 1753 (un Pâtre) ; *Castor
et Pollux,* tragédie de Bernard, musique de Rameau, reprise en
1754 et en 1764 (un Gladiateur, un Génie qui préside aux planètes); *les Fêtes de l'Hymen et de l'Amour,* ballet de Cahusac, musique de Rameau, repris en 1754 (un Satyre représentant l'Au-
tomne, un Égyptien); *les Sybarites,* ballet de Marmontel, musique
de Rameau, en 1757 (un Crotoniate) ; *les Paladins,* ballet de
Monticour, musique de Rameau, en 1760 ; *le Prince de Noisy,*
ballet de La Bruère, musique de Rebel et Francœur, en 1760 ;
Armide, tragédie de Quinault, musique de Lulli, reprise en 1761 ;
l'Opéra de société, ballet de Mondorge, musique de Giraud, en
1762 ; *Hypermnestre,* tragédie de La Font, musique de Gervais,
reprise en 1765 ; *Thésée,* tragédie de Quinault, musique de Lulli,
reprise en 1765 (un Berger) ; *Aline, reine de Golconde,* ballet de
Sedaine, musique de Monsigny, en 1766 ; *les Fêtes lyriques,*
fragments de différents auteurs, repris en 1766 ; *la Turquie,* acte
de l'*Europe galante,* ballet de La Motte, musique de Campra, repris en 1766 (un Turc); *Sylvie,* ballet de Laujon, musique de
Berton et Trial, en 1766 (Pélée); *Ernelinde,* tragédie de Poinsinet, musique de Philidor, en 1767 ; *Hippolyte et Aricie,* tragédie

de Pellegrin, musique de Rameau, reprise en 1767 (un Chasseur); *Zaïs*, ballet de Cahusac, musique de Rameau, repris en 1761 et en 1767 (un Pâtre); *la Vénitienne*, comédie de La Motte, musique nouvelle de Dauvergne, reprise en 1768; *Enée et Lavinie*, tragédie de Fontenelle, musique de Dauvergne, reprise en 1769.

Lany est mort à Paris, rue de Richelieu, le 29 mars 1786.

(Dictionnaire des théâtres. — Les Spectacles de Paris. — Mercure de France. — Journal de Collé, I, 419.)

I

1781. — 1er janvier.

Brevet d'une pension de 2,500 livres accordée à Jean-Barthélemy Lany.

Brevet d'une penfion de 2,500 livres produifant net 2,450 en faveur de Jean-Barthelemi Lany, né le 24 mars 1718, à Paris, et baptifé le lendemain, paroiffe St-Étienne-du-Mont de ladite ville, maître de danfe des ballets du Roi. Cette penfion compofée des objets ci-après, favoir : une fomme de quatre cent cinquante livres, produit net d'un objet porté dans un précédent brevet; une penfion de deux mille livres qui lui a été accordée fur le tréfor royal fans retenue, à titre de retraite par décifion de ce jour.

Acte de baptême de Jean-Barthélemy Lany.

Extrait des regiftres des baptêmes de l'églife paroiffiale de St-Étienne-du-Mont, à Paris : L'an mil fept cent dix-huit, le vendredi vingt-cinquième mars, fut baptifé par moi, prêtre fouffigné, Jean-Barthelemi, fils de Jean Lany, maître à danfer, et de Françoife Hallé, fa femme, né le jour précédent à cinq heures du foir, place Maubert, et tenu fur les fonts par Barthelemi Mbuffle, fils de Me Louis Mouffle, procureur à la Chambre des comptes et par Catherine-Thérèfe Thierry, fille de M. Antoine-Jofeph Thierry, avocat au Parlement et au Confeil du Roi.

(Archives nationales, O¹, 679.)

II

1786. — 29 mars.

Acte mortuaire de Jean-Barthelemi Lany.

Extrait du regiſtre mortuaire de l'Égliſe paroiſſiale de St-Euſtache, à Paris : L'an mil ſept cent quatre-vingt-ſix, le mercredi vingt-neuf mars, ſieur Jean-Barthelemi Lany, âgé de ſoixante-neuf ans, penſionnaire du Roy, décédé d'hier, rue de Richelieu, a été inhumé dans notre égliſe, en pré-ſence de maître Nicolas-Sbeveule Arnoult, conſeiller du Roy, ancien notaire au Châtelet de Paris, et de ſieur Louis Lany, bourgeois de Paris.

(Archives nationales, O¹, 667.)

L ANY (Louise-Madeleine), sœur du précédent, danseuse, née vers 1733. On a fait à la louange de cette artiste, qui parut pour la première fois à l'Académie royale de musique en 1743, le quatrain suivant :

> Les amours volent ſur tes traces,
> Lany ; tu joins à la beauté
> Des nymphes la légèreté
> Et les attitudes des Grâces.

Dorat, dans son poëme de la *Déclamation,* a célébré en ces termes le mérite de Mlle Lany :

> Aux talens naturels que l'art ſoit réuni ;
> Telle eſt à nos regards la danſe de Lani.
> Préciſion, viteſſe, eſprit, tout s'y raſſemble,
> Les détails ſont parfaits, ſans altérer l'enſemble.
> Elle enchante l'oreille et ne l'égare pas.
> La valeur de la note eſt toujours dans ſes pas.

Mlle Lany quitta l'Académie royale de musique vers 1767, avec une pension de 1,500 livres.

Elle a dansé dans les opéras ou ballets dont voici les titres : *Don Quichotte chez la Duchesse,* ballet de Favart, musique de Boismortier, en 1743 (rôle d'une Pagode); *les Fragments de différents ballets,* en 1748 (une Thébaine); *les Caractères de l'Amour,* ballet de Pellegrin, musique de Colin de Blâmont, repris en 1749 (une Amante volage, une Paysanne); *le Carnaval du Parnasse,* ballet de Fuzelier, musique de Mondonville, en 1749 (une Jardinière, une Pantomime); *Médée et Jason,* tragédie de La Roque (l'abbé Pellegrin), musique de Salomon, reprise en 1749 (une Matelotte); *Naïs,* ballet de Cahusac, musique de Rameau, en 1749, repris en 1764 (une Divinité des mers, déguisée en matelot, une Habitante des côtes maritimes); *Platée,* ballet d'Autreau et Balot de Sovot, musique de Rameau, en 1749, repris en 1750 et 1754 (une Naïade, suivante de Platée, une Suivante de la Folie, d'un caractère gai, une Habitante de la campagne) ; *Zoroastre,* tragédie de Cahusac, musique de Rameau, en 1749 (une Femme d'un peuple élémentaire, une Bergère); *Almasis,* ballet de Moncrif, musique de Royer, en 1750 (une Africaine) ; *Ismène,* pastorale de Moncrif, musique de Rebel et Francœur, en 1750, reprise en 1751 (une Pastourelle); *Léandre et Héro,* tragédie de Le Franc, musique de Brassac, en 1750 (une Chasseresse); *Tancrède,* tragédie de Danchet, musique de Campra, reprise en 1750 et en 1764 (une Moresse); *Thétys et Pélée,* tragédie de Fontenelle, musique de Collasse, reprise en 1750 (une Bergère) ; *les Sens,* ballet de Roy, musique de Mouret, repris en 1751 (une Pastourelle); *Églé,* ballet de Laujon, musique de La Garde, en 1751 (une Bergère) ; *la Guirlande, ou les Fleurs enchantées,* ballet de Marmontel, musique de Rameau, en 1751 (une Pastourelle); *les Indes galantes,* ballet de Fuzelier, musique de

Rameau, reprise en 1751 et en 1761 (une Péruvienne); *Pygma-lion,* entrée du *Triomphe des Arts,* ballet de La Motte, musique de La Barre, retouchée par Balot de Sovot et Rameau et reprise en 1751 (une Paysanne simple); *Acis et Galatée,* pastorale de Campistron, musique de Lulli, reprise en 1751 (une Suivante de Neptune); *les Amours de Tempé,* ballet de Cahusac, musique de Dauvergne, en 1752 (une Ombre d'Amante légère, une Pastou-relle); *Daphnis et Chloé,* pastorale de Laujon, musique de Bois-mortier, reprise en 1752 (une Nymphe, une Matelotte); *les Fêtes de Polymnie,* ballet de Cahusac, musique de Rameau, repris en 1753 (une Nymphe); *Tithon et l'Aurore,* ballet de La Marre, mu-sique de Mondonville, en 1753 (Hébé); *Castor et Pollux,* tragé-die de Bernard, musique de Rameau, reprise en 1754 et en 1764 (une Spartiate, une Furie, un Génie qui préside aux planètes); *les Fêtes de l'Hymen et de l'Amour,* ballet de Cahusac, musique de Rameau, repris en 1754 (une Sauvagesse représentant l'Au-tomne, une Égyptienne); *les Sybarites,* ballet de Marmontel, musique de Rameau, en 1757 (une Sybarite); *les Surprises de l'Amour,* ballet de Bernard, musique de Rameau, en 1757 (Terp-sichore); *Alceste,* tragédie de Quinault, musique de Lulli, reprise en 1758; *Proserpine,* tragédie de Quinault, musique de Lulli, reprise en 1758; *Amadis de Gaule,* tragédie de Quinault, musique de Lulli, reprise en 1759; *Pyrame et Thisbé,* tragédie de La Serre, musique de Rebel et Francœur, reprise en 1759; *Dardanus,* tra-gédie de La Bruère, musique de Rameau, reprise en 1760; *les Paladins,* ballet de Monticour, musique de Rameau, en 1760; *le Prince de Noisy,* ballet de La Bruère, musique de Rebel et Francœur, en 1760; *Armide,* tragédie de Quinault, musique de Lulli, reprise en 1761; *Hercule mourant,* tragédie de Marmontel, musique de Dauvergne, en 1761; *Jephté,* tragédie de Pellegrin, musique de Monteclair, reprise en 1761; *Zaïs,* ballet de Cahu-

sac, musique de Rameau, repris en 1761 ; *l'Amour et Psyché,*
ballet de Voisenon, musique de Mondonville, repris en 1762 ;
Iphigénie en Tauride, tragédie de Duché, musique de Desmarets,
Campra et Berton, reprise en 1762 ; *Polixène,* tragédie de Joliveau, musique de Dauvergne, en 1763 ; *les Fêtes d'Hébé, ou les
Talents lyriques,* ballet de Mondorge, musique de Rameau, repris
en 1764 (rôle d'Hébé) ; *la Femme,* entrée des *Fêtes de Thalie,*
ballet de La Font, musique de Mouret, repris en 1765 (une
Orientale) ; *Thésée,* tragédie de Quinault, musique de Lulli,
reprise en 1765.

Mlle Lany avait épousé, vers 1764, Nicolas Gélin, chanteur de
l'Académie royale de musique ; elle est morte en 1777.

(*Dictionnaire des théâtres. — Calendrier historique
des théâtres. — Mercure de France.* — Dorat : *la
Déclamation.*)

1754. — 28 décembre.

*Le commissaire Chénon restitue à Mlle Louise-Madeleine Lany une bourse qu'elle
avait perdue et qui avait été retrouvée entre les mains d'un de ses domestiques,
nommé François Marmot, dit Sancho.*

L'an 1754, le samedi 28 décembre, cinq heures du soir, en l'hôtel et par-
devant nous Pierre Chénon, etc., est comparue demoiselle Madeleine Lany,
de l'Académie royale de musique, demeurant à Paris, rue Neuve-des-Petits-
Champs : Laquelle nous a dit qu'hier au soir entre onze heures et minuit, elle
a voulu tirer de l'argent de sa bourse et ne l'a plus trouvée dans sa poche ;
qu'elle s'est rappelée qu'en montant son escalier elle avoit entendu tomber
quelque chose ; qu'elle y a fait chercher, mais l'on n'y a rien trouvé ; qu'elle a
questionné ses domestiques qui ont dit n'avoir rien vu ; qu'elle l'a fait demander aussi au nommé Sancho, son laveur de vaisselle, qui couche dans l'écurie
du sieur de Vallier, même maison, qui a pareillement dit n'avoir rien trouvé.
Nous observe que ladite bourse est en chauffon de soie verte, rouge et
argent ; qu'il y avoit dans icelle deux doubles louis de quarante-huit livres et
environ quatre francs de monnoie, une petite mouche en sachet de taffetas
vert en odeur.

Signé : CHÉNON ; LANY.

Et ledit jour et an, huit heures du foir, eft derechef comparue demoifelle
Lany, laquelle fur l'avis qui lui a été donné par le fieur Coutailloux, infpecteur de police, que ledit fieur Sancho avoit été arrêté cejourd'hui faifi d'une
bourfe pareille à la fienne et venant de changer dans un cabaret deux doubles
louis, elle eft venue pour reconnoître ladite bourfe et réclamer l'argent, même
reconnoître ledit Sancho.

En conféquence, avons fait paroître devant ladite demoifelle Lany le nommé
Marmot, dit Sancho, qu'elle a reconnu pour êtrè celui dont elle a parlé dans
fa déclaration, lui avons fait repréfenter ladite bourfe qu'elle a auffi reconnue
pour lui appartenir et à fa réquifition lui avons remis les 99 livres 14 fols
étant dans ladite bourfe.

Signé : LANY.

Et ledit Marmot dit qu'il reconnoît ladite dame Lany pour laver fa vaiffelle et avoir trouvé la bourfe et l'argent avec un sachet qu'il a perdu.

Signé : FRANÇOIS MARMOT.

Avons enfuite remis ledit Marmot audit fieur de Coutailloux qui s'en eft
chargé pour le conduire audit Châtelet, s'eft auffi chargé de ladite bourfe
pour là dépofer au greffe criminel.

Signé : CHÉNON.

(*Archives nationales*, Y, 11,324.)

———

LARGIÈRE (FRANÇOIS), danseur. Cet artiste, qui débuta en
1774, était encore attaché à l'Académie royale de musique
en 1789.

(Les Spectacles de Paris.)

1783. — 25 juillet.

*Procès-verbal constatant que la femme de François Largière a été renversée et
grièvement blessée par un cavalier dont le cheval courait au grand galop et
déclaration dudit Largière, portant qu'ayant été indemnisé par ce cavalier, il
renonce à toute poursuite en dommages et intérêts.*

L'an 1783, le vendredi 25 juillet, neuf heures trois quarts du matin, en
l'hôtel et par-devant nous Auguftin-François Gauthier, etc., eft comparu

fieur Jean Loir, fous-brigadier du guet à cheval de pofte à la Planchette, rue St-Martin : Lequel nous a dit que la fentinelle, il y a environ trois quarts d'heure, a crié ; que le comparant eft auffitôt monté à cheval avec deux de fes cavaliers et fur ce que la clameur publique annonçoit qu'il y avoit une femme bleffée fur le boulevard par un homme à cheval qui s'enfuyoit du côté de la rue St-Denis, le comparant l'a pourfuivi jufque dans la rue du Sentier où il eft entré dans une maifon à porte cochère, n° 30 ; qu'on a auffitôt fermé la porte ; qu'il a frappé à la porte fans qu'on ait voulu lui ouvrir ; que cependant un bourgeois ayant frappé et étant entré, il a mis fa botte entre la porte et a demandé s'il ne venoit pas d'entrer un monfieur à cheval qui fe fauvoit; qu'on lui a répondu non ; qu'il a envoyé chercher un cavalier chercher la bleffée qui a été tranfportée à la porte de cette maifon fur un brancard et de là l'a fait tranfporter en notre hôtel, ayant pris la précaution de laiffer un cavalier à la porte de cette maifon.

Eft enfuite comparue la particulière bleffée, qui nous a dit fe nommer Louife Gallant, femme de François Largierre, danfeur à l'Opéra, demeurant place Baudoyer, maifon du fieur Lallemand, paroiffe St-Gervais, et ledit Largierre, fon mari, furvenu : Lefquels nous ont dit que cejourd'hui fur les neuf heures, en defcendant le boulevard de l'Opéra du côté de la porte St-Martin, ils ont entendu derrière eux un cheval qui galopoit; qu'ils fe font féparés pour l'éviter, mais qu'il alloit d'une telle viteffe qu'il a renverfé la comparante et a marché fur elle; que lui comparant a crié, mais que le cavalier a continué à galoper; que le guet à cheval a couru après lui jufque dans la rue du Sentier où il eft entré dans une maifon n° 30 ; qu'elle déclarante reffent de vives douleurs dans la poitrine ; que ce cheval lui a déchiré, en marchant fur elle, fes jupons d'outre en outre et fon mantelet. Pourquoi ils nous rendent plainte.

Signé : LARGIÈRE; GALLANT.

Et à l'inftant eft comparu Mᵉ Benoît Pugnet, avocat au Parlement, demeurant rue Joquelet, n° 10 : Lequel nous a dit qu'il compare de la part de M. le chevalier de Beaumont, chevalier de Malte, demeurant rue du Sentier, n° 30, et qui eft l'auteur de l'accident arrivé à la dame Largierre; qu'il eft chargé par mondit fieur le chevalier, de déclarer pour lui qu'il fe charge des fuites de l'accident et s'engage à faire ce qui fera néceffaire.

Sont auffi comparus fieurs Louis-Jacques Delapalme et Antoine Guilbard, le premier, chirurgien breveté de monfeigneur le duc d'Orléans, demeurant carré St-Martin, paroiffe St-Laurent ; le fecond, chirurgien des Gardes, demeurant rue Neuve-d'Orléans, paroiffe St-Laurent, qui avoient accompagné la bleffée en notre hôtel : Lefquels, après l'avoir vifitée, ont déclaré avoir remarqué une plaie contufe à la partie fupérieure de l'avant-bras gauche, une contufion à la partie moyenne de la jambe gauche et une contufion au-deffous de l'omoplate attenant à l'épine et qu'ils ont encore remarqué un gonfle-ment au nez qu'ils préfument provenir, d'après la déclaration de la bleffée, d'un coup de tête du cheval qu'elle a reçu fur la tête et qui l'a renverfée ; que la même chute a caufé un gonflement et tenfion à la région épigaftrique ferpentant aux vifcères du bas-ventre, d'où la chute a produit une perte de fang fimple par la partie, quoique la malade ait déclaré qu'elle n'étoit point au terme de fes menftrues ; qu'ils ne peuvent prévoir quelles feront les fuites de cet acci-dent. Sur quoi nous, commiffaire, etc., avons fait conduire et tranfporter la bleffée, à fa réquifition et celle de fon mari, en leur demeure fufdéfignée où elle a été portée fur un brancard.

Signé : GAUTHIER.

Et ledit jour, une heure de relevée, en notre hôtel eft de nouveau comparu ledit fieur Largierre, ci-devant nommé, qualifié et domicilié : Lequel nous a dit qu'au moyen de la fomme de 108 livres qui lui a été remife par meffire François-Urfule, chevalier de Beaumont, ci-préfent, il fe défifte fûrement et fimplement de la plainte rendue par lui et fa femme, confentant que ladite plainte refte et demeure comme nulle et non avenue, etc., etc.

Signé : LE CHEVALIER DE BEAUMONT; LARGIÈRE ; GAUTHIER.

(*Archives nationales,* Y, 12,072.)

L ARIE (JULIE), danseuse. Elle figura dans le corps de ballet de l'Opéra, de 1764 à 1769.

(*Les Spectacles de Paris.*)

1764. — 21 octobre.

Mlle Julie Larie déclare par-devant un commissaire qu'elle a perdu ou qu'on lui a volé un billet à ordre de 2,000 livres et proteste contre l'usage qu'on en pour-rait faire.

L'an 1764, le dimanche 21 octobre, heure de midi, en l'hôtel et par-devant nous Charles-Alexandre Ferrand, etc., eft comparue demoifelle Julie Larie, de l'Académie royale de musique, demeurante rue de Chartres, paroisse St-Germain-l'Auxerrois : Laquelle nous a dit et déclaré que vers la fin d'avril ou le commencement de mai de l'année dernière, elle prêta au sieur Pick le cadet, demeurant à Bordeaux, où elle étoit pour lors, une somme de 2,000 livres : de laquelle somme ledit sieur Pick lui fit un billet à ordre valeur reçue comptant, au dos duquel billet est seulement signé Morel ; lequel billet est daté, autant que la comparante peut s'en souvenir, du premier mai et, en conséquence, l'échéance au 10 ou du 10 au 20 du même mois ; qu'ayant eu besoin de ce billet il y a quelques jours, elle s'est aperçue qu'il lui manquoit et malgré toutes les perquisitions qu'elle en a faites, elle n'a pu le trouver ; qu'elle a lieu de soupçonner ou que ledit billet lui a été enlevé ou qu'il est absolument perdu. Et comme elle a le plus grand intérêt, en cas que le billet soit entre les mains de quelqu'un qui le présentât pour s'en faire payer lors de son échéance, d'en arrêter le payement tant pour sa sûreté que pour celle du sieur Pick, elle nous fait la présente déclaration pour lui servir et valoir ce que de raison.

Signé : Julie Larie ; Ferrand.

(*Archives nationales*, Y, 12,980.)

———

Larrivée (Henri).

Larrivée (Marie-Jeanne Lemière, mariée à Henri).

Henri Larrivée, l'un des plus célèbres chanteurs de l'Opéra, naquit à Lyon le 9 janvier 1737 (1). Il débuta dans l'emploi des basses-tailles, au mois de mars 1755, par le rôle du Grand-prêtre de *Castor et Pollux,* tragédie lyrique de Bernard, musique de Rameau. Cet artiste qui avait tout pour lui, une belle figure, une voix pleine et flexible et un jeu à la fois facile et intelligent, mérita pendant plus de trente années les applaudissements du public. Il compta presque autant de succès que de créations, mais deux

---

(1) Et non le 8 septembre 1733, comme le dit la *Biographie Didot.*

rôles furent surtout pour lui de véritables triomphes : Guillaume, comte de Ponthieu, dans *Adèle de Ponthieu,* tragédie de Saint-Marc, musique de Berton, et Agamemnon, dans *Iphigénie en Aulide,* tragédie lyrique du bailli du Roullet, musique de Gluck.

Une note émanée de l'administration de l'Opéra, en date de 1784, et relative à Larrivée est ainsi conçue :

Grand fujet qui compte de longs et grands fervices ; il eft fait pour fervir de modèle à fes jeunes fucceffeurs ; mais il eft un peu trop cher relativement au traitement des autres fujets. Il a un traitement de 15,000 livres, outre la jouiffance de fa penfion de l'Opéra qui a été portée à 3,000 livres vu trente ans de fervices dans les premiers rôles, ce qui eft fans exemple. Il eft encore pour trois ans à l'Opéra.

Larrivée prit sa retraite au mois d'avril 1786 :

L'Académie royale de mufique, dit le *Journal de Paris,* vient de faire une perte qu'il lui fera bien difficile de réparer. M. Larrivée a obtenu une retraite qu'il follicitoit depuis longtems. Il a débuté, en mars 1755, par le rôle du Grand-prêtre, dans l'opéra de *Castor* que l'on donnoit pour la capitation (1) des acteurs. Le choix de ce jour prouve l'opinion que l'on avoit déjà de fon talent : ce jour même on voyoit pour la dernière fois le célèbre Jéliotte, qui avoit fait pendant vingt-deux ans les délices de la capitale. M. Larrivée avoit déjà obtenu en 1779 fa retraite et la penfion qu'il avoit fi bien méritée ; mais M. de Vifmes, qui avoit alors la direction de ce fpectacle, connoiffant tout le mérite d'un fujet auffi précieux, lui repréfenta avec tant de force jufqu'à quel degré il jouiffoit de la faveur du public qu'il confentit à reprendre fes rôles. Nous ne parlerons ni de l'intelligence ni des dons naturels de M. Larrivée ; on ne fait pas pendant trente et un ans les délices d'un public éclairé fans poffédér ces qualités. Le véritable talent eft toujours au-deffus des routines ; on fait combien dans l'ancien répertoire le récitatif étoit traînant et ennuyeux. On étoit parvenu à faire durer quatre heures et plus, des repréfentations qui aujourd'hui finiroient en deux heures et demie. M. Larrivée eft le premier qui ait fenti ce vice d'exécution et malgré les préjugés qui l'environnoient, il chercha à rendre le récitatif plus naturel en précipitant fa marche.

(1) La capitation était une imposition qui se levait sur chaque personne à raison de son travail, de son industrie, de sa charge, etc. Sous l'ancien régime, les théâtres donnaient des représentations spéciales dont le produit était destiné à acquitter la capitation des acteurs.

L'époque la plus critique et la plus heureuſe de ce théâtre eſt l'arrivée de M. le chevalier Gluck. Cet homme ſublime, après avoir prouvé aux Italiens par des compoſitions d'un ordre ſupérieur que l'on devoit diſtinguer la muſique dramatique d'avec celle des concerts, et que les accens des grands perſonnages de la tragédie ne devoient point être abandonnés au ramage des chanteurs, eſt venu nous enrichir de ſes productions. Il s'attendoit à trouver de l'oppoſition dans les anciens acteurs ; il fut très-étonné de voir M. Larrivée non-ſeulement diſpoſé à travailler ſur un nouveau genre, mais ſuſceptible d'y briller du plus grand éclat. On n'oubliera jamais la manière dont ont été établis les rôles d'*Agamennon* dans *Iphigénie en Aulide* et d'*Oreſte* dans *Iphigénie en Tauride* Les bornes de notre journal ne nous permettent pas d'étendre plus loin nos réflexions. Nous nous contenterons de faire des vœux pour que les jeunes gens qui remplaceront M. Larrivée travaillent aſſez pour allier comme lui la nobleſſe aux grâces afin de mériter au même degré la faveur du public.

Larrivée avait été garçon perruquier dans sa jeunesse et se gardait bien d'en rougir. Mme de Genlis raconte quelque part, qu'un soir le marquis de Canillac se rendant au Palais-Royal, à un souper de la duchesse de Chartres, traversa le théâtre de l'Opéra, et s'étant accroché à une coulisse, se trouva complètement décoiffé. Très-déconcerté par cet incident qui ne lui permettait plus d'assister au souper, le marquis se disposait à rentrer chez lui, lorsque Larrivée qui n'avait pas encore quitté son costume d'Agamemnon, s'avança vers lui et lui proposa de le recoiffer, en ajoutant qu'il avait été jadis perruquier et qu'il n'avait pas oublié son métier. M. de Canillac accepta et en un clin d'œil le roi des rois lui retapa les cheveux, les poudra à blanc et le coiffa d'une façon à rendre jaloux, paraît-il, le célèbre perruquier Gardanne, alors fort en vogue. Au souper, il ne fut question que de cette aventure tout à l'éloge de Larrivée.

En 1786, le Roi lui accorda une pension de 4,800 livres en qualité de musicien ordinaire de la Chambre.

Il a chanté à l'Académie royale de musique les rôles suivants : le Grand-prêtre, Jupiter, Pollux, dans *Castor et Pollux*, tragédie de Bernard, musique de Rameau, reprise en 1755, 1764, 1765, 1773 et 1778 ; Pan, dans *Issé*, pastorale de La Motte, musique de Destouches, reprise en 1757 ; Artole, dans les *Sybarites*, ballet de Marmontel, musique de Rameau, en 1757 ; Lycomède, dans *Alceste*, tragédie de Quinault, musique de Lulli, reprise en 1758 ; Florestan, dans *Amadis de Gaule*, tragédie de Quinault, musique de Lulli, reprise en 1759 ; Daphnis, dans *Ismène*, pastorale de Moncrif, musique de Rebel et Francœur, reprise en 1759 et en 1773 ; Pyrame, dans *Pyrame et Thisbé*, tragédie de La Serre, musique de Rebel et Francœur, reprise en 1759 et en 1771 ; Teucer, Isménor, dans *Dardanus*, tragédie de La Bruère, musique de Rameau, reprise en 1760, 1768 et 1769 ; Orcan, dans les *Paladins*, ballet de Monticour, musique de Rameau, en 1760 ; Aronte, la Haine, dans *Armide*, tragédie de Quinault, musique de Lulli, reprise en 1761 et en 1764 ; Jephté, dans *Jephté*, tragédie de Pellegrin, musique de Monteclair, reprise en 1761 ; Cindor, dans *Zaïs*, ballet de Cahusac, musique de Rameau, repris en 1761 ; Alcibiade, dans les *Fêtes grecques et romaines*, ballet de Fuzelier, musique de Colin de Blâmont, repris en 1762 et en 1770 ; Hylas, dans *Hylas et Zélis*, pastorale de Bury, en 1762, reprise en 1764 ; Oreste, dans *Iphigénie en Tauride*, tragédie de Duché, musique de Desmarets, Campra et Berton, reprise en 1762 ; la Jalousie, dans *Polixène*, tragédie de Joliveau, musique de Dauvergne, en 1763 ; Alcée, dans les *Fêtes d'Hébé, ou les Talents lyriques*, ballet de Mondorge, musique de Rameau, repris en 1764 ; Tirésie, dans *Naïs*, ballet de Cahusac, musique de Rameau, repris en 1764 ; *Tancrède*, tragédie de Danchet, musique de Campra, reprise en 1764 ; Dorante, dans la *Femme*, entrée des *Fêtes de Thalie*, ballet de La Font, musique de Mouret, repris en 1765 ; Canope, dans les *Fêtes de l'Hymen et de l'Amour*, ballet de Cahusac, musique de Rameau, repris en 1765 ; Zimès, fils d'Oriade, dans l'acte de la *Féerie*, des *Fêtes de Polymnie*, ballet de Cahusac, musique de Rameau, repris en 1765 ; Égée, dans *Thésée*, tragédie de Quinault, musique de Lulli, reprise en 1765, 1767 et 1770 ; Anacréon, dans *Anacréon*, ballet de Bernard, musique de Rameau, repris en 1766 et en 1769 ; Saint-Phar, dans *Aline, reine de Golconde*, ballet de Sedaine, musique de Monsigny, en 1766, repris en 1772 (1) ; le Sultan Zuliman, dans la *Turquie*, acte de l'*Europe galante*, ballet de La Motte, musique de Campra, repris en 1766 ; Vulcain, un Chasseur, le Faune, dans *Sylvie*, ballet de Laujon, musique de Berton et Trial, en 1766, repris en 1767 ; Iphis, dans *Apollon et Coronis*, acte des *Amours des Dieux*, ballet de Fuzelier, musique de Mouret, repris en 1767 ; Valère, dans le *Feu*, acte des *Éléments*, ballet de Roy, musique de Destouches, repris en 1767 et en 1773 ; Ricimer, dans *Ernelinde*, tragédie de Poinsinet, musique de Philidor, en 1767, reprise en 1778 ; Pluton, dans *Hippolyte et Aricie*, tragédie de Pellegrin, musique de Rameau, reprise en 1767 ; Doribas, dans *Théonis*, pastorale de Poinsinet, musique de Berton et Trial, en 1767 ; Mirtil, dans *Daphnis et Alcimadure*, pastorale de Mondonville, reprise en 1768 et en 1773 ; Zerbin, dans la *Vénitienne*, comédie de La Motte, musique nouvelle de Dauvergne, reprise en 1768 ; Turnus, dans *Énée et Lavinie*, tragédie de Fontenelle, musique nouvelle de Dauvergne, reprise en 1769 ; Alcide, dans *Omphale*, tragédie de La Motte, musique de Destouches et Cardonne, reprise en 1769 ; Pélée, dans *Alcione*, tragédie de La Motte, musique de Marais, reprise en 1771 ; Germain, dans la *Cinquantaine*, ballet de Desfontaines, musique de Laborde, en 1771, repris en 1772 ; Thémistée, dans *Ismène et Isménias*, pas-

---

(1) Larrivée, absent de l'Opéra depuis le mois de janvier 1772, pour cause de maladie, fit sa rentrée dans cette reprise d'*Aline* qui eut lieu le 26 mai. « Il a été applaudi avec tranfport, disent les *Mémoires secrets*. Il a chanté avec fon goût et fa facilité ordinaires, mais on a trouvé le volume de fa voix fenfiblement diminué. »

torale de Laujon, musique de Laborde, en 1771 ; Mars, dans le
Prix de la Valeur, ballet de Joliveau, musique de Dauvergne, en
1771 ; Zinée, dans la *Sibylle,* acte des *Fêtes d'Euterpe,* ballet de
Moncrif, musique de Dauvergne, repris en 1771 ; Apollon, sous
le nom de Mysis, dans *Églé,* pastorale de Laujon, musique de
La Garde, en 1772 ; Guillaume, comte de Ponthieu, dans *Adèle
de Ponthieu,* tragédie de Saint-Marc, musique de Berton, en 1772,
reprise en 1776 ; Théophile, un Vieillard, dans l'*Union de
l'Amour et des Arts,* ballet de Le Monnier, musique de Floquet,
en 1773 ; Alcindor, dans *Azolan,* ballet de Le Monnier, musique
de Floquet, en 1774 ; Agamemnon, dans *Iphigénie en Aulide,*
tragédie du bailli du Roullet, musique de Gluck, en 1774, reprise
en 1780 et en 1783 ; Sabinus, dans *Sabinus,* tragédie de Chabanon, musique de Gossec, en 1774 ; Céphale, dans *Céphale et Procris,* tragédie de Marmontel, musique de Grétry, en 1775 ; Philémon, dans *Philémon et Baucis,* ballet de Chabanon, musique de
Gossec, en 1775, repris en 1780 ; Eutyme, dans *Eutyme et Lyris,*
ballet de Bouteillier, musique de Désormery, en 1776 ; les
Romans, ballet de Bonneval, musique de Nieil et Cambini, repris
en 1776 ; le chevalier danois Hidraot, dans *Armide,* tragédie de
Quinault, musique nouvelle de Gluck, reprise en 1777 et en
1780 ; Roland, dans *Roland,* tragédie de Quinault, musique nouvelle de Piccini, reprise en 1778 ; Hercule, dans *Alceste,* tragédie
du bailli du Roullet, musique de Gluck, reprise en 1779 ; Oreste,
dans *Iphigénie en Tauride,* tragédie de Guillard, musique de
Gluck, en 1779, reprise en 1780 ; Oreste, dans *Andromaque,*
tragédie de Pitra, musique de Grétry, en 1780, reprise en
1781 (1) ; Celœnus, dans *Atys,* tragédie de Quinault, musique
nouvelle de Piccini, reprise en 1780 et en 1783 ; Phinée, dans

---

(1) « Larrivée, dit Grétry dans ses *Mémoires,* acteur inimitable pour la netteté de fa prononcia-
tion et qui pendant fa longue carrière au théâtre n'a peut-être pas dérobé une fyllabe aux fpectateurs, fe montra auffi noble que dans fes plus beaux rôles en rempliffant celui d'Orefte. »

Persée, tragédie de Quinault, musique de Philidor, reprise en 1780 ; Julien, dans le *Seigneur bienfaisant,* opéra de Rochon de Chabannes, musique de Floquet, en 1780 ; Oreste, dans *Électre,* tragédie de Guillard, musique de Le Moine, en 1782 ; Chrysante, dans l'*Embarras des richesses,* opéra de Lourdet de Santerre, musique de Grétry, en 1782 ; Égée, dans *Thésée,* tragédie de Quinault, musique nouvelle de Gossec, en 1782 ; Porus, dans *Alexandre aux Indes,* opéra de Morel, musique de Méreaux, en 1783 ; Iarbe, dans *Didon,* tragédie de Marmontel, musique de Piccini, en 1783 ; Florestan, dans la *Caravane,* opéra du comte de Provence, depuis Louis XVIII, et Morel, musique de Grétry, en 1784 ; Danaüs, dans les *Danaïdes,* opéra du bailli du Roullet et Tschudy, musique de Salieri, en 1784 ; Ulysse, dans *Pénélope,* tragédie de Marmontel, musique de Piccini, en 1785.

En 1797, Larrivée reparut sur le théâtre de l'Opéra, où il chanta deux fois avec le plus grand succès Agamemnon, dans *Iphigénie en Aulide,* tragédie du bailli du Roullet, musique de Gluck.

Il est mort le 7 août 1802, au château de Vincennes, près Paris, où il remplissait l'emploi de garde-consigne.

Il avait épousé, en 1762, une chanteuse de l'Académie royale de musique, Mlle Marie-Jeanne Le Mière, née le 29 novembre 1733, à Sedan.

Cette artiste avait débuté à l'Opéra en 1750 et son talent l'avait placée en peu de temps au rang des premières actrices de ce théâtre. Elle joignait à une voix pleine de souplesse une figure charmante, et un poète, resté anonyme, avait dit d'elle :

> Lemier, tel eft votre pouvoir
> Que c'en eft affez pour fe rendre
> De vous entendre fans vous voir
> Ou de vous voir fans vous entendre.

On trouve dans le *Journal des inspecteurs de M. de Sartine,* dû en grande partie au fameux agent de police Marais, quelques détails sur la vie intime de Mlle Le Mière, avant son mariage. On les reproduira ici :

14 août 1761.

Monfeigneur le prince de Conti qui s'étoit chargé de la demoifelle Lemierre l'une des premières actrices de l'Opéra, ainfi que je l'ai annoncé dans mes notes du mois de juillet dernier, après avoir contenté fa fantaifie, lui a fait, à ce qu'on dit, quelques rentes. Il a continué à lui donner trente louis par mois en la laiffant maîtreffe de difpofer d'elle-même comme elle jugera à propos, avec la faculté cependant d'en pouvoir ufer comme il lui plaira. Cet arrangement fe trouve être parfaitement du goût de cette demoifelle, et pour le mettre à profit, elle a prêté volontiers l'oreille aux fleurettes et aux avantages que lui a propofés M. de Bauche, confeiller honoraire au Parlement.

La femaine dernière elle a paffé trois jours entiers enfermée avec lui dans fa maifon, à Pantin, et depuis il la voit journellement, en cachant cependant avec le plus grand foin cette intrigue à fes amis, et pour leur perfuader davantage qu'il n'a point de maîtreffe, mercredi dernier il a donné un très-grand fouper à la fufdite maifon de Pantin, en hommes feulement, où il n'a été queftion que de bonne chère et de jeu. Les convives étoient M. de Villemur, le baron de Wangen, le comte de Sarfalle, le marquis de Chimène, M. de Vougny, M. de Roquemont, commandant du guet, et quelques autres dont on n'a pu favoir les noms. Le baron de Wangen a perdu 60 louis, M. de Chimène en a gagné 30, mais en général, la perte n'a pas été confidérable. Le baron de Wangen doit rendre ces jours-ci à fouper à toute la fociété où toutes les élégantes de l'Opéra fe trouveront. M. de Bauche aura foin d'y introduire Mlle Lemierre, mais feulement comme femme à talent afin d'obferver, à ce qu'il dit, le myftère qu'il défire ; tous fes amis n'en font point la dupe.

Et plus loin, à la date du 26 août 1761 :

J'ai annoncé dans mes notes dernières du 14 de ce mois que M. de Bauche, confeiller honoraire, voyoit fecrètement la demoifelle Lemierre, actrice à l'O-péra. Cette intrigue ne fait plus un myftère ; on fait même que M. de Bauche eft convenu de lui donner 50 louis par mois et de lui monter une maifon. Cette demoifelle a eu l'efprit auffi de fe ménager 4,000 l. de rente de M. le prince de Conti dont elle a eu l'honneur de contenter le caprice, fous la condition cependant de venir chanter à fon concert toutes les fois qu'il l'ordonnera. Ces arrangemens vont procurer à cette demoifelle un ton d'opulence dont tout le monde eft charmé, tant pour elle que pour M. de Bauche que l'on voyoit difpofé à fe marier avec Mlle de Villarmont, ce qui inquiétoit fort tous fes amis. On affure auffi que Mlle Lemierre, en faveur de cette bonne fortune..... veut fe bien conduire et fe faire un fort.

Une fois mariée, la conduite de Mme Larrivée fut irréprochable, et elle s'empressa de rompre avec le prince de Conti, son protecteur, au concert duquel elle était attachée moyennant mille écus par an, en alléguant pour prétexte qu'un jour où elle avait été appelée pour chanter chez le prince, il avait négligé d'envoyer inviter son mari au souper.

Mme Larrivée quitta l'Opéra en 1777, avec 2,000 livres de retraite. En 1780, le Roi lui accorda une pension de 2,600 livres, en qualité de musicienne ordinaire de la Chambre.

Elle mourut à Paris au mois d'octobre 1786, rue Saint-Thomas-du-Louvre, n° 18, laissant deux filles mineures : Adélaïde-Suzanne-Camille et Agathe-Élisabeth-Henriette, toutes deux excellentes musiciennes. Outre son appartement à la ville, elle occupait l'été, au village de Bourg-la-Reine, un logement situé près de l'avenue de Sceaux, dans la maison d'un maître-maçon, nommé Delaunay.

Au moment de sa mort, elle vivait tout à fait séparée de son mari, qui demeurait rue de Clichy, et il est probable qu'on peut faire remonter à l'année 1767 l'époque de cette discorde domestique. On trouve, à cette date, dans les *Mémoires de Bachaumont* (1), exposés dans toute leur crudité, les motifs qui oblige-

(1) Tome III, page 169.

rent Mme Larrivée à prendre ce parti et on reconnaîtra que les torts ne furent certainement pas de son côté.

Elle a chanté à l'Académie royale de musique les rôles suivants : l'Ordonnatrice des fêtes de l'Hymen, dans *Almasis,* ballet de Moncrif, musique de Royer, en 1750; une Bergère, dans *Acanthe et Céphyse,* pastorale de Marmontel, musique de Rameau, en 1751; Œnone, Parthénope, dans les *Sens,* ballet de Roy, musique de Mouret, repris en 1751; l'Amour, dans *Pygmalion,* entrée du *Triomphe des Arts,* ballet de La Motte et La Barre, retouchée par Balot de Sovot et Rameau, reprise en 1751; Hébé, dans *Tithon et l'Aurore,* ballet de Roy, musique de Bury, en 1751; une Grâce, Doris, dans *Omphale,* tragédie de La Motte, musique de Destouches, reprise en 1752; Doris, dans *Issé,* pastorale de La Motte, musique de Destouches, reprise en 1757; l'Amour, dans les *Surprises de l'Amour,* ballet de Bernard, musique de Rameau, en 1757; une Ariette, dans *Alceste,* tragédie de Quinault, musique de Lulli, reprise en 1758; Corisande, Oriane, dans *Amadis de Gaule,* tragédie de Quinault, musique de Lulli, reprise en 1759; Ismène, dans *Ismène,* pastorale de Moncrif, musique de Rebel et Francœur, reprise en 1759 et en 1773; Proserpine, dans *Proserpine,* tragédie de Quinault, musique de Lulli, reprise en 1759; Nérine, dans les *Paladins,* comédie de Monticour, musique de Rameau, en 1760; Poinçon, dans le *Prince de Noisy,* ballet de La Bruère, musique de Rebel et Francœur, en 1760; Lucinde, dans *Armide,* tragédie de Quinault, musique de Lulli, reprise en 1761 et en 1765; une Ariette, dans le prologue et l'acte des *Fleurs des Indes galantes,* ballet de Fuzelier, musique de Rameau, repris en 1761; Zélidie, dans *Zaïs,* ballet de Cahusac, musique de Rameau, repris en 1761; l'Amour, dans l'*Amour et Psyché,* ballet de Voisenon, musique de Mondonville, repris en 1762; Délie, dans les *Fêtes grecques et romaines,* ballet de Fuzelier, musique de Colin de Blâmont, repris en 1762 ; le Maitre à chanter, dans le *Bal,* acte des *Fêtes vénitiennes,* ballet de Danchet, musique de Campra, repris en 1762 ; Zélide, dans la *Guirlande, ou les Fleurs enchantées,* ballet de Marmontel, musique de Rameau, repris en 1762 ; Zélis, dans *Hylas et Zélis,* pastorale de Bury, en 1762, reprise en 1764 ; Électre, dans *Iphigénie en Tauride,* tragédie de Duché, musique de Desmarets, Campra et Berton, reprise en 1762 ; Palmis, chantant le rôle de Vénus, dans l'*Opéra de Société,* ballet de Mondorge, musique de Giraud, en 1762 ; l'Aurore, dans *Tithon et l'Aurore,* ballet de La Marre, musique de Mondonville, repris en 1763 et en 1768 ; une Ariette, une Suivante d'Hébé, une Ombre heureuse, dans *Castor et Pollux,* tragédie de Bernard, musique de Rameau, reprise en 1764 et en 1773 ; Sapho, dans les *Fêtes d'Hébé, ou les Talents lyriques,* ballet de Mondorge, musique de Rameau, repris en 1764 ; Naïs, dans *Naïs,* ballet de Cahusac, musique de Rameau, repris en 1764 ; Hégémone, dans *Bacchus et Hégémone,* musique de Dauvergne, en 1765 ; une Ariette, Églé, dans *Thésée,* tragédie de Quinault, musique de Lulli, reprise en 1765 et en 1767 ; Calliste, dans la *Femme,* entrée des *Fêtes de Thalie,* ballet de La Font, musique de Mouret, reprise en 1765 ; Chloé, dans *Anacréon,* ballet de Bernard, musique de Rameau, repris en 1766 ; l'Amour, dans *Sylvie,* ballet de Laujon, musique de Berton et Trial, en 1766 ; Zaïde, dans la *Turquie,* acte de l'*Europe galante,* ballet de La Motte, musique de Campra, repris en 1766 et en 1775 ; Coronis, dans *Apollon et Coronis,* acte des *Amours des dieux,* ballet de Fuzelier, musique de Mouret, repris en 1767 ; Florine, Thalie, dans le *Carnaval du Parnasse,* ballet de Fuzelier, musique de Mondonville, repris en 1767 et en 1774 ; Ernelinde, dans *Ernelinde,* tragédie de Poinsinet, musique de Philidor, en 1767 ; une Ariette, dans *Hippolyte et Aricie,* tragédie de Pel-

legrin, musique de Rameau, reprise en 1767 ; Théonis, dans
Théonis, pastorale de Poinsinet, musique de Berton et Trial, en
1767 ; Alcimadure, dans *Daphnis et Alcimadure,* pastorale de
Mondonville, reprise en 1768 et en 1773 ; Isabelle, dans la *Vénitienne,* comédie de La Motte, musique nouvelle de Dauvergne,
reprise en 1768 ; une Phrygienne, dans *Dardanus,* tragédie de
La Bruère, musique de Rameau, reprise en 1769 ; Omphale,
dans *Omphale,* tragédie de La Motte, musique de Destouches et
Cardonne, reprise en 1769 ; Amélite, dans *Zoroastre,* tragédie de
Cahusac, musique de Rameau, reprise en 1770 ; Thérèse, dans
la *Cinquantaine,* ballet de Desfontaines, musique de La Borde,
en 1771, repris en 1772 ; Vénus, dans le *Prix de la valeur,* ballet
de Joliveau, musique de Dauvergne, en 1771 ; Aline, dans *Aline,
reine de Golconde,* ballet de Sedaine, musique de Monsigny,
repris en 1772 ; Églé, dans *Églé,* ballet de Laujon, musique de
La Garde, en 1772, repris en 1773 ; Julie, dans *Ovide et Julie,*
ballet de Fuzelier, musique nouvelle de Cardonne, repris en
1773 ; Aglaé, dans l'*Union de l'Amour et des Arts,* ballet de Le
Monnier, musique de Floquet, en 1773 ; Éponine, dans *Sabinus,*
tragédie de Chabanon, musique de Gossec, en 1774 ; Daphné,
dans *Alexis et Daphné,* pastorale de Chabanon, musique de
Gossec, en 1775 ; une Ariette, dans *Céphale et Procris,* tragédie
de Marmontel, musique de Grétry, en 1775 ; une Ariette dans
Cythère assiégée, ballet de Favart, musique de Gluck, en 1775.

(*Archives nationales,* O¹, 630, et Y, 11,515. — *Dictionnaire des théâtres.* — *Mercure de France.* —
Calendrier historique des théâtres. — *L'Espion anglais,* tome III. — *Mémoires secrets,* I, 255 ; III,
169 ; IV, 52 ; VI, 86, 171 ; XXII, 5. — *Journal
de Paris,* 28 avril 1786. — Mme de Genlis : *Sou-
venirs de Félicie,* II, 152. — *Mémoires de Grétry.*
— *Journal des inspecteurs de M. de Sartines,* p. 14.)

I

1780. — 1er mai.

Brevet d'une pension de 2,600 livres accordée par le Roi à Marie-Jeanne Lemière, femme de Henri Larrivée.

Brevet d'une penſion de 2,600 livres en faveur de la dame Marie-Jeanne Lemière, née le 29 novembre 1733, à Sedan, diocèſe de Reims, baptiſée le lendemain dans la paroiſſe St-Charles de ladite ville, épouſe du ſieur Henri Larrivée, l'un et l'autre de l'Académie royale de muſique. Cette penſion compoſée des objets ci-après : appointemens de 2,000 livres qui lui ont été conſervés ſur le fonds ordinaire des menus plaiſirs, ſans retenue, le premier janvier 1779, en conſidération de ſes ſervices tant à la muſique de la chambre du Roi, qu'aux ſpectacles de la Cour et à ladite Académie ; une gratification de 600 livres, auſſi ſans retenue, faiſant moitié de celle de 1,200 livres accordée ſur les dépenſes extraordinaires des menus plaiſirs, tant à la dame Larrivée qu'audit ſieur ſon mari, en conſidération de leurs ſervices.

PIÈCE JOINTE AU BREVET.

Acte de baptême de Marie-Jeanne Lemière, femme de Henri Larrivée.

Extrait des regiſtres des baptêmes de la paroiſſe royale de St-Charles de Sedan, diocèſe de Reims : L'an mil ſept cent trente-trois, le trentième novembre, je René Ferrıel, prêtre de la Congrégation de la Miſſion, faiſant les fonctions curiales dans la paroiſſe royale de St-Charles de Sedan, ai baptiſé la fille de Louis-Michel Lemière, garçon perruquier et de Julienne Lemaire, ſes père et mère, mariés enſemble et habitans de cette paroiſſe, née hier, à laquelle on a impoſé le nom de Marie-Jeanne. Le parrain a été : Jean-François Rannet, garçon, et la marraine, Marie Rannet, ſa ſœur.

(*Archives nationales,* O^1, 679.)

II

1782. — 1er avril.

Ordonnance du Roi, relative aux appointements de Larrivée.

Sur ce qui nous a été repréfenté que les fervices du fieur Larrivée, attaché à notre Académie royale de mufique en qualité de premier acteur chantant étoient encore utiles, non-feulement à notre fervice, mais encore à celui de ladite Académie pour contribuer encore pendant quelques années à l'agrément de ce fpectacle et voulant en conféquence donner au fieur Larrivée une marque diftinguée du cas que nous faifons de fon talent, l'avons retenu et retenons, à compter du premier du préfent mois de la préfente année, pour cinq années aux appointemens de 15,000 livres par an ; laquelle fomme lui fera payée des deniers de la caiffe de l'Académie royale de mufique, par chaque mois à raifon de 1,250 livres et voulons qu'il continue de jouir comme par le paffé de la penfion de 3,000 livres qui lui a déjà été accordée pour le fervice important qu'il a déjà rendu à ladite Académie et, par un effet particulier de notre bienveillance, que ladite penfion de 3,000 livres foit réverfible fur la tête de fes deux filles actuellement nées, à raifon de 1,500 livres chacune, à charge par ledit fieur Larrivée de continuer à remplir pendant lefdites cinq années les rôles du premier emploi de baffe-taille qui lui feront diftribués dans tous les ouvrages nouveaux ou remis au théâtre, fans qu'il puiffe s'en difpenfer fous quelque prétexte que ce foit, fi ce n'eft dans le cas de maladie et fous la condition de fe conformer en tout aux règlemens faits ou qui pourront l'être par la fuite pour le fervice et la difcipline de ladite Académie.

Approuvé par le Roi, à Verfailles, le 1er avril 1782.

AMELOT.

(*Archives nationales,* O¹, 630.)

III

1782. — 28 octobre.

Donation faite par Henri Larrivée à sa sœur, d'une rente viagère de 600 livres.

A tous ceux qui ces préfentes lettres verront, Anne-Gabriel-Henri Bernard de Boulainvilliers, etc., prévôt de la ville et vicomté de Paris, salut. Savoir faifons que par-devant maîtres Simon Provoft et Auguftin-Pierre-Jofeph Alleaume, confeiller du Roi, notaires à Paris, fouffignés, fut préfent fieur Henri Larrivée, penfionnaire du Roi, demeurant à Paris, rue Royale, à la Barrière-Blanche, paroiffe St-Pierre de Montmartre, lequel voulant reconnoître les peines et foins que demoifelle Élifabeth-Henriette Larrivée, fa fœur, fille majeure, a pris, pendant dix-neuf ans qu'elle a demeuré avec lui, de la conduite de fa maifon et à élever fes enfans, a, par ces préfentes, donné par donation entre vifs en la meilleure forme que donation puiffe être faite pour valoir et même s'oblige de garantir, fournir et faire valoir à ladite demoifelle Larrivée, demeurant de préfent à Meudon, étant ce jour à Paris, à ce préfente et acceptante, pour elle, pendant fa vie, fix cens livres de rente et penfion annuelle et viagère, exempte de la retenue de toutes impofitions royales quelconques, mifes et à mettre et que ledit fieur Larrivée s'oblige de payer ou faire payer à ladite demoifelle fa fœur, en cette ville, à compter de ce jour, de trois mois en trois mois également et dont les trois premiers mois échoiront et feront payés le 28 janvier prochain, pour de là en avant continuer de trois mois en trois mois pendant la vie et jufqu'au décès de ladite demoifelle Larrivée, pour jouir par elle de ladite rente et penfion viagère en toute propriété et comme de chofe à elle appartenant et de la garantir de ladite rente et penfion viagère, et à la faire fournir et valoir bonne et bien payable comme dit eft, etc. Cette donation ainfi faite pour fubvenir aux alimens journaliers de ladite demoifelle Larrivée, en conféquence ledit fieur Larrivée y impofe la condition formelle que les arrérages de ladite rente et penfion viagère feront infaififfables fur ladite demoifelle Larrivée pour telle caufe que ce foit, même pour caufe d'alimens, qu'elle ne pourra la vendre ni en céder ou déléguer lefdits arrérages à l'avance, lefquels elle recevra fur fes quittances pour être par elle employés même auxdits alimens journellement. Ladite donation faite d'ailleurs pour les motifs ci-devant dits et parce que telle eft la volonté dudit fieur Larrivée de vouloir ainfi la faire. Par ces mêmes préfentes ladite demoifelle Larrivée reconnoît que pendant tout le tems qu'elle a demeuré chez le fieur fon frère, elle y a été logée et nourrie par lui et qu'en outre, il a fourni et payé tout ce qui étoit néceffaire pour fon entretien et fes befoins, en forte qu'elle n'a rien à lui demander et répéter contre lui fous telles formes et pour telle caufe que ce foit, comme auffi qu'il ne l'a jamais chargée de rien acheter et prendre à crédit chez les marchands et fourniffeurs de toute efpèce quelconque et qu'au contraire il lui a toujours donné d'avance l'argent à ce néceffaire, en forte que s'il fe trouve dû quelque chofe par le fait de ladite demoifelle Larrivée, elle le prend pour fon compte et s'oblige de l'acquitter, etc.

Fait et paffé à Paris, en la demeure dudit fieur Larrivée, le 28 octobre 1782, après midi, etc.

(*Archives nationales*, Y, 466.)

IV

1786. — 5 avril.

Brevet d'une pension de 4,800 livres accordée par le Roi à Henri Larrivée.

Brevet d'une penſion de 4,800 livres en faveur du ſieur Henri Larrivée, né et baptiſé le 9 janvier 1737, paroiſſe St-Nizier, à Lyon, de l'Académie royale de muſique. Cette penſion compoſée des objets ci-après, ſavoir : une ſomme de 3,300 livres, produit net de quatre objets portés dans un précédent brevet ; une penſion de 1,500 livres, ſans retenue, qui lui a été accordée ſur le tréſor royal à titre de retraite en qualité de muſicien ordinaire de la Chambre du Roi.

PIÈCE JOINTE AU BREVET.

Acte de baptême de Henri Larrivée.

Extrait des regiſtres de l'égliſe collégiale et paroiſſiale de St-Nizier, à Lyon : Le neuf janvier mil ſept cent trente-ſept, j'ai baptiſé Henri, né d'hier, fils de ſieur François Larrivée, maître traiteur, et de demoiſelle Marie Charton, ſon épouſe. Parrain : ſieur Henri Cizeron, marchand ; marraine : demoiſelle Catherine Galletier, fille.

(Archives nationales, O¹, 679.)

————

LATOUR, chanteur. Il tenait l'emploi des hautes-contres, et sa voix agréable était fort appréciée du public. On a fait sur lui ce quatrain :

> Latour, ſur la ſcène lyrique
> Jamais acteur ne mit plus d'art, plus d'action ;
> Tu joins ſurtout dans le comique
> Les grâces de Momus à la voix d'Amphion.

Latour, qui abandonna l'Académie royale de musique en 1756, avec une pension de 1,000 livres, y a joué depuis 1740 les rôles

suivants : un Zéphyr, Morphée, dans *Atys,* tragédie de Quinault,
musique de Lulli, reprise en 1740 ; le Soleil, dans *Phaéton,* tragédie de Quinault, musique de Lulli, reprise en 1742 ; un Lydien,
un Plaisir, dans *Hésione,* tragédie de Danchet, musique de Campra, reprise en 1743 ; un Premier insulaire, dans *Roland,* tragédie de Quinault, musique de Lulli, reprise en 1743 ; Apollon, le
Grand-prêtre de Junon, dans *Acis et Galatée,* pastorale de Campistron, musique de Lulli, reprise en 1744 et en 1754 ; Iphis,
confident d'Aronce, dans les *Grâces,* ballet de Roy, musique de
Mouret, repris en 1744 ; un Jeu et un Plaisir, un Berger, un
Vieillard, dans *Thésée,* tragédie de Quinault, musique de Lulli,
reprise en 1744 ; un Chef des Arts, dans les *Fêtes de Polymnie,*
ballet de Cahusac, musique de Rameau, en 1745, repris en 1753 ;
un Provençal, dans les *Fêtes de Thalie,* ballet de La Font, musique
de Mouret, repris en 1745 ; un Roi vaincu, dans le *Temple de la
Gloire,* ballet de Voltaire, musique de Rameau, en 1745 ; le
Chevalier Danois, dans *Armide,* tragédie de Quinault, musique
de Lulli, reprise en 1746 ; le Grand-prêtre d'Isis, dans *Hypermnestre,* tragédie de La Font, musique de Gervais, reprise en
1746 ; Méduse, dans *Persée,* tragédie de Quinault, musique de
Lulli, reprise en 1746 ; un Berger, dans *Scylla et Glaucus,* tragé-
die de d'Albaret, musique de Leclerc, en 1746 ; un Plaisir, un
Pâtre, dans *Daphnis et Chloé,* pastorale de Laujon, musique de
Boismortier, en 1747 ; Philène, dans l'*Europe galante,* ballet de
La Motte, musique de Campra, repris en 1747 ; Mercure, le
Professeur de Folie, dans le *Carnaval et la Folie,* comédie de La
Motte, musique de Destouches, reprise en 1748 ; Agéris, dans
les *Fêtes de l'Hymen et de l'Amour,* ballet de Cahusac, musique de
Rameau, en 1748, repris en 1754 ; Lysis, amant d'Hortense,
dans les *Fragments de différents ballets,* en 1748 ; Arasme, dans
les *Caractères de 'l'Amour,* ballet de Pellegrin, musique de Colin

de Blâmont, repris en 1749; un Suivant d'Euterpe, dans le *Carnaval du Parnasse,* ballet de Fuzelier, musique de Mondonville, en 1749; Neptune, dans *Naïs,* ballet de Cahusac, musique de Rameau, en 1749; Platée, nymphe, dans *Platée,* ballet d'Autreau et Balot de Sovot, musique de Rameau, en 1749, repris en 1754; une Voix sortant des nuages enflammés, dans *Zoroastre,* tragédie de Cahusac, musique de Rameau, en 1749; un Sage enchanteur, un Guerrier, dans *Tancrède,* tragédie de Danchet, musique de Campra, reprise en 1750; Mercure, dans *Thétys et Pélée,* tragédie de Fontenelle, musique de Collasse, reprise en 1750; Nérine, le Maître de musique, dans les *Fêtes vénitiennes,* ballet de Danchet, musique de Campra, repris en 1750; un Berger, dans *Acanthe et Céphise,* pastorale de Marmontel, musique de Rameau, en 1751; Mercure, dans les *Sens,* ballet de Roy, musique de Mouret, repris en 1751; Don Carlos, dans les *Indes galantes,* ballet de Fuzelier, musique de Rameau, repris en 1751; le Printemps, dans *Alphée et Aréthuse,* ballet de Danchet, musique de Campra, repris en 1752; Thibaud, dans les *Amours de Ragonde,* comédie de Destouches, musique de Mouret, reprise en 1753; Éros, dans les *Fêtes grecques et romaines,* ballet de Fuzelier, musique de Colin de Blâmont, repris en 1753; un Athlète, dans *Castor et Pollux,* tragédie de Bernard, musique de Rameau, reprise en 1754; Jeannet, dans *Daphnis et Alcimadure,* pastorale de Mondonville, en 1754.

(*Dictionnaire des théâtres. — Calendrier historique des théâtres. — Les Spectacles de Paris.*)

1744. — 29 mai.

Le sieur Molagne, secrétaire du Roi, se plaint d'avoir été menacé et injurié par Latour, dans un café.

L'an 1744, le jeudi 29 mai, sept heures du foir, eſt comparu en l'hôtel et par-devant nous Louis Cadot, etc., le ſieur Molagne, ſecrétaire du Roi,

demeurant à Paris, rue de la Butte-St-Roch : Lequel a dit que, le 27 du préfent mois, fur les quatre heures après midi, chez la veuve Dupuy, où il prenoit fon café avec deux de fes amis, le fieur Latour, acteur d'Opéra, vint à
lui et le fieur Molagne lui dit en ces propres termes : « Monfieur Latour, vous
avez hier chanté à merveille », et enfuite il lui donna à entendre de la manière
la plus polie qu'il lui manquoit de l'ufage. Toute la réponfe du fieur Latour fut
de caufer un efclandre en plein café en fe répandant en injures des plus groffières et en expreffions des plus infultantes. Il y ajouta des geftes et porta différentes fois la main fur la garde de fon épée. Alors un de ceux avec qui le
fieur Molagne prenoit du café fe leva et prit le fieur Latour à part pour lui
parler. Lequel fieur Latour lui répondit qu'il ne fe plaignoit pas de ce que le
fieur Molagne venoit de lui dire, mais qu'il lui en vouloit de loin fur ce
qu'on lui avoit rapporté qu'il avoit dit du mal de lui au fujet de fon talent :
ce qui prouve que l'infulte étoit préméditée. Cependant le fieur Molagne
attefte qu'il ne connoît le fieur Latour, ni de près, ni de loin, non plus que
ceux qu'il fréquente et qu'il n'a jamais parlé de ce particulier ni même eu
occafion d'en parler, en forte que l'infulte qu'il a reçue dudit Latour eft auffi
gratuite qu'elle eft grave et préméditée. Dont et de tout ce que deffus il nous
a requis acte.

Signé : MOLAGNE ; CADOT.

(*Archives nationales,* Y, 12,147.)

LAVIGNE (LÉONARD), danseur. Il a joué entre autres rôles à
l'Académie royale de musique : un Zéphir, un Polichinelle,
dans *Psyché,* tragédie de Corneille de Lisle, musique de Lulli,
reprise en 1703 ; un Vent de l'air, dans *Ulysse et Pénélope,* tragédie de Guichard, musique de Rebel, en 1703 ; un Dieu des
bois, un Suivant de la Jalousie, un Héros, dans *Polyxène et Pyrrhus,* tragédie de La Serre, musique de Collasse, en 1706 ; un
Suivant de Bacchus, dans *Thésée,* tragédie de Quinault, musique
de Lulli, reprise en 1707.

Lavigne était encore attaché à l'Opéra, en 1717.

(*Dictionnaire des théâtres.*)

1717. — 27 avril.

Léonard Lavigne rend plainte contre la nommée Marguerite Faucon, qui, habillée en homme avait voulu le forcer à se battre en duel avec elle et qui, sur son refus, l'avait fait frapper et provoquer par deux de ses acolytes.

L'an 1717, le 27 avril, neuf heures du foir, par-devant nous Louis-Jérôme Daminois, etc., et en notre hôtel, eft comparu fieur Léonard Lavigne, acteur de l'Académie royale de mufique, demeurant rue Bailleul, paroiffe St-Germain-l'Auxerrois : Lequel nous a fait plainte contre Marguerite Faucon, native de Bruxelles, et deux quidams dont un neveu du nommé Sauveplane, François de nation, réfugié pour caufe de religion à La Haye où il tient cabaret, chez lequel le plaignant a logé l'été dernier et d'où il eft revenu en cette ville au mois d'août dernier et dit qu'il y a environ une heure, sortant de l'Opéra, ladite Faucon, qu'il ne reconnoiffoit nullement, habillée en homme, ayant l'épée au côté et vêtue d'un juftaucorps rouge à boutons de fils d'or plats et d'une vefte de brocart d'or, avec une perruque blonde, l'a attaqué fous la porte de l'Opéra, dans le cul-de-fac, l'a faifi par les boutonnières de fon juftaucorps, lui difant : « Viens avec moi fur la place ! » Le plaignant, furpris, lui a dit : « Monfieur, je ne vous connois pas, qui êtes-vous ? » et elle lui a répondu auffi : « Je veux mettre l'épée à la main contre toi. Je fuis Gothon. » Le plaignant, ne fe fouvenant plus de ce nom-là, lui a dit derechef : « Monfieur, je ne vous connois point. Vous vous trompez, vous me prenez pour un autre. » Sur quoi elle lui a répliqué : « Je fuis Margot de Bruxelles. Je veux tirer l'épée avec toi, viens fur la place. » Le plaignant, à ce mot de Margot l'ayant reconnue, a tâché de la faire rentrer en elle-même, lui repréfentant qu'elle s'attireroit quelque fâcheufe affaire, traveftie comme elle étoit, fi on venoit à la reconnoître et même voulut l'engager à venir fouper avec lui. Mais l'accufée, ne voulant écouter aucune raifon a perfévéré à dire qu'elle vouloit mettre l'épée à la main contre lui et, en lui parlant ainfi, ils font fortis du cul-de-fac de l'Opéra et marchant par la rue St-Honoré, l'accufée, à quarante pas dudit cul-de-fac, a porté la main à fon épée qu'elle n'a tirée qu'à moitié parce que le plaignant lui a faifi les deux bras en l'embraffant et les lui ferrant. Sur quoi il a vu tout à coup fondre fur lui les deux quidams, dont l'un eft ledit Sauveplane qu'il a reconnu et lefquels, en l'abordant, ont dit : « Ah ! chien, je te tue ! » Le plaignant, ne fe trouvant pas dans une fituation à fe défendre, a repouffé du poing l'accufée pour. fe débarraffer d'elle et s'eft jeté dans la boutique d'un épicier,

vis-à-vis duquel ils étoient, pour éviter d'être affaffiné par lefdits deux accufés. Et ladite accufée, en fe tirant de fes mains, lui a arraché fa perruque et
fon chapeau de deffus la tête et les lui a emportés. Lefquels accufés ont même
refté quelque tems devant ladite boutique, menaçant le plaignant et le
provoquant par des injures à fortir de ladite boutique pour fe battre
l'épée à la main, ce qui ne peut paffer que pour un attentat fur fa vie formé
par lefdits quidams qui ont fans doute formé le deffein de l'affaffiner et font
apparemment venus de Hollande exprès pour l'exécuter. Pourquoi il eft venu
nous rendre plainte.

Signé : LAVIGNE ; DAMINOIS.

(*Archives nationales*, Y, 11,648.)

———

L EBEL (ROBERT), chanteur. De 1703 à 1715, cet artiste a
joué à l'Académie royale de musique les rôles suivants :
Vertumne, une Furie, Palémon, dans *Psyché*, tragédie de Corneille de Lisle, musique de Lulli, reprise en 1703 et en 1713 ; un
Songe, dans le *Triomphe de l'Amour*, ballet de Quinault, musique
de Lulli, repris en 1705 ; le Chef des génies, dans *Philomèle*, tragédie de Roy, musique de Lacoste, reprise en 1709 ; Phronyme,
dans *Persée*, tragédie de Quinault, musique de Lulli, reprise en
1710 ; la Terre, dans *Phaéton*, tragédie de Quinault, musique de
Lulli, reprise en 1710 ; le Grand Sacrificateur, dans *Iphigénie en
Tauride*, tragédie de Duché, musique de Desmarets, mise au
théâtre par Danchet et Campra, et reprise en 1711 ; le Chef des
matelots, dans les *Nouveaux Fragments*, en 1711 ; Tisiphone,
furie, dans *Créüse l'Athénienne*, tragédie de Roy, musique de
Lacoste, en 1712 ; un Berger, Hymen, dans *Zéphyr et Flore*,
opéra de du Boullay, musique de Louis et Jean-Louis Lulli,
repris en 1715.

(*Dictionnaire des théâtres.*)

1707. — 21 août.

Plainte de Robert Lebel contre une femme dont les calomnies et les mauvais propos lui avaient fait manquer un mariage.

L'an 1707, le dimanche 21 août, fur les deux heures de relevée eft comparu par-devant nous Jean-Jacques Camufet, etc., Robert Lebel, ordinaire de l'Académie royale de mufique, demeurant à Paris, rue de la Mortellerie, paroiffe St-Gervais : Lequel nous a fait plainte et dit que depuis un mois ou environ qu'il a demandé en mariage Catherine Picard, marchande grainière, demeurante fur le port de Grève qui, dans cette rue, l'a reçu en fa maifon où, depuis ce tems, le plaignant a continué d'aller jufqu'à lundi dernier fur les neuf heures du foir que le plaignant lui a parlé de finir et de paffer le contrat. A quoi ladite fille Picard fit réponfe qu'elle n'étoit plus dans le deffein de fe marier et avoit de très-grandes raifons pour n'en rien faire. Et le plaignant l'ayant prié de vouloir s'expliquer, elle lui a dit qu'elle ne les lui diroit pas et qu'il n'avoit qu'à fe retirer, ce qu'il fit. Et a été le plaignant furpris d'apprendre mardi matin que le fujet du remerciement que lui avoit fait ladite Picard provenoit de la femme du nommé Sénégial qui, par un mauvais efprit et fans aucun fujet, a été trouver ladite Picard à laquelle elle a dit qu'elle ne favoit à quoi elle penfoit de vouloir époufer le plaignant étant un homme débauché et un p........, et a ladite femme Sénégial pouffé fes mauvais difcours jufqu'à dire que le plaignant avoit actuellement affaire à trois fœurs et que fa défunte femme avoit été obligée de s'abandonner à la débauche parce qu'il lui avoit refufé les chofes les plus néceffaires à la vie et qu'elle fe trouveroit dans le même cas fi elle avoit affez de malheur pour l'époufer. Et comme des difcours auffi calomnieux font un tort confidérable à l'honneur et à la réputation du plaignant, il a été confeillé de nous rendre la préfente plainte.

Signé : LEBEL; CAMUSET.

(*Archives nationales,* Y, 12,006.)

LECLERC (CHARLES-NICOLAS), chanteur. Il fut à la fois attaché à l'Opéra et à la musique de la Reine Marie Leczinska. Leclerc a chanté devant cette princesse, les 12 et 17 décembre 1736, dans les *Caractères de l'Amour*, ballet héroïque de Pellegrin, musique de Colin de Blâmont. Il quitta l'Académie royale de musique vers 1750, et mourut en 1775.

(Dictionnaire des théâtres. — Les Spectacles de Paris.)

1748. — 8 février.

Charles-Nicolas Leclerc rend plainte contre un individu qui lui avait volé de la musique.

L'an 1748, le jeudi 8 février, fix heures de relevée, eft comparu en notre hôtel et par-devant nous Louis Cadot, etc., fieur Charles-Nicolas Leclerc, de l'Académie royale de mufique, demeurant rue St-Honoré, vis-à-vis l'Oratoire : Lequel nous a dit qu'il y a environ trois mois il confia au nommé Charles Galbrun deux partitions de fix fonates en trio de la compofition du fieur Defelles, muficien du roi de Pologne Staniflas (1), pour les copier en parties féparées, ce qu'il auroit dû faire et les lui rendre dans l'efpace d'un mois au plus ; qu'il lui a rendu quatre fonates en parties féparées et il en refte deux dont il a les doubles partitions, ce qui fait un volume affez confidérable de mufique ; que depuis deux mois il n'en pouvoit avoir aucune nouvelle ; que l'ayant rencontré aujourd'hui rue St-Honoré, il a couru après lui, l'a arrêté et il a affecté de venir de bonne volonté s'expliquer devant nous : mais, lorfqu'il s'eft trouvé à la porte, il s'eft fauvé en courant de toute fa force ; que ça été avec beaucoup de peine et à l'aide des paffans qu'il eft parvenu à le faire conduire devant nous où fe font trouvés Gafpard Hupchair, maître cordonnier, rue Simon-Lefranc, Jean-Chryfoftôme Laudrin, horloger dans le grand Confeil, et Claude Gay, maître cordonnier, rue des Barres, derrière St-Gervais, qui nous ont attefté avoir vu ledit Galbrun courir de toute fa force et fe fauvant et avoir aidé à l'arrêter fur les cris et à la réquifition dudit fieur Leclerc. Lequel Galbrun s'eft dit loger depuis le 18 janvier dernier chez le fieur Gautier, tenant chambres garnies, rue du Chantre, être à Paris depuis 6 mois, originaire de Blois où demeurent fes père et mère, lui muficien et ayant été enfant de chœur. Eft convenu avoir encore lefdites deux partitions dont une copiée de la main de l'auteur et le double d'icelle par lui copié, qu'il a dit être actuellement chez le fieur Debé, fruitier, tenant chambres

---

(1) Et taille des rôles à l'Opéra.

garnies, même rue du Chantre, qui les lui retient avec fon linge pour 7 livres de logement. Chez lequel Debé ledit fieur Leclerc eft convenu avoir été avec ledit Galbrun où il ne s'eft trouvé qu'une fonate en partition tirée par ledit Galbrun fur la partie de l'auteur et non le principal de ladite mufique, ce qui nous a été confirmé par ledit fieur Debé qui nous a dit que ledit Galbrun découchoit quelquefois et d'autres fois rentroit tard chez lui, et après que ledit Leclerc a ajouté qu'il a appris que ledit Galbrun a été fufpecté de plufieurs chofes, nous avons ordonné, attendu qu'il eft fans aveu, feu, ni lieu, à la réquifition dudit Leclerc qu'il fera conduit en prifon.

Signé : CADOT.

(*Archives nationales,* Y, 11,151.)

———

L.EDOUX (MARIE-LOUISE DENIS, dite), danseuse.

I

1767. — 27 novembre.

Plainte rendue par Mlle Marie-Louise Denis, dite Ledoux, contre un nommé Prévost qui l'avait insultée et qui voulait, sans raison, la poursuivre pour dettes.

L'an 1767, le vendredi 27 novembre, fept heures du foir, en notre hôtel et par-devant nous Jean-François Hugues, etc., eft comparue demoifelle Marie-Louife Denis Ledoux, fille majeure, danfeufe à l'Opéra, demeurant à Paris, rue de Bourbon, paroiffe Notre-Dame-de-Bonne-Nouvelle : Laquelle nous a dit qu'il y a environ fix femaines on lui fit faire connoiffance du fieur Prévoft, fabricant de la manufacture des chapeaux de foie, qui lui fit de grandes offres de fervice ; que fur ces offres elle lui a emprunté une fois cinq louis dont elle lui a fait un billet payable environ dans un an, une autre fois huit louis dont elle lui a fait un autre billet payable environ dans neuf mois et enfin une troifième fois dix louis, pour raifon de quoi ledit fieur Prévoft exigea d'elle une acceptation conçue dans la forme fuivante, c'eft à favoir que ladite demoifelle comparante écrivit au haut d'un papier ces mots : « Accepté pour 240 livres » et enfuite elle figna fon nom quatre ou cinq doigts plus bas, de façon qu'entre cette acceptation et le nom de la comparante, il y avoit un efpace blanc d'environ quatre ou cinq doigts. Depuis quelques jours, ledit fieur Prévoft s'étant brouillé avec la comparante, elle a parlé à plufieurs perfonnes de la fignature en blanc qu'avoit exigée d'elle ledit fieur Prévoft et comme on lui a donné, à ce fujet, de fortes inquiétudes, elle chercha à retirer dudit fieur Prévoft ledit blanc-feing aux offres qu'elle lui fit de lui rembourfer lefdites 240 livres, mais elle fut fort furprife de voir ledit fieur Prévoft vouloir badiner fur cette fignature et lui tenir des propos qui ne firent qu'augmenter les inquiétudes qu'on lui avoit données. Et enfin, ayant de nouveau voulu engager ledit fieur Prévoft à lui renvoyer ladite fignature, elle a été très-furprife de recevoir de lui une efpèce de lettre qui d'un côté contient les propos les plus injurieux et d'un autre annonce, de la part dudit fieur Prévoft, finon une manœuvre très-puniffable au moins de très-mauvais deffeins. En effet, après avoir, dans ladite lettre, reproché à la comparante des efcroqueries qu'elle ignore abfolument, il annonce avoir obtenu contre elle une fentence qui la condamne et par corps à lui payer 50 louis contenus en une lettre de change ; que cette lettre doit d'autant plus alarmer la comparante que d'un côté elle n'a jamais foufcrit au profit dudit fieur Prévoft d'autres billets et lettres de change que ceux ci-deffus défignés, que jamais elle n'a contracté envers lui aucun engagement montant à 50 louis ; que, d'un autre côté, elle n'a jamais eu aucune affignation de la part dudit Prévoft et qu'enfin, quoiqu'elle croie ledit fieur Prévoft incapable d'avoir abufé de la fignature en blanc qu'il lui a fait faire, cependant les menaces contenues en fa lettre exigent que la comparante prenne fes précautions ; pourquoi elle eft venue nous faire la préfente déclaration, etc.

Signé : L. DENIS LEDOUX ; HUGUES.

(*Archives nationales,* Y, 11,008.)

II

1768. — 9 octobre.

Mlle Marie-Louise Denis, dite Ledoux, porte plainte contre un individu qui voulait la voler.

L'an 1768, le dimanche 9 octobre, huit heures du matin, en notre hôtel et par-devant nous Jean-François Hugues, etc., eft comparue Marie-Louife

Denis Ledoux, fille majeure, danfeufe à l'Académie royale de mufique, demeurant à Paris, rue de Bourbon-Villeneuve : Laquelle nous a rendu plainte et dit qu'elle a été arrêtée le jour d'hier à heure indue et conduite és prifon du Petit-Châtelet ; qu'elle ne fut alors pour ce que c'étoit, ne lui ayant été apporté aucun acte de juftice ; qu'arrivée èfdites prifons, on lui dit que c'étoit en vertu d'une fentence rendue aux Confuls de Paris qui condamne la plaignante au payement de plufieurs lettres de change par elle faites au fieur Dufour pour raifon d'une paire de boucles d'oreilles en girandoles qu'il lui a vendues moyennant une fomme de 8,200 livres fur laquelle elle a déjà payé celle de 4,200 ; que furvint èfdites prifons un particulier qui fe dit nommer Dubas, teinturier, rue Phelippeaux, et être porteur de tranfports du fieur Vincent à qui ledit fieur Dufour avoit paffé les lettres de change, et ledit Dubas, profitant du tems où elle n'avoit pas fes fens à elle et voyant qu'elle ne vouloit point refter èfdites prifons à tel prix que ce foit, fe fit remettre lefdites girandoles qu'elle envoya chercher et lui extorqua une reconnoiffance defdites girandoles par laquelle ledit fieur Dufour s'obligeoit de les reprendre pour 6,400 livres au bout de deux ans qui échoiront le dernier de janvier prochain, moyennant quoi fa liberté lui fut accordée. Et comme la plaignante a le plus grand intérêt de fe pourvoir à fin de la remife defdites girandoles et reconnoiffance qui lui ont été extorquées et en dommage et intérêt pour raifon de l'infulte grave qui lui a été faite, elle eft venue nous rendre la préfente plainte.

Signé : M. L. D. LEDOUX ; HUGUES.

(Archives nationales, Y, 11 009.)

III

1769. — 12 février.

Déclaration de grossesse faite par Mlle Marie-Louise Denis, dite Ledoux.

L'an 1769, le dimanche 12 février, dix heures du foir, en l'hôtel et pardevant nous François Bourgeois, etc., eft comparue demoifelle Marie-Louife Denis Ledoux, fille majeure, première figurante à l'Opéra, demeurante rue de Bourbon, au coin de celle St-Claude, paroiffe Notre-Dame-de-Bonne-Nouvelle : Laquelle nous a déclaré qu'au commencement du mois de feptembre dernier, étant chez Torré fur le boulevard, où elle danfoit une contredanfe, elle aperçut dans le cercle le fieur Lecanten, banquier à Paris, qui lui faifoit des fignes et qu'elle ne connoiffoit alors que pour l'avoir vu quelquefois aux fpectacles et dans les promenades publiques ; que la contredanfe étant finie, il s'approcha d'elle avec deux de fes amis dont un eft Efpagnol et loge dans fa maifon, lui fit beaucoup de complimens et après différens propos vagues, il fe plaignit de la fatigue qu'il difoit reffentir d'avoir chaffé toute la journée ; que la comparante lui ayant dit qu'elle aimoit beaucoup la chaffe, il lui propofa de lui procurer ce plaifir lorfqu'elle le voudroit et, à cet effet, lui demanda la permiffion d'aller chez elle prendre fon jour ; qu'elle accepta fa propofition, ayant appris fon nom et fa qualité, et en conféquence vint plufieurs fois chez elle, mais refpectueufement, parce qu'il ne l'y trouva point ; qu'il lui écrivit pour favoir quels étoient les momens où on la trouveroit chez elle et elle lui fit réponfe qu'il étoit le maître de venir lorfqu'il lui plairoit, ce qu'il fit effectivement le même jour ; qu'il refta chez elle environ une heure et fe retira en lui demandant à fouper pour le lendemain avec fon ami efpagnol qu'elle avoit vu chez Torré ; que la partie ayant été acceptée et réitérée même plufieurs fois, il la venoit voir le matin très-fouvent avant fon lever et lui demanda un rendez-vous à fix heures du matin pour paffer quelques heures avec elle au lit, ne pouvant, à ce qu'il difoit, découcher de chez lui, ce qu'elle lui accorda, efpérant faire un engagement folide relativement aux promeffes réitérées dudit fieur Lecante : mais fa conduite par la fuite lui prouva le contraire ; qu'elle donna l'ordre à fes gens de lui ouvrir à l'heure indiquée. Il vint et coucha avec elle ; que depuis il lui fit fréquemment de pareilles vifites à pareille heure, mais au bout de quelque tems il fe ralentit et lorfqu'elle lui en fit des reproches, il lui fit réponfe qu'il étoit bien fâché de l'avoir connue, qu'il fe trouvoit forcé de fupprimer entièrement fes vifites à l'avenir parce qu'il étoit fur le point de fe marier ; que cependant il revint encore plufieurs fois et pendant ce tems la comparante fe trouva très-incommodée par des fymptômes non équivoques de groffeffe ; qu'elle en fit part au fieur Lecanten qui s'efforça de lui perfuader le contraire et lui donna à entendre que, fi effectivement elle étoit enceinte, elle ne devoit pas s'alarmer de fon état parce qu'il étoit honnête homme ; que depuis il ceffa de la voir et même de répondre aux lettres que fon défefpoir lui faifoit écrire ; qu'ayant employé inutilement tous les moyens poffibles pour tâcher de lui faire reprendre d'autres fentimens que ceux qu'il faifoit paroître, elle prit le parti d'écrire en termes refpectueux à la mère dudit fieur Lecanten et lui expofa l'état où fon fils l'avoit mife et la manière indigne avec laquelle il l'abandonnoit ; que fa lettre ne produifit d'autre effet, finon que le lendemain un particulier qu'elle croit être commis dudit fieur Lecanten, vint chez elle de la part du fieur Lecanten, lui fit plufieurs queftions et entre autres lui demanda ce qu'elle exigeoit pour être fatisfaite dudit

Lecanten ; qu'elle lui répondit qu'elle ne le taxoit pas, mais qu'il falloit qu'il lui donnât une fomme honnête pour fubfifter jufqu'à ce qu'elle fût accouchée et que ledit fieur Lecanten fe chargeât de l'enfant ; que ledit particulier ne parut point fatisfait de cette réponfe et lui dit qu'il rendroit compte de fa miffion, que cependant fi dix louis par mois pouvoient la contenter il fe faifoit fort de les lui faire donner par ledit fieur Lecanten, que fi elle acceptoit cette propofition, il alloit lui payer dix louis pour le premier mois ; qu'ayant alors befoin d'argent et étant malade, elle accepta, dans ce moment critique, les dix louis et lorfque ledit particulier les lui eut remis, il lui demanda les lettres que ledit fieur Lecanten lui avoit écrites, mais elle ne voulut pas les lui remettre, prévoyant le befoin qu'elle pourroit en avoir par la fuite relativement aux circonftances ; que depuis, trois mois fe font écoulés fans qu'elle ait pu parvenir à retirer aucun fecours dudit fieur Lecanten, qui n'a même fait aucune réponfe aux différentes lettres qu'elle lui a écrites à ce fujet, en forte qu'étant dénuée de tout par fa fituation, ne pouvant remplir fon état de première figurante à l'Opéra, elle fe trouve dans la néceffité d'avoir recours à l'autorité de la juftice pour obtenir fatisfaction dudit fieur Lecanten et, pour y parvenir, elle nous rend la préfente plainte (1).

Signé : DENIS-LEDOUX ; BOURGEOIS.

(*Archives nationales,* Y, 11,958.)

Voy. SAVON (MARIE-CLAUDINE).

LEGROS (JOSEPH), chanteur, né à Monampteuil (Aisne), le 8 septembre 1739. Il débuta à l'Opéra, le jeudi 1er mars 1764, par le rôle de Tithon, dans *Tithon et l'Aurore,* pastorale de La Marre, musique de Mondonville :

Sa voix bien timbrée, lit-on dans les *Mémoires secrets,* et de la plus agréable qualité, flexible, touchante et légère, a fait le plus grand plaifir. Il joint la précifion, la jufteffe, la netteté, la correction et il fcande fes paroles fort régulièrement. Sa figure eft agréable et fa taille théâtrale. Il eft modéré dans les geftes. On lui reproche feulement de n'avoir pas les hauts de la voix auffi beaux que le refte.

---

(1) Mlle Ledoux, ayant reçu 125 louis d'or de la personne qu'elle accusait, se désista de sa plainte quelques jours plus tard.

Dans une curieuse lettre sur l'Opéra et ses acteurs, datée du 29 mai 1776 et publiée dans le recueil intitulé *l'Espion anglais,* on trouve sur Legros les détails suivants :

Entre quatre hautes-contres (1), un feul mérite d'être cité, le fieur Legros que vous avez entendu. Vous connoiffez la beauté de fon organe qui fe foutient, mais il manque toujours de ce goût exquis que fon' prédéceffeur (Jéliote), dit-on, avoit porté au fuprême degré. Il eft vrai qu'il en a moins befoin aujourd'hui que devenu plus acteur, grâce au chevalier Gluck, il fubftitue aux agrémens d'une ariette chantée dans la perfection la plus recherchée, l'énergie et l'impétuofité des grandes paffions.

En 1783, Legros, après dix-neuf années de succès, fatigué, malade et devenu d'ailleurs beaucoup trop gros pour jouer les amoureux, se décida à quitter la scène et abandonna l'Opéra avec 2,000 livres de retraite.

Trois ans plus tard, en 1786, le Roi lui accorda 2,000 livres de pension, en qualité de musicien ordinaire de la Chambre.

Legros a été directeur du Concert spirituel, de 1777 à 1791, époque de sa suppression.

Il a chanté à l'Académie royale de musique les rôles suivants : Tithon, dans *Tithon et l'Aurore,* pastorale de La Marre, musique de Mondonville, reprise en 1764 et en 1768; Renaud, dans *Armide,* tragédie de Quinault, musique de Lulli, reprise en 1764 et en 1777; Mercure, dans les *Fêtes d'Hébé, ou les Talents lyriques,* ballet de Mondorge, musique de Rameau, repris en 1764; Neptune, dans *Naïs,* ballet de Cahusac, musique de Rameau, repris en 1764; Pygmalion, dans *Pygmalion,* entrée du *Triomphe des Arts,* ballet de La Motte, musique de La Barre, retouchée par Balot de Sovot et Rameau, reprise en 1764 et en 1772; Bacchus, dans *Bacchus et Hégémone,* musique de Dauvergne, en 1765;

(1) Les quatre hautes-contres ou ténors de l'Opéra en 1776 étaient : Legros, Tirot, Cavallier et Lainez.

Castor, dans *Castor et Pollux,* tragédie de Bernard, musique de
Rameau, reprise en 1765, 1772, 1773 et 1778; Colin, dans le
Devin du Village, intermède de Jean-Jacques Rousseau, repris en
1765 et 1772; Osiris, Aruéris, dans les *Fêtes de l'Hymen et de
l'Amour,* ballet de Cahusac, musique de Rameau, repris en 1765
et en 1776; Thésée, dans *Thésée,* tragédie de Quinault, musique
de Lulli, reprise en 1765, 1767 et 1770 ; Usbeck, dans *Aline,
reine de Golconde,* ballet de Sedaine, musique de Monsigny, en
1766; Bathyle, dans *Anacréon,* ballet de Bernard, musique de
Rameau, repris en 1766; Zamnis, l'Enchanteur, dans *Érosine,*
acte des *Fêtes lyriques,* ballet de Moncrif, musique de Berton,
repris en 1766, 1769 et 1775; Amintas, dans *Sylvie,* ballet de
Laujon, musique de Berton et Trial, en 1766; Zélindor, dans
Zélindor, roi des Sylphes, ballet de Moncrif, musique de Rebel et
Francœur, repris en 1766 et 1773; Amphion, dans *Amphion,*
ballet de Thomas, musique de Laborde, en 1767; un Berger,
Apollon, dans le *Carnaval du Parnasse,* ballet de Fuzelier, musique de Mondonville, repris en 1767 et en 1774 ; Vertumne,
dans la *Terre,* acte des *Éléments,* ballet de Roy, musique de Destouches, repris en 1767 et en 1769 ; Sandomir, dans *Ernelinde,*
tragédie de Poinsinet, musique de Philidor, en 1767; Hippolyte, dans *Hippolyte et Aricie,* tragédie de Pellegrin, musique de
Rameau, reprise en 1767; Daphnis, dans *Daphnis et Alcimadure,*
pastorale de Mondonville, reprise en 1768 et 1773 ; Dardanus,
dans *Dardanus,* tragédie de La Bruère, musique de Rameau,
reprise en 1768 et 1769; Octave, dans la *Vénitienne,* comédie de
La Motte, musique nouvelle de Dauvergne, reprise en 1768 ;
Énée, dans *Énée et Lavinie,* tragédie de Fontenelle, musique
nouvelle de Dauvergne, reprise en 1769 ; Hippomène, dans *Hippomène et Atalante,* ballet de Brunet, musique de Vachon, en
1769; Iphis, dans *Omphale,* tragédie de La Motte, musique de

Destouches et Cardonne, reprise en 1769 ; Zaïs, dans *Zaïs,* ballet de Cahusac, musique de Rameau, repris en 1769 ; Tibulle, dans les *Fêtes grecques et romaines,* ballet de Fuzelier, musique de Colin de Blâmont, repris en 1770 ; Mercure, dans la *Danse,* actes des *Talents lyriques,* ballet de Mondorge, musique de Rameau, repris en 1770 ; Zoroastre, dans *Zoroastre,* tragédie de Cahusac, musique de Rameau, reprise en 1770 ; Céyx, dans *Alcyone,* tragédie de La Motte, musique de Marais, reprise en 1771 ; Amadis, dans *Amadis,* tragédie de Quinault, musique de Lulli, reprise en 1771 ; Lubin, dans la *Cinquantaine,* ballet de Desfontaines, musique de Laborde, en 1771 et repris en 1772 ; Ismène, dans *Ismène et Isménias,* ballet de Laujon, musique de Laborde, en 1771 ; Amintor, dans le *Prix de la valeur,* ballet de Joliveau, musique de Dauvergne, en 1771 ; Ninus, dans *Pyrame et Thisbé,* tragédie de La Serre, musique de Rebel et Francœur, reprise en 1771 ; Raimond de Mayenne, dans *Adèle de Ponthieu,* tragédie de Saint-Marc, musique de Berton, en 1772 ; Apollon, dans *Apollon et Coronis,* acte des *Amours des Dieux,* ballet de Fuzelier, musique de Mouret, repris en 1773 ; Ovide, dans *Ovide et Julie,* ballet de Fuzelier, musique nouvelle de Cardonne, repris en 1773 ; Bathyle, Florestan, dans l'*Union de l'Amour et des Arts,* ballet de Le Monnier, musique de Floquet, en 1773 ; Azolan, dans *Azolan,* ballet de Le Monnier, musique de Floquet, en 1774 ; Achille, dans *Iphigénie en Aulide,* tragédie du bailli du Roullet, musique de Gluck, en 1774, reprise en 1780 ; Orphée, dans *Orphée,* tragédie de Moline, musique de Gluck, en 1774, reprise en 1781 ; Alexis, dans *Alexis et Daphné,* pastorale de Chabanon, musique de Gossec, en 1776 ; Hylas, dans *Hylas et Églé,* acte du *Triomphe de l'Harmonie,* ballet de Le Franc, musique de Grenet, Legros et Désormery, repris en 1775 ; Admète, dans *Alceste,* tragédie du bailli du Roullet, musique de Gluck, en

1776, reprise en 1779; une Ariette, dans les *Romans*, ballet de Bonneval, musique de Nieil et Cambini, repris en 1776; Médor, dans *Roland*, tragédie de Quinault, musique nouvelle de Piccini, reprise en 1778; Amadis, dans *Amadis*, tragédie de Quinault, musique nouvelle de Bach, reprise en 1779; Cynire, dans *Écho et Narcisse*, pastorale de Tschüdy, musique de Gluck, en 1779; Neptune, dans *Hellé*, opéra de La Boulaye, musique de Floquet, en 1779; Pylade, dans *Iphigénie en Tauride*, tragédie de Guillard, musique de Gluck, en 1779; Pyrrhus, dans *Andromaque*, tragédie de Pitra, musique de Grétry, en 1780; Atys, dans *Atys*, tragédie de Quinault, musique nouvelle de Piccini, reprise en 1780 et en 1783; Persée, dans *Persée*, tragédie de Quinault, musique nouvelle de Philidor, reprise en 1780; Apollon, dans *Apollon et Coronis*, acte des *Amours des Dieux*, ballet de Fuzelier, musique de Rey frères, repris en 1781; Thésée, dans *Thésée*, tragédie de Quinault, musique nouvelle de Gossec, reprise en 1782; Renaud, dans *Renaud*, tragédie de Le Bœuf, musique de Sacchini, en 1783.

Legros est mort à La Rochelle, le 20 décembre 1793. Sa femme, Madeleine-Nicole Morizet, née à Paris le 15 août 1747, obtint du Roi, le 12 mai 1782, une pension de 1,200 livres, en qualité de musicienne ordinaire du Concert de la Reine (1).

(*Archives nationales*, O¹, 680. — *Mercure de France.*
— *Mémoires secrets*, II, 34. — *L'Espion anglais*,
tome III.)

(1) Legros a refait avec Désormery, en 1775, la musique d'*Hylas et Églé*, acte du *Triomphe de l'Harmonie*, ballet de Le Franc, musique de Grenet, représenté en 1737 à l'Opéra.

I

1783. — 20 mars.

Joseph Legros, désirant prendre sa retraite, M. de La Ferté intendant, des Menus-Plaisirs, en informe le ministre de la maison du Roi et, après quelques considérations sur l'état de l'Académie royale de musique, propose de créer, pour cet artiste, l'emploi de semainier annuel.

Le fieur Le Gros, premier chanteur de l'Opéra, défire que le miniftre veuille bien lui accorder fa retraite. Il fonde fa demande : 1° fur ce qu'il eft actuellement très-fujet à des rhumes et enrouemens qui l'empêchent de faire fon fervice auffi affidûment qu'il le défireroit; 2° fur ce que fa taille trop épaiffe ne peut plus plaire au public, furtout lorfqu'il eft dans le cas de jouer un jeune rôle d'amoureux vis-à-vis d'un père qui, de fait, a vingt ans de moins que lui; 3° enfin parce qu'il a une defcente dont il eft obligé de s'occuper même en étant en fcène. Il n'y a rien à oppofer aux raifons du fieur Le Gros, quoique l'on ne puiffe fe diffimuler que ce fera une perte réelle pour le théâtre, et tous fes camarades en font fi perfuadés qu'ils l'ont prié de vouloir bien y refter tout le tems qu'il jugeroit néceffaire pour rétablir fa fanté; mais le fieur Le Gros, pénétré de leur honnêteté et perfuadé qu'il ne pouvoit ni ne devoit leur être à charge lorfqu'il ne pouvoit plus être utile, continue à folliciter fa retraite des bontés du miniftre.

D'après le défir que les fujets de l'Opéra ont marqué de voir le fieur Le Gros refter parmi eux, et d'après la conviction où l'on eft que ce feroit une perte réelle pour l'adminiftration que la retraite du fieur Le Gros, puifqu'on ne peut fe diffimuler qu'il foit prefque le feul du Comité qui ait quelques connoiffances d'affaires et le feul en état de fuivre l'exécution des règlemens et de veiller au bon ordre, de correfpondre avec les auteurs, de veiller aux écoles et à la police intérieure du fpectacle, l'on a penfé même d'après l'offre qu'on lui a faite de refter au Comité, de lui propofer de fe charger de tous ces différens détails; mais le fieur Le Gros a répondu que jamais rien ne pourroit le déterminer à les accepter comme directeur, mais que fi cela pouvoit être agréable au miniftre et que cela fût demandé par fes camarades, il accepteroit alors une place de femainier annuel, mais pour un an feulement, à la charge que fi fes camarades n'étoient pas contens de fes fervices et de fa geftion, ils le préviendroient au 1er janvier 1784, que fes fonctions finiroient à Pâques fuivant.

Tei eft le réfultat de la converfation que l'on a eue avec le fieur Le Gros et, d'après fa réponfe, l'on croit que l'on ne pourroit mieux faire que de réa-lifer un tel projet, puifque l'on ne peut difconvenir qu'à fa retraite il ne ref-tera au Comité pour conduire les affaires intérieures de l'Opéra : 1° que le fieur Lainez qui n'a aucune connoiffance de cette adminiftration et qui, deve-nant premier fujet et n'étant point muficien, fera affez occupé de fe mettre en état de remplir les rôles de fa place ; 2° le fieur Gardel, maître des bal-lets, trop occupé tant à Paris que pour la Cour, pour pouvoir fe livrer affidû-ment à la fuite des affaires journalières de l'Opéra ; 3° le fieur Goffec, com-pofiteur lui-même et de là incapable de correfpondre avec les auteurs et trop faible pour avoir quelque autorité fur les fujets ; 4° le fieur Rey, homme trop vif, pour ne pas dire violent et dont d'ailleurs les avis ne peuvent en impofer foit aux fujets de chant, foit à ceux de la danfe. L'on ne parle point des fieurs Moreau, Lays, Chéron, Rouffeau et Veftris, parce qu'on fent qu'ils ne peuvent avoir encore aucun principe fur une pareille adminiftration; d'ail-leurs, la plupart de ces fujets étant occupés les jours de repréfentation pour leur propre compte, il eft impoffible qu'ils puiffent veiller aux détails qui accompagnent même les repréfentations; de là vient que rien ne peut être furveillé, que les machiniftes font et exécutent ce qu'ils veulent, que les tail-leurs font les maîtres dans leur partie, que les poftes font abandonnés, fans furveillance, à la bonne foi de ceux à qui ils font confiés, qu'il y a des abus fans nombre très-préjudiciables aux intérêts de l'Académie, fur les billets gratis puifqu'il y en a eu jufqu'à 400 délivrés pour un feul jour et qu'enfin il n'y a prefque aucun article des règlemens qui ait fon exécution.

D'après cet expofé, l'on fent qu'il eft impoffible que ce fpectacle puiffe fe foutenir encore longtems dans une pareille pofition. Les auteurs fe plaignent de ne favoir à qui parler ; nul ordre et nulle difcipline dans les répétitions, perfonne qui puiffe donner aux acteurs des avis pour l'intelligence de leurs rôles, les fujets font excédés de travail fans utilité ; d'où l'on doit conclure que cette grande machine ne peut exifter fans un chef quelconque qui puiffe fe charger de tous ces détails intérieurs et qui ait affez de connoiffances de cette manutention pour s'en occuper avec quelque fuccès. Un directeur, pris même parmi des gens à talens, mais qui n'auroit point connu de longue main tous les détails inféparables d'un pareil fpectacle, ne feroit point propre à remplir l'objet que l'on doit avoir en vue, encore moins fi c'étoit un homme à talens, auteur. D'ailleurs, d'après le plan adopté l'année dernière, un directeur, quel qu'il fût, effaroucheroit les fujets. Il paroîtroit donc plus convenable de mettre à la tête de tous ces détails particuliers un ancien fujet de l'Opéra avec le fimple titre de femainier annuel, n'ayant de prépondérance que pour faire exécuter fans ceffe les règlemens ; le fieur Le Gros eft, plus que tout autre, en état de remplir cette place. Il a la fermeté néceſſaire, il connoît les abus, il en a détruit autant qu'il a été poſſible. Uniquement occupé de cet objet, il y a lieu de croire qu'il s'en acquitteroit à la ſatisfaction du miniſtre, à celle des ſujets copartageans, à celle des auteurs et du public. Il ſurveilleroit auſſi les écoles, feroit travailler les jeunes ſujets en ſa préſence, aſſiſteroit aux répétitions et pourroit y donner des conſeils utiles; il éclaireroit les dépenſes. Telles ſont, en partie, les fonctions que l'on penſe que le ſieur Le Gros pourroit remplir ſous le titre de ſemainier annuel. L'on ſait qu'il dirige fort bien ſon concert; il y emploie de la fermeté, mais en même tems des égards pour les ſujets.

(*Archives nationales*, O¹, 637.)

II

1786. — 1ᵉʳ avril.

Brevet d'une pension de 2,000 livres accordée par le Roi à Joseph Legros.

Brevet d'une penſion de 2,000 livres en faveur du ſieur Joſeph Legros, né le 8 ſeptembre 1739 et baptiſé le lendemain, paroiſſe St-Remy de Monampteuil, élection de Laon, généralité de Soiſſons, de l'Académie royale de muſique. Cette penſion compoſée des objets ci-après, ſavoir : une penſion de 500 livres ſans retenue, qui lui a été accordée ſur le tréſor royal pour lui tenir lieu de l'excédant retranché de ſes appointemens; une penſion de 1,500 livres ſans retenue, qui lui a été accordée ſur le tréſor royal à titre de retraite en qualité de muſicien ordinaire de la Chambre du Roi.

PIÈCE JOINTE AU BREVET.

Acte de baptême de Joseph Legros.

Extrait des regiſtres des baptêmes de la paroiſſe de St-Remy, de Monampteuil de l'année mil ſept cent trente-neuf : le neuvième jour du mois de ſeptembre de l'année mil ſept cent trente-neuf, par moi curé de la paroiſſe de Notre-Dame d'Urcel, a été baptiſé en cette égliſe Joſeph, fils de Jacques Legros, élève laïque de la paroiſſe de Monampteuil, et de Marie-Jeanne Hérard, ſon épouſe, né le huit dudit mois. Son parrain a été Joſeph Lejeune, fils d'Antoine Lejeune, vigneron, de cette paroiffe, et fa marraine Marie-Anne Le Roy, fille de maître Jean Le Roy, laboureur, demeurant à Moulin-chart.

(*Archives nationales,* O¹, 680.)

Voy. Dauvergne (Antoine).

———

LELIÈVRE (Nicolas-Maurice), danseur. Il fut attaché à l'Académie royale de musique, de 1748 à 1763, et fut nommé, en 1761, membre de l'Académie de danse. Voici la liste des rôles qu'il a remplis depuis ses débuts jusqu'en 1754 : un Homme du Peuple, un Jeu et un Ris, dans *Pygmalion,* entrée du *Triomphe des Arts,* ballet de La Motte, musique de La Barre, retouchée par Balot de Sovot et Rameau, reprise en 1748 et en 1751 ; un Jeu et un Art, un Guerrier, un Démon transformé en Amour, un Matelot, un Corinthien, un Magicien, dans *Médée et Jason,* tragédie de La Roque (l'abbé Pellegrin), musique de Salomon, reprise en 1749; un Paysan vendangeur, un Aquilon, un Suivant de Momus, sous la forme des Grâces, un Habitant de la campagne, dans *Platée,* ballet d'Autreau et Balot de Sovot, musique de Rameau, en 1749, repris en 1750 et en 1754; un Mage, un Homme d'un peuple élémentaire, un Prêtre d'Ariman, dans *Zoroastre,* tragédie de Cahusac, musique de Rameau, en 1749; un Suivant de la Folie, un Bohémien, un Espagnol, dans les *Fêtes Vénitiennes,* ballet de Danchet, musique de Campra, repris en 1750; un Génie de la suite de l'Enchanteur, un More, un Plaisir, un Suivant de la Vengeance, un Homme du peuple de la Palestine, dans *Tancrède,* tragédie de Danchet, musique de Campra, reprise en 1750; un Guerrier suivant de la Victoire, un Éthiopien, un Vent, un Berger, dans *Thétys et Pélée,* tragédie de Fontenelle, musique de Collasse, reprise en 1750; un Berger, un

Esprit cruel, dans *Acanthe et Céphise,* pastorale de Marmontel, musique de Rameau, en 1751; un Babylonien, un Berger, dans les *Sens,* ballet de Roy, musique de Mouret, repris en 1751; un Suivant de la Fortune, dans *Églé,* ballet de Laujon, musique de La Garde, en 1751; un Suivant du Génie de l'Amérique, dans les *Génies tutélaires,* divertissements de Moncrif, musique de Rebel et Francœur, en 1751; un Berger, dans la *Guirlande, ou les Fleurs enchantées,* ballet de Marmontel, musique de Rameau, en 1751; un Zéphyr, dans *Tithon et l'Aurore,* ballet de Roy, musique de Bury, en 1751; un Suivant de l'Abondance, un Berger, un Suivant de Polyphème, un Suivant de Neptune, dans *Acis et Galatée,* pastorale de Campistron, musique de Lulli, reprise en 1752; un Polonais, un Pâtre, un Berger, dans les *Amours de Tempé,* ballet de Cahusac, musique de Dauvergne, en 1752; un Lydien, un More, dans *Omphale,* tragédie de La Motte, musique de Destouches, reprise en 1752; un Garçon du village, un Paysan, dans les *Amours de Ragonde,* comédie de Destouches, musique de Mouret, en 1753; un Jeu et un Plaisir, un Chasseur, dans les *Fêtes de Polymnie,* ballet de Cahusac, musique de Rameau, repris en 1753; un Égipan, un Berger, dans les *Fêtes grecques et romaines,* ballet de Fuzelier, musique de Colin de Blâmont, repris en 1753; un Esclave grec, un Français, dans la *Gouvernante rusée,* opéra de Cocchi, en 1753; un Pantalon, dans le *Jaloux corrigé,* opéra de Collé, musique de Blavet, en 1753; un Esprit du Feu, un Vent, dans *Tithon et l'Aurore,* ballet de La Marre, musique de Mondonville, en 1753; un Spartiate, un Suivant d'Hébé, un Démon, dans *Castor et Pollux,* tragédie de Bernard, musique de Rameau, reprise en 1754; un Faune, suivant de Pan, dans les *Éléments,* ballet de Roy, musique de La Lande et Destouches, repris en 1754; un Satyre représentant l'Automne, un Sacrificateur, un Homme du peuple de la suite de

Canope, dans les *Fêtes de l'Hymen et de l'Amour*, ballet de Cahusac, musique de Rameau, repris en 1754.

Lelièvre est mort au mois d'août 1771, assassiné par un domestique congédié, contre lequel il avait porté quelque temps auparavant la plainte transcrite ci-après.

(*Dictionnaire des théâtres. — Les Spectacles de Paris.*)

1771. — 31 mai.

*Nicolas-Maurice Lelièvre se plaint des menaces et des injures proférées contre
lui par un domestique congédié.*

L'an 1771, le vendredi 31 mai, dix heures et demie du matin, en notre
hôtel et par-devant nous Charles Convers-Déformeaux, etc., eft comparu
fieur Nicolas-Maurice Lelièvre, académicien de l'Académie royale de danfe
et penfionnaire du Roi, demeurant à Paris, rue des Foffés-St-Victor, paroiffe
St-Nicolas du Chardonnet : Lequel nous a dit et déclaré qu'il a pris à fon
fervice, il y a environ quatorze à quinze mois, le nommé Daniel Hueur en
qualité de domeftique dont il avoit déjà la femme pour gouvernante de fes
enfans chez lui ; qu'il l'a gardé environ pendant treize mois, quoiqu'il fût
mauvais fujet, mais par égard pour fa femme ; qu'enfin, il fut contraint de fe
plaindre dudit Hueur à M. le Lieutenant général de police, et de lui demander
qu'il fût puni ; que mondit fieur le Lieutenant général de police le fit arrêter il y
a environ cinq femaines et emprifonner au Petit-Châtelet où il eft refté un
mois, que mondit fieur le Lieutenant civil, comptant que cette correction
auroit fuffi, eut la bonté de lui donner fa liberté ; qu'il eft en effet forti,
comme lui comparant étoit à Verfailles, dimanche dernier, que lui fieur
comparant a appris qu'il eft venu ledit jour, fortant de prifon, chez lui, rue
des Foffés-St-Victor, comme un furieux, eft entré et s'eft répandu en injures
les plus groffières et en menaces les plus fortes contre lui fieur comparant,
le défiant de fortir et en jurant, facrant, promettant qu'il le trouveroit et que
quand il fortiroit il le feroit danfer ; que fa femme ayant voulu avec douceur
le renvoyer, il a voulu là maltraiter chez lui fieur comparant ; que pour fe
fouftraire à fes coups elle n'a eu que le tems de fe fauver et de s'enfermer dans
l'appartement de lui comparant. Et comme ledit Hueur ne paroît que plus

furieux et plus violent et que lui fieur comparant a intérêt d'en prévenir les fuites, il eft venu nous rendre plainte (1).

Signé : LELIÈVRE.

(Archives nationales, Y, 11,697.)

LEMIÈRE (MARIE-JEANNE).

Voy. LARRIVÉE (MARIE-JEANNE LEMIÈRE, mariée à HENRI).

LE MONNIER (MARIE-ADÉLAÏDE), danseuse. Elle fut attachée à l'Académie royale de musique, de 1773 à 1776.

(Les Spectacles de Paris.)

1775. — 10 juin.

Déclaration de grossesse faite par Mlle *Marie-Adélaïde Le Monnier.*

L'an 1775, le 10 juin, onze heures du matin, en l'hôtel et par-devant nous Charles-Alexandre Ferrand, etc., eft comparue Marie-Adélaïde Lemonnier, fille âgée de 18 ans 1/2, figurante à l'Académie royale de mufique, demeurante à Paris, rue de Bourbon-Villeneuve, paroiffe Notre-Dame-de-Bonne-Nouvelle : Laquelle nous a rendu plainte contre le fieur de Rofeville, bourgeois de Paris, demeurant rue du Four-St-Honoré, et dit que vers la fin d'août dernier, il a cherché à connoître elle plaignante ; qu'il a employé à cet effet une perfonne de leur connoiffance commune ; que dans les premiers jours du mois de feptembre auffi dernier, après avoir vu plufieurs fois la plaignante à l'Opéra, lui avoir promis de lui faire beaucoup de bien fur la conduite exemplaire qu'elle avoit toujours tenue, il vint chez elle rue Meflée, où elle demeuroit alors, lui réitéra fes promeffes et continua fes vifites tous les jours jufqu'au 20 dudit mois de feptembre, même lui écrivit pendant ce

---

(1) On lit au bas de cette pièce la note fuivante écrite par le commiffaire Convers-Déformeaux : « C'eft Daniel Hueur ; au mois d'août 1771, il a affaffiné ledit Lelièvre d'un coup de couteau dans le dos et s'eft enfuite coupé la gorge. Pourquoi a été traîné fur la claie et pendu par les pieds. »

tems plufieurs lettres qu'elle a déchirées, ne lui en étant refté par le plus grand hafard qu'une feule non fignée et fans date qu'elle nous repréfente ; que, féduite par les promeffes réitérées des bienfaits qu'il difoit vouloir lui faire, il a abufé d'elle plaignante au point qu'elle fe trouve enceinte de fes œuvres du 16 dudit mois de feptembre dernier et eft fort avancée dans fa groffeffe ; qu'elle a fait toutes les démarches poffibles pour engager ledit de Rofeville à lui procurer les fecours néceffaires et indifpenfables à la fituation où elle fe trouve, mais ne connoiffant que l'ingratitude et le crime, quoiqu'il foit inftruit que les appointemens de la plaignante ne lui font pas payés depuis environ trois mois (1), il eft refté infenfible aux demandes qu'elle lui a faites de l'affifter dans le moment urgent et a refufé de prendre les précautions convenables tant pour fatisfaire aux befoins de la plaignante que pour fe charger de l'enfant dont elle eft enceinte. Et comme la plaignante a inté-rêt· de fe pourvoir contre ledit de Rofeville, etc., elle eft venue nous rendre plainte, nous requérant de figner et de parapher avec elle ladite lettre, etc.

Signé : FERRAND ; LEMONNIER.

En conféquence, vu ladite lettre repréfentée, écrite fur une demi-feuille de papier ployée en deux à l'adreffe de la plaignante, commençant par ces mots : « Ma chère amie... » et finiffant par ceux-ci : « Je t'embraffe bien tendrement », fans date ni fignature, nous l'avons fignée et paraphée con-jointement avec la plaignante et lui avons rendue pour fervir et valoir ce que de raifon.

Signé : LEMONNIER ; FERRAND.

(*Archives nationales*, Y, 12,997.)

L EPAGE (FRANÇOIS), chanteur, né à Joinville (Haute-Marne), le 27 février 1709. Il remplit non sans talent l'emploi des basses-tailles à l'Opéra. On a fait sur lui le quatrain suivant :

> Quand tu viens des dieux ou des rois
> Annoncer les ordres fuprêmes,
> Lepage, aux accens de ta voix,
> On les croiroit entendre eux-mêmes.

(1) En vertu des règlements qui suspendaient les appointements des femmes non mariées deve-nues enceintes.

Il quitta le théâtre en 1752 avec une retraite de 1,000 livres. En 1780, le Roi lui accorda une pension de 1,000 livres en qualité de vétéran de sa musique, mais Lepage n'en jouit pas longtemps, car il mourut peu après.

De 1736 à 1751, il a joué, à l'Académie royale de musique, les rôles dont voici la liste : Don Carlos, Silvandre, dans l'*Europe galante,* ballet de La Motte, musique de Campra, repris en 1736 et en 1747 ; le Grand-Prêtre des Sauvages, dans les *Romans,* ballet de Bonneval, musique de Nieil, en 1736 ; un Habitant de Cythère, dans les *Voyages de l'Amour,* ballet de La Bruère, musique de Boismortier, en 1736 ; le Chef des Sarmates, Iphis, dans les *Amours des Dieux,* ballet de Fuzelier, musique de Mouret, repris en 1737 et en 1747 ; Pan, dans *Cadmus et Hermione,* tragédie de Quinault, musique de Lulli, reprise en 1737 ; Mars, dans *Castor et Pollux,* tragédie de Bernard, musique de Rameau, en 1737 ; une Divinité infernale, un Triton, Céphée, dans *Persée,* tragédie de Quinault, musique de Lulli, reprise en 1737 et en 1746 ; Jupiter, Momus, dans le *Carnaval et la Folie,* comédie de La Motte, musique de Destouches, reprise en 1738 et en 1748 ; Argant, dans *Tancrède,* tragédie de Danchet, musique de Campra, reprise en 1738 et en 1750 ; Alcide, dans *Alceste, ou le Triomphe d'Alcide,* tragédie de Quinault, musique de Lulli, reprise en 1739 ; Teucer, roi de Phrygie, Isménor, magicien et prêtre de Jupiter, Anténor, dans *Dardanus,* tragédie de La Bruère, musique de Rameau, en 1739, reprise en 1744 ; Polydore, dans *Polydore,* tragédie de Pellegrin, musique de Baptistin, en 1739 ; Zuléma, prince de la maison des Zégris, Mars, dans *Zaïde,* ballet de La Marre, musique de Royer, en 1739, repris en 1745 ; Alquif, Arcalaüs, dans *Amadis de Gaule,* tragédie de Quinault, musique de Lulli, reprise en 1740 ; le Temps, Cœlénus, Sangar, dans *Atys,* tragédie de Quinault, musique

de Lulli, reprise en 1740 ; Jupiter, Diomède, Ulysse, dans les
Sens, ballet de Roy, musique de Mouret, repris en 1740 ; Léandre, le Carnaval, Filindo, dans les *Fêtes Vénitiennes,* ballet de
Danchet, musique de Campra, repris en 1740 et en 1750 ; Jephté,
Phinée, dans *Jephté,* tragédie de Pellegrin, musique de Monteclair, reprise en 1740 et en 1744; Zoroastre, dans *Pyrame et
Thisbé,* tragédie de La Serre, musique de Rebel et Francœur,
reprise en 1740 ; Pélée, dans *Alcyone,* tragédie de La Motte, musique de Marais, reprise en 1741 ; Bacchus, Zélindor, un Égipan,
dans l'*Empire de l'Amour,* ballet de Moncrif, musique de Brassac,
repris en 1741 ; Apollon, Antoine, Alcibiade, dans les *Fêtes grecques et romaines,* ballet de Fuzelier, musique de Colin de Blâmont, repris en 1741 ; Hercule, Hylas, le Grand-Prêtre de
Dodone, dans *Issé,* pastorale de La Motte, musique de Destouches, reprise en 1741 ; Amasis, usurpateur du trône d'Égypte,
dans *Nitétis,* tragédie de La Serre, musique de Myon, en 1741 ;
Pluton, dans *Proserpine,* tragédie de Quinault, musique de Lulli,
reprise en 1741 ; le Destin, Valère, Ixion, dans les *Éléments,* ballet de Roy, musique de La Lande et Destouches, repris en 1742 ;
Pluton, dans *Hippolyte et Aricie,* tragédie de Pellegrin, musique
de Rameau, reprise en 1742 ; Adamas, chef des Druides, dans
Isbé, pastorale de La Rivière, musique de Mondonville, en 1742 ;
Mérops, Protée, dans *Phaéton,* tragédie de Quinault, musique de
Lulli, reprise en 1742 ; le Soleil, Laomédon, dans *Hésione,* tragédie de Danchet, musique de Campra, reprise en 1743 ; Osman,
dans les *Indes galantes,* ballet de Fuzelier, musique de Rameau,
repris en 1743 ; Midas, roi de Phrygie, dans le *Pouvoir de
l'Amour,* ballet de Lefebvre de Saint-Marc, musique de Royer,
en 1743 ; Démogorgon, Ziliante, dans *Roland,* tragédie de Quinault, musique de Lulli, reprise en 1743 ; un Habitant des cli-
mats heureux, dans *Alcide,* tragédie de Campistron, musique de

Louis Lulli et Marais, reprise en 1744 ; Arcas, dans *Thésée*, tragédie de Quinault, musique de Lulli, reprise en 1744 ; Zirène, dans *Amadis de Grèce*, tragédie de La Motte, musique de Destouches, reprise en 1745 ; Soliman, bacha, dans l'*École des Amants*, ballet de Fuzelier, musique de Nieil, repris en 1745 ; Jupiter, dans les *Fêtes de Polymnie*, ballet de Cahusac, musique de Rameau, en 1745 ; Apollon, Chrisogon, Chrisante, dans les *Fêtes de Thalie*, ballet de La Font, musique de Mouret, repris en 1745 ; l'Envie, le Grand-Prêtre de la Gloire, dans le *Temple de la Gloire*, ballet de Voltaire, musique de Rameau, en 1745 ; Aronte, Ubalde, dans *Armide*, tragédie de Quinault, musique de Lulli, reprise en 1746 ; le Nil, dans *Hypermnestre*, tragédie de La Font, musique de Gervais, reprise en 1746 ; Pluton, Tancrède, dans le *Triomphe de l'Harmonie*, ballet de Le Franc, musique de Grenet, repris en 1746 ; Dryas, ancien pâtre au service de Saphir et cru père de Chloé, dans *Daphnis et Chloé*, pastorale de Laujon, musique de Boismortier, en 1747 ; Canope, dieu des eaux, dans les *Fêtes de l'Hymen et de l'Amour, ou les Dieux d'Égypte*, ballet de Cahusac, musique de Rameau, en 1748 ; Zerbin, Tantale, dans les *Fragments de différents ballets*, en 1748 ; Cindor, sylphe, confident de Zaïs, dans *Zaïs*, ballet de Cahusac, musique de Rameau, en 1748 ; Alphonse, Almanzor, dans les *Caractères de l'Amour*, ballet de Pellegrin, musique de Colin de Blâmont, repris en 1749 ; un Suivant d'Euterpe, dans le *Carnaval du Parnasse*, ballet de Fuzelier, musique de Mondonville, en 1749 ; Apollon, dans *Médée et Jason*, tragédie de La Roque (l'abbé Pellegrin), musique de Salomon, reprise en 1749 ; Jupiter, Tirésie, dans *Naïs*, ballet de Cahusac, musique de Rameau, en 1749 ; Cythéron, dans *Platée*, ballet d'Antreau et de Balot de Sovot, musique de Rameau, en 1749 ; une Salamandre, la Vengeance, dans *Zoroastre*, tragédie de Cahusac, musique de Rameau, en 1749 ; un Indien dans

Almasis, ballet de Moncrif, musique de Royer, en 1750; le Grand-Prêtre de Janus, dans *Léandre et Héro,* tragédie de Le Franc, musique de Brassac, en 1750; Jupiter, le Ministre du Destin, dans *Thétys et Pélée,* tragédie de Fontenelle, musique de Collasse, reprise en 1750; un Coryphée, suivant d'Oroès, dans *Acanthe et Céphyse,* pastorale de Marmontel, musique de Rameau, en 1751; le Destin, dans les *Génies tutélaires,* divertissement de Moncrif, musique de Rebel, en 1751; le Soleil, dans *Titon et l'Aurore,* ballet de Roy, musique de Bury, en 1751.

(*Dictionnaire des théâtres. — Calendrier historique des théâtres.*)

I

1746. — 9 mars.

François Lepage rend plainte contre un porteur de chaises qui lui avait volé trois volailles dans son garde-manger.

L'an 1746, le mardi 9 mars, dix heures du foir, nous Louis Cadot, etc., ayant été requis, nous fommes tranfporté rue du Vantadour en une maifon en laquelle eft comparu devant nous fieur François Lepage, de l'Académie royale de mufique, demeurant en la maifon où nous fommes : Lequel nous a dit qu'une dame des amies de la dame fon époufe (1) eft venue lui rendre vifite cette après-midi dans une chaife à porteurs; que l'un des deux porteurs, en fe promenant dans fa cour, a aperçu dans un garde-manger, qui eft à l'entrée de la defcente de la cave, par la porte ouverte et au travers des fils d'archal, trois volailles dindons, et en profitant de ce que fon camarade étoit forti dans la rue, il auroit avec fon couteau coupé le fil d'archal du garde-manger et auroit volé lefdites trois volailles qu'on auroit vues un inftant avant que lefdits porteurs de chaifes fuffent entrés dans la cour et duquel vol on s'eft aperçu auffitôt qu'ils ont été partis. Pourquoi il auroit envoyé demander à ladite dame la place fur laquelle elle avoit envoyé chercher lef-

(1) Elle se nommait Julie Erremans. M. Arthur Pougin (*Supplément au Dictionnaire des musiciens*) l'identifie avec Mlle Erremans, chanteuse de l'Opéra, de 1720 à 1743, qui mourut en 1761.

dits porteurs de chaifes, et ayant appris que c'étoit fur celle de la rue de l'Échelle, il auroit eu beaucoup de peine à faire joindre lefdits deux porteurs ; que celui qui a commis le vol a d'abord héfité de convenir que c'étoit lui qui avoit porté ladite dame, mais comme il a envoyé une feconde fois et que l'autre porteur s'y eft trouvé, ce dernier n'a pu difconvenir avoir porté ladite dame chez lui et qu'enfin il eft parvenu, avec beaucoup de difficultés, à les faire revenir chez lui et nous a fur-le-champ envoyé chercher pour nous requérir d'envoyer en prifon ledit porteur de chaifes (1), etc.

Signé : LEPAGE.

(*Archives nationales,* Y, 12,149.)

II

1780. — 1er avril.

Brevet d'une pension de 1,000 livres accordée par le Roi à François Lepage.

Brevet d'une penfion de 1,000 livres en faveur de François Le Page, né à Joinville, diocèfe de Châlons, le 27 février 1709, baptifé le lendemain dans la paroiffe Notre-Dame de ladite ville, vétéran de la mufique du Roi, pour lui tenir lieu des appointemens qui lui ont été confervés fur les fonds ordinaires des menus plaifirs, fans retenue, à titre de retraite, en confidération de fes fervices.

PIÈCES JOINTES AU BREVET.

I. — *Acte de baptême de François Lepage.*

Extrait des regiftres de baptême de l'églife de Notre-Dame de Joinville, diocèfe de Châlons en Champagne : L'an mil fept cent neuf, eft né en légitime mariage le vingt-fept de février, François, fils d'Antoine Le Page et d'Anne Denvaux, fes père et mère, a été baptifé le lendemain par moi vicaire fouffigné et a eu pour parrain maître François Bouquet, lieutenant de maire, et pour marraine demoifelle Charlotte Chevrier.

(1) Le voleur se nommait Louis-François Le Roy et fut envoyé en prison.

2. — *Déclaration autographe de François Le Page relative à sa pension.*

Le fieur François Le Page, penfioné du Roy, né le vingt-fept février mil fept cents neuf à Joinville en Champagne, diocèfe de Châlons-fur-Marne, baptifé le vingt-huit dudit mois dans la paroiffe de Notre-Dame dudit lieu de Joinville, demeurant à préfent à Reims, rue des Carmes, paroiffe Saint-Maurice, déclare avoir obtenu du Roy pour le nom de François Le Page, penfionaire de l'Académie Royalle de mufique, une penfion annuelle de mil livres fur les fonds extraordinaires des menus qui luy étoit payée fans retenue et dont il luy refte dû à compter du premier octobre mil fept cents foixante et dix-huit.

Certifié véritable. Fait à Reims le premier novembre mil fept cents foixante et dix-neuf.

(Signé) FRANÇOIS LE PAGE.

(*Archives nationales,* O¹, 680.)

L EPAGE (JOSEPH), frère du précédent, chanteur. Il quitta l'Opéra en 1764.

(*Les Spectacles de Paris.*)

I

1759. — 30 août.

Joseph Lepage est accusé par sa femme d'avoir une mauvaise conduite.

L'an 1759, le jeudi 30 août, heure de midi, en l'hôtel et par-devant nous Pierre Chénon, etc., eft comparue demoifelle Marie-Anne-Denife Huguet, femme féparée de biens du fieur Jofeph Lepage, de l'Académie royale de mufique, demeurante avec la mère d'elle comparante, rue et petit hôtel de la Monnoie, chez le fieur Cagnard, juge garde de la monnoie : Laquelle nous a rendu plainte contre le fieur Lepage, fon mari, et contre la femme du fieur Lamarre, marchand mercier, rue Tirechappe, François Calloy, maître per-ruquier, et fa femme, demeurant à la Grève, et nous a dit qu'il y a environ dix-huit mois que fon mari a eu le malheur de faire la connoiffance de la femme Lamarre qui lui a gâté l'efprit fur le compte de la plaignante, au point que depuis ce tems elle n'a eſſuyé de ſa part que des duretés et des mauvais traitemens; qu'elle l'a même captivé au point que le mari de la plaignante l'a quittée il y a cinq femaines et s'eſt retiré chez ledit Calloy et ſa femme, où lui et ladite femme Lamarre ont la commodité de ſe voir auſſi librement qu'ils le veulent; que ledit Calloy et ſa femme ont la méchanceté, pour entretenir l'inimitié du mari de la plaignante contre elle, de lui inſinuer que la plaignante attente à ſes jours et qu'on l'a vue parler à des ſoldats aux gardes pour le faire aſſaſſiner. Et comme le complot formé par ledit Calloy et ſa femme ne tend qu'à indiſpoſer d'autant plus le mari de la plaignante contre elle, que ces bruits qu'ils répandent contre la plaignante ſont attentatoires à ſon honneur et tendroient à la perdre elle-même s'il arrivoit quelque accident à ſon mari, elle eſt venue nous rendre la préſente plainte tant pour en faire impoſer auxdits Calloy et ſa femme que pour contenir la femme Lamarre dans ſes propos et dans ſes projets et auſſi contre ſon mari pour raiſon de ſes mauvais traitemens, de ſa retraite d'avec la plaignante, de l'obſeſſion à laquelle il ſe livre et de la créance qu'il paroît donner aux bruits calomnieux que ces gens ſont courir ſur le compte de la plaignante. Dont et de quoi elle nous a requis acte.

Signé : MARIE-ANNE HUGUET; CHÉNON.

(*Archives nationales,* Y, 11,340.)

II

1759. — 19 ſeptembre.

La femme de Joseph Lepage rend de nouveau plainte contre son mari et contre des gens chez qui il demeure, par lesquels elle avait été indignement maltraitée.

L'an 1759, le mercredi 19 ſeptembre, onze heures du matin, en l'hôtel et par-devant nous Pierre Chénon, etc., eſt comparue demoiſelle Marie-Anne-Deniſe Huguet, femme ſéparée de biens du ſieur Joſeph Lepage, de l'Académie royale de muſique, demeurante chez la mère d'elle comparante rue et petit hôtel de la Monnoie : Laquelle, en continuant la plainte qu'elle nous a rendue le 30 août dernier contre ſon mari, la femme Lamarre, le nommé Calloy, perruquier, et ſa femme, nous a de nouveau rendu plainte contre ſon mari, ledit Calloy et ſa femme et trois de leurs garçons perruquiers et nous a dit que, heure préſente, revenant de chez le ſieur Santerre, maître chapelier, rue St-Antoine, et paſſant par la Grève,

elle a aperçu fon mari dans la·boutique de Calloy où elle nous a dit par
fa première plainte que fon mari s'étoit retiré, elle eft entrée chez ledit
Calloy pour parler à fon mari et lui demander le premier terme du payement du billet'qu'il lui a fait de 200 livres par an, payables de mois en mois,
en date du 9 août dernier, lequel premier terme eft échu le 9 du préfent
mois et lequel elle avoit fur elle, qu'elle nous a exhibé et que nous lui avons
à l'inftant rendu : lorfqu'elle a été entrée dans la boutique, elle n'y a plus
vu fon mari. Elle a pénétré dans l'arrière-boutique, mais fon mari, dès
qu'il avoit aperçu la plaignante, étoit forti par la porte de l'allée et s'étoit
efquivé. La plaignante a demandé à Calloy et fa femme fi fon mari n'étoit
pas chez eux lorfqu'elle y eft entrée, mais au lieu de lui répondre ils font
tombés l'un et l'autre fur la plaignante, l'ont accablée de coups, l'ont terraffée et traînée fur le plancher et l'ont ainfi mife dehors à l'aide de trois garçons de boutique qui s'en font mêlés; qu'elle a été violemment maltraitée,
a le bras droit et les genoux tout meurtris. Nous eft apparu deux excoriations
au coude du bras droit, une meurtriffure à l'avant-bras du même côté. Et
comme ces excès font une fuite des mauvaifes intentions de fon mari et que
lefdits Calloy, fa femme et fes garçons font répréhenfibles de fervir d'inftrumens à fa haine, elle eft venue nous rendre la préfente plainte.

Signé : M. A. Huguet; Chénon.

(*Archives nationales*, Y, 11,340.)

L EQUEUX (Marie), chanteuse. Elle fit partie de la troupe
de l'Opéra de 1769 à 1770.

(*Les Spectacles de Paris.*)

I

1770. — 10 juin.

*Mlle Marie Lequeux rend plainte contre une marchande de modes qui était venue
chez elle en état d'ivresse et qui, non contente de l'injurier, avait encore cassé
une partie de sa vaisselle.*

L'an 1770, le dimanche 10 juin, quatre heures de relevée, en l'hôtel et
par-devant nous Pierre Chénon, etc., eft comparue mademoifelle Marie Le-

queux fille, mineure de l'Académie royale de muſique, demeurant à Paris rue du Chantre : Laquelle nous a dit qu'elle a acheté des modes de la dame Lemoine, demeurant même rue, ſur leſquelles la comparante lui doit 9 livres 15 ſols. Il y a environ une heure que ladite femme Lemoine s'eſt préſentée chez la comparante ; comme elle étoit en compagnie, elle lui a fait dire de revenir. Mais cette femme, qui étoit priſe de vin, s'eſt emportée, a repouſſé le domeſtique de la comparante et eſt entrée comme une furie dans la pièce où étoit la comparante et l'a accablée d'injures les plus groſſières. La com- parante lui a dit qu'elle ceſſât de crier et qu'elle alloit la payer, et, en effet, lui a préſenté 12 francs que ladite dame Lemoine n'a même pas regardés, a continué ſes inſultes, a jeté par terre les plats et les aſſiettes, s'eſt approchée de la fenêtre, en a caſſé trois carreaux, lui a donné deux ſoufflets et lui en auroit donné davantage ſi ſa fille ne l'eût empêchée. La comparante qui a vu que le deſſein de ladite dame Lemoine étoit de l'inſulter gratuitement et de briſer tout ce qu'elle pourroit attraper afin d'augmenter le ſcandale qu'elle lui faiſoit, l'a priſe par les mains pour l'empêcher de continuer le dégât. Alors elle s'eſt jetée par terre et avec une main qu'elle avoit de libre elle a jeté un plat par terre qui a été caſſé. Elle auroit continué ſon tapage ſi des voiſins ne fuſſent venus et ne l'euſſent emmenée. Et comme la comparante a été inſultée et maltraitée ſans cauſe, qu'elle a intérêt d'en avoir raiſon, d'en faire impoſer à ladite dame Lemoine, d'être indemniſée du dégât qu'elle lui a fait et d'avoir une réparation authentique, elle eſt venue du tout nous rendre plainte (1).

Signé : Lequeux ; Chénon.

(*Archives nationales*, Y, 11,379.)

II

1770. — 10 juin.

La femme Lemoine, marchande de modes, se plaint des mauvais traitements de Mlle Marie Lequeux, par qui elle a été renversée à terre et frappée à coups redoublés.

L'an 1770, le dimanche 10 juin, trois heures de relevée, en l'hôtel et par-devant nous Pierre Chénon, etc., eſt comparue Marie-Madeleine Hébert, femme

---

(1) Les deux personnes qui se trouvaient chez Mlle Lequeux au moment où se passa cette scène étaient un avocat au Parlement, nommé Grégoire Véron, et une figurante de l'Académie royale de musique, Mlle Beauvernier, qui s'appelait en réalité Jeanne Magne. Mlle Beauvernier était âgée de 20 ans et demeurait rue du Chantre.

de Pierre Lemoine, marchand bijoutier à Paris, y demeurant rue du Chantre :
Laquelle nous a dit que la demoifelle Lequeux, actrice de l'Opéra, demeurant même rue chez le fieur Boileau, chirurgien, lui doit 9 livres 15 fols.
Heure préfente la comparante eft allée pour les lui demander. Elle a d'abord
trouvé fon domeftique qui l'a annoncée. Ladite Lequeux lui a répondu par
ces mots : « Mettez-moi cela à la porte », alors cet homme l'a repouffée.
Cependant elle a pénétré dans la chambre de ladite Lequeux et s'eft mife
fur une chaife pour repréfenter à la dame Lequeux la dureté et l'irrégularité
de fon procédé, mais cette fille, fans vouloir l'entendre, l'a prife par le bras,
l'a jetée par terre. Cette chute violente lui a occafionné un mal de côté fi
fort qu'elle a de la peine à refpirer. La comparante s'eft relevée et auffitôt
elle a été affaillie de nouveau par ladite Lequeux qui l'a excédée de coups
de poing fur le vifage ; elle a les lèvres enflées, elle a le doigt annulaire de
la main droite bleffé en fang ainfi qu'il nous eft apparu. Et comme elle fent
des douleurs aiguës dans tout fon corps, qu'elle craint les fuites dangereufes
des mauvais traitemens qu'elle vient d'effuyer et qu'elle entend fe pourvoir
contre ladite Lequeux pour raifon de ce, elle vient nous rendre la préfente
plainte.

Signé : MM. Hébert ; Chénon.

(*Archives nationales,* Y, 11,379.)

LE ROCHOIS (Marie), chanteuse, née à Caen en 1650.
Selon les uns elle débuta à l'Académie royale de musique en
1678, et selon les autres en 1680 seulement. Elle quitta le théâtre
en 1698, et en 1704 Jean-Nicolas de Francine, maître d'hôtel du
Roi et possesseur du privilége de l'Opéra, lui constitua une rente
et pension viagère de 300 livres en considération des services
rendus par elle au théâtre qu'il dirigeait.

L'abbé Boyer, membre de l'Académie française, a composé
en l'honneur de cette actrice, lors de sa création d'Armide,
dans *Armide,* tragédie lyrique de Quinault, musique de Lulli, le
sonnet suivant :

Lorfque pour fon amour la Rochois inquiète,
Attife d'un coup d'œil les feux de fon amant,

Par d'amoureux accens quand fa bouche répète
Ce que fes doux regards ont dit fi tendrement,

Le fincère parterre à grand bruit lui fait fête :
Il eft, plus que Renaud, dedans l'enchantement ;
Aux loges il n'eft pas de femme affez coquette
Pour ne fouhaiter pas d'être homme en ce moment.

De nos foupirs Éole empliroit plus d'une outre,
On fent..... Je dirois trop fi j'allois paffer outre ;
Au temps du roi François, Marot eût mieux rimé !

Armide ne fut pas auffi touchante qu'elle,
Sans fecours des enfers Renaud auroit aimé
Et le ciel n'auroit pu l'arracher à la belle !

Un autre poète, l'abbé de Chaulieu, a célébré également les succès de Mlle Le Rochois dans ce rôle d'Armide. Voici les vers qu'il lui adressa :

Je fers, grâce à l'amour, une aimable maîtreffe
    Qui fait, fous cent noms différens,
Réveiller tous les jours mes feux et ma tendreffe.
Sous le nom de Théone (1), elle fut m'enflammer,
Arcabonne (2) me plut et j'adore Angélique (3),
Mais quoique fa beauté, fa grâce foit unique,
    Armide vient de me charmer.
    Sous ce nouveau déguifement,
Je trouve à mon Iris une grâce nouvelle.
Fût-il, depuis qu'on aime, un plus heureux amant ?
Je goûte chaque jour dans un amour fidèle
    Tous les plaifirs du changement.

Mlle Le Rochois était une femme de beaucoup d'esprit. Un jour qu'elle faisait répéter un rôle à sa camarade, Mlle Des-

---

(1) Dans *Phaéton,* tragédie de Quinault, musique de Lulli.
(2) Dans *Amadis de Gaule,* tragédie de Quinault, musique de Lulli.
(3) Dans *Roland,* tragédie de Quinault, musique de Lulli.

matins, chanteuse plus connue par sa beauté que par son talent :

— Pénétrez-vous bien, lui disait-elle, de la situation où vous vous trouvez. Que feriez-vous si vous étiez abandonnée par un amant que vous aimeriez avec passion ?

— J'en prendrais un autre, répondit l'intelligente élève.

— En ce cas, Mademoiselle, nous perdons toutes deux notre temps, dit alors Mlle Le Rochois, et la leçon en resta là.

Un autre jour, le compositeur Colasse, qui passait pour avoir placé dans ses ouvrages un grand nombre de morceaux pillés à Lulli, ayant eu une rixe avec un acteur, parut dans les coulisses du théâtre avec ses habits en lambeaux et sa perruque déchirée :

— Comme vous voilà arrangé! dit quelqu'un.

— Comme un homme qui revient du pillage, répliqua la spirituelle actrice.

Mlle Le Rochois a chanté à l'Académie royale de musique les rôles suivants : Aréthuse, dans *Proserpine,* tragédie de Quinault, musique de Lulli, en 1680 ; Cassiope, dans *Persée,* tragédie de Quinault, musique de Lulli, en 1682 ; Théone, dans *Phaéton,* tragédie de Quinault, musique de Lulli, en 1683 ; Arcabonne, dans *Amadis de Gaule,* tragédie de Quinault, musique de Lulli, en 1684 ; Angélique, dans *Roland,* tragédie de Quinault, musique de Lulli, en 1685 ; Galatée, dans *Acis et Galatée,* pastorale de Campistron, musique de Lulli, en 1686 ; Armide, nièce d'Hidraot, dans *Armide,* tragédie de Quinault, musique de Lulli, en 1686 ; Polyxène, dans *Achille et Polyxène,* tragédie de Campistron, musique de Lulli et Collasse, en 1687 ; Médée, dans *Thésée,* tragédie de Quinault, musique de Lulli, reprise en 1688 ; Thétys, dans *Thétys et Pélée,* tragédie de Fontenelle, musique de Collasse, en 1689 ; Lavinie, fille de Latinus, dans *Énée et Lavinie,* tragédie de Fontenelle, musique de Collasse, en 1690 ;

Hermione, dans *Cadmus et Hermione,* tragédie de Quinault, musique de Lulli, reprise en 1690; Didon, dans *Didon,* tragédie de Mme de Xaintonge, musique de Desmarets, en 1693; Ariadne, dans *Ariadne et Bacchus,* tragédie de Saint-Jean, musique de Marais, en 1696; Roxane, dans l'*Europe galante,* ballet de La Motte, musique de Campra, en 1697; Vénus, dans *Vénus et Adonis,* tragédie de Jean-Baptiste Rousseau, musique de Desmarets, en 1697; Issé, dans *Issé,* pastorale de La Motte, musique de Destouches, en 1698.

Mlle Le Rochois est morte à Paris, rue Saint-Honoré, près le Palais-Royal, le 8 novembre 1728 et fut inhumée en l'église Saint-Eustache, sa paroisse (1).

> (*Archives nationales,* 11,659. — *Dictionnaire des théâtres.* — *Les Spectacles de Paris.* — Durey de Noinville : *Histoire de l'Opéra.* — Nérée Desarbres: *Deux Siècles à l'Opéra.* — *Notes et Documents sur l'Histoire des théâtres de Paris au* XVIIe *siècle,* publiés par M. Paul Lacroix.)

1704. — 2 janvier.

Jean-Nicolas de Francine, possesseur du privilége de l'Académie royale de musique, s'engage à faire à Mlle Marie Le Rochois, cantatrice, une rente de 300 livres pendant tout le temps qu'il gardera ledit privilége.

Par-devant les confeillers du Roi, notaires au Châtelet de Paris fouffignés, fut préfent meffire Jean-Nicolas de Francine, confeiller, maître d'hôtel ordinaire du Roi, demeurant à Paris rue neuve de Richelieu, paroiffe St-Euftache, donateur pour Sa Majefté du privilége de l'Opéra établi dans cette ville de Paris et dans toutes les autres villes du royaume, lequel en confidération des bons et agréables fervices que demoifelle Marie Le Rochois, fille majeure, ci-devant ordinaire de l'Académie royale de mufique, a rendus affiduement dans les rôles qui lui ont été donnés pendant dix-neuf années confécutives, qu'elle a fi dignement exécutés, avec toute l'application et

---

(1) M. Fétis (*Dictionnaire des musiciens*) dit, par erreur, qu'elle mourut à Sartrouville (Seine-et-Oise).

tous les foins néceffaires, qu'elle s'en eft acquis une eftime générale avec
tant d'applaudiffemens et diftinction qu'elle a beaucoup contribué au fuccès
que l'Opéra a eu dans le public, et défirant icellui de Francine lui donner
quelques marques de fa reconnoiffance, ledit fieur de Francine a volontairement donné, créé et conftitué par donation, entre vifs et irrévocable en la
meilleure forme que faire fe peut et pour plus grande validité d'icelle promet,
en ladite qualité, garantir, fournir et faire valoir fur les produits et revenus de
ladite Académie royale de mufique feulement et non fur les autres biens
dudit fieur de Francine, à ladite demoifelle Marie Le Rochois, fille majeure,
demeurant à Paris rue Traverfière, paroiffe St-Roch, à ce préfente et acceptante, 300 livres de rente et penfion viagère que ledit fieur de Francine,
en ladite qualité de donataire dudit privilége de l'Académie royale de mufique, promet et s'oblige bailler et faire payer à ladite demoifelle Le Rochois,
fa vie durant, en fa demeure à Paris, ou au porteur, par chacun an, en douze
payemens égaux, de mois en mois. Laquelle penfion annuelle commencera
à avoir cours du premier jour du préfent mois de janvier, jour d'hier et en
après ainfi continuer pendant ledit tems que ledit fieur de Francine aura
droit de jouir directement ou indirectement dudit privilége de ladite Académie royale de mufique fans qu'il foit befoin de réitérer la préfente donation
aux renouvellemens qui lui feront accordés dudit privilége, ni qu'il puiffe le
céder à qui que ce foit qu'à la charge du payement de ladite penfion viagère
dans les tems et au cas fufdits. A avoir et prendre ladite penfion viagère fur
les produits et revenus de ladite Académie royale de mufique feulement et
non fur les autres biens dudit fieur de Francine, comme dit eft. Cette donation ainfi faite pour les caufes fufdites et parce que telle eft la volonté dudit
fieur de Francine d'ainfi le faire, fans préjudice à ladite demoifelle Le Rochois des 1,000 livres de penfion annuelle qu'elle a à prendre fur les produits
et revenus de ladite Académie royale de mufique, conformément au privilége
dudit Opéra, etc.

Fait et paffé à Paris en la demeure de ladite demoifelle Le Rochois fufdéfignée, l'an 1704, le deuxième jour de janvier avant midi.

(Archives nationales, Y, 277.)

LESPINASSE (FRANÇOISE), chanteuse.

1785. — 22 mai.

Mlle Françoise Lespinasse se plaint des violences exercées contre elle par un indi-
vidu se disant officier au service du roi de Prusse.

L'an 1785, le 22 mai, fix heures de relevée, en notre hôtel et par-devant
nous Pierre-Clément Daffonvillez, etc., eft comparue demoifelle Françoife
Lefpinaffe, mineure âgée de 15 ans, attachée à l'Académie royale de mufique,
demeurante à Paris rue du Faubourg-Montmartre, au coin de celle de Provence : Laquelle nous a dit que cejourd'hui, entre huit et neuf heures du
matin, le fieur Croifille (1), fe difant officier au fervice du roi de Pruffe, demeurant à Paris à l'hôtel garni de Bragance, rue Coquillière, s'eft préfenté
chez elle, y a exercé les dernières violences envers la domeftique de la comparante pour fe procurer l'entrée de fon appartement; qu'introduit par force,
il a trouvé la comparante au lit et en a profité pour l'infulter; que fur fa réfiftance il s'eft mis dans les derniers excès de colère contre elle, s'eft avifé
de la frapper avec une canne dont la comparante eft meurtrie ainfi qu'il nous
eft apparu par les contufions qu'elle a fur la figure, fur le col et fur les bras;
que, non content de ces mauvais traitemens, il a caffé les différens meubles
qui fe font trouvés fous fa main et notamment deux glaces dont l'une fur la
cheminée de la chambre à coucher, une dans l'antichambre, tous les carreaux
de fes croifées et de fes portes vitrées, déchiré deux paires de rideaux dont
une de taffetas bleu et une de mouffeline, caffé des gobelets de criftal et
autres objets dont la valeur monte à plus de 700 livres. Defquels faits elle
nous a rendu plainte.

Signé : DE LESPINASSE ; DASSONVILLEZ.

(*Archives nationales*, Y, 11,981.)

LESTANG (GENEVIÈVE DE), danseuse. Elle quitta l'Opéra en
1689 et obtint à cette époque de Jean-Nicolas de Francine,

---

(1) Ce personnage me paraît être le même que Claude-Philippe Croisilles, mari de la célèbre
Mme Saint-Huberti, dont il était séparé depuis plusieurs années.

maître d'hôtel du Roi et possesseur du privilége de l'Académie royale de musique, une rente et pension viagère de 500 livres, en considération des services rendus par elle au théâtre qu'il dirigeait.

Mlle de Lestang a joué en 1688, à Chantilly, chez le prince de Condé, les rôles d'une Dryade et d'une Égyptienne dans *Orontée*, tragédie de Le Clerc, musique de Lorenzani.

(Dictionnaire des théâtres.)

1689. — 5 mai.

Jean-Nicolas de Francine, possesseur du privilége de l'Académie royale de musique, s'engage à faire à Mlle Geneviève de Lestang, danseuse, une rente de 500 livres pendant tout le temps qu'il gardera ledit privilége.

A tous ceux qui ces préfentes lettres verront, Charles-Denis de Bullion, chevalier, marquis de Gallardon, etc., prévôt de la ville et vicomté de Paris, falut; favoir faifons que par-devant Pierre Faure et Claude Ogier, notaires au Châtelet de Paris, fut préfent meffire Jean de Francine, maître d'hôtel ordinaire du Roi et maître de l'Académie royale de mufique, demeurant à Paris rue Ste-Anne, paroiffe St-Roch, lequel défirant reconnaître damoifelle Geneviève de Leftang des foins et affiduités qu'elle a eus pendant tout le tems qu'elle a danfé à l'Opéra, dont elle a témoigné au fieur de Francine qu'elle fouhaitoit fe retirer, icelui fieur de Francine a volontairement donné, créé, conftitué, affis et affigné par ces préfentes par donation irrévocable faite entre vifs en la meilleure forme et manière que faire fe peut et promet garantir de tous troubles et empêchemens généralement quelconques, fournir et faire valoir à ladite damoifelle Geneviève de Leftang, fille, demeurant à Paris rue du Chantre, paroiffe St-Germain-de-l'Auxerrois, à ce préfente et acceptante, cinq cents livres de rente et penfion viagère pendant tout le tems que ledit fieur de Francine aura le privilége et jouiffance dudit Opéra. Lefquelles cinq cents livres de rente et penfion viagère ledit fieur de Francine promet et s'oblige bâiller et payer à ladite damoifelle de Leftang pendant ledit tems en fa demeure ou au porteur des préfentes pour elle, par chacun an, de mois en mois, la vie durant de ladite damoifelle Geneviève de Leftang, pourvu que pendant fon vivant, ledit fieur de Francine ait le privilége et jouiffance dudit Opéra. Dont le premier mois de payement eſchéra au onzième jour de juin prochain et ainſi continuer à payer leſdites cinq cents livres de rente et penſion viagère par chacun an, de mois en mois, comme dit eſt, pendant ledit tems que ledit ſieur de Francine aura le privilége et jouiſſance dudit Opéra. Et le décès arrivant de ladite damoiſelle Geneviève de Leſtang pendant ledit tems que, ledit ſieur de Francine aura la jouiſſance et privilége dudit Opéra, en ce cas ladite rente et penſion viagère demeurera eſteinte et amortie. A avoir et prendre leſdites cinq cents livres de rente et penſion viagère ſur le produit dudit Opéra ſeulement, ſans que ladite damoiſelle Geneviève de Leſtang puiſſe s'adreſſer aux autres biens dudit ſieur de Francine qui en ſont et demeurent entièrement déchargés. Pour de ladite rente et penſion viagère, jouir, faire et diſpoſer par ladite damoiſelle Geneviève de Lestang ainſi que bon lui ſemblera, comme de choſes à elle appartenant, au moyen des préſentes. Cette donation ainſi faite et pour les cauſes ſuſdites et parce que telle eſt la volonté dudit ſieur de Francine d'ainſi le faire, etc.

Fait et paſſé à Paris, en la demeure dudit ſieur de Francine ſuſdéclarée, l'an 1689, le cinquième jour de mai avant midi, etc.

(*Archives nationales,* Y, 254.)

———

L EVASSEUR (MARIE-CLAUDE-JOSÈPHE, dite ROSALIE), chanteuse, née à Valenciennes (Nord), le 8 octobre 1749. Elle débuta à l'Académie royale de musique, sous le nom de Rosalie (1), au mois d'octobre 1766 et joua d'abord des rôles sans importance, puis fut chargée des doubles et des remplacements. Sa première création importante, celle d'Alceste, dans *Alceste,* tragédie du bailli du Roullet, musique de Gluck, date de 1776 et fut enlevée par elle d'autorité à Mlle Sophie Arnould, comme l'indique ce passage des *Mémoires secrets :*

On n'a pas été peu ſurpris de voir Mlle Roſalie Levaſſeur faire le rôle d'Alceſte, au préjudice de la demoiſelle Arnould à laquelle il auroit mieux convenu

_____

(1) Elle quitta ce nom en 1775, lorsque Palissot publia sa comédie des *Courtisanes,* parce que l'une des héroïnes de la pièce s'appelait Rosalie. Le comte de Mercy-Argenteau, ambassadeur de l'impératrice à Paris, acheta alors pour Mlle Levasseur qu'il protégeait, une baronnie du Saint-Empire rapportant 20,000 à 25,000 livres de rente.

L'ascendant exercé par l'actrice sur le diplomate semblait d'autant plus étonnant que tout Paris savait qu'elle le trompait avec le paillasse du théâtre de Nicolet.

comme actrice et d'ailleurs ayant le droit de le réclamer par fon ancienneté. Mais quand on faura que la demoifelle Levaffeur eft maîtreffe de M. le comte de Mercy- Argenteau, ambaffadeur de l'Empereur et de l'Impératrice-Reine, qu'elle le mène avec le plus grand empire, que le chevalier Gluck, qui doit être tout à la dévotion de ce miniftre, eft logé chez cette courtifane (1), on concevra pourquoi elle a remporté ce triomphe fur fa rivale. Celle-ci n'en a pas eu moins d'humeur, elle a plaifanté fur l'autre, elle a ameuté toute fa cabale contre elle et c'eft ce qui a enfanté du côté de Rofalie une fatire atroce et dégoûtante contre la demoifelle Arnould qui ne mériteroit pas de produire la moindrè fenfaticn dans un autre lieu que les foyers de l'Opéra et entre deux autres émules que deux catins.

En même temps qu'*Alceste,* l'administration de l'Opéra avait remis au théâtre *Adèle de Ponthieu,* tragédie de Saint-Marc, musique de Berton, représentée pour la première fois en 1772 et dans laquelle Larrivée chantait le rôle du comte Guillaume. Mˡˡᵉ Levasseur, jalouse des succès de Larrivée qui nuisaient, assurait-elle, aux siens, obtint, dit-on, du comte de Mercy-Argenteau, qu'il empêcherait la continuation des représentations d'*Adèle.* Ce bruit se répandit dans le public et on prétendit que, moyennant 25 louis, Larrivée avait promis d'abandonner son rôle. Un plaisant composa alors, sur l'air des *Bourgeois de Chartres,* les vers suivants qu'il intitula :

Chanson sur ce que Larrivée a reçu 25 louis pour ne plus chanter dans l'opéra
*d'*Adèle.

> Voulez-vous favoir comme
> Et fort en raccourci,
> L'ambaffadeur qu'on nomme
> Le comte de Mercy
> Vient de faire un beau coup qui prouve de la tête,
> Un fat, un fot, une catin
> Étant venus un beau matin
> Lui préfenter requête ?

(1) En 1776, Mˡˡᵉ Levasseur demeurait rue des Fossoyeurs, faubourg Saint-Germain.

Vous me direz peut-être
Qu'un bon hiftorien
Pour écrire à la lettre
Ne doit omettre rien.
Mais de vous rien cacher je n'eus jamais l'envie
Le fat c'eft monfieur le Bailli (1),
Le fot, monfieur de Margenci,
La catin, Rofalie.

Cette reine impudente
Des plus fales catins,
De fa bouche méchante
Tira ces mots malins :
« On peut laiffer Arnould, on ne l'aime plus guère ;
On peut laiffer Le Gros brailler ;
Mais Larrivée, il faut l'ôter,
C'eft l'ami du parterre. »

Le fat jufques à terre
Baiffant fon dos voûté
Dit : « Hélas ! je n'efpère
Que dans votre bonté.
Secourez, Monfeigneur, de Gluck la rapfodie :
Si l'on aime un bon opéra,
Dites-moi ce que deviendra
Ma pauvre *Iphigénie* (2) ? »

Le fot prit la parole
Pour confirmer cela,
Mais à ce pauvre drôle
Deux fois la voix rata ;
« Enfin, s'écria-t-il, faites que Larrivée
Laiffe fon rôle au plat Durand (3)
Et vous verrez dans cet inftant
Adèle abandonnée. »

---

(1) Le bailli du Roullet, auteur des paroles d'*Alceste*. Il s'appelait de son vrai nom François-Louis Gaud Le Blanc et était bailli et grand-croix de l'ordre de Saint-Jean de Jérusalem.
(2) *Iphigénie en Aulide,* tragédie du bailli du Roullet, musique de Gluck, représentée en 1774.
(3) Basse-taille. Il avait débuté dans les chœurs de l'Opéra en 1759.

Un difcours auffi bête
Charma l'ambaffadeur :
« Çà, dit-il, qu'on s'apprête
A payer cet acteur,
Quoiqu'il chante bien faux et foit même un peu grêle ;
Allons ! qu'on ne m'en parle plus,
Qu'on lui donne deux cents écus
Et qu'il nous quitte *Adèle !* »

Auffitôt Larrivée
Six cents francs a reçu.
Depuis cette journée
On ne l'a plus revu.
Tout cela n'y fait rien, la tragédie eft belle ;
Malgré le fat, le fot, l'acteur,
La catin et l'ambaffadeur,
Le public aime *Adèle.*

Mlle Levasseur chanta ensuite avec un grand succès Iphigénie, dans *Iphigénie en Tauride,* tragédie de Guillard, musique de Gluck, représentée pour la première fois le 18 mai 1779.

Formée et ftylée, dit l'*Espion anglais,* par le chevalier Gluck lui-même, elle eft tout de fuite montée à un degré de perfection dont on ne l'auroit pas crue fufceptible. C'eft aujourd'hui la meilleure actrice de la fcène ; on regrette feulement que fa figure peu théâtrale ne réponde pas à la majefté de fes rôles.

C'est vers cette époque que le baron Tschudy composa à la louange de Mlle Levasseur le quatrain suivant :

Par l'accord énergique et du gefte et du chant,
Elle anime de Gluck la tragique harmonie :
Vers l'immortalité ce fublime génie
Marche appuyé fur fon talent.

Le rôle d'Électre, dans *Électre,* tragédie de Guillard, musique de Le Moine, représentée le 2 juillet 1782, fut pour elle l'occasion

d'un nouveau triomphe, à l'occasion duquel une choriste de
l'Opéra, Mlle Aurore, lui adressa les vers que l'on va lire :

> O fublime Lycée, ô Théâtre françois,
> Tes Lekain, tes Clairon avoient fondé ta gloire ;
> Quel prodige étonnant et difficile à croire :
> Je vois une autre fcène égaler tes fuccès !
> Ces grands talens qui t'illuftrèrent,
> Aujourd'hui nous les poffédons ;
> Levaffeur, Larrivée égalent ces beaux noms
> Qu'à l'immortalité tes faftes confacrèrent.
> Inimitable Levaffeur,
> D'Orefte infortuné, noble et fublime fœur,
> Lorfque de tout Paris vous captivez l'hommage,
> Diftinguerez-vous mon fuffrage ?
> Que peut-il être auprès du fien ?
> Mais Électre m'a tant émue,
> Qu'au hafard de n'être point lue,
> A l'hommage public j'ofe mêler le mien.

A partir de cette époque, Mlle Levasseur parut rarement au
théâtre, où son caractère difficile et ses exigences lui avaient fait
peu d'amis. L'administration de l'Opéra s'exprime en termes
assez durs sur cette artiste, dans une note datée de 1784, qu'il est
utile de reproduire ici :

Elle a fervi avec fuccès pendant l'efpace de quatre ans. Ne fait prefque
plus rien depuis plufieurs années et fe trouve dans le cas de ne plus rien
faire déformais : fes moyens paroiffent infuffifans au genre moderne. On ne
peut diffimuler qu'elle n'ait beaucoup de mauvaife volonté et qu'elle ne
coûte même fort cher à l'Opéra, ayant toutes fortes de prétentions pour fes
habits qui ne font jamais affez chers, ni affez riches. Le traitement particulier
de 9,000 livres qu'elle a obtenu a non-feulement dégoûté fes camarades,
voyant qu'elle ne les gagnoit pas, mais encore a fait élever les mêmes prétentions de la part des autres fujets, ce qui eft néceffairement à charge à
l'adminiftration. Il y a plufieurs mois qu'elle n'a pas paru fur le théâtre ; elle
eft depuis dix-huit ans à l'Opéra, mais feulement depuis la retraite de

Mˡˡᵉˢ Arnould et Beaumefnil en chef. Si on lui accordoit la penfion de 2,000 livres qui n'eft due qu'au bout de vingt ans, ce feroit lui faire grâce, car il ne lui eft dû que 1,500 livres; mais c'eft faire un bon marché pour l'Opéra que de lui donner même 2,000 livres.

Mˡˡᵉ Levasseur prit sa retraite en 1785.

Elle a chanté à l'Académie royale de musique : Zaïde, dans la *Turquie,* acte de l'*Europe galante,* ballet de La Motte, musique de Campra, repris en 1766; Érosine, Zélima, dans *Érosine,* ballet de Moncrif, musique de Berton, repris en 1766 et en 1769; Coronis, dans *Apollon et Coronis,* acte des *Amours des Dieux,* ballet de Fuzelier, musique de Mouret, repris en 1767 et en 1773; une Vieille, Lycoris, Thalie, dans le *Carnaval du Par-nasse,* ballet de Fuzelier, musique de Mondonville, repris en 1767 et en 1774; l'Amour, Pomone, dans le *Feu et la Terre,* acte des *Éléments,* ballet de Roy, musique de Destouches, repris en 1767 et en 1769; l'Amour, Silvie, dans *Silvie,* ballet de Laujon, musique de Berton et Trial, en 1767, repris en 1768; l'Amour, dans *Théonis,* pastorale de Poinsinet, musique de Berton, Trial et Grenier, en 1767; Alcimadure, dans *Daphnis et Alcimadure,* pastorale de Mondonville, reprise en 1768 et en 1773 ; l'Amour, dans *Titon et l'Aurore,* pastorale de La Marre, musique de Mondonville, reprise en 1768; l'Amour, dans *Dardanus,* tragédie de La Bruère, musique de Rameau, reprise en 1768; Spinette, dans la *Vénitienne,* comédie de La Motte, musique nouvelle de Dauvergne, reprise en 1768 ; Colin, Mathurine, dans les *Amours de Ragonde,* comédie de Destouches, musique de Mouret, reprise en 1769 et en 1773 ; l'Amour, dans *Anacréon,* ballet de Bernard, musique de Rameau, repris en 1769 ; l'Amour, Érigone, dans *Érigone* et *Psyché,* actes des *Fêtes de Paphos,* ballet de La Bruère, Voisenon et Collet, musique de Mondonville, repris en 1769 ; la Provençale, dans la *Provençale,* acte des *Fêtes de Thalie,* ballet

de La Font, musique de Mouret, repris en 1769 et en 1775;
Zélidie, Zaïs, dans *Zaïs*, ballet de Cahusac, musique de Rameau,
repris en 1769 et en 1770; Délie, dans les *Fêtes grecques et
romaines*, ballet de Fuzelier, musique de Colin de Blâmont,
repris en 1770; Zélis, dans *Hylas et Zélis*, pastorale de Bury,
reprise en 1770; Hébé, dans les *Indes galantes*, ballet de Fuzelier, musique de Rameau, repris en 1770 et en 1772; une Bergère, dans les *Talents lyriques*, ballet de Mondorge, musique de
Rameau, repris en 1770; Isabelle, dans *Zaïde*, ballet de La
Marre, musique de Royer, repris en 1770; Amélite, dans
Zoroastre, tragédie de Cahusac, musique de Rameau, reprise en
1770; Aréthuse, dans *Alphée et Aréthuse*, ballet de Dauvergne,
repris en 1771; Corisande, dans *Amadis*, tragédie de Quinault,
musique de Lulli, reprise en 1771; Colin, dans la *Cinquantaine*,
ballet de Desfontaines, musique de La Borde, en 1771, repris en
1772; la Sibille, dans la *Sibille*, acte des *Fêtes d'Euterpe*, ballet de
Moncrif, musique de Dauvergne, repris en 1771; l'Amour, dans
Pyrame et Thisbé, tragédie de La Serre, musique de Rebel et
Francœur, reprise en 1771; Aline, Zélis, dans *Aline, reine de
Golconde*, ballet de Sedaine, musique de Monsigny, repris en
1772; une Suivante d'Hébé, une Ombre heureuse, Télaïre, dans
Castor et Pollux, tragédie de Bernard, musique de Rameau,
reprise en 1772 et en 1778; Colette, dans le *Devin du Village*,
intermède de Jean-Jacques Rousseau, repris en 1772; la Fortune,
Églé, dans *Églé*, ballet de Laujon, musique de Lagarde, en 1772;
Chloé, dans *Ismène*, pastorale de Moncrif, musique de Rebel et
Francœur, reprise en 1773; Zima, dans les *Sauvages*, ballet de
Fuzelier, musique de Rameau, repris en 1773; Théodore, dans
l'*Union de l'Amour et des Arts*, ballet de Le Monnier, musique
de Floquet, en 1773; une Nymphe, une Silphide, dans *Zélindor,
roi des Silphes*, ballet de Moncrif, musique de Rebel et Francœur,

repris en 1773 ; l'Amour, dans *Azolan,* ballet de Le Monnier, musique de Floquet, en 1774; une Grecque, Iphigénie, dans *Iphigénie en Aulide,* tragédie du bailli du Roullet, musique de Gluck, en 1774, reprise en 1775 et en 1783 ; l'Amour, dans *Orphée,* tragédie de Moline, musique de Gluck, en 1774 ; Éponine, dans *Sabinus,* tragédie de Chabanon, musique de Gossec, en 1774 ; Procris, dans *Céphale et Procris,* tragédie de Marmontel, musique de Grétry, en 1775 ; Baucis, dans *Philémon et Baucis,* ballet de Chabanon, musique de Gossec, en 1775, repris en 1780; Alceste, dans *Alceste,* tragédie du bailli du Roullet, musique de Gluck, en 1776, reprise en 1779; Armide, dans *Armide,* tragédie de Quinault, musique de Gluck, en 1777; Ernelinde, dans *Ernelinde,* tragédie de· Poinsinet, musique de Philidor, reprise en 1777 ; Angélique, dans *Roland,* tragédie de Quinault, musique nouvelle de Piccini, reprise en 1778 ; Oriane, dans *Amadis,* tragédie de Quinault, musique nouvelle de Bach, reprise en 1779 ; Iphigénie, dans *Iphigénie en Tauride,* tragédie de Guillard, musique de Gluck, en 1779, reprise en 1782 ; Andromaque, dans *Andromaque,* tragédie de Pitra, musique de Grétry, en 1780; Andromède, dans *Persée,* tragédie de Quinault, musique nouvelle de Philidor, reprise en 1780 ; Électre, dans *Électre,* tragédie de Guillard, musique de Le Moine, en 1782 ; Armide, dans *Renaud,* tragédie de Le Bœuf, musique de Sacchini, en 1783.

Mlle Levasseur épousa, en 1790, le comte de Mercy-Argenteau, et devenue veuve quatre ans plus tard, elle se remaria avec le chevalier de Coucy.

(*Archives nationales,* O¹, 630. — *Mercure de France.* — *Mémoires secrets,* IX, 79, 104. — *L'Espion anglais,* tome III. — *Journal de Paris,* 26 janvier 1781, 28 juillet 1782. — Grimm: *Correspondance littéraire,* IX, 56. — Adolphe Jullien: *l'Opéra secret au* xviiie *siècle.*)

I

1783. — 23 avril.

Rapport du Comité de l'Académie royale de musique au ministre de la maison du Roi, au sujet de Mlle Marie-Rose-Josèphe Le Vasseur, dite Rosalie.

Le Comité a l'honneur de faire rapport au miniſtre que Mlle Le Vaſſeur eſt venue à ſon aſſemblée lundi dernier pour lui demander un congé de ſix mois à compter de cette époque.

Le Comité a l'honneur de ſupplier le miniſtre de preſcrire la réponſe qui peut être faite à la demande de Mlle Le Vaſſeur.

Signé : DAUBERVAL ; REY (1) ; DE LA SUZE (2) ; GOSSEC (3) ; LA SALLE (4) ; LAINEZ (5).

(*Archives nationales,* O¹, 637.)

II

1783. — 26 avril.

Réponse du ministre de la maison du Roi à une demande d'un congé de six mois formulée par Mlle Marie-Rose-Josèphe Le Vasseur, dite Rosalie.

La jouiſſance du talent de la demoiſelle Le Vaſſeur eſt trop précieuſe pour ne pas chercher à la faire chanter, ſurtout pendant l'été, puiſque c'eſt un moyen d'attirer davantage le public pendant une ſaiſon ingrate pour le ſpec-

---

(1) Rey était maître de la musique du Roi et de l'Académie royale. Il demeurait rue de Bourbon-Ville-Neuve, au coin de la rue Saint-Claude.

(2) La Suze était maître pour les rôles à l'école de chant de l'Académie royale de musique. Il demeurait rue Sainte-Anne, butte Saint-Roch.

(3) C'est le compositeur de musique bien connu.

(4) La Salle était secrétaire perpétuel de l'Académie royale de musique, breveté du Roi pour les rapports au ministre et l'inspection de la comptabilité. Il demeurait rue Saint-Nicaise, à l'hôtel de l'Académie.

(5) Étienne Lainez, chanteur, né en 1747, entra à l'Opéra en 1774, prit sa retraite en 1812 et mourut en 1822.

tacle. D'ailleurs elle doit réparer le tems où on a été privé d'elle, l'année dernière, n'ayant chanté que 27 fois, et je la crois trop honnête pour exiger fes appointemens fi elle étoit fix mois fans fervir, puifque ce n'eft que fur l'efpérance d'un fervice affidu qu'on lui a accordé un traitement particulier.

Signé : AMELOT.

(*Archives nationales,* O¹, 657.)

III

1784. — 14 janvier.

Lettre de M. de La Ferté, intendant des Menus-Plaisirs, au ministre de la maison du Roi, relative à Mlle Marie-Rose-Josèphe Le Vasseur, dite Rosalie, à ses exigences et à sa carrière artistique.

Monfeigneur, Mlle Le Vaffeur m'a envoyé demander ce matin à huit heures un rendez-vous, je l'ai en conféquence attendue, ne doutant pas que M. l'ambaffadeur (le comte de Merci-Argenteau) ne lui eût dit qu'il m'avoit rencontré hier chez vous; en effet, elle m'a dit qu'elle avoit appris que M. l'ambaffadeur (qui, a-t-elle ajouté, étoit de tout tems votre ami) vous avoit fait une demande pour elle et remis un mémoire, mais qu'elle ignoroit absolument ce que contenoit ce mémoire et l'objet de la demande, que fans cela elle m'auroit prié de l'appuyer auprès de vous. J'ai cru devoir feindre d'ignorer ce qu'elle défiroit et pour ne point la mettre dans le cas de me faire connoître fes prétentions, je me fuis retranché en complimens vagues en lui difant que j'avois été hier à Verfailles uniquement pour m'informer de votre fanté, que j'avois rencontré chez vous M. l'ambaffadeur qui vous avoit même trouvé fort occupé à travailler et que j'avois faifi le moment où il fortoit pour avoir l'honneur de vous faire ma cour un inftant. C'eft ainfi que j'ai cru devoir répondre à fa petite fupercherie et nous nous fommes féparés après avoir beaucoup parlé opéra et de la vie retirée qu'elle m'a dit mener (1). Je joins, Monfeigneur, à fa note affez méchante qui vous a été remife fur le fieur Larrivée, la dame St-Huberti et la demoifelle Heinel, la réponfe très-vraie de leurs fervices, vous verrez d'après cela fi ce qu'elle dit dans fon mémoire eft fondé, et voici à préfent ce qui la regarde. Mlle Le Vaffeur eft entrée à

(1) La première partie de ce document, jufqu'aux mots : *Je joins, Monfeigneur,* etc., a été publiée par M. Adolphe Jullien, dans fon ouvrage intitulé : *l'Opéra fecret au xviiie siècle,* page 26 ; le refte est inédit.

l'Opéra en 1766, où elle a joué d'abord les petits rôles et amours, enfuite elle a joué des rôles plus importans, mais en double feulement et en remplace-ment pendant huit ou neuf ans, et ce n'eft qu'à la retraite des demoifelles Larrivée, Beaumefnil et Arnould qu'elle a été chargée des rôles en premier, c'eft-à-dire depuis 6 à 7 ans. Lorfque Mlles Arnould et Beaumefnil ont dé-buté à l'Opéra, elles ont été chargées tout de fuite des rôles en chef, voilà la différence entre elles et Mlle Le Vaffeur qui cependant a eu, après la retraite de ces actrices, du fuccès furtout dans le rôle d'Iphigénie en Tauride, dans celui d'Alcefte et celui d'Armide, et c'eft d'après le fuccès de ces trois rôles qu'elle a exigé, en 1779, un traitement particulier de 9,000 livres qui a fait beaucoup de mal à l'Opéra par les prétentions et les humeurs qu'il a occa-fionnés.

Mlle Le Vaffeur a été reçue à la mufique du Roi, en 1773, à 1,000 livres d'appointemens et quoiqu'elle n'y ait fait prefque aucun fervice, l'on voulut bien, par confidération particulière, l'augmenter en 1773 (*sic*) de 1,000 livres; l'on avoit lieu de croire qu'elle ne formeroit plus d'autres demandes à l'égard de fes fervices. Vous jugerez, Monfeigneur, par le relevé exact ci-joint fi elle peut les faire valoir beaucoup. Elle fe trouve avoir chanté en 4 années fur 600 repréfentations, 100 fois ; ce qui fait, à raifon de ce qu'elle a reçu de l'Opéra, 360 livres par fois qu'elle a paru fur le théâtre. C'eft d'après cet ex-pofé que vous la regarderez peut-être, Monfeigneur, comme très-bien récom-penfée fi elle fe retire de l'Opéra avec 2,000 livres de penfion qui ne font dues qu'après 20 ans de bons fervices *aux fujets feulement qui ont occupé tout de fuite les premières places* et ce conformément à tous les règlemens ; l'exemple du fieur Larrivée, ayant trente années de fervices comme premier fujet, ne pouvant fervir pour Mlle Le Vaffeur qui n'en compte que 6 ou 7 comme pre-mière actrice. Il en eft de même de Mlle Heinel que l'on a retenue pour ainfi dire de force. A l'égard de Mme de St-Huberti, il n'y a rien d'étonnant que fe voyant aujourd'hui l'idole de Paris, elle ait exigé le même traitement que Mlle Le Vaffeur dont elle a fait toute cette année le fervice ; ainfi elle fe croiroit fondée à demander encore de l'augmentation pour peu que l'on ac-cordât quelque chofe de plus à Mlle Le Vaffeur.

D'après cela, fi vous jugez, Monfeigneur, d'avoir égard au mémoire de cette demoifelle, vous préférerez fans doute lui faire obtenir une grâce par-ticulière du Roi, mais fous le fceau du fecret pour qu'elle ne tire pas à con-féquence, même pour les intérêts du Roi.

Je fuis avec refpect, etc.

DE LA FERTÉ.

Paris, ce 14 janvier 1784.

(*Archives nationales,* O¹ 626.)

IV

1787. — 14 janvier.

Brevet d'une pension de 2,000 livres accordée par le Roi à Mlle Marie-Rose-Josèphe Le Vasseur, dite Rosalie.

Brevet d'une penfion de 2,000 livres, en faveur de la demoifelle Marie-Rofe-Jofèphe Le Vaffeur, née et baptifée le 8 octobre 1749, paroiffe Notre-Dame-de-la-Chauffée à Valenciennes, muficienne de l'Opéra, employée aux concerts et fpectacles de la cour. Cette penfion compofée des objets ci-après, favoir : une penfion de 500 livres, fans retenue, qui lui a été accordée fur le tréfor royal pour lui tenir lieu de l'excédant retranché de fes appointemens ; une penfion de 1,500 livres, fans retenue, qui lui a été accordée fur le tréfor royal à titre de retraite.

PIÈCE JOINTE AU BREVET.

Lettre autographe adressée par Mlle Marie-Rose-Josèphe Le Vasseur, dite Rosalie, à l'un des fonctionnaires des Menus-Plaisirs et relative à sa pension.

Monfieur, M. de Laferté, commiffaire général des menus plaifirs, vient de me prévenir que, conformément aux nouveaux arrangemens, il étoit néceffaire que jufe l'honneur, monfieur, de vous remettre promtement mon extrait baptiftaire pour l'expédiftion du brevet de finq cens livres qui meft deftiné. Étant née à Valenciennes, il faudroit que j'y écriviffe pour avoir cet extrait en forme légale et cela entraîneroit des délais. Lorfque j'ai placé ici en viager, le notaire s'eft contenté de la déclaration que j'ai faite d'être née à Valenciennes le 8 octobre 1749 et batifée dans l'églife parroiffiale de Notre Dame de la Chauffée fous les noms de Marie-Rofe-Jofèphe Levaffeur.

Si cette même déclaration pouvoit fuffire à l'expédition de mon brevet, cela m'éviteroit l'ambarras d'écrire et d'attendre ; au refte je me conformerai, monfieur, à fe que vous jugerés devoir en déffider. Je faifi avec empreffement cette occation de vous offrir les affurances du très parfait attachement

avec lequel j'ai l'honneur d'être, monfieur, votre très-humble et très-obéif-
fante fervante.

Signé : L<small>EVASSEUR</small>.

(*Archives nationales*, O¹, 681.)

Voy. D<small>UPLANT</small> (F<small>RANÇOISE</small>-C<small>LAUDE</small>-M<small>ARIE</small>-R<small>OSALIE</small> C<small>AMPAGNE</small>, dite).

L<small>ILIA</small> (A<small>LEXANDRINE</small>-L<small>OUISE</small> MARIE, dite), danseuse.

1774. — 12 octobre.

Déclaration de grossesse faite par Mlle Alexandrine-Louise Marie, dite Lilia.

L'an 1774, le mercredi 12 octobre, trois heures de relevée, en l'hôtel et par-
devant nous Claude-Louis Boullanger, etc., eft comparue demoifelle Alexan-
drine-Louife Marie, dite Lilia, âgée d'environ 17 ans, attachée à l'Académie
royale de danfe à l'Opéra, demeurant rue du Gros-Chenet, paroiffe St-Euftache, maifon du fieur Bunel, maître en chirurgie : Laquelle nous a dit qu'au
mois de novembre dernier elle a fait la connoiffance de fieur Jacques Lou-
chon, dit Roland, marchand de modes, rue Ste-Anne, vis-à-vis celle Villedo;
que ledit Roland a continué fes affiduités auprès d'elle, lui promettant de lui
affurer un fort heureux, poffédant une grande fortune; qu'à force de follicitations et de promeffes de lui affurer 1,800 livres de rente, elle a eu la foibleffe
de lui accorder fes dernières faveurs, en forte qu'elle fe trouve enceinte de
fes œuvres et eft fur le point d'accoucher; qu'ayant notifié fon état audit
Roland, qui a toujours continué fes fréquentes vifites, ledit fieur Roland lui
a dit à la fin de janvier dernier que les 1,800 livres de rente par lui promifes
feroient reverfibles fur la tête de l'enfant dont elle étoit enceinte; que ledit
fieur Roland devoit à cet effet lui apporter tous titres et actes devant notaires pour la fûreté et payement de ladite rente, ce qu'il n'a pas effectué;
que la preuve de la liaifon avec la comparante et la reconnoiffance de fa
groffeffe fe trouvent clairement démontrées par le contenu de trois lettres à
elle écrites par le fieur Roland et toutes de fon écriture, lefquelles lettres
pour fervir et valoir en tems et lieu ce que de raifon elle nous requiert de
figner et parapher et lui être enfuite remifes. A quoi obtempérant, lefdites

lettres ont été à l'inftant fignées et paraphées *ne varietur* et remifes à la comparante qui le reconnoît. Et comme la comparante a intérêt de fe pourvoir contre ledit Roland pour obtenir tous frais de géfine, dommages et intérêts, l'ayant forcée à demander un congé à l'Académie pour être à portée de la voir plus fouvent, l'excitant même à demander fa retraite totale, ce qu'elle n'a jamais voulu faire et ce qui lui a fait un dommage confidérable, elle s'eft retirée par devers nous pour nous rendre plainte (1).

Signé : AL.-MARIE dite LILIA ; BOULLANGER.

(*Liasse* 1960. *Archives nationales*, Y, 12,678.)

LONGEAU (ANNE PONÉ, dite), chanteuse.

1776. — 21 avril.

Mlle Anne Poné, dite Longeau, rend plainte contre le principal locataire de sa maison, qui s'était emporté de paroles et de voies de fait contre un domestique chargé par elle de prendre quelques effets dans son appartement et de les lui rapporter chez des amis avec lesquels elle soupait.

L'an 1776, le dimanche 21 avril, dix heures du matin, en l'hôtel et par-devant nous Bernard-Louis-Philippe Fontaine, etc., eft comparue demoifelle Anne Poné de Longeaut, fille mineure, de l'Académie royale de mufique, demeurant rue et porte Montmartre, maifon dont eft principal locataire le fieur Morel, limonadier, paroiffe St-Euftache : Laquelle nous a dit qu'hier au foir, étant à fouper en ville et ayant befoin d'une peliffe parce qu'elle avoit froid, elle dit à un domeftique de la maifon où elle étoit, d'aller lui en chercher une ; même de lui apporter une polonoife fourrée pour une autre perfonne qui devoit revenir avec elle; que ce domeftique a été chez la comparante et a pris lefdites peliffe et polonoife ainfi qu'une paire de fouliers qu'elle lui avoit auffi demandés et une feringue qu'elle vouloit prêter à la perfonne chez laquelle elle étoit : mais qu'en fortant de la maifon les fieur et dame Morel, fes principaux locataires, et leurs garçons fe font jetés fur ce

(1) Trois jours après, Mlle Lilia se désistait purement et simplement de sa plainte.

domeſtique et lui ont arraché leſdits effets en le traitant de voleur ; qu'au bruit la mère de la comparante, qui étoit chez elle, en deſcendit et a dit aux fieur et dame Morel que c'étoit de l'ordre de ſa fille qu'on emportoit leſdits effets ; que, malgré cela, ils ſe ſont emparés deſdits effets après les avoir trépignés à terre ; que même ils ont fait venir la garde et ont fait une eſclandre affreuſe ; que cependant la comparante ne doit aucun loyer ſi ce n'eſt le terme courant ; que d'ailleurs ſon appartement eſt garni de meubles et effets d'une aſſez grande valeur et qu'elle n'en a fait enlever aucun. Et comme c'eſt de la part dudit Morel et ſa femme, leurs garçons et adhérens une vexation des plus répréhenſibles qui peut être regardée comme un vol manifeſte, elle eſt venue de tout ce que deſſus nous rendre plainte.

Signé : F<small>ONTAINE</small> ; P<small>ONÉ DE</small> L<small>ONGEAUT</small>.

(*Archives nationales,* Y, 13,128.)

L<small>OZANGE</small> (M<small>ARIE</small>-A<small>IMÉE</small>-R<small>EINE</small> SIANNE, dite), danseuse. On lit dans le *Journal des inspecteurs de M. de Sartine,* les passages suivants qui se rapportent à cette figurante :

4 décembre 1761. Le comte de Limbourg, logé rue Traverſière, à l'hôtel du Pérou, ſe ſignale en faveur de la demoiſelle Siam, figurante à l'Opéra, qu'il a connue lors de ſon premier voyage et lui a fait faire par Auzouf, bijoutier, une paire de boucles d'oreilles de 10,000 livres.....

19 novembre 1762. Le prince de Beloſinski, ces jours derniers a fait préſent de pluſieurs belles pièces d'étoffes à la demoiſelle Siam, figurante dans les ballets de l'Opéra, entretenue par le prince de Limbourg. Cette demoiſelle étoit mercredi dernier à la Comédie italienne dans une parure des plus élégantes. Le prince de Beloſinski étoit dans une loge vis-à-vis d'elle et rien n'étoit plus plaiſant que de voir ce ruſſe, qui eſt aſſez épais de ſon naturel, vouloir par ſes mines copier nos petits-maîtres. La demoiſelle Siam, tout en recevant ſes cadeaux, s'en amuſoit beaucoup et ſe tuoit à dire au chevalier de Buſſy : « Vous devriez bien lui donner quelques leçons ; ſi vous pouvez en faire un élégant, cela vous immortaliſera. » — « Son air gauche eſt incurable, lui dit Buſſy, tu ne lui laiſſes pas un ſol pour payer ſon maître. »

(*Journal des inspecteurs de M. de Sartine,* pages 17,
29, 197 et 219.)

I

1762. — 23 avril.

Mlle Marie-Aimée-Reine Sianne, dite Lozange, se plaint qu'on l'accuse d'être une voleuse.

L'an 1762, le vendredi 23 avril, heure de midi, en l'hôtel et par-devant nous Pierre Chénon, etc., eſt comparue demoiſelle Marie-Aimée-Reine Sianne de Lozange, danſeuſe de l'Opéra, demeurante à Paris rue du Doyenne, paroiſſe St-Thomas-du-Louvre : Laquelle nous a dit qu'hier ſur les quatre heures après midi, étant à l'Opéra, elle eſt entrée dans la loge de la demoiſelle Cornu, auſſi danſeuſe, pour lui faire accueil et amitié comme à une camarade. La demoiſelle Cornu a débuté par dire à la comparante : « Mademoiſelle, on m'a dit que vous aviez trouvé ma bague que j'ai perdue lundi à la répétition, que vous l'aviez ramaſſée et miſe à votre doigt : ayez la bonté de me la rendre. » La comparante, ſaiſie de ce propos, ne s'eſt cependant pas démontée : elle a demandé à la demoiſelle Cornu qui pouvoit lui avoir dit cela. Elle lui a répondu d'abord qu'elle ne vouloit pas le dire. La répondante l'a preſſée de s'expliquer en lui faiſant ſentir que l'imputation la touchoit aſſez pour qu'elle eût intérêt de la tirer au clair, et finalement la demoiſelle Cornu lui a dit que c'étoit la dame Villette, mère, qui le lui avoit dit. La comparante a été trouver la dame Villette et lui a demandé, en préſence de la demoiſelle Cornu et de pluſieurs autres perſonnes, s'il étoit vrai qu'elle eût vu la comparante ramaſſer la bague de la demoiſelle Cornu. La dame Villette a dit qu'elle avoit vu la comparante ramaſſer une bague et la mettre à ſon doigt, mais qu'elle ne ſait pas ſi cette bague étoit à la demoiſelle Cornu. La comparante lui a repréſenté qu'elle prît garde de ſe tromper et de ſe bien reſſouvenir ſi c'étoit elle comparante qu'elle avoit vue ramaſſer une bague ; elle lui a obſervé qu'elle ſe nommoit Mlle de Lozange et lui a répété de faire attention ſi elle ne s'étoit pas mépriſe. La dame Villette a inſiſté et a répété que c'étoit la comparante qu'elle avoit vue ramaſſer une bague. La comparante a pris à témoin tous ceux qui étoient préſens et comme il eſt faux que la comparante ait trouvé ou ramaſſé une bague, que l'imputation qui lui eſt faite par la dame Villette et dans laquelle elle perſiſte avec obſtination ne peut être que l'effet d'un projet concerté pour nuire à la comparante, qu'elle a intérêt de faire ceffer des bruits auffi calomnieux, elle eft venue nous faire la préfente déclaration et plainte.

Signé : SIANNE ; CHÉNON.

(*Archives nationales*, Y, 11,347.)

II

1764. — 19 juin.

Mlle Marie-Aimée-Reine Sianne, dite Lozange, sa sœur et leur femme de chambre se plaignent d'avoir été gravement insultées par le propriétaire de la maison où elles demeurent.

L'an 1764, le mardi 19 juin, heure de midi, en l'hôtel et par-devant nous Pierre Chénon, etc., font comparues demoifelles Marie-Aimée Reine Sianne Lozange, fille, danfeufe de l'Opéra, demoifelle Catherine-Thérèfe Lozange la cadette, fille mineure, et Marie-Madeleine-Julien Biélon, femme de chambre de ladite demoifelle Lozange, toutes trois demeurant à Paris rue d'Argenteuil, maifon du fieur Solelliac, marchand tapiffier, à Paris : Lefquelles nous ont rendu plainte contre le fieur Solelliac et la demoifelle fon époufe et nous ont dit que lorfque la demoifelle Lozange a loué l'appartement qu'elle occupe, comme il avoit befoin de quelques réparations et ajuftemens, avant de les faire, elle s'eft affurée de la poffeffion de cet appartement par une promeffe de paffer bail faite entre elle et le fieur Solelliac : celui-ci, voyant les ajuftemens faits, les a convoités ou a eu regret de n'avoir pas loué fon appartement plus cher, bref, il a éludé de paffer le bail promis. Mais comme il a fenti ne pouvoir s'en difpenfer, il a imaginé de tracaffer la demoifelle Lozange, fe flattant qu'à force de la fatiguer elle fe détermineroit d'elle-même à en fortir. Pour cet effet, le mari et la femme ont cherché querelle à la demoifelle Lozange, à fa fœur, à fa femme de chambre et aux perfonnes qui fréquentent chez elle, notamment au fieur Doffion, fon maître de danfe, qui étoit venu un foir fur les onze heures pour chercher une dame qui avoit foupé chez la demoifelle Lozange et qu'il avoit promis de reconduire chez elle : on lui refufa la porte et on le menaça de le maltraiter ou faire maltraiter par les garçons. Hier, fur les fept heures du foir, la demoifelle Lozange, étant fur fon balcon avec fa fœur, fa compagnie et fa femme de chambre, elle s'amufoit et rioit, la dame Solelliac eft venue les troubler voulant les empêcher de rire. La

demoifelle Lozange lui a repréfenté qu'elle étoit chez elle et maîtreffe de
rire autant que cela lui plairoit : la dame Solelliac a pris le ton et a prétendu
qu'elle l'en empêcheroit bien, prétendant que cela l'importunoit ainfi que le
voifinage. Comme elle s'échauffoit dans fes propos, le fieur Solelliac a paru
qui, au lieu d'en impofer à fa femme, a femblé l'autorifer en dédaignant
les remontrances que lui a faites la demoifelle Lozange, de forte que cette
femme, autorifée par l'applaudiffement de fon mari, s'eft échappée dans les
injures les plus groffières, traitant les trois plaignantes de coquines, « falopes
et p...... ». Pourquoi et pour en faire impofer tant à ladite femme Solelliac
qu'à fon mari qui femble, par fon filence, avoir applaudi à l'impertinence de
fa femme, elles font venues nous rendre la préfente plainte.

Signé : M. E. S. Losange ; C. T. Losange ;
M. M. J. Biélon ; Chénon.

(*Archives nationales*, Y, 11,353.)

L ULLI (Jean-Baptiste). On ne dira rien ici des nombreux
opéras ou ballets que cet illustre compositeur a fait représenter à l'Académie royale de musique, car le lecteur pourra
trouver, dans les diverses biographies de Lulli, tous les renseignements nécessaires sur ses ouvrages et sur sa vie. Toutefois,
il est bon d'insister sur un point généralement peu connu de sa
carrière. Personne n'ignore qu'il acheta, en 1681, une charge de
secrétaire du Roi, mais ce qu'on sait généralement moins, ce sont
les circonstances qui précédèrent cette acquisition et les obstacles
qu'il eut à surmonter pour l'effectuer.

Voici ce qu'on trouve à ce sujet, dans un recueil assez rare, les
Spectacles de Paris :

Le Roi ayant donné des lettres de nobleffe à Lulli, quelqu'un dit à ce
muficien qu'il étoit bien heureux que le Roi l'eût ainfi exempté de fuivre la
route commune qui eft qu'on aille à la gentilhommerie par une charge de fecrétaire du Roi : que s'il avoit eu à paffer par cette porte, elle lui auroit été
fermée et qu'on ne l'auroit pas reçu. Un homme de cette compagnie s'étoit
vanté qu'on refuferoit Lulli s'il fe préfentoit : à quoi les grands biens qu'il

amaſſoit faiſoient juger qu'il pourroit ſonger quelque jour. Lulli· avoit moins d'ambition que de bonne fierté à l'égard de ceux qui le mépriſoient. Pour avoir le plaiſir de mortifier ſes ennemis et ſes envieux, il garda ſes lettres de nobleſſe ſans les faire enregiſtrer et ne fit ſemblant de rien. En 1681, on rejoua à St-Germain le *Bourgeois gentilhomme* dont il avoit compoſé la muſique. Il chanta lui-même le perſonnage du Mufti qu'il exécutoit à merveille. Toute ſa vivacité, tout le talent naturel qu'il avoit pour déclamer ſe déployèrent là, et quoiqu'il n'eût qu'un filet de voix et que ce rôle paroiſſe fort et pénible, il vint à bout de le remplir au gré de tout le monde. Le Roi, qu'il divertit extrêmement, lui en fit des complimens. ·« Mais, Sire, lui dit Lulli, j'avois deſſein d'être ſecrétaire du Roi, vos ſecrétaires ne voudront plus me recevoir. — Ils ne voudront plus vous recevoir, repartit le prince, ce ſera bien de l'honneur pour eux ! Allez, voyez M. le Chancelier. » Lulli alla du même pas chez M. Le Tellier et le bruit ſe répandit que Lulli devenoit monſieur le ſecrétaire du Roi. Cette compagnie et mille gens commencèrent à murmurer tout haut : « Voyez-vous le moment qu'il prend. A peine a-t-il quitté ſon grand chapeau de Mufti qu'il oſe prétendre à une charge, à une qualité honorables. Ce farceur encore eſſouſſlé des gambades qu'il vient de faire ſur le théâtre, demande à entrer au ſceau ! » M. de Louvois, ſollicité par meſſieurs de la chancellerie et qui étoit de leur corps, parce que touş les ſecrétaires d'État doivent être ſecrétaires du Roi, s'en offenſa fort. Il reprocha à Lulli ſa témérité qui ne convenoit pas à un homme comme lui qui n'avoit de recommandations et de ſervices que d'avoir fait rire. « Hé ! Tête-bleu ! lui répondit Lulli, vous en feriez autant ſi vous le pouviez. » La ripoſte étoit gaillarde. Il n'y avoit dans le royaume que M. le maréchal de La Feuillade et Lulli qui euſſent répondu à M. Louvois de cet air. Enfin, le Roi parla à M. Le Tellier. Les ſecrétaires du Roi étant venus faire des remontrances à ce miniſtre ſur ce que Lulli avoit traité d'une charge parmi eux et ſur l'intérêt qu'ils avoient qu'on le refuſât pour la gloire de tout le corps, M. Le Tellier leur répondit en des termes encore plus déſagréables que ceux dont le Roi s'étoit ſervi. Quand ce vint aux proviſions, on les expédia à Lulli avec des agrémens inouïs. Le reſte de la cérémonie s'accomplit avec la même facilité. Il ne trouva en ſon chemin aucun confrère bruſque ni impoli. Auſſi fit-il noblement les choſes de ſon côté. Le jour de ſa réception il donna un magnifique repas, une vraie fête, aux anciens et aux gens de ſa compagnie et le ſoir un plat de ſon métier, l'Opéra, où l'on jouoit le *Triomphe de l'Amour* (1). Ils étoient vingt-cinq ou trente qui y avoient, ce jour-là, comme

---

(1) Ballet de Benserade et Quinault, musique de Lulli, représenté pour la première fois le 16 mai 1681.

de raifon, les bonnes places : de forte qu'on voyoit la chancellerie en corps, deux ou trois rangs de gens graves en manteaux noirs et en grands chapeaux de castor, aux premiers rangs de l'orcheftre qui écoutoient d'un férieux admirable les menuets et les gavottes de leur confrère le muficien. Ils faifoient une décoration rare et qui embelliffoit le fpectacle et l'Opéra apprit ainfi publiquement que fon feigneur s'étant voulu donner un nouveau titre, n'en avoit pas eu le démenti. M. de Louvois même ne crut pas devoir garder fa mauvaife humeur. Suivi d'un gros de courtifans, il rencontra bientôt après Lulli à Verfailles : « Bonjour, lui dit-il en paffant, bonjour, mon confrère ! » ce qui s'appela alors un bon mot de M. de Louvois.

Lulli est mort à l'âge de 55 ans, le 22 mars 1687, rue de la Madeleine de la Ville-l'Évêque à Paris, et fut inhumé dans l'église des Augustins déchaussés, dite des Petits-Pères.

(*Les Spectacles de Paris*, 1756. — Fétis : *Dictionnaire des musiciens.* — Jal : *Dictionnaire de biographie.*)

I

1681. — 26 décembre.

Information des vie et mœurs de Jean-Baptiste Lulli, lors de sa nomination à l'office de secrétaire du Roi.

Information faite par nous Pierre Marefchal et Jean-Baptifte de Falentin, confeillers fecrétaires du Roi, maifon, couronne de France et de fes finances, commiffaires à ce députés, des vie, mœurs, converfation, religion catholique, apoftolique et romaine et affection au fervice de Sa Majefté de Jean-Baptifte Lulli, pourfuivant le fceau et expédition des provifions en l'office de confeiller fecrétaire du Roi dont étoit pourvu feu Jofeph Claufel, écuyer, dernier titulaire.

Meffire Léonard Briderey, docteur en théologie, aumônier de la Reine et fon prédicateur ordinaire, vicaire de St-Roch, âgé de 54 ans, après le ferment accoutumé, a dit n'être parent ni allié dudit fieur Lulli et qu'il le connoît pour être de bonne vie et mœurs. Sait qu'il fait profeffion de la religion catholique, apoftolique et romaine pour l'avoir ouï en confeffion et lui avoir adminiftré le Saint-Sacrement de l'Euchariftie, comme auffi qu'il eft très-

affectionné au fervice de Sa Majefté près la perfonne de laquelle il s'eft fingulièrement attaché et qu'il eft très-capable de remplir les emplois auxquels
il voudra s'appliquer.

Signé : BRIDEREY.

Meffire Philippe Quinault (1), confeiller du Roi, auditeur en fa chambre des
Comptes, âgé de 45 ans ou environ, après le ferment accoutumé, a dit n'être
parent ni allié dudit fieur Lulli et qu'il le connoît depuis plus de vingt années
pour une perfonne d'honneur et de très-bonnes mœurs, dont le mérite extraordinaire lui a attiré l'eftime de toutes les nations et particulièrement la bienveillance du Roi qui lui en a donné des marques éclatantes en plufieurs
occafions jufqu'à l'avoir voulu anoblir et fa poftérité par des lettres particulières; mais qu'étant perfuadé que la charge de fecrétaire du Roi en a toutes
les prérogatives d'une manière plus avantageufe, Sa Majefté lui a accordé fon
agrément pour s'en faire pourvoir, et fait que Monfeigneur le Chancelier l'a
dit aussi publiquement, comme auffi que ledit fieur Lulli fait profeffion de la
religion catholique, apoftolique et romaine pour avoir affifté plufieurs fois à
la fainte meffe et qu'il le croit capable de s'acquitter de tous les emplois où
il voudra s'appliquer.

Signé : QUINAULT.

Nicolas Hullot, écuyer, confeiller fecrétaire de Sa Majefté, maifon, couronne de France et des finances, âgé de 46 ans ou environ, a dit après le fer-

---

(1) Philippe Quinault, né en 1635, mort en 1688. Il a fait repréfenter à l'Opéra un grand nombre
de tragédies lyriques dont Lulli a composé la musique. La Comédie-Française lui doit aussi plusieurs ouvrages joués avec succès. Ce poëte de talent, vilipendé par Boileau et réhabilité par Voltaire, était aussi un homme d'esprit. Le roi Louis XIV lui ayant commandé l'opéra d'*Amadis*, le
bruit courut qu'il était embarrassé de mettre le projet à exécution ; Quinault protesta contre ce
bruit mensonger par les vers suivants :

L'Opéra difficile à faire.

Ce n'eft pas l'opéra que je fais pour le Roi
 Qui m'empêche d'être tranquille,
Tout ce qu'on fait pour lui paroît toujours facile ;
  La grande peine où je me voi
  C'eft d'avoir cinq filles chez moi
  Dont la moins âgée eft nubile.
Je les dois établir et voudrois le pouvoir ;
Mais à fuivre Apollon, on ne s'enrichit guère ;
C'eft, avec peu de bien, un terrible devoir
De fe fentir preffé d'être cinq fois beau-père.
  Quoi ! cinq actes devant notaire
  Pour cinq filles qu'il faut pourvoir !
  O ciel ! peut-on jamais avoir
  Opéra plus fâcheux à faire !

Quinault était membre de l'Académie française.

ment accoutumé, n'être parent ni allié dudit fieur Lulli et qu'il le connoît depuis plufieurs années pour être de bonnes mœurs et faire profeffion de la religion catholique, apoftolique et romaine, ayant fouvent affifté avec lui au divin fervice, le croit auffi d'une capacité fi étendue qu'il peut s'acquitter de tous les emplois avec autant de fuffifance lorfqu'il voudra s'y appliquer que d'affection et de zèle pour le fervice de Sa Majefté et comme il en a donné des preuves éclatantes en beaucoup d'occafions qui lui ont attiré l'eftime du public et la bienveillance de Sa Majefté, elle l'auriot voulu anoblir et fa poftérité pour lui donner des marques de fa fatisfaction qu'elle en a, mais que ledit fieur Lulli étant perfuadé que la charge de fecrétaire du Roi l'honoreroit bien davantage et qu'elle a toutes les prérogatives de la nobleffe bien plus éminemment et avec plus de folidité que des lettres particulières qui font fujettes à révocation, il auroit très-humblement fupplié Sa Majefté et avec beaucoup d'inftance de lui accorder fon agrément pour s'en faire pourvoir, ce qu'elle a eu la bonté de faire et d'une manière fi obligeante que Monfeigneur le Chancelier l'a dit publiquement au dernier jour du fceau, apparemment afin que la compagnie eût à s'y conformer.

Signé : HULLOT.

(*Archives nationales,* V², 35.)

II

1687. — 10 mars.

Testament de Jean-Baptiste Lulli.

Par-devant les confeillers du Roi notaires au Châtelet de Paris fouffignés fut préfent Jean-Baptifte Lulli, écuyer, confeiller fecrétaire du Roi, maifon, couronne de France et de fes finances et furintendant de la mufique de la Chambre de Sa Majefté, gifant au lit malade de corps, toutefois fain d'efprit, mémoire et jugement, comme il eft apparu auxdits notaires par fes difcours, lequel défirant difpofer de fes dernières volontés, a fait, dit et nommé auxdits notaires fon teftament comme il enfuit. Au nom de la Très-Sainte Trinité, Père, Fils et Saint-Efprit : Premièrement, il a recommandé et recommande fon âme à Dieu le Créateur, le fuppliant, par les mérites infinis de la mort et paffion de Notre Sauveur et Rédempteur Jéfus-Chrift, la vouloir admettre en fon faint paradis quand elle fera féparée de fon corps, implorant à cette fin l'interceffion de la glorieufe Vierge Marie et de tous les faints et faintes. Item veut et entend fes dettes et torts, fi aucuns en y a, être payés, réparés et amendés par l'exécutrice de fon préfent teftament ci-après nommée. Item défire, fon corps étant privé d'efprit, être inhumé en l'églife des religieux Auguftins Déchauffés appelés Petits-Pères, en laquelle il entend qu'il foit dit et célébré à fon intention, par chacun jour, à perpétuité, une meffe baffe pour le repos de fon âme, pourquoi il fera paffé contrat de fondation et baillé auxdits religieux la fomme de 6,000 livres. Item ledit fieur teftateur donne à la maifon des filles catholiques, rue Sainte-Anne, la fomme de 1,000 livres pour la fondation à perpétuité en leur églife des prières qui feront indiquées par ladite dame exécutrice. Item donne et lègue aux pauvres de la paroiffe de la Magdeleine à la Ville-l'Évêque la fomme de 1,000 livres qui fera diftribuée par ladite dame exécutrice ainfi qu'elle le trouvera à propos. Item donne et lègue ledit fieur teftateur aux fieurs Chauvin, Pleffis, Regnault, Prévoft et Leflubois, fes domeftiques, employés pour l'opéra, la fomme de 500 louis d'or, qui eft 100 louis d'or pour chacun d'eux, de récompenfe pour leurs fervices. Item donne à Pinfon, laquais, 300 livres et à Pafté et Lepetit, auffi laquais, à chacun 150 livres, avec un habit à chacun des trois, le tout outre leurs gages jufqu'au jour du décès dudit fieur teftateur. Donne et lègue 100 livres à la femme de chambre, 50 livres à la cuifinière et à fon cocher 10 livres, le tout auffi outre leurs gages.

Ledit fieur teftateur déclare que le Roi, ayant eu la bonté de lui laiffer la liberté de difpofer ainfi qu'il avifera du privilége qu'il a plu à Sa Majefté lui accorder de l'établiffement de l'Académie de mufique ou Opéra, il veut et entend, fous le bon plaifir de Sa Majefté, que ledit privilége appartienne, favoir un tiers au total à Jean-Louis Lulli (1), écuyer, fon fils, auquel Sa Majefté a fait la grâce d'accorder la furvivance de fes charges en la mufique de la chambre de Sa Majefté, et les deux autres tiers du total dudit privilége appartiendront tant à dame Marie-Magdeleine Lambert, époufe dudit fieur teftateur, qu'au fieur abbé Lulli (2), leur fils, et aux dames et demoifelles leurs trois filles, chacun par égale portion qui fera un cinquième defdits deux tiers tant à ladite dame fa femme qu'à chacun de leurfdits quatre autres enfans, voulant que ladite dame fon époufe conduife tout ce qui concerne ladite Académie de mufique ou Opéra, fans aucune exception ni réferve et ce par l'avis toutefois du fieur Frichet, ci-devant pourvoyeur de la maifon de la Reine, fon intime ami, lequel il fupplie d'en vouloir prendre la peine, fans que ledit

(1) Jean-Louis de Lulli, né en 1667, remplaça fon père dans toutes fes charges et mourut le 23 décembre 1688. Il a fait repréfenter à l'Académie royale de mufique, le 22 mars 1688, en collaboration avec fon frère Louis, *Zéphir et Flore,* ballet héroïque, dont les paroles étaient de du Boullay.
(2) Jean-Baptifte de Lulli, dont il eft parlé plus loin.

fieur Jean-Louis Lulli, fon fils, puiffe empêcher l'exécution de la préfente
difpofition, ni troubler ladite dame fa mère, ni ledit fieur Frichet, en tout ce
qu'ils ordonneront pour la conduite de ladite Académie, étant perfuadé qu'ils
feront le tout pour le mieux et pour l'avantage commun de la famille dudit
fieur teftateur qui prie auffi le fieur Colaffe, maître de la mufique de la chapelle du Roi, d'aider de fes avis ladite dame fa femme et ledit fieur Frichet
en tout ce qui regardera ladite Académie et même d'affifter ledit fieur fon
fils, nommé en furvivance de fefdites charges, en tout ce qu'il pourra. Enjoi-
gnant audit fieur fon fils, même audit fieur abbé et aux demoifelles fes filles
pareillement de déférer en toutes fortes de chofes regardant leur conduite et
établiffement aux avis et confeils de ladite dame leur mère et dudit fieur Frichet qui pourvoiront par leur prudence à tout ce qu'il conviendra ordonner
pour la dépenfe, fubfiftance des enfans dudit fieur teftateur quand même ils
feroient ci-après émancipés d'âge afin de conferver leurs biens et revenus tant
en principaux que fruits, ledit fieur teftateur fupliant encore à cette fin ledit
fieur Frichet d'accepter la qualité de fubrogé-tuteur ou curateur defdits enfans, ce qu'il efpère être autorifé du fuffrage de leurs parens et que Meffieurs
les magiftrats voudront bien y avoir égard (1).

Ledit fieur teftateur entend que tous ceux qu'il emploie pour l'opéra, comme
le fieur Chauvin et les autres fufnommés, même ceux des noms defquels il
ne peut à préfent fe fouvenir, demeurent confervés dans leurs emplois aux
mêmes gages et appointemens qu'il leur paye actuellement, fans pouvoir être
diminués, fi ce n'eft qu'il ne fût juftifié qu'ils y euffent délinqué.

A l'égard dudit fieur Colaffe devant nommé, ledit fieur teftateur veut qu'il
continue d'être logé et nourri en la maifon dudit fieur teftateur aux dépens
de fa famille et que fa penfion lui foit payée comme par le paffé.

Ledit fieur teftateur, n'ayant que trop de connoiffance de la mauvaife conduite de Louis Lulli (2), fon fils aîné, ce qui l'a obligé de le faire enfermer

(1) Le 29 mars 1687, le lieutenant civil rendit une sentence par laquelle la veuve de Lulli était
nommée tutrice honoraire des enfants mineurs, Charles Chauvin, dont il a été fait mention plus
haut, tuteur onéraire et François Frichet subrogé-tuteur.
Voici les noms des parents et amis de Lulli, d'après l'avis desquels cette sentence fut rendue :
Michel Lambert, maître de la musique de la chambre du Roi, aïeul maternel des mineurs ; Jean-
Nicolas de Francini, maître d'hôtel ordinaire du Roi, mari de Catherine Lulli ; Dominique de
Normandin, écuyer, sieur de La Grille, ordinaire de la musique de la chambre du Roi ; Bardo-
Bardi Margalotti, lieutenant-général et colonel-lieutenant du régiment Royal-Italien ; Antoine
Bontemps, premier valet de chambre du Roi et capitaine du château de Versailles ; Antoine de
Montlezun, baron de Busca, lieutenant des gardes du corps du Roi et Jean Le Fébure, tapissier or-
dinaire du Roi.
(Archives nationales, Y, 4,008.)
(2) Louis de Lulli, né en 1664, mort vers 1736. Il a fait représenter à l'Académie royale de musique : *Zéphyr et Flore,* ballet héroïque, paroles de du Boullay, en collaboration avec son frère
Jean-Louis (1688) ; *Orphée,* paroles de du Boullay, en collaboration avec son frère Jean-Baptiste
(1690) ; *Alcide,* paroles de Campistron, en collaboration avec Marais (1693) ; les *Saisons,* ballet,
paroles de l'abbé Pic, musique de Collasse (1695).

par autorité de juftice en la maifon des religieux de la charité à Charenton, veut et entend que fondit fils aîné demeure réduit à fa légitime; au moyen de quoi ledit fieur teftateur ne lui donne qu'une douzième partie de fes biens tant meubles qu'immeubles. Laquelle légitime fondit fils ne pourra vendre, engager ni aliéner, en donnant et fubftituant le fonds et propriété aux enfans qui naîtront de lui en légitime mariage contracté de l'avis de ladite dame fa mère et dudit fieur Frichet. Et en cas qu'il décède fans enfans, ledit fieur teftateur donne et lègue et fubftitue ledit fonds et propriété de ladite légitime à fes autres cinq enfans par égale portion. Et pour affurance de l'effet de la préfente fubftitution, ledit teftateur défire qu'il foit pris toutes les précautions et obfervé toutes les formalités requifes et néceffaires. Et comme il fait qu'il y a beaucoup à appréhender de la légèreté d'efprit, de la mauvaife conduite dudit fieur Lulli, fon fils aîné, il veut qu'il demeure enfermé en ladite maifon où il eft à préfent ou en autre tant et fi longuement qu'il fera avifé par ladite dame fon époufe et ledit fieur Frichet et par le refte de fa famille, et cependant fera pourvu à fa fubfiftance ainfi qu'ils trouveront à propos.

Quant au réfidu de tous et chacuns les biens dudit fieur teftateur tant meubles qu'immeubles, fans aucune exception ni réferve, il le donne et lègue à fes cinq enfans puînés, par égale portion en rapportant toutefois par la dame de Francine, l'une de fes filles, ce qu'elle avoit reçu en avancement fur fa fucceffion, pour jouir par lefdits cinq enfans puînés de tous lefdits biens en pleine propriété.

Et pour exécuter et accomplir le préfent teftament, ledit fieur teftateur a nommé et élu ladite dame Marie-Magdeleine Lambert fa femme. Et comme ledit fieur teftateur défire que fa famille marque quelque reconnoiffance audit fieur Frichet des peines et foins qu'il voudra bien prendre pour leur avantage, ledit fieur teftateur fupplie ledit fieur Frichet d'avoir agréables les préfens que ladite dame époufe dudit fieur teftateur lui fera fur le total de ce qui proviendra du revenu de l'Opéra.

Révoquant ledit fieur teftateur tous autres teftamens et codicilles qu'il pourroit avoir faits auparavant le préfent auquel il fe tient comme étant fa dernière volonté.

Ce fut fait ainfi, parlé, dicté et nommé par ledit fieur teftateur auxdits notaires et à lui par l'un d'eux, en la préfence de l'autre, lu et relu, qu'il a dit bien entendre et y a perfifté en la chambre où il eft au lit malade, en fa maifon fife audit lieu de la Ville-l'Évêque, paroiffe de la Magdeleine, l'an 1687, le 10e jour de mars avant midi et a figné avec lefdits notaires la minute des préfentes demeurée vers Simon Mouffle, l'un defdits notaires.

(Archives nationales, Y, 33.)

L ULLI (JEAN-BAPTISTE DE), fils du précédent, né à Paris le 6 août 1665. C'est lui que, dans son testament, l'auteur d'*Armide* appelle l'abbé Lulli, à cause de l'abbaye de Saint-Hilaire, près Narbonne, dont l'avait gratifié Louis XIV. Jean-Baptiste de Lulli fut pourvu, le 7 février 1695, de la charge de surintendant de la musique du Roi, en remplacement de Boësset. Il a fait représenter en 1690 à l'Opéra, en collaboration avec son frère Louis, *Orphée,* tragédie dont les paroles étaient de du Boullay.

Les documents publiés plus loin prouvent péremptoirement que Jean-Baptiste de Lulli n'est pas mort en 1701, comme on l'a dit (1).

(*Les Spectacles de Paris.* — Jal : *Dictionnaire de bio-graphie.*)

I

1707. — 20 juin.

Jean-Baptiste de Lulli fils, fait donation à Mᵐᵉˢ du Molin et Thiersault, ses sœurs, de deux cinquièmes des bénéfices dans le produit du privilège de la vente des œuvres de son père.

Par-devant les confeillers du Roi, notaires au Châtelet de Paris fouffignés, fut préfent Jean-Baptiſte de Lulli, écuyer, furintendant de la muſique du Roi, demeurant rue de Richelieu, paroiſſe St-Euſtache : Lequel par bonne amitié, donne et accorde par ces préfentes à dame Gabrielle-Hilaire de Lulli, veuve de meſſire Jacques du Molin, écuyer, confeiller fecrétaire du Roi, greffier en chef de la Cour des aides de Paris, demeurant rue Ste-Anne, paroiſſe St-Roch, pour ce préfente et acceptante, et à meſſire Pierre Thierfault, fieur de Mérancourt, et à dame Marie-Louiſe de Lulli, ſon épouſe, qu'il autoriſe à l'effet des préfentes, auſſi pour ce préfens et acceptans, demeurant rue de

---

(1) Notamment dans le *Dictionnaire encyclopédique* de Lebas, dans la *Biographie-Didot* et dans le *Dictionnaire des musiciens* de Fétis.

Braque, paroiſſe St-Nicolas-des-Champs, deux cinquièmes, ſavoir : un cinquième pour ladite dame du Molin et un autre pour leſdits ſieur et dame Thierſault dans le produit du privilége à lui accordé par Sa Majeſté le 2 avril dernier, regiſtré ſur le regiſtre numéro 2 de la communauté des libraires et imprimeurs de cette ville, page 188, numéro 394, de faire imprimer pendant quinze années généralement tous les ouvrages de muſique de feu Jean-Baptiſte de Lulli, ſon père, écuyer, ſecrétaire du Roi, ſurintendant de la muſique, vers, paroles, deſſins et ouvrages mentionnés audit privilége, à la charge et ſous les conditions ſuivantes : c'eſt à ſavoir que leſdits ſieur, dames du Molin et Thierſault ne pourront s'immiſcer dans l'impreſſion ou gravure deſdits ouvrages, deſquels ledit ſieur de Lulli ſera entièrement maître ; que la recepte du produit ſera entièrement faite par ledit ſieur de Lulli dont il comptera avec leſdits ſieur et dames du Molin et Thierſault, à l'amiable, tous les ſix mois ; que le débit en ſera fait par ledit ſieur de Lulli ou par perſonnes qu'il propoſera approuvées deſdits ſieurs et dame du Molin et Thierſault après être convenu du prix qu'ils donneront pour ledit débit ; que leſdits ſieur et dames du Molin et Thierſault ſeront tenus de contribuer, chacun pour leur cinquième, aux frais et avances faites par ledit ſieur de Lulli pour l'obtention du privilége, exécution d'icelui, impreſſion, gravure et autres dépenſes qu'il conviendra faire pour raiſon de ce : Deſquels deux cinquièmes des frais faits et à faire, ils ſeront tenus rembourſer ledit ſieur de Lulli à ſa première réquiſition et ſur ſa ſimple déclaration, chacun pour leurdit cinquième ; que leſdits ſieur et dames du Molin et Thierſault ne pourront céder ni tranſporter leurs droits deſdits deux cinquièmes à qui que ce ſoit que du conſentement dudit ſieur de Lulli et que le produit deſdits deux cinquièmes ne pourra être engagé ni ſaiſi par aucun de leurs créanciers. A été convenu que s'il ſurvient quelque conteſtation ſoit au ſujet des comptes et du contenu en la préſente donation et exécution d'icelle, les parties ſeront tenues d'en paſſer par l'avis de M. Séval, avocat en la Cour, dont elles conviennent pour les régler. Promettant de ſa part ledit ſieur de Lulli, pour établir une confiance réciproque, de ne point diſpoſer dudit privilége, comme auſſi de ne point faire de marché pour le prix de l'impreſſion pour le papier au-deſſus de ſept livres la rame, de dix livres la rame pour le papier de la gravure et qu'il ne pourra vendre chacun livre d'opéra broché moins de douze livres que conjointement et du conſentement deſdits ſieur et dames du Molin et Thierſault, etc.

Fait et paſſé à Paris en la demeure dudit ſieur Séval, demeurant à Paris, île Notre-Dame, rue Regrattière, paroiſſe St-Louis, l'an 1707, le 20ᵉ jour de juin après-midi, etc.

(Archives nationales, Y, 279.)

II

1708. — 28 janvier.

Jean-Baptiste de Lulli fils rend plainte contre l'imprimeur Ballard qui mettait en vente, sans en avoir le droit, des exemplaires de l'opéra de Proserpine.

L'an 1708, le famedi 28 janvier, heure de midi, en l'hôtel et par-devant nous Martin Bourfin, etc., eft comparu Jean-Baptifte de Lully, écuyer et furintendant de la mufique de Sa Majefté : Lequel, en continuant les plaintes par lui ci-devant rendues à l'encontre de Chriftophe Ballard, imprimeur, nous a dit qu'au préjudice du privilége qu'il a plu au Roi d'accorder à lui fieur plaignant de faire réimprimer tous les ouvrages de défunt M. de Lully, fon père, et de la tranfaction paffée entre ledit fieur plaignant et ledit Ballard, homologuée par arrêt du Confeil du 27 juin de l'année dernière 1707, ledit Ballard débite dans le public des exemplaires de l'opéra de *Proferpine* (1) nouvellement imprimée conformément audit privilége, lefquels exemplaires ne font pas paraphés de lui fieur plaignant et ainfi qu'il eft porté et convenu par ladite tranfaction; que lejourd'hui heure préfente ledit fieur plaignant, paffant fur le quai de l'École, a trouvé une femme étalant des livres fur le parapet dudit quai, laquelle expofoit en vente à un particulier un opéra de *Proferpine* en mufique, nouvellement imprimé, non relié, en cinq cahiers; que s'étant adreffé à ladite femme qu'il a appris fe nommer Suzanne Peigné, veuve d'Antoine Joron, revendeufe de livres, et lui ayant demandé de qui elle tenoit ledit opéra, elle lui a fait réponfe qu'elle l'avoit acheté cejourd'hui dix heures du matin d'un homme qui avoit un manteau d'écarlate, moyennant un écu; qu'ayant fait entendre à ladite veuve Joron qu'elle n'étoit pas en droit d'acheter, vendre ni débiter de pareils opéras et qu'attendu la contravention, il alloit faire procéder par voie de faifie, ledit fieur plaignant auroit fur-le-champ requis notre tranfport à l'effet d'être préfent à la faifie qu'il entendoit faire faire, mais nous commiffaire n'étant pas en notre logis, Claude Brice, notre clerc, s'y étant tranfporté, ledit fieur plaignant, après lui avoir fait entendre ce que deffus, il auroit fait apporter ledit opéra en notre logis qu'il nous a repréfenté et requis qu'il fût procédé à la faifie d'icelui.

Signé : J.-B. DE LULLY.

---

(1) *Proserpine*, tragédie lyrique en cinq actes de Quinault, musique de Lulli, représentée pour la première fois le 10 novembre 1680.

Sur quoi, ledit opéra à nous repréfenté portant pour titre fur la première page recto : *Proferpine, tragédie,* après avoir été de nous paraphé, avons fait faifir ledit opéra par Nicolas Chambolin, huiffier à verge au Châtelet de Paris, mandé et requis à cet effet et icelui faifi, du confentement du fieur plaignant, eft demeuré entre nos mains.

Signé : CHAMBOLIN ; J. B. DE LULLY ; BOURSIN.

(Archives nationales, Y, 12,335.)

III

1708. — 30 janvier.

Christophe Ballard et Jean-Baptiste-Christophe Ballard, son fils, tous deux libraires, accusent Jean-Baptiste de Lulli fils d'être un homme de mauvaise foi et un calomniateur.

Du 30 janvier 1708, trois heures de relevée, en l'hôtel de nous Louis-Pierre Regnard, etc., font comparus Chriftophe Ballard, feul imprimeur du Roi pour la mufique, demeurant rue St-Jean-de-Beauvais, et Jean-Baptifte-Chriftophe Ballard fon fils, imprimeur-libraire à Paris, et reçu en furvivance en ladite charge, qui nous ont rendu plainte et dit que le fieur Jean-Baptifte Lully, furintendant de la mufique du Roi, ayant obtenu un privilége l'année dernière portant permiffion de faire imprimer, vendre et débiter les opéras et autres œuvres de mufique du feu fieur Lully fon père, à condition d'en faire imprimer deux par chacune année, et fe voyant obligé d'avoir recours audit Chriftophe Ballard père, qui feul a pouvoir d'imprimer en mufique, il affecta dès lors de faire auxdits plaignans des propofitions ridicules et inouïes dans l'imprimerie, tendantes à les rebuter et obtenir, fur leur refus d'imprimer lefdits opéras, un nouveau privilége pour les faire imprimer lui même et détruire celui que Sa Majefté et les Rois fes prédéceffeurs ont accordé auxdits plaignans et à leur aïeul; que dans le procès intenté à cette fin au Confeil contre ledit Chriftophe Ballard père, ledit fieur Lully étant près de fuccomber, attendu l'injuftice de fes prétentions, fut contraint de paffer une tranfaction par laquelle il s'obligea de livrer par chacune année audit Chriftophe Ballard père, la copie de deux opéras dudit fieur Lully père, pour être imprimés en la manière ordinaire ; laquelle tranfaction fut homologuée par arrêt du Confeil; que pendant le cours de l'impreffion de l'opéra de *Proferpine,* qui a été feul imprimé en conféquence, ledit fieur de Lully, pour parvenir au but dont la

tranfaction l'avoit éloigné, a fufcité mille chicanes aux plaignans et a tâché
de leur donner tous les dégoûts imaginables; qu'après que les exemplaires
dudit opéra de *Proferpine* lui ont été livrés, en exécution de ladite tranfaction, il a malicieufement répandu dans le monde et dit, en préfence de
perfonnes de probité, que les plaignans étoient des fripons qui avoient tiré
à leur profit un nombre d'exemplaires dudit opéra de *Proferpine* au delà
de celui qui devoit être livré et paraphé; qu'ils les vendoient et faifoient journellement vendre, ce qui empêchoit la vente que ledit fieur de Lulli devoit
faire dudit opéra; que depuis, ledit fieur de Lully, cherchant à donner quelque
couleur à cette calomnie, s'eft vanté qu'il avoit faifi plufieurs exemplaires
vendus par les plaignans; que même famedi 28 du préfent mois, après
avoir apofté un particulier qui vers le midi vendit pour le prix de trois livres
un exemplaire imparfait dudit opéra à une femme revendeufe de livres étalant fur le quai de l'École, ledit fieur de Lully fe tranfporta audit lieu une
ou deux heures après accompagné d'un huiffier et dudit particulier foi-difant
clerc du commiffaire; que ledit fieur de Lully fit faifir ledit exemplaire, lequel il emporta et dont il rembourfa le prix à ladite revendeufe; qu'enfuite
il fit faire un prétendu procès-verbal de faifie chez maître Bourfin, commiffaire, dans lefquels faifie et procès-verbal il charge les plaignans des mêmes
calomnies femées dans le public contre eux; et comme lefdits plaignans ont
livré audit fieur Lully l'impreffion entière dudit opéra fans en retenir une
feule feuille par devers eux; que d'ailleurs ledit fieur de Lully a reçu d'eux
quatre exemplaires qui n'ont pas été paraphés et qu'il a refufé d'en parapher
deux autres appartenans aux ouvriers dudit Chriftophe Ballard père, les plaignans ont droit de préfumer que ledit fieur de Lully s'eft fervi de quelqu'un
de ces fix exemplaires non paraphés ou de quelque première feuille fuperflue,
qui aura pu demeurer double lorfque les premières feuilles ont été paraphées,
pour donner quelque fondement à fon accufation calomnieufe. Pourquoi les
plaignans ayant intérêt de fe juftifier aux yeux du public et de détruire ces
bruits injurieux à leur réputation qui ne font appuyés que fur les artifices et
la mauvaife volonté dudit fieur Lully, ils nous ont rendu la préfente plainte.

Signé : C. BALLARD, BALLARD fils, REGNARD.

(*Archives nationales,* Y, 10,829.)

IV

1711. — 24 février.

Jean-Baptiste de Lulli et Louis de Lulli, son frère, accusent Mme du Molin, leur sœur, de tâcher de circonvenir à son profit Madeleine Lambert, leur mère, très âgée et gravement malade.

L'an 1711, le mardi 24 février, quatre heures de relevée, font comparus par-devant nous Jean Tourton, etc., les fieurs Jean-Baptifte de Lully, furin-tendant de la mufique du Roi, demeurant rue de Richelieu, et Louis de Lully, écuyer, demeurant rue des Jeûneurs : Lefquels nous ont rendu plainte contre la dame Gabrielle-Hilaire de Lully, leur fœur, veuve de Me Dumoulin, gref-fier en chef de la Cour des aides, et dit que ladite dame veuve Dumoulin ayant réfolu de faire recevoir les derniers facremens à la dame leur mère fans leur participation, elle s'eft feulement contentée de les faire avertir lorfque la cérémonie étoit faite, ce qui prouve le deffein qu'elle a toujours eu de fe rendre la maîtreffe abfolue des volontés de ladite dame leur mère, chez la-quelle elle demeure actuellement avec la demoifelle fa fille, où elle difpofe de tout fans le confentement des plaignans, ce qui les a obligés de fe tranfporter le même jour, environ les quatre heures de relevée, chez ladite dame leur mère qu'ils ont trouvée au lit très-malade et à laquelle ils ont rendu tous les devoirs qu'ils lui doivent ; qu'après s'en être acquitté, il fut réfolu avec tous les cohéritiers préfens, environ les dix heures du foir, d'aller au cabinet pour connoître fi tout ce qui étoit dans icelui étoit en fûreté ; où ayant effective-ment été ledit fieur Jean-Baptifte de Lully, l'un des fieurs plaignans, l'ayant trouvé ouvert auffi bien que le coffre-fort, qui étoit dans icelui, il ne put s'em-pêcher de témoigner beaucoup de furprife d'une pareille négligence ; qu'ayant enfuite voulu mettre en fûreté les effets qui étoient dans ledit cabinet, il fut réfolu entre tous lefdits cohéritiers préfens de mettre tous lefdits effets et ar-gent comptant dans une armoire étant dans ledit cabinet ; ce qu'ayant été fait et ladite armoire fermée à clef, icelle clef, avec celles qui fe font trouvées dans ledit cabinet, ont enfuite été portées dans une autre armoire, étant dans la chambre de ladite dame leur mère, où lefdites clefs furent remifes et icelle armoire ayant auffi été refermée à clef et icelle clef mife dans un endroit connu de tous les cohéritiers. Il fut encore réfolu que perfonne defdits co-héritiers ne pourroit fouiller dans l'armoire étant dans ledit cabinet que du

confentement et en préfence des uns et des autres : néanmoins, au préjudice
de ladite convention, ils ont été furpris d'apprendre que la nuit du 14 au 15
du préfent mois, ladite dame veuve Dumoulin, accompagnée de quelques
perfonnes à elle affidées, abufant toujours de fon autorité, s'eft donné la
liberté d'entrer dans ledit cabinet et de fouiller dans ladite armoire où l'on
avoit mis lefdits effets, en forte qu'elle a été la maîtreffe d'en difpofer à fa
volonté. Et comme la dame leur mère a beaucoup d'infirmités et qu'elle n'eft
nullement en état de pouvoir faire aucune difpofition en faveur de qui que
ce foit; que, néanmoins, ils ont appris que l'on avoit voulu la furprendre pour
l'obliger à faire des donations ou teftament ; que pour cet effet quatre notaires
fe font tranfportés différentes fois chez elle à la réquifition de ladite dame
veuve Dumoulin ; qu'ils ne l'ont pas trouvée dans une fituation à pouvoir
faire un teftament; que ladite dame Dumoulin ne laiffe pas que de continuer
toujours à vouloir ufer de furprife et d'artifice foit en fe faifant faire des dons
manuellement ou autres et qu'elle pourroit y réuffir, c'eft la raifon pour
laquelle ils ont été confeillés de fe tranfporter par-devant nous pour nous
rendre la préfente plainte.

Signé : LOUIS DE LULLY; J. B. DE LULLY; TOURTON.

(*Archives nationales*, Y, 12,115.)

V

1711. — 14 et 17 février.

*Jean-Baptiste de Lulli, Louis de Lulli, Pierre de Thiersault et Marie-Louise de
Lulli, sa femme, se plaignent des obsessions auxquelles est en butte Madeleine
Lambert, leur mère et belle-mère, très âgée et gravement malade.*

L'an 1711, le famedi 14 février, environ les fix heures du foir, par-devant
nous Louis-Jérôme Daminois, etc., en notre hôtel font comparus Jean-Baptifte Lully, écuyer, furintendant de la mufique du Roi, demeurant rue de
Richelieu, fufdite paroiffe, Louis Lully, écuyer, demeurant rue des Jeûneurs,
paroiffe St-Euftache, et meffire Pierre Thierfault, écuyer, feigneur de Mérancourt, et dame Marie-Louife Lully, fon époufe, demeurant rue de Braque,
paroiffe St-Nicolas-des-Champs : Lefdits fieurs Lully et dame de Thierfault frères et fœurs : Lefquels nous ont fait plainte et dit que la dame veuve
Lully, leur mère et belle-mère, eft depuis environ huit jours détenue au lit

d'une fort grande maladie qui lui ôte prefque tout ufage de la vue et de l'ouïe
et l'a réduite dans un état où elle n'eft nullement faine d'entendement;
qu'ils ont été avertis que différens particuliers affectent depuis ce tems de
l'obféder et lui perfuader de faire des difpofitions en leur faveur au préjudice
des plaignans; que dans cette vue ils ont fait venir le jour d'hier dans la
chambre de ladite dame Lully, maître Durand, fon notaire, et un de fes confrères, lefquels ont fait retirer tout le monde à l'exception de la demoifelle
Morineau, coufine germaine de leurdite mère; qu'après quelque tems lefdits
notaires étant defcendus dans une chambre au-deffous où partie de la famille
étoit, eux fieur et dame Thierfault, voyant ledit Me Durand qu'ils ne con-
ņoiffent point, lui demandèrent ce qu'il vouloit et qui il étoit et furent furpris d'apprendre qu'il étoit Durand, notaire, que l'on avoit envoyé chercher
pour faire le teftament de ladite dame qu'il venoit de voir et n'étoit nullement
en état de tefter et répéta les mêmes paroles à la dame Dumoulin, fœur des
plaignans, qui se trouva dans la même chambre et fe retira; qu'environ un
quart d'heure après ladite dame Thierfault, étant montée en la chambre de
ladite dame fa mère, auroit été furprife de la trouver en fon féant, foutenue
par la nommée Ladouze, fa femme de chambre, ayant un papier écrit devant
elle, fes lunettes fur fon nez et une plume à la main, ladite demoifelle Morineau penchée fur fon oreille et lui criant : « Madame! c'eft votre teftament
qui n'eft pas figné. Il ne vaut rien comme cela, il faut que vous le figniez. »
Que ladite demoifelle Morineau, furprife de l'arrivée imprévue d'elle plaignante, s'approcha d'elle et lui dit que ladite dame Lully lui avoit demandé
fon teftament qu'elle lui avoit été quérir; que dans l'inftant la demoifelle Ladouze auroit appelé la demoifelle Morineau en lui difant que ladite dame
Lully ne favoit ce qu'elle faifoit et n'écrivoit pas fon nom : « Si vous ne venez, elle ne fignera point. » Qu'étant auffitôt allée à ladite dame, elle auroit
reconnu qu'au lieu de figner elle avoit feulement écrit en caractères très-mal
formés : « Je laigue..... » et enfuite fait quelques traits de plume; qu'elle
plaignante ayant appelé dans le moment lefdits fieurs fes frères pour leur
faire part de ce qui fe paffoit à la vue de la demoifelle Regnier, leur parente,
ledit fieur Lully l'aîné étant monté auroit vu, comme elle, la dame leur mère
dans la fituation ci-deffus et que ladite demoifelle Morineau, n'ayant pu venir
à bout de la faire figner, l'auroit aidée à fe recoucher et leur auroit montré le
papier au bas duquel étoient écrits les fufdits mots : « Je laigué..... » et, vu
les traits de plume qui fuivent; que lefdits particuliers, continuant leur même
deffein, auroient le même jour de relevée, fait venir dans la chambre de ladite dame leur mère, maître Regnard, notaire, et un de fes confrères pour
lui faire faire fon teftament. Et après y avoir refté quelque tems ledit Me Regnard feroit defcendu dans la chambre où étoient quelques perfonnes de la

famille auxquelles il auroit dit que ladite dame Lully n'étoit nullement en état
d'articuler ni dicter fon teftament et s'en feroit allé ; que cejourd'hui matin
les plaignans ont encore appris des perfonnes qui ont veillé la nuit dernière
que les mêmes particuliers ont envoyé fur le minuit chercher dans le carroffe de ladite dame ledit maître Durand, notaire, pour venir faire fon teftament, ce qu'il auroit refufé de faire, difant qu'il viendroit, fi l'on vouloit, à
fept heures du matin ; que fur fon refus ils ont envoyé chercher maître Ogier,
notaire, qui a de même refufé de venir ; que fur les fept heures du matin ils
ont encore renvoyé le carroffe audit maître Durand, lequel eft venu, a fait
retirer tout le monde de la chambre de ladite dame Lully, à l'exception de
Regnard, fon homme d'affaires ; et, après avoir refté quelque tems auprès de
ladite dame, il a dit audit fieur Lully l'aîné, en defcendant, qu'il n'avoit pu
tirer aucune raifon de ladite dame et ajouté qu'elle avoit dit audit Regnard,
en fa préfence, parlant à lui : « Regnard vous dira mes volontés. » A quoi il
avoit été obligé de répondre à ladite dame qu'il ne pouvoit rien écrire ni ré-
diger que ce qu'elle lui dicteroit perfonnellement et s'en eft allé en difant qu'il
ne trouvoit pas ladite dame plus en état de pouvoir tefter qu'il l'avoit trouvée
la veille. Difent les plaignans que la demoifelle Dumoulin, leur nièce, leur
a montré après le départ dudit Mᵉ Durand, un mémoire écrit de la main d'elle
et qu'elle leur a dit lui avoir été dicté par ladite dame Lully, fa grand'mère,
en préfence de quelques perfonnes de la famille et des domeftiques de ladite
dans lequel, après quelques legs pieux et autres, étoient deux articles de difpofition en faveur d'elle et de la demoifelle Francine, fa coufine. Dont et de
tout ce que deffus les fieurs et dame plaignans nous ont requis acte.

Signé : LOUIS DE LULLY ; J. B. DE LULLY ; THIERSAULT ;
M. L. DE LULLY ; DAMINOIS.

Et le mardi 17ᵉ defdits mois et an, environ les fept heures du foir font encore venus en l'hôtel de nous commiffaire fufdit, lefdits fieurs Lully et dame
de Thierfault : Lefquels en continuant leur plainte ci-deffus, nous ont fait
plainte et dit que le jour d'hier fur les trois à quatre heures, ayant été avertis
que la dame époufe du fieur de Villemareft, voifine de ladite dame Lully, fa
locataire et intime amie de la dame Dumoulin, leur fœur, et de ladite damoifelle de Francine, leur nièce, étoit auprès du lit de ladite dame Lully et en
préfence de la demoifelle Regnier, de la demoifelle de Ladouze, du P. Caë-
tan, théatin, et de Marie Joran, femme de chambre d'elle plaignante, venoit
de dire à ladite dame de Lully ces mots pour l'aigrir contre les plaignans :
« Je ne fais, madame, fi vous fongez à vos affaires, fi vous favez ce qui fe
paffe dans votre maifon : les enfans de dehors veulent chaffer ceux qui de-

meurent chez vous, ils veulent mettre dehors Mme Dumoulin et fe font emparés de tout votre argent et de vos clefs. Vous devriez fonger à bien faire les chofes pour Mme et Mlle Dumoulin et Mlle de Francine. Si vous n'y fongez de votre vivant, elles n'auront rien, votre teftament étant nul ne l'ayant pas figné. Songez à vos pauvres petites filles. Vos autres enfans fe feront rendus les maîtres de tout. Vous devriez faire venir un commiffaire pour leur faire rendre vos clefs. Ne voulez-vous pas bien que j'envoie chercher le notaire pour faire votre teftament ? » Que ladite dame de Lully lui avoit répondu qu'elle en avoit fait un que les notaires ne vouloient pas copier et n'avoit pas befoin de commiffaire ; que ladite dame de Villemareft ayant encore preffé ladite dame d'envoyer quérir un notaire, elle lui répondit : « Faites ce que vous voudrez. » Qu'à l'inftant elle fit mettre les chevaux au carroffe de ladite dame de Lully et envoya chercher ledit Me Durand, notaire, et auroit répété à ladite dame : « Penfez bien à ce que je viens de vous dire et à bien faire les chofes et à ne pas renvoyer les notaires qui font déjà venus trois ou quatre fois fans leur avoir rien dit. » Que ladite dame Villemareft apercevant la dame Joran, qu'elle ne connoiffoit pas, lui auroit dit qu'elle étoit raifonnable et ne devoit répéter ce qui fe difoit dans les familles ; que ladite Joran lui auroit répondu qu'elle favoit fon devoir et fe croyoit obligée d'avertir les enfans de ladite dame, qui étoient abfens, des chofes défobligeantes et défavantageufes qu'elle venoit de dire contre eux à ladite dame de Lully ; qu'eux plaignans, étant arrivés un moment après ledit Me Durand, notaire, auroient trouvé ladite dame de Villemareft auprès de ladite dame leur mère avec les fieurs et dame de St-Laurent, nombre de domeftiques et autres. Ladite demoifelle Morineau étant furvenue et voyant ladite dame de Lully fort émue et fort agitée et apprenant que c'étoit ladite dame de Villemareft qui en étoit caufe par ce qu'elle venoit de lui dire, l'auroit priée tout haut de ne lui plus parler de rien et de la laiffer en repos. Ledit fieur de St-Laurent, prenant la parole, auroit prié tout le monde de fe retirer pour laiffer feul ledit Me Durand avec ladite dame de Lully et ledit fieur de St-Laurent fortit avec tout le monde ; qu'environ un demi-quart d'heure après ledit Me Durand vint dans la chambre où tout le monde s'étoit retiré et leur dit qu'il ne trouvoit pas ladite dame plus en état que les jours précédens de faire fon teftament ; que même elle lui avoit dit qu'il n'étoit pas queftion de cela et lui auroit demandé où étoit fon argent et que, pour lui mettre l'efprit en repos, il lui auroit dit qu'il étoit en fûreté ; que fur ces entrefaites, Me Ogier, notaire, étant furvenu, ledit Me Durand et lui rentrèrent dans la chambre de ladite dame de Lully, revinrent un quart d'heure après dans la chambre où étoit tout le monde et dirent que ladite dame n'étoit en état ni en volonté de faire un teftament et leur auroit dit que, quand elle auroit reçu fon argent et qu'elle fe porteroit bien,

elle en feroit un de fa main; qu'à ces mots ladite demoifelle Dumoulin dit
audit Mᵉ Durand, qui étoit refté, que fi ladite dame, n'étoit pas en état de
tefter, elle pouvoit donner manuellement à qui elle voudrait : ledit Mᵉ Durand
lui répondit qu'en l'état où étoit ladite dame de Lully, il ne croyoit pas que
perfonne ofât hafarder de le faire et ladite demoifelle auroit dit au fieur et à
la dame Thierfault plufieurs invectives auxquelles ils ne répondirent rien.
Dit ladite dame Thierfault que s'étant plainte au fieur de Villemareft, qu'elle
vient de trouver auprès de ladite dame fa mère, du procédé ci-deffus de la
dame fa femme, il lui en auroit marqué fon chagrin et dit que fadite femme
en étoit très-fâchée et n'avoit agi qu'à la perfuafion et à la follicitation defdits
fieur et dame St-Laurent et de M. de Sauvion, intimes amis et alliés de ladite dame Dumoulin. Dont et de ce que deffus les plaignans nous ont requis
acte.

Signé : Louis de Lully ; Thiersault ; M. L. de Lully ;
J. B. de Lully ; Daminois.

(*Archives nationales,* Y, 11,641.)

VI

1711. — 7 mars.

Jean-Baptiste de Lulli, Pierre de Thiersault et Marie-Louise de Lully, sa femme,
portent de nouveau plainte au sujet des obsessions auxquelles leur mère et belle-
mère Madeleine Lambert est en butte.

L'an 1711, le famedi 7 mars, cinq heures et demie de relevée, font comparus par-devant nous Jean Tourton, etc., Jean-Baptifte de Lully, écuyer, furintendant de la mufique du Roi, le fieur Pierre de Thierfault, chevalier,
feigneur de Mérancourt, et dame Marie-Louife de Lully, fon époufe : Lefquels
nous ont rendu plainte de ce que en exécution de la fommation qui leur a été
faite cejourd'hui matin, environ les dix heures, par Comages, huiffier à verge,
à la requête de dame Madeleine Lambert, veuve de Louis de Lully (*sic*), vivant écuyer, confeiller fecrétaire du Roi et furintendant de fa mufique, pour
fe trouver aujourd'hui, deux heures de relevée, en la maifon de ladite dame
de Lully pour être préfens, fi bon leur fembloit, à la délivrance que ladite
dame de Lully requéroit lui être faite par demoifelle Catherine Morineau de
fes clefs qu'elle lui retenoit mal à propos et fans aucune raifon valable, avec
proteftations que faute de s'y trouver, de prendre le défaut pour confentement à la délivrance d'icelles fans approuver ce qui a été fait de leur part :

Lefdits plaignans fe feroient tranfportés à ladite heure de deux heures avec Me Vaultier, leur procureur, en la maifon de ladite dame de Lully, fife rue Ste-Anne, où étant ils feroient montés au troifième étage en l'appartement qu'occupe ladite dame de Lully dont les fenêtres donnent fur la rue Ste-Anne et ils auroient trouvé ladite dame de Lully à fon féant dans fon lit, à laquelle on faifoit manger un potage, et plufieurs perfonnes qui l'entouroient qui font : le fieur de Francine, qui auroit époufé une des filles dudit défunt fieur de Lully ; la demoifelle de Francine, fa fille ; dame Gabrielle-Hilaire de Lully, veuve du fieur Dumoulin, et la demoifelle fa fille ; le fieur Sauvion ; la demoifelle Morineau et Mes Pierre Duparc et Maflon, procureurs au Châtelet, avec les domeftiques de ladite dame, et ayant demandé à Me Duparc, qui s'eft dit procureur de ladite dame veuve de Lully et qui a été cité par la fommation, à quelle fin il auroit fait faire ladite fommation, et les demoifelles Francine et Dumoulin auroient répondu que c'étoit afin de faire rendre les clefs à ladite dame de Lully, leur aïeule, et ont donné ordre d'envoyer chercher un commiffaire, lequel n'étant pas venu pendant l'efpace d'une demiheure, Me Duparc feroit forti de la chambre fans avoir parlé ni conféré avec ladite dame de Lully, mais feulement avec lefdits fieurs de Francine et de Sauvion et auroit dit qu'il alloit chercher le commiffaire Daminois pour faire rendre à ladite demoifelle Morineau lefdites clefs, et n'étant revenu que fur les cinq heures un quart. Pendant lequel tems les plaignans font reftés dans la chambre de ladite dame de Lully, leur mère, qui eft dans le même état, pour ne pas dire plus mal, qu'elle étoit le quatre de ce mois qu'elle a été interrogée par M. le lieutenant civil fans que ladite dame leur ait parlé en aucune manière de fes clefs, ni fait de réquifitoire pour les rendre, ni engager perfonne de leur compagnie pour leur en parler, s'étant même, par la force de fon mal, affoupie. Pourquoi ledit Me Duparc étant revenu à ladite heure de cinq heures et un quart ou environ fans avoir amené de commiffaire et s'étant ledit Me Duparc mis en devoir d'écrire fur une feuille de papier à deux fols en difant qu'il alloit toujours commencer le procès-verbal du commiffaire qui lui avoit dit qu'il alloit venir inceffamment. Et comme le tout paroît une procédure méditée par des perfonnages qui veulent profiter indirectement de l'état où fe trouve ladite dame de Lully et qui fe juftifie d'autant plus que par la fommation qui leur a été faite, elle n'eft point fignée de ladite dame de Lully non plus que la requête qu'on a préfentée à M. le lieutenant civil, dans laquelle fommation on la dit veuve du fieur Louis de Lully, quoiqu'elle foit veuve de Jean-Baptifte de Lully, etc., etc., les plaignans ont été confeillés de fe tranfporter devant nous.

Signé : J. B. DE LULLY ; THIERSAULT ; M. L. LULLY ; TOURTON.

(Archives nationales, Y, 12,115.)

L YONNOIS (Marie-Françoise REMPON, dite), danseuse, née à Strasbourg le 18 mai 1728. On a composé
sur cette artiste, qui débuta à l'Opéra vers 1740, le quatrain
suivant :

> Quand fous la forme d'un démon
> Lyonnois paroît fur la fcène,
> Chacun dit à fon compagnon :
> Je fens le diable qui m'entraîne.

Mlle Lyonnois se rendit surtout célèbre par son habileté à exécuter la gargouillade, .mélange d'écarts, de tournoiements et de
pirouettements sur un seul pied, très apprécié des amateurs. Dans
les dernières années de sa carrière théâtrale, elle s'adonna à la
boisson et finit par tomber dans la plus basse crapule :

> Voyez, dit le *Colporteur,* la Lyonnois, une des premières danfeufes de
> l'Opéra. Heureufe et riche, pendant 15 ans elle a mené une vie enviée de
> tout ce que la capitale renferme de femmes aimables, débarraffée de fon mari
> que le comte de Maurepas, miniftre d'État, chargé alors du détail de l'Opéra,
> chaffa fous prétexte que le facrement n'étoit pas fait pour des gens de cette
> efpèce, mot excellent qui prouve du moins qu'on a voulu rendre une feule
> fois le mariage refpectable à Paris. Rien ne manquoit aux plaifirs de la Lyon-
> nois. Le comte de ..... la quitte avec toute l'honnèteté que l'on doit à une
> fille qu'on a eftimée. Que fait ma danfeufe ? Elle paffe des bras de l'homme
> le plus aimable dans ceux d'un gagifte de l'Opéra avec qui elle fait la fortune
> de Ramponneau en s'enivrant périodiquement deux fois le jour, avec du vin
> à quatre fols le pot.

Mlle Lyonnois quitta le théâtre en 1767 avec une retraite de
1,000 livres ; le Roi lui accorda, en outre, une pension de 600 livres en qualité de danseuse des ballets de la Cour.

Elle a dansé à l'Académie royale de musique dans les opéras
ou ballets dont les titres suivent : *Atys,* tragédie de Quinault,
musique de Lulli, reprise en 1740 (rôle d'une Suivante de Flore);
Acis et Galatée, pastorale de Campistron, musique de Lulli, re-

prise en 1744 et en 1752 (une Jeune fille de la suite de Neptune, une Suivante de Comus); *Alcide,* tragédie de Campistron, musique de Louis Lulli et Marais, reprise en 1744 (une Magicienne); *l'École des Amants,* ballet de Fuzelier, musique de Nieil, en 1744 (une Femme de qualité en habit de paysanne); *les Fêtes de Polymnie,* ballet de Cahusac, musique de Rameau, en 1745, repris en 1753 (une Muse, un Jeu et un Plaisir, une Nymphe, une Syrienne); *le Temple de la Gloire,* ballet de Voltaire, musique de Rameau, en 1745 (une Muse, une Bacchante); *Zaïde,* ballet de La Marre, musique de Royer, repris en 1745 (un Jeu et un Plaisir); *Zélindor, roi des Sylphes,* ballet de Moncrif, musique de Rebel et Francœur, en 1745 (une Muse); *Armide,* tragédie de Quinault, musique de Lulli, reprise en 1746 (une Suivante de la Sagesse, une Habitante de Damas); *Hypermnestre,* tragédie de La Font, musique de Gervais, reprise en 1746 et en 1765 (une Naïade, une Matelote); *Persée,* tragédie de Quinault, musique de Lulli, reprise en 1746 (une Amazone, un Courtisan de Céphée); *Scylla et Glaucus,* tragédie de d'Albaret, musique de Leclair, en 1747 (une Femme du peuple d'Amathonte, un Ministre de Circé sous des formes agréables, une Femme du peuple de Sicile); *le Triomphe de l'Harmonie,* ballet de Le Franc, musique de Grenet, repris en 1746 (une Suivante de l'Harmonie); *Daphnis et Chloé,* pastorale de Laujon, musique de Boismortier, en 1747, reprise en 1752 (une Pastourelle, un Matelot); *l'Europe galante,* ballet de La Motte, musique de Campra, repris en 1747 et en 1766 (une Grâce, une Pastourelle, une Sultane, une Moresse); *le Carnaval et la Folie,* comédie de La Motte, musique de Destouches, reprise en 1748 et en 1749 (une Grâce, une Jardinière, un Masque); *les Fêtes de l'Hymen et de l'Amour, ou les Dieux d'Égypte,* ballet de Cahusac, musique de Rameau, en 1748, repris en 1754 (une Égyptienne, une Femme du peuple de la suite de Canope) ; *Fragments de différents ballets,* en 1748 (une Marinière) ; *Pygmalion,* entrée du *Triomphe des Arts,* ballet de La Motte, musique de La Barre, retouchée par Balot de Sovot et Rameau, reprise en 1748 et en 1751 (une Paysanne simple) ; *les Caractères de l'Amour,* ballet de Pellegrin, musique de Colin de Blamont, repris en 1749 (une Bergère) ; *Médée et Jason,* tragédie de La Roque (l'abbé Pellegrin), musique de Salomon, reprise en 1749 (une Magicienne, une Corinthienne) ; *Naïs,* ballet de Cahusac, musique de Rameau, en 1749, repris en 1764 (une Pastourelle, une Habitante des côtes maritimes) ; *Platée,* ballet d'Autreau et Balot de Sovot, musique de Rameau, en 1749, repris en 1754 (une Paysanne vendangeuse, une Habitante de la campagne) ; *Zoroastre,* tragédie de Cahusac, musique de Rameau, en 1749 (la Haine) ; *Léandre et Héro,* tragédie de Le Franc, musique de Brassac, en 1750 (une Bergère) ; *Tancrède,* tragédie de Danchet, musique de Campra, reprise en 1750 et en 1764 (une Magicienne) ; *Acanthe et Céphise,* pastorale de Marmontel, musique de Rameau, en 1751 (une Pastourelle, une Femme du peuple de différents caractères) ; *les Sens,* ballet de Roy, musique de Mouret, repris en 1751 (une Babylonienne) ; *les Génies tutélaires,* divertissement de Moncrif, musique de Rebel et Francœur, en 1751 (une Suivante de la Fée de l'Asie) ; *les Indes galantes,* ballet de Fuzelier, musique de Rameau, repris en 1751 (une Africaine, une Sauvage) ; *Alphée et Aréthuse,* ballet de Danchet, musique de Dauvergne, en 1752 (une Amante) ; *Omphale,* tragédie de La Motte, musique de Destouches, reprise en 1752 (une Lydienne) ; *les Amours de Ragonde,* comédie de Destouches, musique de Mouret, reprise en 1753 (une Paysanne) ; *les Fêtes grecques et romaines,* ballet de Fuzelier, musique de Colin de Blamont, repris en 1753 et en 1762 (une Bacchante, une Pastourelle) ; *la Gouvernante rusée,* opéra de Cocchi, en 1753 (une Esclave grecque) ; *le Jaloux corrigé,* opéra de Collé, musique de Blavet, en 1753 (une Arlequine) ; *Titon et l'Aurore,* ballet de La Marre, musique de Mondonville, en 1753 (une Pastourelle) ; *Castor et Pollux,* tragédie de Bernard, musique de Rameau, en 1754, reprise en 1764 (une Spartiate, une Furie) ; *les Éléments,* ballet de Roy, musique de La Lande et Destouches, repris en 1754 (une Pastourelle, suivante de Pomone) ; *Alceste,* tragédie de Quinault, musique de Lulli, reprise en 1758 ; *Pyrame et Thisbé,* tragédie de La Serre, musique de Rebel et Francœur, reprise en 1759 ; *Dardanus,* tragédie de La Bruère, musique de Rameau, reprise en 1760 ; *les Paladins,* comédie de Monticour, musique de Rameau, en 1760 ; *le Prince de Noisy,* ballet de La Bruère, musique de Rebel et Francœur, en 1760 ; *Zaïs,* ballet de Cahusac, musique de Rameau, repris en 1761 (rôle d'une Pastourelle) ; *l'Opéra de Société,* ballet de Mondorge, musique de Giraud, en 1762 ; *Polyxène,* tragédie de Joliveau, musique de Dauvergne, en 1763 ; *Thésée,* tragédie de Quinault, musique de Lulli, reprise en 1765 (rôle d'une Furie).

Mlle Lyonnois était encore vivante en 1789.

(Dictionnaire des théâtres. — Mercure de France. — Calendrier historique des théâtres. — Chevrier: le Colporteur.)

1780. — 1er mai.

Brevet d'une pension de 600 livres accordée à Mlle Marie-Françoise Rempon, dite Lyonnois.

Brevet d'une penſion de 600 livres produiſant net 540 livres, en faveur de la demoiſelle Marie-Françoiſe Rempon-Lyonnois, née à Strasbourg le 18 mai 1728, baptiſée le 20 du même mois dans la paroiſſe St-Laurent de l'égliſe cathédrale de ladite ville, qui lui a été accordée ſur le tréſor royal par brevet du 12 février 1764 en conſidération de ſes ſervices en qualité de danſeuſe des ballets du Roi.

PIÈCE JOINTE AU BREVET.

Acte de baptême de Mlle Marie-Françoise Rempon, dite Lyonnois.

Extractus ex libro baptifmali parochiæ ad fanctum Laurentium cathedralis Argentinenfis : Hodie, die vigefima·menfis maii anni millefimi feptingentefimi vigefimi octavi, a me infrafcripto cathedralis ecclefiæ Argentinenfis capellano et parochiæ ad fanctum Laurentium ejufdem ecclefiæ vicario, baptifata eft Maria-Francifca, filia Claudii Rempon, fub tutelâ urbis et Claudinæ Dillmain, uxoris ejus legitimæ. Nata fuit die decimâ octavâ ejufdem menfis et anni. Patrinus fuit prænobilis adolefcens Francifcus-Chriftophorus-Honorius de Kinglin et matrina domicella Maria de Maffait.

(*Archives nationales, O¹, 685.*)

M

AGNIÉ (CLAUDE-MARC), danseur. Je pense qu'on peut identifier cet artiste avec le danseur Magny (1) qui, de 1675 à 1693, a joué à l'Académie royale de musique les rôles suivants : une Prêtresse dansante, une Vieille, un Lutin, un Habitant de l'ile enchantée, un Courtisan, un Esclave, dans *Thésée,* tragédie de Quinault, musique de Lulli, en 1675 ; un Fleuve, un Songe funeste, dans *Atys,* tragédie de Quinault, musique de Lulli, en 1677, reprise en 1689 ; un Art libéral, une Divinité des richesses, dans *Isis,* tragédie de Quinault, musique de Lulli, en 1677 ; un Dieu marin, un Partisan de Lycomède, un Berger, dans *Alceste, ou le Triomphe d'Alcide,* tragédie de Quinault, musique de Lulli, reprise en 1678 ; un Grand Basque, un Sauvage américain, dans le *Temple de la Paix,* ballet de Quinault, musique de Lulli, en 1685 ; un Africain, un Sacrificateur, un Suivant de Comus, dans *Cadmus et*

(1) Dans les premières années du xviiie siècle, il y eut, à l'Opéra, un autre danseur appelé Magny, dont le prénom était Dominique. Il prenait le titre de maitre de l'Académie royale de danse et mourut à Paris le 5 mai 1730, rue Saint-Louis. (*Archives nationales,* Y, 13,910.)

Hermione, tragédie de Quinault, musique de Lulli, reprise en
1690; une Furie, dans *Didon,* tragédie de Mme de Xaintonge,
musique de Desmarets, en 1693.

(Dictionnaire des théâtres.)

1693. — 1er juin.

*Plainte de Claude-Marc Magnié contre un laquais qui l'avait insulté et qui avait
levé la canne sur lui.*

L'an 1693, le lundi premier jour du mois de juin, deux heures de relevée,
par-devant nous Claude Lepage, etc., en notre hôtel fis rue Jean-Pain-Mollet,
eft comparu Claude-Marc Magnié, de l'Académie royale de danfe, demeurant
à Paris, rue St-Louis, île Notre-Dame : Lequel nous a fait plainte et dit que
le vendredi 22e jour du mois de mai dernier, trois heures de relevée ou environ, paffant fufdite rue St-Louis allant à l'Opéra, il vit qu'un particulier laquais infultoit la femme du nommé Regnault, maître maréchal, qui a fa boutique fufdite rue au coin de la rue Guillaume et fe mettoit en état de lui faire
violence, ce qui fut caufe que ledit fieur Magnié remontra audit particulier
laquais qu'il avoit grand tort d'en ufer de la forte et lui fit entendre qu'il devoit fe retirer, mais ledit particulier laquais, qui peut avoir 25 ans ou environ
et qui tenoit une groffe canne, fit réponfe audit fieur Magnié d'une manière
infolente qu'il feroit bien de paffer fon chemin lui-même et de ne pas fe
mêler de la conteftation qu'il avoit avec ladite femme Regnault, finon que
l'orage pourroit bien tomber fur lui. Et en effet ledit fieur Magnié ayant
voulu dire encore quelque chofe audit laquais, ledit particulier leva fa canne
et fe mit en devoir d'en frapper ledit fieur Magnié, ce qu'il auroit fait fi ledit
fieur Magnié, pour éviter cette violence, ne fe fût retiré mettant l'épée à la
main et difant audit particulier que s'il l'approchoit il s'en trouveroit mal.
Ledit particulier laquais fe voyant hors d'état d'exercer cette violence fe con-
tenta de faire plufieurs menaces audit fieur Magnié et depuis ce tems, pour
mettre ces menaces à exécution, il a eu avis que ledit laquais, qui fe nomme
Bénard et eft au fervice du fieur de Bangy, demeurant fufdite île Notre-Dame
fur le quai d'Alençon, porte l'épée journellement et rôde aux environs de la
maifon du fieur Magnié cherchant l'occafion de le rencontrer et de lui faire
tirer l'épée pour tirer raifon, à ce qu'il dit, de l'injure que lui a fait ledit fieur

Magnié, lequel a été confeillé de fe retirer par-devant nous pour nous rendre plainte.

Signé : Magnié ; Lepage.

(Archives nationales, Y, 12,102.)

———

MARCELLET (Jacques-Claude), chanteur. Il quitta en 1749 l'Académie royale de musique avec une pension de 300 livres et mourut en 1775.

(Les Spectacles de Paris.)

1742. — 3 juin.

Jacques-Claude Marcellet se plaint des insolences d'une servante congédiée.

L'an 1742, le dimanche 3 juin, trois heures de relevée, eft comparu en l'hôtel et par-devant nous Louis Cadot, etc., fieur Jacques-Claude Marcellet, ordinaire de l'Académie royale de mufique, demeurant rue Colbert, paroiffe St-Euftache, au troifième étage de la maifon dont la demoifelle de Monville eft principal locataire : Lequel nous a rendu plainte contre la nommée Marie Leroy, ci-devant domeftique de ladite demoifelle de Monville, de ce que ladite Leroy feroit venue hier fur les fix heures de relevée à la porte de la rue de ladite maifon appeler lui comparant en lui difant de defcendre pour lui parler. Laquelle façon de parler le furprit et lui fit dire à ladite Leroy que, fi elle vouloit lui parler, elle n'avoit qu'à monter, ce qu'elle refufa de faire d'un ton arrogant. Lui comparant, préjugeant qu'elle venoit à deffein de l'infulter, defcendit pour la renvoyer. Elle lui dit qu'elle venoit pour lui demander de l'argent qu'elle difoit lui être dû du refte du compte de fes gages que lui comparant a fait avec elle pour ladite demoifelle de Monville. Il lui répondit qu'il ne lui reftoit due aucune chofe dudit compte, ayant laiffé des dettes chez la boulangère de ladite demoifelle de Monville qui ont été payées du reftant de fefdits gages. Elle foutint qu'elle ne devoit rien à ladite boulangère ; que lui ayant dit qu'elle étoit une impertinente, qu'il avoit appris qu'elle tenoit de mauvais difcours contre l'honneur et la réputation de ladite demoifelle de Monville et de lui et qu'elle avoit inventé pour détourner le jardinier de lui comparant, dont il eft fort content, qu'il en cherchoit un autre pour le mettre dehors, elle convint l'avoir dit audit jardinier pour l'avoir entendu dire à lui plaignant, ce qui eſt des plus faux. Il voulut, pour mettre fin à ſes diſcours impertinens, la mettre à la porte, mais elle, continuant toujours de lui dire de la payer, elle s'exhala en termes les plus groſſiers, juremens et autres infamies, ce qui fit amaſſer la populace; que cejourd'hui matin dans l'égliſe des Capucines, ladite Leroy inſulta la mère de ladite demoiſelle de Monville, qui étoit à la meſſe. Et comme le comparant a un intérêt ſenſible de faire ceſſer les diſcours de ladite Leroy, il eſt venu nous rendre plainte.

Signé : CADOT ; MARCELLET.

(Archives nationales, Y, 12,144.)

MARTAISE (ROSALIE BLONDET, dite), danseuse.

1764. — 15 février.

Mlle Rosalie Blondet, dite Martaise, rend plainte contre des inconnus qui épient ses démarches et qu'elle croit porteurs d'un ordre de détention surpris au Roi contre elle.

L'an 1764, le mercredi 15 février, trois heures de relevée, en notre hôtel et par-devant nous Jean-Baptiſte Dorival, etc., eſt comparue Roſalie Blondet, dite Martaiſe, actrice danſeuſe de l'Opéra de cette ville où elle eſt enregiſtrée ſous le ſeul nom de Martaiſe, demeurant à Paris, rue des Sts-Pères, faubourg St-Germain : Laquelle nous a rendu plainte contre un particulier à elle in-connu et nous a dit que le jour d'hier, entre ſix et ſept heures du ſoir, pendant qu'elle étoit à faire ſon ſervice à l'Opéra, un particulier vêtu d'un habit de velours noir et d'une veſte d'étoffe fond d'or, portant cheveux blonds en bourſe et une épée, ayant manchettes de dentelle, eſt venu dans la cuiſine d'elle comparante où il a trouvé ſa fille domeſtique à laquelle il a fait plu-ſieurs queſtions et a même demandé d'être introduit dans ſon appartement, ſe qualifiant d'un des amis d'elle comparante ; que ſa domeſtique lui ayant dit qu'elle ne pouvoit lui ouvrir ledit appartement parce que ſa maîtreſſe en avoit emporté les clefs, ledit particulier s'eſt informé tant des perſonnes qui venoient chez elle que de l'heure à laquelle elle devoit rentrer et par quelle voiture ; que la domeſtique d'elle comparante ayant fait les réponſes convenables, il a pris le parti de s'en aller et ladite domeſtique l'a éclairé juſqu'au bas de l'eſcalier de leur maiſon ; que vers les neuf heures du ſoir, ſadite domeſtique étant deſcendue à la porte de ſadite maiſon, elle a vu un carroſſe de place arrêté vis-à-vis de ladite porte dans lequel elle a remarqué deux ou trois particuliers qui l'ont examinée avec affectation. Ce que voyant elle en eſt allée donner avis à elle comparante qui, intimidée, n'a pas cru devoir rentrer chez elle, d'autant qu'il y a environ huit ans, elle a déjà éprouvé une première détention en vertu d'ordres qui avoient été ſurpris de la religion de Sa Majeſté par des gens malintentionnés, ce qui a donné lieu de ſa part à une action en juſtice par le moyen de laquelle elle a recouvré ſa liberté avec dommages et intérêts. Et comme elle a lieu de craindre de nouvelles tentatives contre ſa liberté en vertu d'ordres qui auroient été obtenus contre elle ſous le nom de Roſalie Blondet en affectant de taire celui de Martaiſe ſous lequel elle eſt enregiſtrée à l'Opéra et ſadite qualité d'actrice danſeuſe dudit Opéra, ce qui l'empêche de vaquer à ſon ſervice et l'oblige de ſe tenir cachée, elle eſt venue nous rendre plainte contre ledit particulier inconnu et tous autres qui pourroient l'inſulter ou attenter à ſa liberté. Nous déclarant qu'il lui eſt impoſſible de vaquer à ſon ſervice et promettant de ſe pourvoir et en dommages et intérêts contre qui et ainſi qu'il appartiendra.

Signé : DORIVAL ; ROSALIE BLONDET MARTAISE.

(*Archives nationales*, Y, 12,453.)

———

MATIGNON (ANTOINE-FRANÇOIS), danseur. De 1729 à 1749, cet artiste a joué à l'Académie royale de musique : un Faune, un Lutin, un Berger, un Athénien, dans *Thésée,* tragédie de Quinault, musique de Lulli, reprise en 1729 et en 1744 ; un Homme suivant les Bacchantes, dans le *Caprice d'Érato,* divertissement de Fuzelier, musique de Colin de Blamont, en 1730 ; un Suivant de Saturne, un Indien, un Égyptien, le Printemps, dans *Phaéton,* tragédie de Quinault, musique de Lulli, reprise en 1730 ; un Jeu et un Plaisir, un Démon, dans *Pyrrhus,* tragédie de Fermelhuis, musique de Royer, en 1730 ; un Démon, un Prêtre, un Démon transformé en Plaisir, un Matelot, dans *Télémaque,* tragédie de Pellegrin, musique de Destouches, reprise

en 1730; un Bohémien, un Matelot, un Berger, un Fou, dans
les *Fêtes vénitiennes,* ballet de Danchet, musique de Campra,
repris en 1731 et en 1740 ; un Jeu et un Plaisir, un Berger, un
Babylonien, dans les *Sens,* ballet de Roy, musique de Mouret,
en 1732, repris en 1740; un Triton, un Suivant de Minos, un
Magicien, un Berger, dans *Scylla,* tragédie de Duché, musique
de Théobalde, reprise en 1732 ; un Provençal, dans les *Caractères de l'Amour,* ballet de Pellegrin, musique de Colin de Blamont, en 1733 ; un Plaisir, un Magicien, dans *Omphale,* tragédie
de La Motte, musique de Destouches, reprise en 1733 ; un Jeu,
un Matelot, dans *Philomèle,* tragédie de Roy, musique de La
Coste, reprise en 1734; un Berger héroïque, un Démon transformé en Songe, un Magicien, un Danseur dans une noce de village, dans *Pirithoüs,* tragédie de Séguinault, musique de Mouret,
reprise en 1734 ; un Suivant de Thalie, un Captif, un Pâtre, un
Turc, un Provençal, un Masque, dans les *Fêtes de Thalie,* ballet
de La Font, musique de Mouret, repris en 1735 et en 1745 ; un
Jeu et un Plaisir, un Turc, un Janissaire, un Asiatique, dans
Scanderberg, tragédie de La Motte et La Serre, musique de
Rebel et Francœur, en 1735; un Magicien, un Figurant dans
une fête marine, un Guerrier, dans *Médée et Jason,* tragédie de
La Roque (l'abbé Pellegrin), musique de Salomon, reprise en
1736 et en 1749 ; un Berger, un Guerrier, un Gnome, un Vendangeur, dans les *Romans,* ballet de Bonneval, musique de Nieil,
en 1736 ; un Guerrier, suivant de la Victoire, un Triton, l'Amérique, un Vent dans *Thétys et Pélée,* tragédie de Fontenelle, musique de Colasse, reprise en 1736 ; un Habitant de Cythère, un
Berger, un Suivant de la Folie, un Tyrien, un Ondain, dans les
Voyages de l'Amour, ballet de La Bruère et Boismortier, en 1736 ;
un Sauvage, dans les *Amours des Dieux,* ballet de Fuzelier, musique de Mouret, repris en 1737 et 1747 ; un Suivant de la For-

tune, un Jeu junonien, un Forgeron, un Combattant du parti de Persée, un Courtisan de Céphée et de Persée, une Divinité infernale, un Suivant de Méduse, un Prêtre de l'Hymen dans *Persée,* tragédie de Quinault, musique de Lulli, reprise en 1737 et en 1746 ; un Jeu et un Plaisir, une Divinité des eaux, un Démon, un Sauvage, dans le *Triomphe de l'Harmonie,* ballet de Le Franc et Grenet, en 1737, repris en 1746 ; un Masque, dans le *Carnaval et la Folie,* comédie de la Motte, musique de Destouches, reprise en 1738 ; un More, un Plaisir, un Suivant de la Haine, dans *Tancrède,* tragédie de Danchet, musique de Campra, reprise en 1738 ; un Jeu et un Plaisir, un Magicien, dans *Dardanus,* tragédie de La Bruère, musique de Rameau, en 1739, reprise en 1744 ; un Suivant de Neptune, un Magicien, dans *Polydore,* tragédie de Pellegrin, musique de Baptistin, en 1739 ; un Chasseur, un Turc, un Jeu et un Plaisir, dans *Zaïde,* ballet de La Marre, musique de Royer, en 1739, repris en 1745 ; un Suivant d'Alquif, dans *Amadis de Gaule,* tragédie de Quinault, musique de Lulli, reprise en 1740 ; un Suivant de Flore, dans *Atys,* tragédie de Quinault, musique de Lulli, reprise en 1740 ; un Suivant de la Gloire, un Égyptien, dans *Pyrame et Thisbé,* tragédie de La Serre, musique de Rebel et Francœur, reprise en 1740 ; un Matelot, dans *Alcyone,* tragédie de La Motte, musique de Marais, reprise en 1741 ; un Suivant de la Tyrannie, une Salamandre, un Persan, dans *Nitétis,* tragédie de La Serre, musique de Myon, en 1741 ; un Suivant de la Victoire, un Suivant de Cérès, dans *Proserpine,* tragédie de Quinault, musique de Lulli, reprise en 1741 ; un Bien, dans les *Caractères de la Folie,* ballet de Duclos, musique de Bury, en 1743 ; un Suivant de Démogorgon, un Insulaire, un Homme du peuple du Cathay, un Berger, dans *Roland,* tragédie de Quinault, musique de Lulli, reprise en 1743 ; Zéphyr, dans *Alcide,* tragédie de Campistron, musique de Louis

Lulli et Marais, reprise en 1744 ; un Égyptien, dans les *Grâces,*
ballet de Roy, musique de Mouret, repris en 1744 ; un Suivant
de Zirphée, dans *Amadis de Grèce,* tragédie de La Motte, musique de Destouches, reprise en 1745 ; une Muse, un Chasseur,
dans les *Fêtes de Polymnie*, ballet de Cahusac, musique de
Rameau, en 1745 ; un Héros, un Berger, un Égipan, dans le
Temple de la Gloire, ballet de Voltaire, musique de Rameau, en
1745 ; un Art, une Salamandre, dans *Zélindor, roi des Sylphes,*
ballet de Moncrif, musique de Rebel et Francœur, en 1745 ; un
Suivant de la Sagesse, dans *Armide,* tragédie de Quinault, musique de Lulli, reprise en 1746 ; un Homme du peuple d'Amathonte, un Silvain, un Démon, un Homme du peuple de Sicile,
dans *Scylla et Glaucus,* tragédie de d'Albaret, musique de Leclair,
en 1746 ; un Chasseur, un Groupe animé, dans *Zaïs,* ballet de
Cahusac, musique de Rameau, en 1748 ; un Athlète pour la lutte,
un Habitant des côtes maritimes, dans *Naïs,* ballet de Cahusac,
musique de Rameau, en 1749 ; un Aquilon, un Suivant de la
Folie d'un caractère gai, un Habitant de la campagne, dans *Platée,*
ballet d'Autreau et Balot de Sovot, musique de Rameau, en 1749 ;
un Berger, un Mage, dans *Zoroastre,* tragédie de Cahusac, musique de Rameau, en 1749.

Matignon, qui avait quitté l'Opéra vers 1750 avec une pension
de 350 livres, est mort en 1773.

(*Dictionnaire des théâtres.* — *Les Spectacles de Paris.*)

1733. — 17 mars.

Antoine-François Matignon se plaint d'un vol commis chez lui.

L'an 1733, le 17 mars, environ minuit, eft comparu en notre hôtel par-devant nous Alexandre Dubois, etc., le fieur Antoine-François Matignon, danfeur de l'Académie royale de mufique, demeurant rue de la Huchette : Lequel

nous a fait plainte et dit qu'étant rentré chez lui il y a environ une heure, il a été fort furpris de ne plus trouver fix chemifes dont cinq garnies de mouf-feline brodée et une non garnie : lefquelles chemifes lui plaignant avoit mifes dans un tiroir de fa commode avant de fortir, le matin de ce jour 17, pour aller à fes affaires; que cela avoit donné lieu à lui plaignant de croire qu'il avoit été volé. Pourquoi il a fur-le-champ regardé fur fa table et dans d'autres tiroirs et s'eft aperçu qu'on lui avoit encore volé une paire de man-chettes de dentelle d'Angleterre, un nœud d'épée fond couleur de cerife et garni de glands d'argent, un bonnet de velours noir brodé en or, deux bon-nets de coton brodés, deux coiffes de nuit garnies de dentelles, une paire de bas de foie noire, dix louis d'or à 24 livres pièce et plufieurs papiers comme lettres et autres qui regardent plufieurs perfonnes et font de conféquence pour lui plaignant, ce qui l'ayant occafionné de faire du bruit et de crier : « Je fuis volé ! » Le bruit qu'il faifoit a attiré plufieurs perfonnes defquelles il vient d'apprendre que ce vol ne pouvoit avoir été fait que par la nommée Dugravier dite Marianne, laquelle demeure dans la même maifon que lui plaignant, attendu que ladite Dugravier étoit entrée dans la chambre du plai-gnant en fon abfence où les chofes volées étoient, entre onze heures et midi de ce jour ainfi qu'il lui a été dit, et qu'on lui a vu emporter un paquet. Et comme c'eft un vol manifefte à lui fait par ladite Dugravier, de tout ce que deffus ledit fieur Matignon nous rend la préfente plainte.

Signé : Dubois; Matignon.

(Archives nationales, Y, 11,297.)

MAUPIN (Mlle d'AUBIGNY, mariée au sieur), chanteuse, née en 1673. Un mémoire manuscrit, communiqué aux frères Parfaict et publié par eux dans le *Dictionnaire des théâtres,* fournit sur cette artiste, dont le roman s'est emparé, et sur sa carrière accidentée des détails qui paraissent authentiques et qu'à ce titre nous reproduisons ici :

Elle étoit fille du fieur d'Aubigny, l'un des fecrétaires de M. le comte d'Armagnac, et se maria étant encore très-jeune, avec le fieur Maupin, de St-Germain-en-Laye, à qui elle fit donner une commiffion dans les aides en province. Pendant l'abfence de fon mari, Mlle Maupin qui avoit un goût naturel pour l'exercice des armes, fit connoiffance du nommé Sérane, prévôt de falle, avec lequel elle alla à Marfeille. La néceffité obligea ces deux perfonnes à faire ufage des talents que la nature leur avoit donnés; ils avoient l'un et l'autre la voix affez belle, furtout Mᶫᶫᵉ Maupin qui poffédoit un bas-deffus le plus beau dont on eût ouï parler et tel que depuis fa mort on n'a point trouvé de fille qui en ait approché. Sérane et Mᶫᶫᵉ Maupin n'eurent pas de peine à trouver place à l'Opéra de Marfeille. Une aventure particulière et qui n'a aucun rapport avec notre ouvrage fut caufe que cette dernière quitta Marfeille au bout de quelques années. Elle vint à Paris, où reprenant le nom de fon mari, car elle avoit toujours porté fon nom de fille pendant fon féjour à Marfeille, elle fut reçue à l'Académie royale de mufique et débuta dans le rôle de Pallas dans la tragédie de *Cadmus* en 1695 (1). Elle eut tout lieu de fe louer de l'accueil que lui fit le public : pour lui en marquer fa reconnoiffance, elle fe leva debout dans fa machine et levant fon cafque elle falua l'affemblée qui répondit par de nouveaux applaudiffemens très-capables d'encourager de plus en plus la nouvelle actrice. Depuis, Mᶫᶫᵉ Maupin a continué de jouer avec fuccès dans le tendre, le férieux et le comique, et quoique de fon tems l'Opéra fût affez fourni de bonnes actrices, cependant celle-ci a rempli fouvent les premiers rôles. Un, entre autres, où elle a excellé, au rapport même de Mᶫᶫᵉ Le Rochois, qui avouoit qu'elle n'auroit pas voulu l'entreprendre, c'eft celui de Médée dans la tragédie de *Médus,* de M. de La Grange, qui parut en 1702 et que Mᶫᶫᵉ Maupin joua d'original d'une manière diftinguée. Ce rôle de magicienne eft d'autant plus difficile qu'elle paroît toujours fans baguette, fans mouchoir et fans éventail. Vers le milieu de l'année 1705, Mᶫᶫᵉ Maupin renonça au théâtre et ayant rappelé fon mari, elle paffa dans une vie extrêmement retirée fes dernières années. Elle eft morte fur la fin de 1707, âgée de trente-trois ans et quelques mois. Mᶫᶫᵉ Maupin n'étoit pas d'une grande taille, mais elle étoit très-jolie; elle avoit les cheveux châtains tirant fur le blond et fort beaux, de grands yeux bleus, le nez aquilin, la bouche belle, la peau très-blanche et la gorge parfaite. On rapporte qu'elle ne favoit point de mufique, mais qu'elle réparoit ce défaut par une mémoire prodigieufe. La paffion que Mᶫᶫᵉ Maupin avoit pour les exercices des armes et l'habitude fréquente où elle étoit de s'habiller en homme ont donné lieu à plufieurs hiftoires vraies ou fauffes qu'on raconte d'elle, mais comme elles font la plupart dans un goût romanefque et peu néceffaire à notre fujet, nous ne jugeons pas à propos de les rapporter (2).

---

(1) Lifez 1690, qui est la véritable date des débuts de Mᶫᶫᵉ Maupin.
(2) ¿ La fameufe Mᶫᶫᵉ Maupin, avant fa converfion finale, étoit une des plus vaillantes amazones qui fe pût voir et elle fe battit une fois entre autres contre trois hommes qu'elle vainquit. Infultée

Mlle Maupin a chanté à l'Académie royale de musique : Pallas, dans *Cadmus et Hermione,* tragédie de Quinault, musique de Lulli, reprise en 1690; une Magicienne, dans *Didon,* tragédie de Mme de Xaintonge, musique de Desmarets, en 1693, reprise en 1704; Minerve, dans *Thésée,* tragédie de Quinault, musique de Lulli, reprise en 1698; Cybèle, la Grande-Prêtresse du Soleil, dans *Marthésie, reine des Amazones,* tragédie de La Motte, musique de Destouches, en 1699; Cérès, dans *Proserpine,* tragédie de Quinault, musique de Lulli, reprise en 1699; Cidippe, dans *Thétys et Pélée,* tragédie de Fontenelle, musique de Colasse, reprise en 1699; l'Aurore, Nérine, confidente de Circé, dans *Canente,* tragédie de La Motte, musique de Colasse, en 1700; une Bergère chantante, la Musicienne, dans le *Carnaval,* mascarade, musique de Lulli, reprise en 1700; la Prêtresse du Soleil, une Prêtresse de Flore, dans *Hésione,* tragédie de Danchet, musique de Campra, en 1700; Cérès, dans les *Saisons,* ballet de Pic, musique de Louis Lulli et Colasse, repris en 1700; Vénus, Campaspe, dans le *Triomphe des Arts,* ballet de La Motte, musique de La Barre, en 1700; la Nymphe de la Seine, Thétys, dans *Aréthuse,* ballet de Danchet, musique de Campra, en 1701 ; une Grâce, Céphise, dans *Omphale,* tragédie de La Motte, musique de Destouches, en 1701 ; la France, Ismène, magicienne, Thétys, dans *Scylla,* tragédie de Duché, musique de Théobalde, en 1701; Scylla, dans *Acis et Galatée,* pastorale de Campistron, musique de Lulli, reprise en 1702; Polymnie, Iris, Vafrina, dans les *Fragments de M. Lulli,* ballet de Danchet, musique de Campra, en 1702 ; Médée, dans *Médus,* tragédie de Lagrange-Chancel, musique de Bouvard, en 1702; Clymène, mère de Phaéton, dans *Phaéton,* tragédie de Quinault, musique de Lulli, reprise en 1702;

Clorinde, amante de Tancrède, dans *Tancrède,* tragédie de Danchet, musique de Campra, en 1702 ; Mélanie, princesse d'Irlande,
dans *Alcine,* tragédie de Danchet, musique de Campra, en 1703;
Cassiope, reine d'Éthiopie, dans *Persée,* tragédie de Quinault,
musique de Lulli, reprise en 1703 ; Vénus, une Femme désolée,
dans *Psyché,* tragédie de Corneille de Lisle, musique de Lulli,
reprise en 1703 ; Pénélope, dans *Ulysse,* tragédie de Guichard,
musique de Rebel, en 1703 ; la Folie, dans le *Carnaval et la
Folie,* comédie de La Motte, musique de Destouches, en 1704 ;
Diane, dans *Iphigénie en Tauride,* tragédie de Duché, musique
de Desmarets, mise au théâtre par Danchet et Campra, en 1704 ;
Junon, dans *Isis,* tragédie de Quinault, musique de Lulli, reprise
en 1704 ; la Félicité, Thétys, une Nymphe de Calypso, dans
Télémaque, fragments arrangés par Danchet et Campra, en 1705;
Isabelle, amante d'Octave, dans la *Vénitienne,* comédie de La
Motte, musique de La Barre, en 1705.

(Dictionnaire des théâtres. — Fétis : Dictionnaire des
musiciens.)

1700. — 6 septembre.

*La nommée Marguerite Fouré, servante, porte plainte contre Mlle Maupin qui l'a
frappée avec une éclanche de mouton, lui a fendu la tête d'un coup de clef, l'a
terrassée et lui a mis en lambeaux ses coiffes et sa robe.*

L'an 1700, le 6 feptembre, neuf heures et demie du foir, nous Jean Regnault, etc., fommes tranfporté rue Traverfière en la maifon tenue et occupée par le fieur Langlois, bourgeois de Paris, où étant entré dans une cuifine à droite en entrant fous la grande porte dans icelle, y avons trouvé
Marguerite Fouré, fervante dudit fieur Langlois, bleffée et faignant de la tête
au-deffus de l'œil droit, fes coiffures de toile blanche garnies de dentelles déchirées en morcèaux, fon habit d'étoffe grife marqué de fang en plufieurs
endroits par-devant, laquelle en cet état nous a rendu plainte à l'encontre de la
nommée Maupin, chanteufe à l'Opéra, fa fœur, et à l'encontre de trois quidams

laquais, et dit que ladite Maupin étant defcendue de fa chambre dans ladite cuifine, demandant à fouper, le fieur Langlois, fon maître, lui auroit fait entendre
qu'il n'étoit plus obligé de lui donner à manger, le marché fait entre eux ayant
ceffé; ladite Maupin, violente et emportée de colère, auroit pris une éclanche
qu'elle plaignante tiroit de la broche et voulant en frapper ledit fieur Langlois, ledit fieur Langlois s'étant retiré, le coup de ladite éclanche auroit
donné contre la porte; en reniant Dieu, auroit pris la groffe clef de la porte
et de ladite clef en auroit donné un coup à la tête de la plaignante et icelle
bleffée à fang et plaie ouverte au-deffus de l'œil droit, enfuite s'eft jetée fur
elle, accompagnée de fa fœur et de fes deux laquais, l'auroit terraffée fur le
pavé de ladite cuifine, à elle donné plufieurs coups de pied, coups de poing,
déchiré fes coiffures et mife en l'état où nous la voyons; fujet pourquoi elle
nous rend la préfente plainte.

(Archives natiouales, Y, 15,561.)

———

MINAUT (ANNE), danseuse. Elle fut attachée à l'Opéra-
Comique de 1737 à 1740, et entra à l'Académie royale de
musique vers 1741. Elle a joué à ce théâtre entre autres rôles : une
Suivante d'Astrée, dans *Phaéton,* tragédie de Quinault, musique
de Lulli, reprise en 1742 ; une Bacchante, une Sauvagesse, dans
le *Pouvoir de l'Amour,* ballet de Lefebvre de Saint-Marc, musique
de Royer, en 1743 ; une Suivante de la principale Fée, une
Nymphe, une Suivante de Logistille, dans *Roland,* tragédie de
Quinault, musique de Lulli, reprise en 1743 ; une Suivante de la
Vertu, un Jeu junonien, une Amazone, une Matelote, dans
Persée, tragédie de Quinault, musique de Lulli, reprise en 1746;
une Femme du peuple d'Amathonte, une Bergère, un Ministre de
Circé sous des formes agréables, dans *Scylla et Glaucus,* tragédie
de d'Albaret, musique de Leclair, en 1746 ; un Jeu et un Plaisir,
une Ombre heureuse, une Thébaine, dans le *Triomphe de l'Harmonie,* ballet de Le Franc, musique de Grenet, repris en 1746 ;
un Jeu et un Ris, dans *Pygmalion,* entrée du *Triomphe des Arts,*

ballet de La Motte, musique de La Barre, retouchée par Balot de
Sovot et Rameau et reprise en 1748 ; une Bergère, une Sylphide,
dans *Zaïs,* ballet de Cahusac, musique de Rameau, en .1748 ;
une Amazone, une Magicienne, un Jeu et un Plaisir, une Matelote, dans *Médée et Jason,* tragédie de La Roque (l'abbé Pellegrin), musique de Salomon, reprise en 1749 ; une Concurrente
pour le jeu de la Coursè, une Habitante des côtes maritimes,
dans *Naïs,* ballet de Cahusac, musique de Rameau, en 1749 ; une
Naïade, suivante de Platée, une Suivante de la Folie d'un caractère
gai, dans *Platée,* ballet d'Autreau et Balot de Sovot, musique de
Rameau, en 1749.

(Dictionnaire des théâtres. — Émile Campardon :
les Spectacles de la foire.)

1742. — 11 septembre.

*Mlle Anne Minaut se plaint des insolences et des menaces de deux domestiques
congédiés par elle.*

L'an 1742, le mardi onze feptembre, trois heures de relevée, en l'hôtel de
nous Charles-Élifabeth de Lavergée, etc., eft comparue demoifelle Anne
Minaut, actrice de l'Opéra de Paris, y demeurant rue de l'Échelle, paroiffe
St-Roch : Laquelle nous a rendu plainte contre le nommé Poiré et fa femme,
ci-devant fes domeftiques, demeurant chez la veuve Soret, tenant chambres
garnies, et nous a dit qu'elle avoit pris à fon fervice ledit Poiré et fa femme,
le mari pour fon laquais et la femme pour fa cuifinière ; que s'étant aperçue
qu'ils fe donnoient des libertés chez la plaignante au-deffus de leur état et
s'écartoient du refpect et devoir à l'égard de la plaignante, leur maîtreffe, au
point même qu'ils fe prenoient de vin fréquemment et ménageoient peu la
plaignante en ce qui concernoit fa dépenfe domeftique, elle a jugé à propos
de les congédier cejourd'hui matin et de les renvoyer ; que ces deux fujets,
piqués fans doute d'être congédiés, fe font répandus en invectives et menaces
contre la plaignante et la dame fa mère, qui fe trouve fréquemment chez la
plaignante, et débitent à tous ceux qui les veulent entendre que la plaignante
et la dame fa mère font des « p...... et maq........ » et que ladite plaignante
le leur payera ; et que, heure préfente, ladite femme Poiré a dit qu'elle alloit

boire une pinte de vin pour marcher à deux pieds fur le ventre fur tous ceux de la maifon de la plaignante et qu'elle le vouloit faire avant que la journée fe paffât. Et comme la plaignante a un intérêt fenfible de faire contenir ledit Poiré et fa femme, etc., elle eft venue nous rendre la préfente plainte.

Signé : Minaut; de Lavergée.

(*Archives nationales,* Y, 13,748.)

———

MIRÉ (Jeanne-Charlotte ABRAHAM, dite), danseuse, née à Paris le 14 septembre 1738. Elle débuta à l'Académie royale de musique vers 1755 et quitta le théâtre en 1772 avec 300 livres de retraite. En 1780, le Roi lui accorda úne pension de 600 livres en qualité de danseuse des ballets de la Cour.

On lit dans les *Mémoires secrets,* à la date du 18 septembre 1764 :

Mlle du Miré, de l'Opéra, plus célèbre courtifane que bonne danfeufe, vient d'enterrer fon amant. Les philofophes de Paris qui rient de tout, lui ont fait l'épitaphe fuivante qu'on fuppofe gravée en mufique fur fon tombeau : *la mi ré la mi la* (la Miré l'a mis là).

(*Les Spectacles de Paris. — Mémoires secrets,* II, 104. — *Journal des inspecteurs de M. de Sartine,* p. 37, 50, 57, 255, 277, 305.)

I

1756. — 27 mars.

*Plainte d'un portier contre M*lle *Jeanne-Charlotte Abraham, dite Miré, et contre un officier aux gardes qui l'avaient battu.*

Cejourd'hui famedi 27 mars 1756, huit heures du matin, en l'hôtel et par-devant nous Pierre Thierion, etc., eft comparu Antoine Breton, portier de tous les locataires d'une maifon dont eft propriétaire le fieur abbé Deftareaux, doyen de la cathédrale de Bourges, demeurant dans ladite maifon, rue de Richelieu, paroiffe St-Euftache.

Lequel noûs a fait plainte contre le fieur Delafontaine, lieutenant des Gardes Suiffes, et la demoifelle Miré, danfeufe à l'Opéra, locataires en communauté de l'appartement du troifième étage de ladite maifon, et auffi contre le cocher, le poftillon et le laquais dudit fieur Delafontaine.

Et dit que depuis environ quatre mois, il a effuyé en différentes fois, de leur part, fans aucun fujet, toutes fortes d'injures que ledit fieur Delafontaine a portées jufqu'aux voies de fait.

Que ledit fieur Delafontaine lui ayant recommandé, lorfqu'il feroit forti et qu'il n'y auroit que ladite demoifelle Miré, de dire aux hommes portant épée qui viendroient pour les voir, excepté les maîtres de mufique de cette demoifelle, qu'il n'y avoit perfonne, il s'y étoit toujours conformé.

Que le 25 du préfent mois, fur les deux heures de relevée, ledit fieur Delafontaine étant abfent, deux hommes portant épée s'étant préfentés et lui ayant demandé ledit fieur Delafontaine et ladite demoifelle Miré, il leur avoit répondu, comme il lui étoit ordonné, qu'il n'y avoit perfonne ; que ladite demoifelle Miré qui étoit à fa fenêtre les ayant vus fortir les avoit appelés ; qu'alors lui plaignant s'étoit trouvé comme forcé de les laiffer monter, ce que ledit fieur Delafontaine ayant appris avoit réprimandé ladite demoifelle Miré qui lui avoit foutenu qu'elle n'y avoit eu aucune part et nié, en préfence du plaignant, qu'elle les eût appelés, ce qui avoit beaucoup irrité contre lui ledit fieur Delafontaine qui l'avoit menacé.

Que le jour d'hier, fur les deux heures de relevée, ledit fieur Delafontaine étant encore abfent, ladite demoifelle Miré l'ayant fait monter dans ledit appartement l'avoit engagé à ne plus dire par la fuite qu'il n'y avoit perfonne lorfqu'elle y feroit ; que fur ce qu'il lui avoit répondu que, connoiffant le fieur Delafontaine violent, il ne pouvoit lui promettre ce qu'elle demandoit fans s'expofer, elle s'étoit emportée contre lui et l'avoit fort menacé ; qu'il en a reffenti les effets le foir même lorfqu'elle eft rentrée avec ledit fieur Delafontaine à qui fans doute elle avoit fait de faux rapports, ledit fieur Delafontaine lui ayant tout à coup donné un grand coup de canne fur le corps et elle un foufflet, et ayant vu ledit fieur Delafontaine prêt à recommencer et fefdits domeftiques vouloir fauter fur lui en même tems, il avoit pris la fuite ; que pendant ce tems, lefdits domeftiques s'étoient jetés avec fureur fur la femme de lui plaignant, lui avoient donné plufieurs coups de poing dont un fur la poitrine qui lui caufe depuis ce tems beaucoup de douleur et une extinction de voix. Defquels faits il nous a rendu la préfente plainte.

Signé : THIERION ; BRETON.

(*Archives nationales*, Y, 10,864.)

II

1770. — 28 feptembre.

Plainte du commandeur de Piolenc contre Mlle Jeanne-Charlotte Abraham, dite Miré, qui l'a insulté et lui a craché sur la tête.

L'an 1770, le vendredi 28 feptembre, huit heures du foir, en l'hôtel et par-devant nous Bernard-Louis-Philippe Fontaine, etc., eft comparu meffire Jo-feph-Henri de Piolenc, chevalier commandeur de l'ordre de Malte, demeu-rant rue de Bourbon-Villeneuve, maifon de M. Rouffeau, receveur général des domaines et bois : Lequel nous a rendu plainte contre la nommée Miré, figurante à l'Opéra, demeurant rue de Cléri dans une maifon aboutiffante à celle où demeure ledit fieur comparant qui a dans cette maifon la jouiffance de la cour, remife et écuries conjointement avec ledit fieur Rouffeau, et nous a dit qu'il n'a jamais parlé à ladite Miré ; qu'ayant été inftruit que la facilité que l'on avoit pour ladite demoifelle Miré de laiffer entrer dans la cour les voitures qui venoient pour elle, occafionnoit des défordres, il a pris le parti conjointement avec ledit fieur Rouffeau de lui faire défendre l'ufage de la cour et c'eft fans doute cette défenfe qui a indifpofé ladite Miré contre ledit fieur comparant et l'a portée à commettre les infolences dont il va rendre compte ; qu'il y a environ huit ou dix jours que fon charron étant à travailler fous fa remife, ladite Miré, de fa fenêtre, lui adreffa la parole, lui a fait les queftions les plus indécentes relativement audit fieur comparant et lui a dit contre lui toutes fortes d'invectives en jurant par *b* et par *f ;* que ledit fieur comparant a été inftruit pareillement de ces injures et invectives, mais qu'il les a méprifées ; qu'aujourd'hui, heure préfente, étant forti à pied par la rue de Cléri, il a fenti en mettant le pied dans la rue un crachat qui lui tomboit fur la tête ; qu'ayant regardé d'où cela partoit, il a aperçu ladite Miré qui étoit à fa fenêtre et qui s'eft mife à rire de toutes fes forces en regardant ledit fieur comparant qui s'eft contenté, en la fixant, de lui faire apercevoir fon mécontentement et fon indignation fans proférer une parole ; qu'ayant pris des perfonnes à témoin de cette injure grave, il lui a été dit que ce n'étoit pas la première fois que cette fille, de fa fenêtre, crachoit fur lui lorfqu'il fortoit.

Et comme ledit comparant entend fe pourvoir pour faire ceffer le fcandale

et l'effronterie de cette fille et la faire punir fuivant la gravité de l'offenfe, il
a pris le parti de venir nous rendre la préfente plainte.

Signé : Le Commandeur de Piolenc ; Fontaine.

(*Archives nationales*, Y, 13,122.)

III

1777. — 24 février.

*Plainte de Mlle Jeanne-Charlotte Abraham, dite Miré, contre des voisins par qui
elle était sans cesse injuriée et qui lui avaient jeté sur la tête des ordures et craché
à la figure.*

L'an 1777, le lundi 24 février, huit heures du foir, en l'hôtel et par-devant
nous Jean-François Hugues, etc., eft comparue demoifelle Jeanne-Charlotte
Miré, fille majeure, demeurante rue de Cléri, en une maifon dont elle eft principale locataire, paroiffe Notre-Dame de Bonne-Nouvelle : Laquelle nous a
rendu plainte contre la veuve Dargent, gouvernante de M. de Colmont, chevalier de St-Louis, locataire du fecond étage en ladite maifon, la fille de
ladite veuve Dargent et fon fils, ci-devant dragon, actuellement domeftique,
demeurant rue Coq-Héron, et nous a dit que ladite veuve Dargent, depuis
fon entrée dans la maifon, n'a pas été un feul jour fans faire éprouver à tous
les locataires la méchanceté et la noirceur de fon caractère et fans donner des
preuves de l'efprit infociable et acariâtre dont elle eft animée ; que même fouvent, oubliant les égards qu'elle doit audit fieur de Colmont, fon maître, et
abufant de fes bontés pour elle, il lui eft arrivé de fufciter des querelles dans
lefquelles ledit fieur de Colmont auroit pu être compromis, ce qui eft arrivé,
il y a environ un an, à l'égard des fieur et dame Monnet, alors locataires de
ladite maifon, auxquels elle ne ceffoit de faire, chaque jour, quelque nouvelle
fcène ; que ça n'a été que pour éviter les tracafferies et les querelles élevées
journellement par ladite veuve Dargent ou à fon inftigation, que les fieur et
dame Monnet ont délogé de ladite maifon. Cette femme eft d'autant plus
dangereufe qu'elle joint l'hypocrifie à la méchanceté et fait fe conduire vis-
à-vis de fondit maître avec tant d'art qu'elle lui en impofe et non-feulement
a toujours prévenu les plaintes qu'on a portées contre elle, mais encore fait
croire que c'étoit elle qui avoit à fe plaindre. Bien inftruits et encouragés par

les exemples de leur mère, Dargent et fa fœur commettent impunément les plus grands excès et il femble que ces trois perfonnes foient réunies pour femer et entretenir le trouble dans la maifon et caufer quelque événement fâcheux. Les faits dont la plaignante va rendre compte et qu'elle eft en état de prouver, démontreront clairement ce qu'elle vient d'avancer. Depuis environ deux mois, la plaignante qui occupe le premier appartement, éprouve les outrages et les propos les plus infultans de la part de ladite veuve Dargent et de fa fille qui pouffent l'infolence jufqu'à jeter fur la tête de la plaignante, lorfqu'elle eft à fa fenêtre, de l'urine et des ordures, et lorfqu'elle n'y eft pas, c'eft fur l'efcalier et dans fon appartement qu'elles jettent des ordures. Très-fréquemment il leur arrive de faire, à des heures indues, le plus grand bruit au-deffus de fa tête : la fille Dargent a même eu l'audace de cracher au vifage de la plaignante. Leurs excès envers les domeftiques de la plaignante font encore bien plus forts ; ce font des menaces de la part de ladite femme Dargent de les faire affaffiner par fon fils, lequel ayant déjà maltraité, il y a environ fix femaines, le nommé Brunot, cuifinier et portier, la plaignante préfenta des mémoires au miniftre d'après les ordres duquel ledit Dargent reçut celui de ne plus revenir dans la maifon. Cette défenfe ne l'a pas empêché d'y venir tous les jours depuis trois femaines, continuant fes excès, difant qu'il fe f...... des ordres de M. le Lieutenant général de police et viendroit malgré tout le monde. En effet, aujourd'hui, il y a environ deux heures, ledit Dargent eft venu dans la maifon où n'étoit pas alors fa mère, ce qui démontre bien que fon intention étoit d'occafionner une fcène, et en defcendant de l'appartement du fieur Colmont il a maltraité de coups de canne ledit Brunot tant dans la loge où il étoit d'abord que dans la cour où il l'a pourfuivi et où il étoit excité par fa fœur qui lui crioit : « Tue-le ! tue-le ! » Ce qui auroit bien pu arriver fi des voifins ne s'y fuffent oppofés. La plaignante étant defcendue aux cris et au bruit et ayant demandé audit Dargent pourquoi il maltraitoit ainfi fon domeftique, ledit Dargent ne lui a répondu que par des injures, la traitant de « p..... », difant qu'elle avoit donné de l'argent à la police pour l'empêcher d'entrer dans la maifon, mais qu'il y viendroit malgré une p..... et qu'il la traiteroit comme fon cuifinier : la plaignante craignant qu'il n'effectuât fa menace s'eft retirée et ledit Dargent s'eft enfuite fauvé et n'a pu être arrêté par la garde qu'on a été chercher et qui eft furvenue. Et comme il eft intéreffant pour la plaignante de rétablir la tranquillité dans fa maifon, qu'elle entend fe pourvoir contre la femme Dargent, fon fils et fa fille pour les faire punir de leurs excès, qu'un plus long filence autoriferoit davantage ce qu'elle craint journellement avec raifon, que les violences, voies de fait et outrages atroces qu'elle éprouve journellement de la part de ladite femme Dargent, fon fils et fa fille ne donnent lieu à quelque rixe qu'il eft de fa prudence de prévenir et pour les faire condamner à telles peines que de droit, elle eft venue nous rendre la préfente plainte.

Signé : Miré; Hugues.

(Archives nationales, Y, 11,018.)

IV

1780. — 1ᵉʳ mai.

Brevet d'une pension de 600 livres accordée par le Roi à Mˡˡᵉ Jeanne-Charlotte Abraham, dite Miré.

Brev.et d'une penfion de 600 livres en faveur de la demoifelle Jeanne-Charlotte Abraham de Miré, née à Paris le 14 feptembre 1738, baptifée le même jour dans la paroiffe St-Roch de ladite ville, pour lui tenir lieu des appointemens qui lui ont été confervés fur le fonds ordinaire des menus plaifirs, fans retenue, à titre de retraite, en confidération de fes fervices en qualité de danfeufe des ballets du Roi.

PIÈCES JOINTES AU BREVET

1. — *Acte de baptême de Mˡˡᵉ Jeanne-Charlotte Abraham, dite Miré.*

Extrait des regiftres de la paroiffe St-Roch, à Paris : L'an mil fept cent trente-huit, le quatorze feptembre, Jeanne-Charlotte, fille naturelle d'André Abraham, officier abfent, et de Jeanne Laval, demeurante rue d'Argenteuil, en cette paroiffe, née d'aujourd'huy, a été baptifée ; le parrain, meffire Charles-Paul Abraham de Lefcou, comte, feigneur de St-Bois, demeurant rue Lévêque en cette paroiffe ; la marraine, Marie-Magdeleine Durand, femme de Jean-Baptifte Bouttemotte, marchand mercier, demeurant rue et paroiffe St-Germain-l'Auxerrois.

2. — *Déclaration autographe de Mˡˡᵉ Jeanne-Charlotte Abraham, dite Miré, relative à sa pension.*

La demoifelle Jeanne-Charlotte Abraham dite de Miré, ancienne danfeufe du Roi dans les ballets, née le quatorze feptembre mille fept cent trente-huit

à Paris, baptifée le même jour dans la paroiffe de St-Roch, demeurant à préfent rue Neuve-de-Cléry, paroiffe Notre-Dame-de-Bonne-Nouvelle, déclare
avoir obtenu du Roi une gratification annuelle de fix cents livres fur les fonds
extraordinaires des Menus, qui lui étoit payée fans retenue et dont il lui refte
dû quinze mois au premier janvier mille fept cent quatre-vingt. Fait à Paris,
le vingt-fix octobre mille fept cent foixante-dix-neuf.

Signé : JEANNE-CHARLOTTE ABRAHAM, DITTE DE MIRÉ,
admise à la vétérance en mille fept cent foixante-et-onze.

(*Archives nationales,* O¹, 666.)

N

ANINE (Adélaide MALERBE, dite), danseuse. Elle débuta encore tout enfant en 1780, à l'Académie royale de musique, dans les *Caprices de Galathée,* ballet de Noverre, et y joua ensuite entre autres rôles : Astyanax, dans *Andromaque,* tragédie de Pitra, musique de Grétry, en 1780 ; le Petit-fils de Julien, dans le *Seigneur bienfaisant,* opéra de Rochon de Chabannes, musique de Floquet, en 1780 ; l'Amour, dans *Apollon et Daphné,* opéra de Pitra, musique de Mayer, en 1782 ; l'Amour, dans l'*Embarras des richesses,* opéra de d'Alainval et Lourdet de Santerre, musique de Grétry, en 1782 ; une Danseuse, dans *Roland,* tragédie de Quinault, musique de Lulli, reprise en 1786.

Mlle Nanine était encore attachée à l'Opéra, en 1790.

Il existe au sujet de cette artiste une assez singulière légende. Un danseur de l'Académie royale de musique, devenu amoureux d'elle, se vit préférer le sergent-major de la garde du théâtre, nommé Mazurier. Par suite de cette rivalité, une rixe s'engagea

un soir entre les deux soupirants, et le danseur, vaincu par le ser-
gent, dut passer la nuit au poste. Le malheureux tomba malade
de chagrin et mourut peu de temps après, léguant son squelette
à l'Opéra, avec prière de le conserver dans un endroit aussi rap-
proché que possible de la loge de Mˡˡᵉ Nanine. Ce squelette,
oublié dans quelque coin obscur du théâtre et découvert longtemps après par un machiniste, est, assure-t-on, celui que l'on
vit en 1841, lors des représentations de *Freischütz,* sortir d'une
trappe au second acte. Les restes de l'amoureux de Mˡˡᵉ Nanine
avaient été utilisés pour la mise en scène de l'opéra de Weber.

(Mémoires secrets, XXI, 149. — Albert de la Salle :
les Treize Salles de l'Opéra, p. 256.)

1790. — 2 mars.

Mˡˡᵉ *Adélaïde Malerbe, dite Nanine, porte plainte contre des recors qui ont pénétré
chez elle et qui l'ont frappée.*

L'an 1790, le mardi 2 mars, quatre heures de relevée, font venues en
notre hôtel et par-devant nous Louis-Michel-Roch Delaporte, etc., Adélaïde
Malerbe dite Nanine, fille mineure, attachée à l'Opéra, demeurant rue de
Lancry, nᵒ 7, chez le fieur Leris, mᵉ menuifier, et Marie-Victoire Graverry,
époufe du fieur Jean Leris, mᵉ menuifier, demeurant même maifon, etc.
Lefquelles nous ont rendu plainte contre un particulier qui s'eft dit nommer
Sapinault, huiffier au Châtelet, et contre fes deux recors dont un fe nomme
Guétin et nous ont dit, favoir ladite demoifelle Malerbe : que ce matin
entre neuf et dix heures, fa femme de chambre eft venue lui dire dans fon lit,
où elle étoit encore couchée, que trois meffieurs demandoient à lui parler
de la part de la dame Boulay ; que la comparante, ne fachant qui la demandoit et d'ailleurs étant couchée, les fit prier par fa femme de chambre de repaffer ; qu'environ une heure après ledit Sapinault, Guétin et un autre recors
font entrés chez elle accompagnés d'un particulier vêtu de noir que la comparante a fu depuis être Mᵉ Defmarets, notre confrère, et de deux cavaliers
de robe courte ; qu'ils ont voulu pénétrer dans la chambre à coucher de la
comparante ; que, ne fachant ce qu'ils vouloient faire et ne les connoiffant

pas encore, la comparante s'y voulut oppofer; qu'alors Guétin s'eft porté envers elle à des excès et lui a donné dans le fein gauche un coup de poing
avec une telle violence qu'elle a perdu la refpiration; qu'elle y reffent encore
des douleurs cuifantes; que la comparante étoit dans un tems critique et
que la révolution et le faififfement lui ont caufé une fuppreffion qui lui occa-
fionne un étouffement et l'empêche de remplir fon devoir à l'Opéra.

Et ladite femme Leris, qu'étant montée chez ladite demoifelle Malerbe
l'inftant d'après l'arrivée des fufnommés et fachant par Mᵉ Defmarets que
c'étoit pour y faire faire une faifie, la comparante a dit qu'elle venoit y former oppofition pour loyers qui lui font dus; que ces particuliers ont voulu
pénétrer dans la chambre à coucher de ladite demoifelle Malerbe qui s'y op-
pofoit; que Guétin a porté un coup de poing à cette demoifelle; que la comparante ayant cherché à calmer cette demoifelle ainfi que Guétin, ce dernier
lui a porté au fein droit un coup de poing avec violence de forte qu'il eft très-
enflé et engorgé, la comparante nourriffant un petit garçon depuis 7 mois;
qu'elle reffent audit fein les douleurs les plus cuifantes et les plus aiguës;
qu'aux cris des comparantes et d'un petit garçon la garde nationale eft furvenue; que Mᵉ Defmarets s'eft en allé; que vers une heure de l'après-midi le
préfident du diftrict des Récollets eft arrivé; qu'il a renvoyé Guétin, Sapinault ayant répondu de lui et de le faire repréfenter à réquifition.

Et comme lefdites comparantes entendent fe pourvoir pour raifon de ce que
deffus et qu'il peut réfulter des fuites très-fâcheufes pour elles des mauvais
traitemens fufdits, elles nous ont requis acte de la préfente plainte.

Signé : MALERBE ; GRAVERRY ; DELAPORTE.

(*Archives nationales,* Y, 12,220.)

———

NARBONNE (PIERRE-MARIE), chanteur. Il débuta à l'Académie royale de musique, le 23 octobre 1767, dans *Hippolyte
et Aricie,* tragédie de Pellegrin, musique de Rameau, joua ensuite
avec un certain succès Colin, dans le *Devin du village,* intermède de Jean-Jacques Rousseau, repris en 1767, et chanta une
ariette italienne dans *Dardanus,* tragédie de La Bruère, musique
de Rameau, en 1768. A la fin de la même année, il quitta

l'Opéra. En 1772, un ordre de début l'appela à la Comédie-Italienne dont il devint l'un des artistes les plus applaudis.

(*Les Spectacles de Paris.* — Émile Campardon : *les Comédiens du Roi de la troupe italienne.*)

1768. — 28 novembre.

Pierre-Marie Narbonne rend plainte contre un tailleur qui lui avait volé son portefeuille, vide à la vérité, mais d'une valeur de 50 livres.

L'an 1768, le lundi 28 novembre, quatre heures de relevée, eſt venu en notre hôtel et par-devant nous Louis-Michel-Roch Delaporte, etc., ſieur Pierre-Marie Narbonne, muſicien de l'Académie de muſique, demeurant rue du Plâtre-St-Jacques, paroiſſe St-Séverin, chez le marchand de vin : Lequel nous a rendu plainte contre le nommé Boiſſon, tailleur, demeurant rue du Poirier, et nous a dit qu'il doit à ce particulier 13 livres reſtant de 25 livres pour ouvrages à lui fournis; que ce matin ce particulier vint chez lui le prendre et le conduiſit dans un cabaret rue Neuve-St-Merri où il ſe trouvoit un quidam qui l'attendoit pour prendre des arrangemens; que le plaignant avoit un portefeuille de maroquin rouge, neuf, fermant à clef, la ſerrure en or, dans lequel ne ſe trouvoit rien; que le quidam qui attendoit a dit auſſitôt qu'il avoit auſſi un portefeuille à vendre, ſans doute dans la vue de lui faire exhiber le ſien parce que ce tailleur ſavoit qu'il l'avoit; qu'en effet, le plaignant tira ſon portefeuille pour le faire voir; que ledit Boiſſon s'en eſt emparé, eſt deſcendu pour le faire voir à un fripier, eſt remonté enſuite et a dit qu'il le gardoit pour ce que le plaignant lui devoit; qu'en effet, il le mit dans ſa poche; que ledit ſieur plaignant, ne s'attendant pas à cette infidélité, voulut reprendre ce portefeuille qui vaut au moins 50 livres, mais que ledit Boiſſon lui vomit beaucoup de ſottiſes et d'injures et le frappa : de ſorte que, pour éviter de plus grands maltraitemens et le deſſein prémédité qu'il paroît avoir formé de lui en faire ſubir avec ſon aſſocié, il s'eſt retiré. Et comme il n'a jamais refuſé de payer les 13 livres qu'il doit audit Boiſſon, qu'il a intérêt de ſe pourvoir pour ſe faire reſtituer ſon portefeuille et le faire punir de cette eſcroquerie, il nous a rendu la préſente plainte.

Signé : Narbonne ; Delaporte.

(*Archives nationales,* Y, 12,172.)

NIVELON (Louis-Marie), danseur, né à Paris le 15 août 1760. Il reçut les leçons de Gardel aîné, et débuta à l'Académie royale de musique avec le plus grand succès, le dimanche 14 décembre 1777, dans *Hylas et Zélis,* opéra de Bury.

Le fieur Gardel, dit le *Journal de Paris,* vient de donner de nouvelles preuves de fon talent à former des fujets pour la danfe en faifant débuter le fieur Nivelon fur le théâtre de l'Opéra. Ce jeune danfeur a paru hier, 18 décembre, pour la feconde fois dans *Hylas et Zélis.* Une taille bien prife, une figure agréable,. des grâces et la précifion lui ont mérité beaucoup d'applaudiffemens.

Il dansa ensuite. dans le *Devin du village,* intermède de Jean-Jacques Rousseau, où, secondé par sa camarade Mlle Cécile Dumégnil (1), il fit preuve d'un véritable talent. La jeunesse des deux artistes, les agréments de leur extérieur, la légèreté de leurs pas produisirent sur le public une grande impression.

Doué comme il l'était d'avantages physiques, Nivelon, dans le milieu où il vivait, ne pouvait manquer de devenir un homme à bonne fortune. Mlle Cécile, qui en était devenue éprise en jouant avec lui le *Devin du village,* le voyant préférer une autre danseuse, Mlle Michelot, se porta un jour aux dernières violences contre cette dernière :

Mlle Cécile, lit-on dans les *Mémoires fecrets,* à la date du 17 février 1778, eft fans contredit aujourd'hui la plus jolie danfeufe de l'Opéra : au talent le plus brillant elle joint une taille, des grâces, une figure, une fraîcheur qui féduifent et raviffent. Cette nymphe eft digne des hommages de tous les amateurs, mais elle fe refufe aux adorateurs les plus diftingués et ce cœur novice eft épris d'un jeune danfeur nommé Nivelon qui poffède en homme tout ce qu'elle a en femme. Par une de ces bizarreries trop communes en amour, il ne répond pas à la paffion de Mlle Cécile et il eft épris à fon tour de la demoifelle Michelot, danfeufe figurante, dont les talens et les appas n'appro-

(1) Je donne quelques détails sur cette charmante danseuse dans une des notes d'un mémoire de Noverre publié plus bas. Voyez l'article NOVERRE.

chent en rien de ceux de fa rivale. Cependant elle a vu dans fes fers un ef-
clave augufte qui lui a donné un grand relief. M. le comte d'Artois ne l'a pas
trouvée indigne de fes regards et elle eft aujourd'hui radieufe des diamans
dont l'a enrichie cette Alteffe royale. Le fieur Nivelon a vraifemblablement
été guidé dans fon inexpérience par cette courtifane, plus experte dans les
exercices de Paphos que dans ceux de Thalie et rien ne peut le détacher de
fa paffion. Mˡˡᵉ Cécile, dans un accès de jaloufie bien légitime, vient tout ré-
cemment de fe livrer à fa fureur; elle a fort maltraité la demoifelle Michelot
et l'on eft occupé actuellement à calmer la première dont le mérite perfonnel
fait excufer la fougue et les écarts.

Deux ans plus tard, Nivelon osa entrer en rivalité avec un personnage important, M. de Clugny, maître des requêtes, qui,
indigné de voir le danseur lui enlever une femme qu'il aimait,
s'oublia jusqu'à le frapper de sa canne. Immédiatement Nivelon
se transporta chez un commissaire au Châtelet et y porta, contre
son adversaire, la plainte publiée plus bas, à la suite de laquelle
M. de Clugny fut exilé de Paris pendant plusieurs mois.

On trouve dans les *Mémoires secrets* les détails suivants sur
cette aventure :

25 août 1780.

La famille de M. de Clugny a bien de la peine d'obtenir du Roi qu'il re-
vienne de fon exil et même qu'il ne perde pas fon état, car on dit toujours fa
charge de Mᵉ des Requeftes à vendre. C'eft la fuite d'une folie de jeuneffe qui
lui eft arrivée il y a deux mois et qui lui a été commune heureufement avec
deux fils de miniftres, ce qui devroit le fauver. Un des beaux jours de cet été
ils avoient fait la partie de fouper au bois de Boulogne avec des filles. Une
des trois, la feule dont il foit queftion, eft une demoifelle Ville (1) dont M. de
Clugny eft paffionnément épris. Cette demoifelle Ville avoit pour amant en
fous-ordre le fieur Nivelon, joli danfeur de l'Opéra et qu'elle préféroit infiniment au fils de l'ancien contrôleur général. Le danfeur non moins amou-

_____

(1) Mˡˡᵉ Ville, Deville, ou Beaumier-Deville, car on la trouve défignée fous ces trois noms,
avait dans fon enfance couru les carrefours et les boulevards de Paris en jouant du triangle et en
recevant les liards qu'on lui jetait des fenêtres des cafés. Sa jolie figure lui fit faire une fortune
rapide et elle devint bientôt une des filles les plus à la mode. Elle s'attaquait furtout aux gens de
robe ; car dans la lifte de fes adorateurs, on diftingue particulièrement un avocat, un confeiller
au Châtelet et enfin un maître des requêtes, M. de Clugny.

reux, inftruit de la partie, ne perd point de vue l'infidèle, l'atteint au bois de
Boulogne où elle s'étoit déjà rendue avec la demoifelle Urbain (1) et l'autre
courtifane qui devoient figurer au fouper et la harangue fi bien qu'il la détermine à ne point aller au rendez-vous ; il avoit de fon côté avec lui Veftris (2)
et un autre de fes camarades qui n'avoient pas voulu l'abandonner dans fon
défefpoir : on trouve plaifant de faire croquer le marmot aux trois fils de miniftres (les deux autres étoient MM. de Sartine et Amelot), tandis qu'on foupera et
s'amufera dans le bois ; la gaîté venoit et voilà les hiftrions qui engagent auffi
la demoifelle Urbain et fa compagne de refter avec eux. On commande le
fouper à Paffy pour n'être pas en concurrence avec les robins qui s'étoient
arrêtés à la porte Maillot et après le repas on fe rend dans le bois et l'on fe
met à folâtrer fur l'herbe. Cependant, MM. de Clugny, de Sartine et Amelot
s'impatientoient, furtout l'amoureux : les deux autres voyant l'heure paffée
ont faim et font toujours fervir ; ils cherchent à diftraire le premier et fe mo-
quent de lui. Le fouper fait, les convives vont prendre le frais dans le bois :
tout en cheminant ils entendent des éclats de rire qui excitent leur curiofité ;
ils approchent de l'endroit : quel coup de poignard pour M. de Clugny ! il
croit reconnoître la voix de Mlle Ville ; il ordonne à fon laquais et aux autres
qui fuivoient d'aller chercher et allumer leurs flambeaux, puis cernant le lieu
de la fcène on enveloppe et l'on reconnoît les trois groupes. M. de Clugny,
furieux, apoftrophe Mlle Ville des termes les plus durs et les plus méprifans.
Nivelon veut s'en mêler et fait l'infolent ; le robin ordonne à fes gens de s'en
faifir et lui caffe fa canne fur le corps. MM. de Sartine et Amelot applaudif-
fent tandis que Veftris et l'autre reftent dans le tremblement d'en éprouver
autant ; mais les deux membres du Parlement n'étoient pas amoureux et ne
s'embarraffoient guère des filles. Nivelon ne perd pas la tête ; tout éreinté, il
remonte en voiture avec fes camarades ; il vient faire fa dépofition au commiffaire et Veftris et l'autre fervent de témoins. Affaire grave qu'on affoupit
cependant à force d'argent ; mais qui fit tant de bruit qu'elle parvint aux
oreilles du Roi et a eu les fuites dont on a parlé. Quant aux deux camarades
de M. de Clugny, moins coupables, les miniftres leurs pères parent le coup
et les femoncent vigoureufement. Ces deux-ci font confeillers au Parlement
et la compagnie auroit trop à faire fi elle prenoit garde aux étourderies fcandaleufes de tous fes membres dont il y en a foixante environ de cette efpèce ;
il y en a bien quarante parmi les maîtres des Requêtes. Qu'on juge à l'échan-
tillon, de la gravité de tous ces magiftrats et du bonheur d'avoir de pareils
arbitres de la fortune, de la liberté et de la vie des citoyens !

---

(1) Mlle Urbain était une jolie femme, très-recherchée dans le monde galant.
(2) Vestris fils, danseur de l'Opéra.

En 1782, Nivelon, qui avait contrevenu plusieurs fois, en s'absentant sans congé, aux règlements de l'Opéra et qui en avait été quitte pour des réprimandes, encouragé par l'impunité, s'avisa un jour de refuser son service en prétextant qu'il était libre de danser ou de ne pas danser. Par ordre supérieur, il fut immédiatement arrêté et emprisonné à la Force, où on le laissa plusieurs jours. Cette détention arbitraire calma pour un moment son indiscipline, mais bientôt le naturel reprenant le dessus, il causa mille ennuis aux administrateurs de l'Académie royale de musique.

Une note datée de 1784 et qui émane de M. de La Ferté, intendant des Menus-Plaisirs et chargé de la haute surveillance du théâtre, s'exprime en ces termes sur le compte de Nivelon.

Il a du talent, mais il croit en avoir beaucoup plus encore. Il a les mêmes prétentions à avoir un traitement particulier. On a été obligé, pour le conferver, de lui accorder une place de premier danfeur avec deux congés à prendre dans les années où le fieur Veftris ne prendra pas le fien. En général, il a peu de zèle et eft difficultueux ; il a befoin d'être contenu.

En 1790, Nivelon était encore attaché à l'Opéra. Depuis 1787 il jouissait, en qualité de danseur des ballets de la Cour, d'une pension du roi de 500 livres.

Il épousa une charmante actrice de la Comédie-Italienne, Mˡˡᵉ Marie-Gabrielle Malagrida, dite Carline.

Voici la liste de quelques-uns des principaux opéras ou ballets dans lesquels il a dansé : *Hylas et Zélis,* opéra de Bury, en 1777 ; le *Devin du Village,* intermède de Jean-Jacques Rousseau, repris en 1777, 1778 et en 1782 ; *Mirza et Lindor,* ballet de Gardel aîné, en 1779 ; *Andromaque,* tragédie de Pitra, musique de Grétry, reprise en 1781 (rôle du dieu de l'Hymen) ; *Castor et Pollux,* tragédie de Bernard, musique de Rameau, reprise en 1782 ; l'*Embarras des richesses,* opéra de d'Alainval et Lourdet de Santerre, musique de Grétry, en 1782 ; la *Chercheuse d'esprit,* ballet

de Gardel aîné, repris en 1783 (rôle d'Alain); *Péronne sauvée,*
opéra de Sauvigny, musique de Dezaides, en 1783 ; *Renaud,* tragédie de Le Bœuf, musique de Sacchini, en 1773 (rôle d'un
Plaisir); la *Rosière,* ballet de Gardel aîné, en 1783 (rôles de
l'Amant de la Rosière et du Surveillant); l'*Oracle,* ballet de
Gardel aîné, en 1784 (rôle de Charmant); *Tibulle et Délie,* musique de Mlle Beaumesnil, acte des *Fêtes grecques et romaines,*
ballet de Fuzelier, repris en 1784 ; *Pénélope,* tragédie de Marmontel, musique de Piccini, en 1785, reprise en 1787 ; *Rosine,*
opéra de Gersin, musique de Gossec, en 1786 ; *Alcindor,* opéra
de Rochon de Chabannes, musique de Dezaides, en 1787 ; le
Coq du Village, ballet de Gardel aîné, d'après Favart, en 1787
(rôle d'une Veuve amoureuse du garçon); le *Premier Navigateur,*
ballet de Gardel aîné, repris en 1787 (rôle du Navigateur);
Amphitryon, opéra de Sedaine, musique de Grétry, en 1788 ;
Arvire et Évélina, opéra de Guillard, musique de Sacchini,
repris en 1788 ; la *Toison d'or, ou Médée à Colchos,* tragédie de
Dériaux, musique de Vogel, en 1788 ; *Démophon,* opéra de
Dériaux, musique de Vogel, en 1789 ; les *Pommiers et le Moulin,*
opéra de Forgeot, musique de Le Moine, en 1790.

(*Archives nationales,* O¹, 630. — *Mémoires secrets,*
X, 345 ; XI, 114 ; XV, 296 ; XXI, 47. — *Journal
de Paris,* 19 décembre 1777, 17 décembre 1778. —
Émile Campardon : *les Comédiens du Roi de la
troupe italienne.*)

I

1780. — 12 juin.

Louis-Marie Nivelon se plaint d'avoir été injurié et maltraité par M. de Clugny,
maître des requêtes.

L'an 1780, le lundi 12 juin, cinq heures du foir, en l'hôtel et par-devant
nous Pierre Chénon, etc., eft comparu fieur Louis-Marie Nivelon, âgé d'en-

viron 18 ans (1), danſeur à l'Opéra, demeurant à Paris, rue de Chabannais,
chez ſes père et mère : Lequel nous a dit qu'hier ſur les huit heures du ſoir,
étant au bois de Boulogne où il avoit été avec le ſieur Grenier fils, qui venoit
de le quitter, il a été abordé par une dame Deville, qu'il ne connoît qu'indirectement, laquelle étoit avec une de ſes amies. Ces deux dames l'ont invité
à ſe promener : il eſt monté avec elles dans leur carroſſe qui les ſuivoit le
long de l'avenue de Madrid. Un jeune homme, qui eſt paſſé en voiture, a fait
à ces dames un geſte auquel le comparant a fait peu d'attention. Il a remarqué que ce jeune homme étoit accompagné de deux autres qui étoient à cheval. L'un d'eux a tourné autour de la voiture où étoit le comparant pour reconnoître les dames ; il a été en rendre compte à celui qui étoit en voiture.
Alors celui-ci eſt deſcendu de ſa voiture, a couru à pied à celle des dames,
accompagné des deux qui étoient à cheval, il a parlé vivement aux dames en
leur reprochant leur manque de parole et la préférence qu'elles donnoient à
un poliſſon de danſeur. Le comparant a répondu honnêtement à cette perſonne que c'étoit à tort qu'elle s'en prenoit à lui, qu'il venoit de rencontrer
ces dames qui l'avoient engagé à ſe promener avec elles, ce qu'il avoit accepté. Ces trois perſonnes ſe ſont éloignées, la voiture où étoit le comparant avec ces dames a continué ſa route et s'eſt arrêtée près de Madrid. Le
comparant eſt deſcendu avec les dames, il s'eſt promené quelque tems à
pied avec elles, il leur a témoigné combien il étoit fâché du déſagrément
auquel elles l'avaient expoſé. Comme il retournoit avec elles pour regagner la
voiture, les deux jeunes gens toujours à cheval, celui qui d'abord étoit en
voiture alors auſſi à cheval avec des bas blancs, ont joint les dames que
le comparant accompagnoit. Ils étoient avec deux ou trois femmes ou
filles dont une eſt la demoiſelle Urbain, les autres inconnues au comparant, il y avoit auſſi quatre domeſtiques au moins dont un poſtillon qui avoit
donné ſon cheval à ſon maître qui eſt celui qui étoit d'abord en voiture. Ces
trois jeunes gens ſe ſont arrêtés auprès des dames que le comparant accompagnoit, ils leur ont reproché leur manque de parole et la préférence qu'elles
donnoient à la mauvaiſe compagnie. Le comparant s'eſt plaint de l'inſulte
qu'on lui faiſoit ſans raiſon puiſqu'il ne diſoit rien à ces meſſieurs et leur a
répété qu'il connoiſſoit très-peu les dames qu'il venoit de rencontrer. Alors
celui de ces meſſieurs qui étoit d'abord en voiture et qu'on lui a dit être M. de
Clugny, enhardi ſans doute par la préſence de ſes deux amis, lui a dit qu'il
étoit un drôle, un poliſſon, a crié aux autres de l'aider à l'aſſommer. Alors
tous les trois à cheval ont entouré le comparant, les domeſtiques qui étoient
à pied ſe ſont ſaiſis de lui, M. de Clugny a mis pied à terre, a pris le compa-

---

(1) Il en avait près de vingt, étant né le 15 août 1760.

rant au collet et lui a porté plufieurs coups de fouet, le comparant a auffi
reçu à la jambe un coup de pied d'un de leurs chevaux : les cris qu'il a faits,
la rumeur que cette fcène a occafionnée ont forcé les domeftiques à le lâcher,
il a été obligé de s'éloigner, a perdu fa canne, a eu fon habit déchiré, fans
bourfe de cheveux ni chapeau, il a regagné en cet état et avec beaucoup de
peine la porte Maillot et n'eft rentré qu'après onze heures, la jambe meurtrie
et dans un état de défordre qui a alarmé fes père et mère. Dont et de tout ce
que deffus le comparant nous rend plainte (1).

Signé : L. M. NIVELON; CHÉNON.

(*Archives nationales,* Y, 11,420.)

II

1787. — 9 décembre.

Brevet d'une pension de 500 livres accordée par le Roi à Louis-Marie Nivelon.

Brevet d'une penfion de 500 livres en faveur du fieur Louise-Marie Nivelon, né le 15 août 1760, baptifé le lendemain paroiffe St-Sulpice à Paris,
laquelle penfion lui eft accordée fur le tréfor royal en confidération de fes
fervices.

PIÈCE JOINTE AU BREVET.

Acte de baptême de Louis-Marie Nivelon.

Extrait des regiftres des baptêmes de l'églife paroiffiale de St-Sulpice à
Paris : Le feize du mois d'août de l'année mil fept cent foixante a été baptifé
Louis-Marie, né d'hier, fils de Simon-Chryfoftôme Nivelon, muficien, et de
Marie-Anne Moraux, fon époufe, demeurant rue Neuve-Guillemin. Le par-
rain : Louis-Cofme Leroux, maître tablettier; la marraine : Marie-Jofèphe
Moraux, fille mineure d'Antoine Moraux, maître cordonnier, tante de l'en-
fant : le père préfent.

(*Archives nationales,* O¹, 684.)

(1) On lit en marge de cette plainte l'annotation suivante du commissaire Chénon : « Cette
plainte portoit contre M. de Clugny, maître des requétes. M. Le Noir (lieutenant de police) s'eft
mis à la traverfe et cette plainte n'a pas eu de fuite et n'a point été payée. »

NOVERRE (Jean-Georges), maître des ballets, né en 1727. Il fut dans sa jeunesse danseur à l'Opéra-Comique, puis maître des ballets de ce spectacle forain ; les *Fêtes chinoises,* qu'il fit représenter à ce théâtre au mois de juillet 1754, lui valurent une grande réputation. Appelé à l'étranger pour y exercer son art, il fut successivement engagé à Stuttgard et à Vienne, où pendant sept ans il fut le maître à danser de l'archiduchesse Marie-Antoinette, qui épousa plus tard le roi Louis XVI. Devenue reine de France, Marie-Antoinette n'oublia pas son professeur et le fit nommer, au mois d'août 1776, maître des ballets de l'Académie royale de musique, avec 12,000 livres d'appointements, en remplacement de Gaëtan Vestris qui venait de donner sa démission. Cette nomination faite au mépris des droits des danseurs Gardel aîné et Dauberval, tous deux adjoints et survivanciers de Vestris, causa une émotion profonde au théâtre. Gardel et Dauberval, qui pourtant ne s'aimaient guère, se réunirent contre l'ennemi commun et montèrent contre lui une cabale furieuse. Ce caprice de la Reine mit pour plusieurs années l'Académie royale de musique en combustion. Les choses allèrent même si loin que Dauberval, qui s'était plus compromis encore que Gardel, faillit être expulsé de l'Opéra. Cependant une apparente réconciliation se fit en 1779 entre les trois maîtres des ballets et le 30 novembre de la même année, ils signèrent un compromis par lequel Noverre promettait de leur céder la place dans le cas où ils lui feraient obtenir 3,000 livres de pension de retraite et la pension d'académicien, montant à 500 livres. L'année suivante, le ministre de la maison du Roi accorda à Noverre la pension qu'il sollicitait, sauf toutefois celle d'académicien qui n'était pas vacante. Il ne lui rendit pas néanmoins immédiatement sa liberté, car il exigea que le maître des ballets continuât son service jusqu'au 1er juillet 1781, époque où il se retira définitivement.

Avant de quitter l'Opéra, Noverre adressa à M. de La Ferté, intendant des Menus-Plaisirs, un volumineux mémoire, transcrit plus loin et dans lequel, au milieu des plus amusantes divagations d'un amour-propre en délire, on trouvera des renseignements précieux sur sa vie et sur les ouvrages qu'il a fait représenter à l'Académie royale de musique.

Noverre est mort en 1810.

(Histoire de l'Opéra-Comique, II, 323, 324. — Journal de Collé, I, 428. — Émile Campardon: les Spectacles de la Foire, II, 182.)

I

1779. — 30 novembre.

Compromis passé entre Jean-Georges Noverre, Maximilien-Léopold-Philippe-Joseph Gardel, dit Gardel ainé, et Jean Bercher, dit Dauberval, relativement à la place de maître et compositeur des ballets de l'Académie royale de musique.

En conféquence des propofitions qui ont été faites au fieur Noverre par les fieurs Gardel et Dauberval et fur l'objection de ces derniers qu'ils ne pourroient agir fûrement et avec efficacité que lorfque le fieur Noverre auroit dépofé fes fentimens par écrit, ledit fieur Noverre confent fous les conditions fuivantes et non autrement de réfilier fa place de maître et compofiteur des ballets de l'Académie royale de mufique auxdits fieurs Gardel et Dauberval moyennant qu'ils lui faffent accorder, ainfi qu'il lui a été promis à la demande de la Reine, trois mille livres de penfion viagère qui lui feront payées par la caiffe de l'Académie royale de mufique ou par celle de la ville dont moitié de cette penfion fera reverfible fur la tête de fa femme, dans le cas où elle lui furvivra. En outre, les fieurs Gardel et Dauberval s'engagent à faire obtenir audit fieur Noverre et à folliciter pour lui la penfion d'académicien de 500 livres, c'eft-à-dire la première furvivance vacante telle qu'elle lui a été promife par M. le maréchal de Duras.

Ces conditions exactement remplies, le fieur Noverre réfiliera fa place auxdits fieurs Gardel et Dauberval, avec la condition néanmoins qu'il en jouira encore un an avec les émolumens y attachés tant pour fa confidération que pour les arrangemens de fes affaires.

Cet acte convenu et figné par lefdits fieurs fera remis en dépôt et ne pourra être délivré à aucun des foulfignés fous quelque prétexte que ce puiffe être que du confentement unanime des parties contractantes.

Promettant folennellement et fur leur honneur de ne faire aucune mention du préfent acte et de n'en jamais parler dans leurs démarches particulières ou combinées.

(Archives nationales, O¹, 634.)

II

1780.

Mémoire adressé par Jean-Georges Noverre à M. de La Ferté, intendant des Menus-Plaisirs.

Monfieur, vos bontés pour moi, celles dont le miniftre daigne m'honorer, mon devoir, ma réputation tout m'engage à rompre un filence trop pénible à garder. J'ofe entrer avec vous dans quelques détails fur ma conduite et fur l'Opéra. Ils font faits pour piquer votre curiofité et la fincérité avec laquelle ils font écrits peut vous les rendre intéreffans. Vous avez lu quelquefois, Monfieur, des romans qui avoient l'air d'une hiftoire; je vous préfente aujourd'hui une hiftoire qui auroit l'air d'un roman fi vous n'étiez pas au fait des principaux refforts qui font mouvoir cette machine qu'on nomme Opéra. D'ailleurs mon récit vous expliquera en même tems les motifs de ma retraite qui eft un énigme indéchiffrable pour qui en ignore les raifons; c'eft à vous, Monfieur, c'eft au miniftre que j'en dois le mot.

Après avoir paffé trente ans à tirer des ténèbres de l'ignorance un art enfeveli dans les tombeaux d'Athènes et de Rome, après avoir tracé à cet art des règles, que les anciens ne nous ont pas tranfmifes; après avoir donné encore plus d'exemples que de principes; après avoir parcouru les plus brillantes cours de l'Europe où, il m'eft permis de le dire, je me fuis acquis une célébrité que l'envie même n'a pas ofé me difputer; enfin, après avoir formé des élèves diftingués dans tous les genres, un hafard, je n'ofe dire malheureux, me fit paffer par Paris pour me rendre à Londres. J'y étois appelé et attendu depuis vingt ans avec une impatience qui ne flattoit pas moins mon amour-propre (première et prefque unique paffion des vrais artiftes), qu'elle ne m'offroit d'efpoir pour ma fortune. Notre fouveraine, à qui j'avois eu l'honneur d'apprendre à danfer pendant fept ans, ainfi qu'à toute la famille Impériale

qui m'avoit honoré de fes bontés (bontés qui ne fe font point démenties), à
qui fon augufte mère m'avoit recommandé, notre Reine m'accueillit avec cette
grâce qui lui eft fi naturelle et qui eft en même tems fi flatteufe pour les talens. Elle réfolut de me fixer à Paris. Un intérêt auffi généreux me touchoit
trop pour me permettre de m'y refufer. Les défirs de la Reine furent des ordres pour moi et j'entrai à l'Opéra avec le titre de maître des ballets et douze
mille francs d'appointemens. Sa Majefté qui n'ignoroit pas que l'intérêt n'é-
toit pas un dédommagement capable de payer le facrifice que je faifois du
fort qui m'attendoit à Londres et qui fait en même tems qu'il faut aux artiftes d'une certaine claffe ou de la fortune ou des honneurs, mit le comble à
fes bienfaits en plaçant mon fils dans les fermes, en m'accordant les entrées
de fa toilette et en m'honorant ainfi que ma femme (1) et mes filles de ces
diftinctions qui font fans prix pour des âmes comme la mienne.

C'eft à cette époque, Monfieur, que commencèrent à germer toutes les perfécutions que j'ai fouffertes; à cet inftant fut attaché le fil de toutes les intrigues, de toutes les cabales et de tous les pièges qui ont été tendus à ma franchife, à ma fimplicité, à mes talens et même à ma réputation et c'eft à cet
inftant que commence le précis de l'hiftoire de l'Opéra.

Il exiftoit depuis quinze ans, comme il exifte encore, dans quelques têtes
exaltées de l'Académie royale de mufique, le plan ridicule de fe rendre les
adjudicataires ou les fermiers de cette machine, de gouverner defpotiquement
les talens, de s'emparer du fruit de leurs peines, de fecouer le joug de la dé-
pendance et de s'établir les tyrans de ce fpectacle. Pour réuffir dans un projet
de cette nature, on fuivoit un des principes du fyftème de Machiavel; pour
régner on femoit la difcorde, on divifoit les efprits, on fomentoit les haines et
on excitoit l'ambition des uns pour bleffer l'amour-propre des autres. Mais ces
politiques maladroits n'avoient point faifi l'enfemble du fyftème; ils n'en
avoient vu qu'un point; ils n'eurent pas l'efprit de ramener tout à eux, de profiter de ces divifions pour fe former un parti; ils n'eurent pas même le bon
fens de s'accorder; enfin, ils ne firent rien de ce qu'il falloit pour affurer
l'exécution de leur projet. Il en réfulta une anarchie dont aucun corps n'offre
l'exemple. Plus d'ordre, plus de fubordination, plus de diftinctions dans les
rangs; le zèle fut étouffé, l'émulation anéantie. Bref, le défordre dont vous
avez été plus d'une fois, Monfieur, frappé deviendra la perte de ce fpectacle
et du peu de talens qui s'y trouvent encore.

Mon entrée à l'Opéra, qui étoit un de ces événemens que toute la pru-

(1) Mme Noverre avait été comédienne. Elle débuta au Théâtre-Français, le 7 février 1755, par les
rôles de la Soubrette dans *Tartufe*, et dans les *Folies amoureufes*, comédie de Regnard. Elle joua
enfuite Cléanthis, dans *Démocrite amoureux*, comédie de Regnard, et Finette, dans le *Philofophe
marié*, de Deftouches.

dence n'auroit pu prévoir, fufpendit les mouvemens politiques qui agitoient chaque individu. Les combinaifons changèrent et tous les yeux fe fixèrent fur moi. Je devins l'objet des vœux et des craintes de tous les partis ; chacun voulut m'enrôler dans le fien. Ce fut alors que j'appris à connoître la valeur des individus. Mes oreilles étoient fans ceffe rebattues des horreurs qu'ils fe prêtoient les uns aux autres et mes yeux étoient bleffés des témoignages d'attachement qu'ils fe donnoient en public. Ma conduite ne tarda pas à leur faire connoître que je n'étois pas homme à m'affocier à leur plan deftructeur ; que je n'avois qu'une feule paffion : celle de la gloire ; que je n'avois qu'un objet : celui de foutenir ma réputation, de juftifier la protection de la Reine et les bontés du miniftre ; enfin que ma franchife et ma droiture étoient des écueils contre lefquels ils viendroient fe brifer. Dès cet inftant, il fembla qu'un inftinct général avoit réuni tous les partis contre moi. Le ferment fut fait de m'humilier par les perfécutions, de me dégoûter par les injuftices et d'aigrir mon honneur par les cabales inteftines. On fit plus : on me connoiffoit cette fermentation de tête fans laquelle il n'exifta peut-être jamais de grands talens. On chercha à la faire fervir à ma perte, on me fufcita des affaires, on calcula ma ruine fur les fottifes dans lefquelles on m'entraîneroit (heureufement je n'en fis point), enfin on accumula injuftices fur injuftices ; et, s'il faut vous le dire, Monfieur, on me dépouilla infenfiblement et au nom du miniftre, des droits de ma place. Dès que j'avois vu fe former les orages, je m'étois bien promis de leur oppofer un front armé de la conftance la plus inébranlable et un cœur, comme dit Horace, environné d'un triple airain. Je me tins parole. Mes ennemis furpris d'une fermeté et d'une modération fur lefquelles ils n'avoient pas dû compter, oferent enfin attaquer mes mœurs. Ce fut pour moi, je vous l'avouerai, le trait le plus fenfible, je craignis que la calomnie ne fît entendre fa voix jufqu'à la Cour de Vienne précifément parce que je n'y étois plus pour me défendre. Il eft mille circonftances où l'honnête homme ne rougit pas de defcendre dans les détails de la juftification, mais il me femble qu'il en eft des mœurs comme de la femme de Céfar qui ne devoit pas même être foupçonnée. Auffi, Monfieur, ne cherchai-je point à me difculper des imputations qui m'étoient faites. Je n'ignore pas qu'elles ont frappé votre oreille et celle du miniftre, cependant je ne m'abaifferai point à des détails trop humilians pour moi. Je me bornerai à vous dire que j'en écrivis à l'Impératrice, que je dépofai aux pieds de Sa Majefté ma douleur et mes chagrins ; il vous fuffira de favoir, Monfieur (et c'eft le plus beau panégyrique que l'on puiffe faire de moi), que cette vertueufe princeffe pour me confoler me combla de nouvelles marques de fes bontés et que j'en ai éprouvé les effets jufqu'au dernier inftant de ma vie. Oui, Monfieur, le mariage de ma fille, fait le 2 décembre dernier, eft l'ouvrage de la protection de l'Impératrice. Elle avoit chargé fon ambaffadeur, M. le comte de Mercy, de traiter cette union auprès de la Reine comme une affaire d'État. C'eft à mes mœurs, c'eft à ma conduite bien plus qu'à mes talens que je dois ce bienfait et l'intérêt qu'ont pris à cette union les deux plus grandes princeffes de l'Europe. En eft-ce affez pour ma juftification? et ai-je pu défier les cent voix de la calomnie?

Si mon arrivée à l'Àcadémie royale de mufique déconcerta la politique des chefs de ce petit État; fi les dégoûts qu'ils me préparoient leur firent concevoir l'efpérance de m'éloigner et de pouvoir reprendre le plan qu'ils avoient adopté, le changement que reçut la forme de l'Opéra par la nomination de M. de Vifmes déconcerta bien davantage leurs projets. Je refpirai quelque tems. Je fus moins à craindre parce que M. de Vifmes le fut davantage; je fus moins perfécuté parce que toutes les perfécutions fe tournèrent contre le nouveau directeur. Je n'en tracerai point le tableau, il eft trop préfent à votre mémoire et les détails en font trop récens pour qu'il foit néceffaire que je m'y arrête. Je ne parlerai pas de la joie indécente et pouffée jufqu'au délire qu'infpira fa retraite. Je pafferai le tems où l'Opéra fut à la ville. Toutes les menées, toutes les cabales furent fourdes et inteftines jufqu'au moment où une nouvelle fcène fit voir M. Le Breton (1) à la tête de l'Opéra. C'eft à cet inftant où je reprends mon récit.

M. Le Breton étoit parvenu à la direction comme Sixte-Quint parvint à la papauté. (Vous ne vous attendiez pas à rencontrer là Sixte-Quint.) Il fe trouve dans les événemens les plus oppofés des rapports qui n'échappent point à l'œil obfervateur. Sixte devint pape en difant qu'il fe foucioit peu du trône de St-Pierre. Le Breton fut directeur en paroiffant méprifer la direction. Sixte difoit à tous les cardinaux du Conclave: « Si je fuis jamais élevé au pontificat, je fens que je ne pourrai mieux faire que de vous confier les rênes de l'Églife et de partager avec vous le fardeau de la tiare. » Le Breton répétoit à tous les membres de l'Opéra : « Mes amis, la direction de ce fpectacle eft une affaire au-deffus de mes forces et dont je ne pourrois me tirer avec honneur qu'en la partageant avec vous. » Sixte fut pape : les cardinaux virent bien qu'ils avoient été joués. Le Breton nommé directeur voulut l'être en effet et les cardinaux de l'Opéra apprirent que tous les gens en place n'étoient pas fi faciles que moi à fe laiffer dépouiller de leurs droits. Il voulut maintenir les fiens et fut en butte à toute la haine du Conclave. Il lutta longtems mais la nature ne lui permit pas de foutenir cette guerre inteftine et il fut enlevé au milieu de fes projets d'attaque et de défenfe. Il feroit difficile d'exprimer la joie barbare qu'infpira fa mort et qui efcorta fon cercueil; on

---

(1) Lifez Berton. Il s'agit ici de Pierre-Montan Berton.

ofa infulter à fes mœurs, on attaqua fa probité, on flétrit fes talens et on jeta pour ainfi dire de la boue fur fon tombeau.

Cet événement fit renoître toutes les efpérances. La politique réunit toutes fes forces et chercha à profiter de fes fautes. On s'aperçut par ce qui s'é- toit pafé que l'intention du Gouvernement étoit qu'il y eût un directeur à la tête de l'Opéra. Il fallut céder à l'autorité, mais on s'efforça de défigner un homme faible, un homme fans énergie et fans activité. On vouloit un fimulacre de directeur qui adhérât à toutes les volontés, qui fuivît toutes les impulfions qu'on pouvoit lui donner, qui n'eût point le courage de réprimer les abus, de s'oppofer aux injuftices et qui, loin de l'étouffer, fût favorifer l'efprit de defpotifme qu'on prétendoit établir. M. Dauvergne fut nommé; fa nomination fut encore un contre-coup qui détruifit toutes les efpérances et culbuta tous les projets.

Ne vous femble-t-il pas, Monfieur, voir une troupe d'enfans occupés à combiner les forces de la perpendiculaire en plaçant des cartes les unes fur les autres en forme de château? Tout réuffit à leur gré, mais à l'inftant où ils font prêts à couronner l'édifice en plaçant leur dernière carte, un fouffle, un léger mouvement renverfe ce fragile ouvrage. Alors nos marmots de trépi- gner des pieds et des mains, de fe remettre à l'œuvre jufqu'à ce qu'un nouvel accident vienne encore renverfer leurs projets. Ce nouvel acccident fut la nomination de M. Dauvergne.

La juftice auftère de ce directeur, fon intégrité, fes connoiffances, fes ta- lens, fa fermeté furtout, qualité effentielle dans un chef, lui ont attiré la haine qu'a vouée l'aréopage à tous ceux, paffés, préfens et futurs, qui viendront fe mettre entre eux et le trône de l'Opéra. M. Dauvergne a fupporté en peu de tems une portion confidérable de dégoûts et le mémoire injurieux qu'un des membres du comité ofa balbutier devant le miniftre ne prouve que trop l'animofité des fujets contre leur chef et met la bordure à ce tableau.

Rebuté de tant de perfécutions perfonnelles et las d'être le témoin de celles des autres, je crus devoir mettre à profit la haine même de mes ennemis. Je réfolus, à la première attaque, d'abandonner ma bourfe pour fauver ma vie, ou, pour m'expliquer plus clairement, j'acceptai et je fignai un compromis par lequel je confentois à céder ma place, c'eft-à-dire à perdre neuf mille li- vres de rente et toutes les dépenfes dans lefquelles mon établiffement à Paris m'avoit jeté, fi l'on me faifoit obtenir ma penfion. Voilà, Monfieur, le motif de ma retraite. Voilà le fecret de la démarche qui a fait tirer tant de conjec- tures. Je me fuis mis à côté de la médiocrité pour me fouftraire aux cabales et aux perfécutions. En un mot, j'ai facrifié mes intérêts, ceux de ma femme et de mes enfans. Par un tel facrifice il eft aifé d'apprécier l'étendue de mes chagrins et de mes dégoûts. Je m'aperçus bientôt qu'on eft quelquefois mieux fervi par fes ennemis que par fes amis et ma démiffion fut acceptée au moment où je m'y attendois le moins.

Mais je vous dois compte, Monfieur, du détail minutieux qui va fuivre pour vous donner un exemple de l'acharnement et de la mauvaife foi de mes ennemis.

Lorfque je fignai le compromis dont je viens de parler, j'occupois dans les bâtimens des Quinze-Vingts, vis-à-vis le magafin de l'Opéra, un appartement de cent louis. La maifon fut vendue et je reçus congé. Avant de chercher un logement, je demandai à mes furvivanciers, s'ils avoient fait quelques démarches, en leur obfervant que leur réponfe pouvoit feule me déterminer dans le choix et le prix d'un nouveau domicile. Ils m'affurèrent n'avoir fait aucun pas pour l'affaire en queftion et parurent la regarder comme une chofe vague dont l'exécution étoit auffi difficile qu'éloignée. Leur inaction apparente me confirmoit dans cette idée. Preffé par le moment, je louai dans la rue Neuve-des-Petits-Pères, pour ma famille et pour moi, un appartement de 2,000 livres, où je fus contraint de faire pour deux mille écus de dépenfes. Je n'y étois pas encore établi, je n'y avois point encore couché lorfque, le 14 juillet, je reçus l'acceptation de ma démiffion fans que mes furvivanciers m'euffent prévenu de la moindre démarche, quoiqu'une de nos premières conventions fût qu'ils n'en feroient aucune fans m'en avoir averti et que de concert avec moi, la décence vouloit que je remiffe moi-même à la Reine la démiffion d'une place que je tenois de fes bontés et qu'en informant le miniftre des motifs de ma retraite, je lui témoignaffe mes regrets et ma reconnoiffance.

Telle eft en raccourci l'hiftoire de l'Opéra et des chagrins que j'ai dévorés depuis cinq ans et des perfécutions qui m'y ont été fufcitées. Quel eft l'homme qui eft devenu l'objet de tant de haine et de tant de cabale? Permettez-moi de vous le dire, Monfieur, il eft des circonftances où l'amour-propre, paffion affez ridicule dans les fots, prend un caractère d'énergie qui fied aux vrais talens; quel eft l'homme qui a été en butte à tant de jaloufie? C'eft le maître des principaux fujets de l'Opéra, c'eft l'homme dont la réputation eft fondée fur trente ans de fuccès, dont le nom eft connu dans toutes les Cours de l'Europe, dont les ouvrages ont produit dans la danfe une révolution auffi marquée et plus étendue que celle que M. Gluck a produite dans la mufique et dont les productions ont fervi et fervent encore de modèle à ceux même qui le perfécutent. L'abolition éternelle de ces perruques ridicules et de ces mafques plus ridicules encore, la variété et la vérité des coftumes, les caractères prononcés des pas de lutteurs et de démons, les corps de ballets réunis à l'action, les groupes et les danfes expreffives, les ballets héroïques et anacréontiques, tous ces fpectacles variés font le fruit des idées et des réflexions

que renferment mes *Lettres ſur la Danſe,* ainſi que des exemples que j'en ai
tracés. N'eſt-il pas bien ſurprenant qu'un homme à qui ſon art a tant d'obli-
gations, qui a été accablé de gloire, comblé d'éloges, célébré par les artiſtes et
les écrivains les plus illuſtres, qui s'honore d'avoir dans ſon portefeuille des
lettres de M. de Voltaire (1) qui ſeules ſuffiroient pour lui aſſurer la réputation qu'on oſe lui diſputer, qu'un homme enfin qui a été arrêté dans ſa patrie
par les bontés de la Reine, par celles de l'adminiſtration des Menus, par celles du miniſtre actuel, ſoit perſécuté et traité avec une indécence qui étonnera
la poſtérité ſi j'ai le courage de l'inſtruire de mes malheurs?

Tant que l'Opéra n'a point été abandonné à l'intrigue, aux cabales, à l'eſprit de parti des principaux ſujets qui le compoſent, je n'ai eu qu'à me louer
de mon ſort. Pendant l'adminiſtration des Menus ſous laquelle je ne me ſuis
trouvé que pendant ſix mois, j'ai donné les ballets d'*Alexandre et Campaſpe,*
des *Horaces* et des *Ruſes de l'Amour.* Mais à peine cette adminiſtration fut-
elle changée, que je fus en butte à tous les caprices, à toutes les injuſtices et à
toutes les perſécutions dont je viens de vous rendre compte. Il a bien fallu
que mes ennemis trouvaſſent quelques moyens de cacher leur conduite; il a
bien fallu qu'on eût l'air de vouloir employer un homme qu'une réputation
aſſez grande avoit devancé et à qui on donnoit 12,000 livres d'appointemens
et 2,000 livres de gratification, car je dois vous inſtruire, Monſieur, que cette
gratification m'étoit promiſe, que je ne l'ai touchée que l'année de votre adminiſtration et qu'elle m'eſt due depuis cette époque. Auſſi pour faire acte de
bonne volonté, m'a-t-on demandé des plans et des programmes de ballets.
J'ai préſenté ſucceſſivement ceux de *Pſyché,* de la *Mort d'Hercule,* d'*Orphée,* du
Jugement de Pâris, des *Danaïdes,* de *Didon,* des *Grâces,* de l'*Épouſe perſane,*
de la *Foire du Caire,* de la *Joie interrompue,* etc., etc. On les a reçus, mais
ce n'a été que pour les laiſſer dormir dans les portefeuilles de l'Opéra. On
m'a fait pourtant beaucoup de promeſſes; on a même pris des engagemens
avec moi, mais la miſe de mes ballets a toujours été un procès que quelque
nouvel incident a éloigné. Tantôt mes ballets étoient trop triſtes, tantôt trop
gais; celui-ci étoit d'un genre trop noble, celui-là trop meſquin. Par tous
ces ſubterfuges, on a gagné du tems et j'ai perdu le mien, et on a profité de
tous ces détails pour ſemer dans le public que je ſuis ſans activité, que mon
imagination eſt uſée, enfin que je ne ſuis plus que l'ombre de ce que j'étois
autrefois.

J'ai bien donné quelques ballets, tels que les *Caprices de Galathée, Annette et
Lubin,* etc., mais on ne les à fait repréſenter que dans l'eſpoir d'une chute

---

(1) Ces lettres ont été recueillies et on les trouvera dans la *Correspondance* de Voltaire. Le phi-
loſophe de Ferney y adreſſe à Noverre des compliments et des éloges un peu trop exagérés pour
qu'on les puiſſe croire ſincères.

certaine. L'envie calcule mal. Le fuccès qu'ils ont eu, les applaudiffemens publics que reçut ma femme qui, à une repréfentation, fe trouvoit à l'amphithéâtre de l'Opéra, déconcertèrent les projets de mes ennemis. Ils avoient fait pourtant ce qu'il étoit poffible de faire pour en prévenir la réuffite ou pour la rendre moins éclatante. Les livres de comptes de l'Opéra font des témoins qui atteftent que le peu de ballets que j'ai mis fur la fcène n'a été donné que les jeudis, dans la faifon la moins favorable, pendant les voyages de la Cour, et furtout en fi mauvaife compagnie, efcortés de fragmens fi rebattus, fi ufés, que le ballet le plus piquant dédommageoit à peine le public de l'ennui que ces actes lui procuroient.

L'empreffement du public, ou peut-être la politique de mes ennemis fit pourtant remettre l'année dernière mon ballet de *Médée*. Il eut le fuccès dont il a toujours joui. La jaloufie cette fois ne put fe contraindre, et mon ballet fut enlevé au milieu de fon fuccès. On avoit bien calculé; la clôture de Pâques étoit un prétexte plaufible. Je dus me flatter qu'on le remettroit à la rentrée. Je me trompai, Monfieur. La *Chercheufe d'efprit* et *Mirza* (1) le remplacèrent et pour m'ôter tout efpoir, pour étouffer toute réclamation, les habits qui avoient fervi à ce ballet furent dénaturés et difparurent. Depuis cet inftant, j'ai difparu comme eux et je n'ai pu redonner un feul ballet nouveau.

Je fuis bien loin de difputer à la pantomime de *Mirza* le nombre de fes repréfentations. Le fieur Gardel fera forcé lui-même de convenir que fes ballets font au-deffous du *Fameux Siège* et de la *Belle au bois dormant*. Encore ces deux pantomimes ont-elles un mérite qui les diftingue de *Mirza,* c'eft celui d'être placées fur des théâtres qui leur conviennent (2).

Le fuccès du peu de ballets que j'ai donnés à l'Opéra, ne pouvant juftifier l'inaction dans laquelle on m'a laiffé, il a fallu en donner une raifon apparente. Le public ne fait pas les comptes du magafin. On a dit pourtant que mes ballets étoient ruineux. On l'a fi bien dit, fi bien répété, que non pas la plus faine, mais la majeure partie de ce public croit que la mife d'un de mes ballets fuffiroit pour ruiner l'Opéra.

Sur quel fondement a-t-on pu faire une femblable affertion? Il eft de fait que mes ballets font les premiers à qui l'on ait fait l'honneur d'habiller de burat les figurantes et figurans qui les compofent; c'eft en ma faveur et pour moi feul qu'on a fait cette économique innovation fur un théâtre auffi magnifique et auffi pompeux que celui de l'Opéra; et on prétend que mes ballets font ruineux! S'ils l'ont été, ce n'eft que pour le tailleur dont ils ont diminué les profits. Je ne m'en fuis pas plaint; je fais par expérience que ce

---

(1) Ces deux ballets sont de Maximilien Gardel, dit Gardel aîné.
(2) Ces deux pantomimes furent jouées avec un grand succès aux théâtres de Nicolet et d'Audinot.

n'eft pas de 50 aunes de taffetas et de fatin que dépend le fuccès de mes ballets. J'ai fouffert une pareille économie pour les décorations. Le même payfage (et il n'a point été peint pour eux) a fervi pour les ballets des *Petits Riens,* des *Caprices de Galathée,* des *Rufes de l'Amour* et d'*Annette et Lubin.* Ces quatre ballets n'ont pas coûté un fol en décoration et le burat n'eft pas cher. Comment a-t-on eu la maladreffe de dire qu'ils font trop difpendieux? Le feul ballet de *Mirza* a coûté pour les comparfes plus que mes quatre ballets enfemble et la fuite de *Mirza,* fans compter les fuites, coûtera plus que la mife de trois opéras.

Ne croyez pas, Monfieur, qu'un feul individu ait été contre moi. Un feul n'eût pas abattu mon courage. Mais la cabale s'eft formée infenfiblement et il n'eft pas jufqu'aux Grâces, qui, oubliant leur caractère naturel, fe font mifes de la partie. On a feint d'ignorer que j'ai été le maître de Dauberval, que j'ai formé et développé à Vienne et à Stuttgard les talens pantomimes du fieur Veftris et de Mlle Heynel, que j'ai rajeuni ceux de Mlle Guimard, en lui créant un genre abfolument neuf et dont Picq (1), mon écolier, a fi bien fait fentir les agrémens. Voilà, Monfieur, tous mes torts. Je n'en ai point d'autres; voilà mes droits à la jaloufie et aux injuftices de l'Opéra.

C'en eft bien affez, Monfieur, et peut-être trop fur un objet auffi dégoûtant. Il n'y a que vos bontés pour moi qui puiffent vous en faire fupporter fa lecture en entier. Cependant, perfuadé que ces détails et ces vérités peuvent être utiles au miniftre qui a l'Opéra fous fes ordres, convaincu que le tableau de l'honnête homme perfécuté et des talens avilis ne peut manquer d'intéreffer et fa juftice et fa bonté, je n'héfite pas à vous prier de les mettre fous fes yeux.

Poft-fcriptum. — Depuis que j'ai écrit ce mémoire, voici, Monfieur, quelques anecdotes d'autant plus curieufes qu'elles peignent les caractères.

1º Il fut queftion, pour allonger l'*Iphigénie* de M. Piccini, d'y joindre un ballet. On écrivit à la demoifelle Guimard, on lui propofa *Annette et Lubin,* *Galathée* ou la *Chercheufe d'efprit.* Elle étoit indifpofée; on penfa que cette indifpofition mettroit la demoifelle Cécile (2) à même de paroître une feconde

---

(1) Premier danseur du théâtre royal de Naples, dansa pendant quelques mois, en 1776, à l'Académie royale de musique.

(2) Cécile Dumegnil, dite Cécile, danseuse de l'Opéra où elle débuta en 1776. Grimm, dans sa *Correspondance,* dit qu'elle était d'une figure charmante, que sa taille était noble et svelte et qu'elle paraissait destinée par la nature à remporter le prix de son art. Mlle Cécile était l'élève de Gardel aîné, et son meilleur rôle était celui d'Annette, dans *Annette et Lubin,* ballet de Noverre, à la suite duquel un poëte lui adressa les vers suivants :

> Cécile, tu choifis la route la plus fûre,
> Lorfque fans le fecours de l'art,
> Tu fuis les traces de Guimard
> En rivalifant la nature.

fois, mais la demoifelle Guimard, qui a de l'efprit, voulut jouer la *Chercheufe d'efprit.*

2º Il étoit effentiel de choifir un ballet pour mettre à la fuite de l'*Iphigénie en Aulide,* de M. Gluck. Le vœu des fujets de la danfe, de l'orcheftre et des chœurs fut unanime. On défiroit un de mes ballets, mais il fallut confulter la fibylle ; on lui écrivit au nom des fujets de l'Opéra. Ses oracles me furent encore défavorables et fon goût fit choix de *Ninette à la Cour.*

Quelles font les raifons qui ont engagé Mlle Guimard à devenir malhonnête, extravagante et même ridicule?

La chute un peu brufque de la *Fête de Mirza,* dont le contre-coup fe fera fentir avec violence à tous les fujets copartageans, cette farce monftrueufe qui a déplu à tout Paris, excepté pourtant à l'abbé Aubert (1) et qui n'a d'autre approbation que celle de M. Bret (qui en a été le cenfeur), a mis Mlle Guimard au défefpoir et compromis fon goût et fon efprit. Elle a furtout bleffé fon amour-propre, paffion qui augmente chez les femmes en proportion de la décadence de leurs charmes ou de leurs talens. Il lui a fallu une victime et c'eft fur moi qu'eft tombé fon dépit. Vous défireriez peut-être favoir pourquoi j'ai été honoré de cette préférence ; le voici : Elle a voulu m'immoler aux mânes des habitans de Caratacoïci (île fauvage du ballet de *Mirza).* Elle m'a attribué le mauvais fuccès de cette rapfodie fans faire réflexion que fi j'euffe été homme à cabale, les ballets de la *Chercheufe d'efprit,* de *Ninette* et de *Mirza* n'euffent pas paffé fi doucement. Elle s'eft obftinée à croire que j'avois feul fomenté le bacchanal du Jeudi gras; que j'avois communiqué mes goûts et ma façon de penfer à tous les ordres de l'État Cette accufation, qui étend infiniment le cercle étroit de mon influence fur l'opinion publique, me fait beaucoup d'honneur en me donnant fur la nation une prépondérance que les plus grands génies ont rarement obtenue.

Dans *Annette et Lubin,* ce ballet enchanteur,
Ton art tendre et touchant défarme le cenfeur;
En te voyant paroître en cette humble retraite
Où d'un amant chéri tu comblois le deftin,
Chaque femme envioit les agrémens d'Annette
Et chaque fpectateur le bonheur de Lubin.

Mlle Cécile mourut de fuites de couches le 19 août 1781 ; cette mort plongea dans un violent chagrin M. de La Ferté, intendant des Menus-Plaisirs, qui chériffait cette jeune artiste et qui avait fuccédé dans son cœur au chanteur Le Gros et aux danseurs Gardel aîné et Nivelon. A la date du 22 août 1781, on lit dans les *Mémoires secrets,* les détails suivants sur les derniers moments de Mlle Cécile: « Ce qui aggrave la douleur de M. de La Ferté c'eft que Mlle Cécile ayant appelé un confeffeur, ce perfonnage auftère a exigé non-feulement qu'elle éloignât d'elle cet entreteneur, objet d'un fcandale public, mais avant cette cruelle féparation, qu'elle lui déclarât que les enfans venus durant leur union n'étoient pas même de lui. En tel aveu, quoiqu'il dût s'en douter, mais fait à la face de toute la maifon appelée en témoignage, a fingulièrement humilié M. de La Ferté. Il en étoit tellement épris qu'après l'avoir comblée de biens, il fe difpofoit à l'époufer et à reconnoitre fes enfans. Quel coup de poignard ! »

(1) L'abbé Aubert était le rédacteur de la *Gazette de France.*

La méchanceté opère fouvent en raifon inverfe de fes deffeins. C'eft ce qui eft arrivé à la demoifelle Guimard. Elle ne put déterminer fes camarades à l'accompagner chez le miniftre; ils favoient tous que ce n'étoit pas moi qui avoit compofé la *Fête de Mirza* et que fa chute ne pouvoit m'être imputée. Elle monta dans fon char et fe préfenta à M. Amelot comme une nouvelle Andromaque qui pleure la défaite d'Hector. Cette démarche ne put ébranler la juftice de ce miniftre : fon goût et la renommée, plus babillarde et plus indifcrète encore que la demoifelle Guimard, avoient déjà fixé fon opinion et il favoit que tout Paris, pour ainfi dire, s'étoit réuni pour profcrire un genre de fpectacle qui dégrade la majefté de l'Opéra, qui éloigne cet art de fes vrais principes en le rapprochant des caricatures du boulevard. J'ajouterai même qu'il détruit l'Opéra et que depuis que le fieur Gardel s'eft emparé du fceptre de Terpfichore, les fêtes et les ballets attachés aux poëmes font facrifiés impitoyablement à des pantomimes dans lefquelles on fubftitue à l'exécution brillante, à la bonne grâce et à l'harmonie des mouvemens des courfes vagues, des geftes infignificatifs et une expreffion fi foible et fi monotone, qu'on a befoin du fecours du vaudeville pour lui prêter quelque intention. Ce nouveau genre, fi l'on peut lui donner ce nom, n'a que l'avantage de pouvoir être exécuté par des gens qui ne fauroient même pas danfer, et j'ofe avancer, Monfieur, que tous les efforts d'un maître de ballets qui ne tendent pas directement à la perfection de la danfe font des efforts non feulement inutiles, mais encore funeftes pour l'Opéra. On ne peut difconvenir que les pantomimes à vaudevilles ne reffemblent à ces anciens tableaux, productions de l'ignorance, où le peintre fuppléoit au défaut d'action, d'expreffion et d'énergie par des rouleaux qui fortoient de la bouche de chaque perfonnage et fur lefquels étoit écrit en gros caractères : *Achille en colère, Priam fuppliant,* etc.

Toutes réflexions faites, je ne puis me perfuader, Monfieur, malgré la démarche de Mlle Guimard, qu'elle m'ait attribué férieufement la chute de fa *Fête.* Cette chute a tout au plus été le prétexte d'une animofité dont fon amour-propre n'ofe avouer le principe. Et le voici : c'eft à fa follicitation et à fes inftances que j'ai fait danfer à la demoifelle Cécile le rôle d'Annette. On ne s'attendoit point à fon fuccès; mais je ne fais comment cela s'arrangea, le public trouva à la nouvelle Annette une taille fvelte, un vifage de quinze ans et une expreffion naïve; tout cela fut applaudi. Dès ce moment, la demoifelle Guimard me regarda comme un forcier, car on avoit arrangé les deux répétitions de ce ballet de manière à affurer toutes fortes de défagrémens à la jeune Annette. Sa réuffite fut un crime qu'on imputa à mes foins et qu'on a juré de punir. On m'en fait un bien plus grand encore d'avoir ofé former le projet (fur le refus et les difficultés qu'ont toujours faits les premiers fujets de

danfer dans mes ballets) d'en compofer un pour les demoifelles Cécile et
Dorlé (1). Cette idée de chercher à développer les talens des feconds fujets
et d'exciter le zèle et l'émulation eft un de ces facriléges d'autant plus impar-
donnable qu'il bleffe l'amour-propre et qui, comme celui des Madianites qui
ofèrent porter la main fur l'arche, doit être puni jufqu'à la troifième géné-
ration.

Pour commencer, le comité clandeftin dont la demoifelle Guimard eft pré-
fidente a délibéré de faire ceffer mes appointemens à Pâques, mais l'équité
du miniftre et la lettre dont je joins ici la copie, me raffurent contre les ar-
rêts de ce petit tribunal et la juftice de ce miniftre ne rejettera point la demande en dédommagement que je me propofe de lui faire pour les dépenfes
dans lefquelles on m'a conftitué en me cachant jufqu'au dernier moment les
démarches que l'on faifoit pour faire agréer ma démiffion, procédé qui con-
trarie une des claufes du compromis dont je joins également copie.

(*Archives nationales*, O¹, 634.)

III

1780. — 13 juillet.

*Lettre de M. Amelot, ministre de la maison du Roi, à M. de La Ferté, intendant
des Menus-Plaisirs, relative à Jean-Georges Noverre.*

Sur le compte favorable que j'ai rendu au Roi, Monfieur, du zèle du fieur
Noverre, maître des ballets de l'Opéra, et de fon exactitude à remplir fes devoirs depuis qu'il eft en poffeffion de cette place, et Sa Majefté voulant bien
confentir à lui accorder fa retraite pour qu'il puiffe vaquer plus utilement à
fes affaires, Elle m'a autorifé à le faire employer pour une penfion de 1,500
livres fur l'état des penfions de l'Académie royale de mufique qui reftent à la
charge de la ville et que je viens d'arrêter.

Il fera en outre accordé au fieur Noverre 1,500 livres de penfion fur les
états de l'Opéra, lors de fa retraite. Cette dernière penfion fera réverfible à
fa femme après fa mort. La retraite du fieur Noverre ne peut cependant avoir
lieu avant le 1ᵉʳ juillet 1781, et jufqu'à ce tems je compte que le fieur Noverre
continuera à donner les mêmes preuves de zèle tant pour compofer des ballets

(1) Mˡˡᵉ Dorlé, danseuse, débuta à l'Opéra en 1779.

dans les opéras qui feront mis au théâtre que pour compofer des ballets d'action pour lefquels vous voudrez bien, Monfieur, lui faire donner les fecours néceffaires.

A l'égard d'une des penfions de 500 livres attribuées à quelques fujets de la danfe de l'Académie royale de mufique, le nombre en étant fixé, je propoferai avec grand plaifir au Roi, lorfqu'il en viendra à vaquer, d'accorder cette nouvelle grâce au fieur Noverre.

Je vous prie, Monfieur, de lui remettre une copie de cette lettre, afin qu'elle puiffe lui fervir de titre.

Je fuis très-fincèrement, Monfieur, etc.

(*Archives nationales,* O¹, 634.)

O

LIVET (Louis-Hilaire d'), danseur. Il a joué entre autres rôles à l'Académie royale de musique : une Suivante de Bacchus, un Grec, dans *Thésée*, tragédie de Quinault, musique de Lulli, en 1675; une Vieille Fontaine, dans *Atys*, tragédie de Quinault, musique de Lulli, en 1676; un Matelot dansant, dans *Alceste, ou le Triomphe d'Alcide*, tragédie de Quinault, musique de Lulli, reprise en 1678.

(*Dictionnaire des théâtres.*)

I

1683. — 19 juillet.

Plainte d'un maître à danser contre Louis-Hilaire d'Olivet qui voulait lui interdire l'exercice de sa profession.

L'an 1683, le lundi 19 juillet, sur les deux heures de relevée, est comparu en l'hôtel et par-devant nous Charles Bourdon, etc., Antoine Desforges, maître à danfer en cette ville de Paris, y demeurant rue St-André-des-Arts, à la porte de Buffy : Lequel nous a dit et fait plainte que cejourd'hui matin étant à montrer à danfer au fieur de Vaucourt, gendarme de la garde du Roi, demeurant chez M. le comte de Razilli, officier dans le régiment des gardes françoifes, rue du Battoir, le nommé Dollivet, foi-difant de l'Académie de danfe, armé d'une épée, avec un autre particulier inconnu au plaignant, feroient entrés dans la chambre où le plaignant montroit à danfer afin de lui faire infulte ; ledit Dollivet ayant d'abord dit audit fieur de Vaucourt que le plaignant n'avoit nul droit de montrer à danfer et qu'il lui défendoit d'apprendre de lui, le menaçant, s'il continuoit, de l'en empêcher : ce qui auroit fort furpris le plaignant qui eft maître à danfer en cette ville depuis plus de fept ans et montre depuis plus de vingt ans fans que perfonne l'en ait jamais empêché, non plus que les autres maîtres à danfer qui ont tous cette permiffion depuis plus de 400 ans. Ayant dit audit Dollivet que fon procédé étoit extraordinaire et qu'il ne pouvoit empêcher le plaignant de montrer à danfer en cette ville à toutes fortes de perfonnes chez lefquelles il peut aller, de même que les autres maîtres à danfer, ou bien peut montrer chez lui ainfi qu'ils ont toujours fait de tout tems ; nonobftant ce, ledit Dollivet et particulier, qui n'étoient accompagnés d'aucun officier, n'auroient laiffé, en faifant grand bruit et défordre dans la maifon où étoit le plaignant, de dire qu'ils ne vouloient pas que le plaignant montrât à danfer audit fieur de Vaucourt. Ce qu'ils auroient empêché de faire, en menaçant même le plaignant qui auroit voulu les mener chez nous commiffaire, pour voir en vertu de quoi ils lui faifoient cette infulte. Lequel Dollivet et particulier, au lieu d'y venir, auroient fait grand bruit et défordre et fcandale dans ladite maifon et empêché le plaignant de continuer à montrer à danfer audit fieur de Vaucourt, lequel avoit choifi le plaignant comme un des plus habiles du royaume pour la danfe. Et d'autant qu'une telle action n'eft à tolérer et que cela porte un préjudice notable au plaignant, ledit Dollivet et particulier ayant crié tout haut dans ladite maifon, même dans la rue, et dit que le plaignant n'avoit nul droit et ne pouvoit, non plus que les autres maîtres à danfer de cette ville, montrer à danfer à qui que ce foit, ayant même dit audit fieur de Vaucourt (comme s'il avoit eu quelque autorité fur lui), qu'il lui défendoit d'apprendre à danfer du plaignant, ce qui marque un deffein prémédité de faire infulte au plaignant qui a toujours eu, ainfi que les autres maîtres joueurs d'inftrumens et à danfer de cette ville, permiffion de montrer à danfer dans les maifons et chez eux; pourquoi le plaignant a été confeillé de nous rendre plainte du contenu ci-deffus.

Signé : BOURDON; ANTOINE DESFORGES.

(*Archives nationales,* Y, 10,722.)

II

1693. — 9 mars.

Plainte de Louis-Hilaire d'Olivet contre plusieurs individus qui l'avaient accablé de coups de poing sur la tête.

L'an 1693, le lundi neuvième jour de mars, fept heures du foir, en l'hôtel et par-devant nous Charles Bizoton, etc., eft comparu Louis-Hilaire d'Olivet, l'un des treize anciens de l'Académie royale de danfe et fecrétaire de ladite Académie, demeurant rue des Quatre-Vents, ayant l'œil gauche meurtri et enflammé, la lèvre enflée : Lequel nous a dit et fait plainte à l'encontre des nommés St-André, Germain, fon gendre, et Germain, fon frère, et nous a dit qu'y ayant affemblée cejourd'hui cinq heures de relevée à l'Académie royale de danfe chez le fieur Beauchamp (1) pour recevoir le fieur De-camp, maître de danfe de Madame, ancien élu à l'Académie au lieu et place du fieur Galand fuivant l'ordre du Roi fignifié au plaignant cejourd'hui matin, ils fe font rendus à l'Académie où l'on auroit formé quelques converfations parce que l'on avoit, au mois de novembre dernier, reçu ledit Germain, gendre de St-André, ancien de ladite Académie au lieu et place dudit Galand, ce qui auroit caufé que ledit Decamp n'a pas été reçu, lefdits St-André et Germain frères ont prétendu que ledit plaignant avoit follicité et furpris l'ordre du Roi avec ledit Decamp pour recevoir ledit Decamp au préjudice dudit Germain, gendre de St-André, ce qui n'eft pas vrai, fauf correction. Et quoique ledit plaignant leur eût bien fait entendre qu'il n'y participoit aucune-

---

(1) Pierre Beauchamps, né vers 1630, compositeur des ballets de la Cour, avait été le maître de danse de Louis XIV. Il mourut en 1695. On trouve d'intéressants détails sur lui dans la préface du livre intitulé : *le Maître à danser,* publié en 1748, par Rameau, maître de danse des pages de Sa Majesté Catholique : « Lully, y est-il dit, qui dès fa première jeuneffe s'étoit attaché à la Cour de Louis le Grand, oublia en quelque forte fa patrie et fit fi bien, par fes travaux, que la France triompha fans peine et pour toujours de l'Italie par le charme de ces mêmes fpectacles que Rome et Venife avoient inventés. Il ne fe borna pas à leur donner tout l'éclat que la mufique pouvoit fournir ; comme il étoit obligé de repréfenter des triomphes, des facrifices, des enchantemens et des fêtes galantes qui exigeoient des airs caractérifés par la danfe, il fit choix de tout ce que la France avoit de plus habiles danfeurs. Beauchamps, qui étoit pour lors compofiteur des ballets du Roi, comme Lully l'étoit de la mufique, fut choifi pour compofer les danfes de l'Opéra. Je ne puis trop donner de louanges à la jufte réputation qu'il s'eft acquife. Ses premiers effais furent des coups de maître, et il partagea toujours légitimement les fuffrages que le muficien s'attiroit de plus en plus. Il étoit fçavant et recherché dans fa compofition et il avoit befoin de gens habiles pour exécuter ce qu'il inventoit : heureufement pour lui qu'il y avoit dans Paris et à la Cour les danfeufes les plus habiles, etc., etc. »

ment, ils n'ont pas laiffé de s'emporter contre le plaignant qu'ils ont traité avec
la dernière indignation et notamment l'ont appelé fripon, coquin, fcélérat;
enfuite ledit Germain le jeune lui a porté un foufflet et auroit continué, fe-
condé defdits St-André et Germain l'aîné, de lui porter plufieurs coups de
poing au vifage et autres parties du corps et l'ont réduit comme il nous paroît ayant forti quantité de fang de l'excoriation qu'il a au-deffus de l'œil
gauche et l'auroient excédé davantage fi tous ceux qui étoient en ladite affemblée ne les euffent fait retirer et en ce faifant a ouï qu'ils lui ont fait des menaces réitérant leurs injures. Et pendant ces outrages ledit fieur Beauchamp,
accompagné des fieurs Delorge, Balon (1), d'intelligence avec lefdits fieurs
St-André, Germain, ont enlevé furtivement le coffre, regiftres et papiers qui
concernent ladite Académie et dont le plaignant eft chargé fans lui en parler
ni lui en donner aucune décharge. C'eft le fujet pour lequel il nous rend
plainte.

Signé : Bizoton; d'Olivet.

(*Archives nationales*, Y, 13,179.)

(1) François Ballon, maître de l'Académie royale en fait de danse, né vers 1644.

P

ARISOT (Jean-Antoine), musicien. Il était basson
à l'orchestre de l'Opéra, depuis 1773.

(Les Spectacles de Paris.)

1788. — 4 juin.

Vol commis chez René-Jean-Antoine Parisot.

L'an 1788, le mercredi 4 juin, une heure de relevée, en notre hôtel et par-
devant nous Jean-Baptiste Dubois, etc., eſt comparu ſieur René-Jean-Antoine
Pariſot, muſicien attaché à l'Opéra, demeurant à Paris, rue Neuve-des-Petits-Champs, vis-à-vis la bibliothèque du Roi, maiſon du ſieur Boitel, paroiſſe
St-Roch : Lequel nous a déclaré qu'avant-hier à dix heures du matin, il eſt
ſorti de l'appartement qu'il occupe au 6ᵉ étage de la maiſon où il demeure
après en avoir fermé la porte à double tour. Lorſqu'il eſt rentré à minuit, il a
trouvé ſa porte ſeulement fermée au pêne et s'eſt aperçu que dans la journée
on s'eſt introduit dans ſon appartement et qu'on lui avoit pris dans une commode dont la clef étoit après et placée dans un petit ſalon trois habits, l'un de
drap de couleur œil-de-corbeau avec boutons de nacre de perle, et les deux

autres de foie rayés de différentes couleurs, à boutons pareils, quatre gilets dont un de mouffeline des Indes doublés en taffetas bleu avec un effilé bleu et blanc tout autour, un autre de velours cifelé violet, un autre d'étoffe de foie moirée couleur orange et le quatrième de fénardine noire avec effilé de même couleur, une culotte de drap de foie noire, une autre de taffetas auffi noir à boutons d'acier et une de fénardine noire, fix chemifes garnies de mouffeline, cinq mouchoirs blancs dont trois de batifte et les deux autres de toile, douze cols de mouffeline, le tout marqué de la lettre P en coton rouge à l'exception de deux mouchoirs, quatre paires de bas de foie dont deux blanches, une noire et une rayée bleu et blanc, une paire de boucles de fouliers à tours d'argent unies et en façon de grille, une garniture de vingt petits boutons de criftal émaillés bleu avec les anneaux, trois paires de manchettes de mouffeline dont une garnie d'effilés, une autre paire de manchettes de dentelle valencienne montée après une defdites chemifes et la fomme de 36 livres en argent.

Dont et de quoi le comparant nous fait la préfente déclaration.

Signé : Parisot ; Dubois.

(Archives nationales, Y, 12,643.)

PASQUIER (Madeleine-Claude), chanteuse.

1715. — 6 octobre.
1716. — 7 juin.

Plaintes de Mˡˡᵉ Madeleine-Claude Pasquier contre son beau-père qui l'avait insultée, battue, volée et lui avait fait manquer un mariage.

L'an 1715, le 6ᵉ jour d'octobre, neuf heures du matin, par-devant nous Louis-Jérôme Daminois, en notre hôtel, eft comparue demoifelle Madeleine-Claude Pafquier, fille, de l'Académie royale de mufique, demeurante rue St-Nicaife avec la dame fa mère, remariée au fieur Lefuel, ci-devant dans les aides à Beauvais : Laquelle nous a fait plainte contre ledit fieur Lefuel et dit que depuis cinq mois qu'il a quitté fondit emploi pour venir demeurer avec elles, il ne s'eft occupé qu'à les chagriner et maltraiter quoique logé, nourri,

blanchi et entretenu à leurs frais fans contribuer d'un fol à fa dépenfe ni à
aucune autre du ménage, pas même du loyer de leur appartement ; que le fieur
de Lacofte, maître de mufique de ladite Académie royale, ayant recherché
pour mariage la plaignante de l'agrément de fadite mère et dans le tems que
ledit fieur Lefuel étoit à fon emploi qui, fur ce que la mère de la plaignante
et elle lui en avoient écrit, avoit agréé fa recherche, a conçu depuis qu'il eft
à Paris une haine mortelle contre ledit fieur de Lacofte et mis tout en ufage
pour empêcher ledit mariage et a été caufe, par fes mauvaifes manières, que
ledit fieur de Lacofte s'eft retiré tout à fait ; qu'il y a quinze jours la plaignante
et fadite mère ont été retenues pour fouper chez le fieur Degreil, leur ami et
dudit fieur Lefuel, demeurant rue des Lombards, de chez lequel la mère
d'elle plaignante écrivit audit fieur Lefuel pour le prier, de fa part, d'y venir
fouper en lui marquant qu'il les avoit retenues ; que ledit fieur Lefuel n'eft
venu chez ledit Degreil qu'à neuf heures et demie, s'eft tenu dans la cour
fans monter en fon appartement et fans aucun ménagement a traité tout
haut, de ladite cour, la plaignante et fa mère de « p......, g..... »,
avec des épithètes les plus affreufes que la pudeur ne permet pas à la plaignante de nous répéter et s'en alla en leur faifant mille menaces. Et quoique
la plaignante et fadite mère n'aient pas été plus de demi-heure après fon départ à revenir à leur logis, la plaignante a été, ainfi que fadite mère, furprife
de trouver en y arrivant le deffus de fa commode de marqueterie, dont elle
avoit la clef, forcé, le tiroir d'en haut d'icelle, qu'elle avoit bien fermé, ouvert par ledit fieur Lefuel : et ayant regardé en icelui, l'a été bien davantage de voir que ledit fieur Lefuel lui a mal pris et volé fes deux montres,
l'une à répétition, à boîte, cadran, chaîne, crochet et cachet d'or, l'autre plus
petite à boîte d'écaille garnie d'or et de petits diamans fins autour du cercle,
garnie d'un portrait d'homme en émail, à chaîne et crochet de tombac ; la
première defquelles la plaignante déclare avoir acheté 800 livres du fieur
Civry, horloger, le 12 feptembre 1714, dont il lui a donné quittance et la
feconde lui avoir été donnée par Son Alteffe Électorale de Cologne, depuis
ledit achat, pour avoir été chez lui à un concert ; fes deux boucles d'oreilles,
garnies chacune de quatre diamans fins en pendeloques, qu'elle déclare avoir
achetées du fieur Deroche, lapidaire, 500 livres ; fes deux boucles de fouliers
garnies de huit diamans fins, qu'elle déclare avoir achetées 110 livres du fieur
Pierre, auffi lapidaire ; fes cifeaux d'Angleterre dont les anneaux font d'or et
l'étui doublé, garni de bords et clous d'or, valant 300 livres ; fa tabatière
d'écaille noire garnie de clous et charnières d'or, valant 50 livres ; plus un
paquet compofé de franges, galons et rubans d'or et argent valant au moins
100 livres et un paquet de plufieurs dentelles de Malines à brides et à réfeaux
de différentes largeurs, toutes neuves, non encore montées, valant au moins

1,200 livres. La plaignante, furprife d'un tel défordre, a appris de Cécile Joubert, leur fervante, et de la nommée Gaudon, filleule de la mère d'elle plaignante, demeurante avec elles, que ledit fieur Lefuel étoit rentré il y avoit deux heures comme un furieux et avoit ouvert avec un ferrement la fufdite commode et y auroit pris ce que bon lui avoit femblé et depuis, quelques prières qu'elle plaignante et fadite mère ayant faites et fait faire par leurs amis audit fieur Lefuel de lui rendre les chofes fufénoncées, elle n'a pu ravoir de lui que fes boucles d'oreilles et de fouliers et fon paquet de dentelles. Pourquoi elle a été confeillée de nous rendre la préfente plainte.

Signé : M. C. Pasquier ; Daminois.

Et le dimanche, fept juin 1716, huit heures du matin, par-devant nous commiffaire fufdit et en notre hôtel, eft comparue ladite demoifelle Madeleine-Claude Pafquier, bleffée d'une contufion au coude du bras gauche, dont elle nous a fait apparoir, et d'une enflure qui règne jufqu'au bout des doigts, dont elle nous a dit reffentir de grandes douleurs qui lui empêchent le mouvement du bras : Laquelle, en cet état, nous a fait plainte contre ledit Lefuel, fon beau-père et dit qu'hier, dix heures du foir, après avoir foupé avec fa mère et lui, chez lui, la plaignante ferra fes habits dans fon armoire qu'elle ne put refermer qu'avec peine; que ledit Lefuel, fâché du foin qu'elle fe donnoit de la refermer, lui dit d'un ton brufque qu'elle laiffât fadite armoire; que lui ayant répondu qu'elle étoit bien aife de la refermer avant de fe coucher, il l'a prife rudement par le bras, voyant qu'elle continuoit à la vouloir fermer, et l'a jetée à dix pas fur le plancher en la traitant des injures les plus atroces. La plaignante n'ayant pu, fe voyant ainfi maltraitée fans fujet, s'empêcher de le traiter de brutal, il eft revenu fur elle, lui a donné plufieurs foufflets et coups de pied par le corps. La plaignante s'étant faifie d'un petit bâton pour l'empêcher de continuer, il le lui a arraché des mains et lui en a donné au moins dix coups de toute fa force partout le corps et notamment fur ledit bras gauche. La plaignante a été obligée de crier au fecours; les voifins font venus à fes cris dans la chambre et l'ont vue meurtrie, ont blâmé ledit Lefuel et l'ont engagé de rentrer dans fa chambre et ont fait coucher la plaignante qui a été confeillée de venir nous rendre plainte.

Signé : M. C. Pasquier ; Daminois.

(*Archives nationales*, Y, 11,647.)

PERRIER (Nicolas), chanteur. Il quitta l'Opéra en 1767, avec une pension de 300 livres.

(Les Spectacles de Paris.)

1772. — 24 janvier.

Nicolas Perrier et sa femme se plaignent des mauvais propos et des calomnies de leur servante qu'ils ont été obligés de chasser.

L'an 1772, le vendredi 24 janvier, dix heures du matin, en l'hôtel et par-devant nous Bernard-Louis-Philippe Fontaine, etc., font comparus fieur Nicolas Perrier, penfionnaire de l'Académie royale de mufique, et dame Marie-Madeleine-Henriette Daouft, fon époufe qu'il autorife à l'effet des préfentes, demeurant rue du Jour, paroiffe St-Euftache : Lefquels nous ont dit qu'il y a environ deux mois ils ont pris à leur fervice la nommée Colette, fille domeftique ; que depuis quelque tems ils ont entendu dire fur leur compte différens propos offenfans dont ils ignoroient les auteurs ; que lundi dernier ladite Colette a dit au comparant d'un air de bonne foi que fon époufe étoit une coquine et une malheureufe, qu'elle l'avoit trouvée en flagrant délit avec une perfonne qui vient chez eux et l'a engagée de lui garder le fecret fur ce qu'elle lui difoit ; que d'après ces faux rapports il s'eft paffé entre le comparant et fon époufe des fcènes fort défagréables jufqu'au moment où il a reconnu la fauffeté de tous ces propos ; qu'alors, pour en empêcher les fuites, ils ont pris le parti de mettre hier ladite Colette à la porte de leur maifon : mais que cette fille, outrée d'être découverte dans fes calomnies, les a injuriés l'un et l'autre publiquement et a, entre autres, dit hautement dans la cour de la maifon que la comparante étoit une « p..... publique » et autres injures atroces ; qu'ils l'ont congédiée et ont appris qu'elle s'eft retirée chez une de fes fœurs, qui eft vitrière et demeure rue Mazarine. Et comme ils ont intérêt d'avoir juftice de pareilles injures et calomnies, ils font venus par-devant nous à l'effet de nous rendre plainte.

Signé : DAOUST ; PERRIER ; FONTAINE.

(Archives nationales, Y, 13,124.)

PESLIN (Marguerite-Angélique), danseuse, née à Berlin le 25 novembre 1748. Elle débuta à l'Académie royale de musique le 14 juin 1761 et s'y fit remarquer par son agilité et la précision de sa danse. Elle dansa pendant près de vingt-cinq ans et parut non sans gloire à côté de Mlles Allard, Guimard, Heinel et Théodore. En 1783, envahie par un incommode embonpoint, elle parut moins souvent au théâtre, et le comité qui régissait alors l'Opéra la mit d'office à la retraite. L'intervention de Mme Saint-Huberti et de Mlle Guimard retarda d'une année l'exécution de cette mesure, et elle n'abandonna la scène qu'à la clôture de Pâques de l'année 1784, avec 1,500 livres de retraite.

Depuis 1781, elle jouissait d'une pension de pareille somme sur le trésor royal, en qualité d'ancienne danseuse des ballets de la Cour.

En 1780, le sculpteur Merchi fit la statuette en talc de Mlle Peslin; elle était représentée en bacchante.

Elle a dansé à l'Académie royale de musique dans les opéras ou ballets dont les titres suivent: *les Indes galantes,* ballet de Fuzelier, musique de Rameau, repris en 1762, 1770 et 1772 (rôle d'une Polonaise); *l'Opéra de société,* ballet de Mondorge, musique de Giraud, en 1762; *Polyxène,* tragédie de Joliveau, musique de Dauvergne, en 1763; *Naïs,* ballet de Cahusac, musique de Rameau, repris en 1764; *Tancrède,* tragédie de Danchet, musique de Campra, reprise en 1764 (rôle d'une Mauresque); *le Devin du Village,* intermède de Jean-Jacques Rousseau, repris en 1765 et en 1772 (rôle d'une Pastourelle); *les Fêtes de l'Hymen et de l'Amour,* ballet de Cahusac, musique de Rameau, repris en en 1765; *les Fêtes de Thalie,* ballet de La Font, musique de Mouret, repris en 1765 et en 1775; *Hypermnestre,* tragédie de La Font, musique de Gervais, reprise en 1765; *Thésée,* tragédie de Quinault, musique de Lulli, reprise en 1765 (rôles d'une

Furie et d'une Bergère); *Aline, reine de Golconde*, ballet de Sedaine, musique de Monsigny, en 1766, repris en 1772 ; *les Fêtes lyriques,* fragments de divers auteurs, repris en 1766 ; *Silvie,* ballet de Laujon, musique de Berton et Trial, en 1766 (rôles d'une Nymphe et d'Ariane) ; *Zélindor, roi des Sylphes,* ballet de Moncrif, musique de Rebel et Francœur, repris en 1766 (rôle d'une Sylphide) ; *la Terre,* acte des *Éléments,* ballet de Roy, musique de Destouches, repris en 1767 (rôle d'une Pastourelle) ; *Ernelinde,* tragédie de Poinsinet, musique de Philidor, en 1767 ; *Hippolyte et Aricie,* tragédie de Pellegrin, musique de Rameau, reprise en 1767 (rôle d'une Chasseresse) ; *Théonis,* ballet de Poinsinet, musique de Berton et Trial, en 1767 ; *Daphnis et Alcimadure,* pastorale de Mondonville, reprise en 1768 ; *Titon et l'Aurore,* ballet de La Marre, musique de Mondonville, repris en 1768 ; *la Vénitienne,* comédie de La Motte, musique nouvelle de Dauvergne, reprise en 1768 ; *Énée et Lavinie,* tragédie de Fontenelle, musique nouvelle de Dauvergne, reprise en 1769 (1) ; *les Fêtes grecques et romaines,* ballet de Fuzelier, musique de Colin de Blamont, repris en 1770 ; *la Danse,* acte des *Talents lyriques,* ballet de Mondorge, musique de Rameau, repris en 1770 ; *Zaïde,* ballet de La Marre, musique de Royer, repris en 1770 ; *la Cinquantaine,* ballet de Desfontaines, musique de La Borde, en 1771, repris en 1772 ; *la Fête de Flore,* ballet de Saint-Marc, mu-

---

(1) En 1769, Mlle Peslin fit une grave maladie qui faillit l'emporter. On lit à ce sujet dans les *Mémoires secrets,* le passage suivant : « L'Opéra eft à la veille de perdre Mlle Peflin, danfeufe renommée pour la vigueur de fon jarret et par fon exécution précife. Elle fervoit de pendant à Mlle Allard et la doubloit quelquefois; mais fa figure étoit peu propre à répandre comme l'autre la joie et la lubricité. Une maladie de femme qui annonce qu'elle éprouvoit fouvent ces fentimens qu'elle n'infpiroit pas, la réduit à un état d'inaction bien oppofé à la danfe. Elle a eu le bonheur de plaire à M. le prince de Conti qui l'a mife heureufement dans un état d'aifance confidérable. » Le même recueil publie, à la date du 12 août 1772, l'anecdote fuivante, tout à l'honneur de notre danfeufe : « Tout l'Opéra, tout le monde galant ont été émerveillés de l'acte d'héroïfme amoureux que vient de déployer Mlle Peflin. Cette célèbre danfeufe, fort attachée à M. le marquis de Fleury, ayant appris par M. le duc de Chartres fon combat fingulier (avec un officier du régiment de Touraine) et fa bleffure dangereufe, a voulu partir fur-le-champ et fe rendre auprès de cet amant chéri. Les directeurs s'y font oppofés et lui ont refufé un congé. Elle a paru difpofée à paffer outre ; on l'a menacée de la faire arrêter ; rien n'a pu contenir fon zèle et elle étoit en route lorfqu'elle a été furprife et ramenée. »

sique de Trial, en 1771 ; *Médée et Jason,* ballet de Noverre,
intercalé dans *Ismène et Isménias,* tragédie de Laujon, musique
de La Borde, en 1771 (rôle de la Jalousie) ; *Pyrame et Thisbé,*
tragédie de La Serre, musique de Rebel et Francœur, reprise en
1771 ; *Adèle de Ponthieu,* tragédie de Saint-Marc, musique de
Berton, en 1772 ; *l'Union de l'Amour et des Arts,* ballet de Le
Monnier, musique de Floquet, en 1773 ; *Azolan,* ballet de
Le Monnier, musique de Floquet, en 1774 ; *le Carnaval du Parnasse,* ballet de Fuzelier, musique de Mondonville, repris en
1774 ; *Iphigénie en Aulide,* tragédie du bailli du Roullet, musique de Gluck, en 1774 ; *Sabinus,* tragédie de Chabanon, musique
de Gossec, en 1774 ; *Céphale et Procris,* tragédie de Marmontel,
musique de Grétry, en 1775 ; *Philémon et Baucis,* ballet de Chabanon, musique de Gossec, en 1775 ; *Thésée,* tragédie de Quinault,
musique nouvelle de Gossec, reprise en 1782 ; *la Chercheuse
d'esprit,* ballet de Gardel aîné, en 1778, repris en 1783 (rôle
de Mᵐᵉ Mâdré, riche fermière); *Alceste,* tragédie du bailli du
Roullet, musique de Gluck, reprise en 1779 ; *Amadis,* tragédie
de Quinault, musique nouvelle de Bach, reprise en 1779 ; *l'Embarras des richesses,* opéra de d'Alainval et Lourdet de Santerre,
musique de Grétry, en 1782 ; *Péronne sauvée,* opéra de Sauvigny, musique de Dézaides, en 1783 ; *la Rosière,* ballet de Gardel
aîné, en 1783 (rôle de la Mère de la Rosière).

Mˡˡᵉ Peslin était encore vivante en 1789.

(*Mercure de France.* — *Mémoires secrets,* IV, 192;
XV, 194; XXIV, 199. — *Mémoires de* Mᵐᵉ *Lebrun,* I, 133. — *Archives nationales,* O¹, 630.)

I

1781. — 1er janvier.

Brevet d'une pension de 1,500 livres accordée par le Roi à Mlle Marguerite-Angélique Peslin.

Brevet d'une penſion de 1,500 livres en faveur de la demoiſelle Marguerite-Angélique Peſlin, née le 25 novembre 1748, à Berlin, et baptiſée le même jour dans l'égliſe catholique de cette ville, laquelle penſion lui eſt accordée ſur le tréſor royal, à titre de retraite, en conſidération de ſes ſervices en qualité de danſeuſe des ballets du Roi.

PIÈCE JOINTE AU BREVET.

Certificat de vie délivré par-devant notaire, à Mlle Marguerite-Angélique Peslin.

Aujourd'hui eſt comparue par-devant les conſeillers du Roi, notaires à Paris ſouſſignés, demoiſelle Marguerite-Angélique Peſlin, fille majeure, penſionnaire du Roi, demeurant à Paris ſur le boulevard de la Chauſſée-d'Antin, paroiſſe St-Euſtache, laquelle a requis leſdits notaires, qui la certifient vivante, de lui donner acte de ſon exiſtence, ce qui lui a été par eux octroyé.

Fait et paſſé à Paris en l'étude, le treize juin mil ſept cent quatre-vingt-un.

Signé : M.-A. PESLIN ; ALEAUME ; LEMIRE.

(*Archives nationales,* O 1, 684.)

II

1783. — 8 avril.

Lettre de M. de La Salle à Mlle Marguerite-Angélique Peslin.

Le Comité me charge, Mademoiſelle, d'avoir l'honneur de vous annoncer que le miniſtre vous a accordé une penſion de 2,000 livres de retraite ; ſavoir : 1,500 livres de penſion et 500 livres de gratification annuelle, vu vos bons

fervices. Le miniftre a encore été très-aife de vous accorder encore la jouiffance de votre place pendant toute l'année dernière, quoique vous ne lui euf-
fiez demandé qu'une feule année après la retraite de Mlle Allard.

Le miniftre, pour vous donner, Mademoifelle, une marque plus particulière
de fa bienveillance, veut bien vous accorder, en outre, fur la demande du
Comité, une gratification particulière de cent piftoles qui vous fera payée
dans le courant de la préfente année 1783 à 1784.

(Archives nationales, O, 637.)

III

1783. — 13 avril.

*Lettre de Mme St-Huberti au ministre de la maison du Roi, à propos de la retraite
de Mlle Marguerite-Angélique Peslin.*

Monfeigneur, à mon retour de Lille j'apprends que le Comité a envoyé à
Mlle Peflin fa démiffion. Je fais que vous n'êtes pas inftruit de la manière malhonnête avec laquelle il s'y eft pris et ces Meffieurs ignorent combien peu ils
font faits pour s'ériger en maîtres; nous n'en défirons que de fupérieurs à
nous. Auffi, Monfieur, j'ai recours à votre juftice pour révoquer l'arrêt porté
par ces Meffieurs contre Mlle Peflin. Ils ofent fe fervir de votre nom pour
faire des infamies; ils favent auffi bien que moi combien elles font éloignées
de votre penfée, mais ils imaginent que perfonne n'aura la hardieffe de vous
repréfenter la leur. Ma franchife et l'amour du bien me font mettre fous vos
yeux ce que beaucoup de mécontens n'ofent faire. J'efpère qu'en faveur de
ces deux objets, Monfeigneur voudra bien s'éclaircir du fujet qui me fait l'im-
portuner et nous rendre nos droits fans nous humilier en les recevant par
d'autres que par nos fupérieurs qui font feuls faits pour nous diriger.

(Archives nationales, O¹, 637.)

IV

1783. — 16 avril.

Lettre de Mlle Marguerite-Angélique Peslin au ministre de la maison du Roi,
relativement à sa retraite.

Monfeigneur, le public ne m'ayant témoigné en aucune manière que je lui
déplaifois, j'ai imaginé ne devoir point demander ma retraite et, d'après cela,
ne la point recevoir du Comité, avec lequel je n'ai rien à démêler et qui n'a
point le droit de donner des congés à qui que ce foit. Mon intention étoit de
refter encore à l'Opéra cette année et enfuite de faire accepter ma démiffion
pour Pâques en un an. Vous êtes trop jufte, Monfieur, pour fouffrir que les
gens à talens éprouvent de ces défagrémens marqués et que des camarades
prennent le droit de difpofer des places qui ne doivent être vacantes qu'autant
qu'un fujet, qui fait encore plaifir, veut bien fe défifter de fa place en faveur
d'autres fujets. Je compte donner ma démiffion à Pâques en un an, mais je ne
veux point l'accepter cette année. Comme je fais, Monfieur, que ces infamies
fe font fans vos ordres, je prends la liberté de vous les repréfenter, étant bien
perfuadée qu'étant le protecteur des arts vous ferez leur défenfeur contre
toute efpèce d'humiliation.

(*Archives nationales*, O¹, 637.)

V

1783. — 19 avril.

Lettre du ministre de la maison du Roi à Mme St-Huberti, à propos de la retraite
de Mlle Marguerite-Angélique Peslin.

Si je me détermine à faire quelque chofe en faveur de la demoifelle Peflin,
Madame, je vous affure que c'eft uniquement à votre confidération et vu l'intérêt que vous prenez à elle. Je fuis feulement étonné que vous vous foyez
chargée de me faire paffer une lettre auffi extraordinaire que celle de la de-

moifelle Peflin. Elle doit favoir que le Comité ne donne aucun ordre que
ceux qui font émanés de moi et elle doit croire, par refpect pour moi, que je
ne les donne qu'en connoiffance de caufe et, qu'au défaut d'un directeur, il
faut bien que le Comité qui le repréfente faffe exécuter mes ordres ainfi que
les règlemens, puifqu'il eft refponfable et qu'il doit veiller au bien de l'adminiftration et aux économies qui intéreffent tous les fujets partageans avec
le même foin et la même attention que pourroit faire un entrepreneur particulier pour fes intérêts s'il réuniffoit la direction à l'entreprife. La demoifelle
Peflin doit fe fouvenir de plus que, lorfque j'ai mis à la penfion la demoifelle Allard, dont le talent étoit au moins égal au fien, cette dernière ne s'eft
pas crue en droit de réclamer contre ma décifion et qu'enfin fi j'ai bien voulu
confentir qu'elle reftât encore un an à l'Opéra, c'étoit uniquement par grâce
et je me fuis prêté à lui accorder encore cette faveur l'année dernière. Il eft
donc étonnant que, regardant la demoifelle Peflin comme ayant fon congé
depuis Pâques 1781, elle ait l'air d'annoncer qu'elle fe détermine à demander
la retraite qu'elle a depuis deux ans déjà, pour Pâques 1784. Je vous prie de
l'affurer que ce ton n'étoit point fait pour réuffir auprès de moi fi vous ne fol-
licitiez pas pour elle et fi je ne défirois vous donner dans cette occafion une
nouvelle preuve de mes fentimens pour vous.

(*Archives nationales,* O¹, 637.)

PETIT (MARIE-ANTOINETTE), danseuse. Elle débuta, tout
enfant, en 1722 à l'Académie royale de musique, d'où elle
fut chassée au mois de décembre 1740, sur la dénonciation d'une
chanteuse, Mᴵˡᵉ Louise Jacquet, pour avoir été surprise dans un
tête-à-tête trop intime avec le marquis de Bonnac. Mᴵˡᵉ Petit
répandit alors dans Paris un essai de justification dû à la plume
de La Mare, auteur de *Zaïde*, intitulé : *Factum pour Mᴵˡᵉ Petit,
danseuse de l'Opéra révoquée, complaignante au public,* et qui est
ainsi conçu :

Meffieurs, c'eft avec autant de douleur que de honte que je me vois réduite
à emprunter la plume d'un ami pour me défendre contre mes perfécuteurs et

contre mon accufatrice. J'efpère encore affez des uns et je méprife trop l'autre pour les nommer ; le public les connoît, il fera notre juge. Je fuis cette danfeufe qu'on a, dit-on, furprife fous le théâtre de l'Opéra, telle que Vénus et Mars furent expofés aux yeux de l'Olympe affemblé, dans les rets de Vulcain. Le témoin prétendu de mon infamie (1) reffemble affez par la noirceur de fon teint et la difformité de fa taille à ce chef des Cyclopes. Son âme eft bien digne du corps qu'elle occupe ; elle a tous les vices de fon état et n'en a pas les vertus. Il eft d'ufage parmi nous de s'accorder une indulgence réciproque en matière de galanterie. Cette difcrétion politique eft abfolument néceffaire à l'intérêt commun ; fans cela nous ferions tour à tour dupes de nos vengeances et les hommes cefferoient d'être les nôtres. J'avouerai que je ne voulois entrer à l'Opéra que dans la vue d'imiter mes compagnes et d'arriver comme elles au bonheur par la route du plaifir. Je fuis jeune, bien faite et d'une affez jolie figure ; j'ai les yeux petits mais vifs, et ma mère, qui s'y connoît, dit qu'ils en valent bien de plus grands. Tous mes amis follicitèrent donc pour moi une place dans les chœurs et je l'obtins à force de crédit. Je comptai dès lors ma fortune affurée. Nous fommes fur le théâtre ce que les fermiers généraux font dans les finances : nous commençons de même ; ils s'intéreffent dans plus d'une affaire, nous n'avons jamais qu'une feule intrigue. Ils doivent l'alliance des grands à leur richeffe, nous la devons à nos appas. Ils facrifient leurs amis à l'intérêt, nous lui facrifions nos amans. Un trait de plume leur vaut cent mille livres, une faveur accordée nous en vaut quelquefois davantage. Ils font des traités captieux, les nôtres font équivoques. Le goût du plaifir nous mène à la prodigalité, le fafte les rend diffipateurs. Deux chofes nous différencient : ils s'endurciffent pour théfaurifer, nous nous attendriffons pour nous enrichir. Ceux qu'ils ruinent les maudiffent, ceux que nous ruinons nous adorent. Vous voyez, Meffieurs, que je connoiffois toutes les prérogatives de ma place et que j'aurois bientôt acquis le peu qui me manquoit pour la remplir dignement. J'ai peu d'efprit ; mais en faut-il beaucoup quand on a le refte ? Et d'ailleurs, le théâtre n'en donne-t-il pas ? Hélas ! j'en aurois eu comme les autres fans la malheureufe aventure que la calomnie m'impute pour m'en enlever de brillantes. Je vais, Meffieurs, vous expofer le fait qui a fervi de bafe aux impoftures de mon accufatrice. J'arrivai fur les trois heures à l'Opéra avec ma coiffeufe. Le tailleur étoit dans la loge. M.., protecteur-né de toutes les filles qui commencent, étoit venu affifter à ma petite toilette et me débitoit mille jolies chofes fur l'éclat de mon teint, la blancheur de ma peau et la fineffe de ma taille. J'écoutois avec plaifir ce qu'il me difoit avec confiance. Un ufage de vingt ans donne bien de la

---

(1) Mlle Louise Jacquet.

facilité pour le débit. M. de..... (1) qui paffa vis-à-vis de ma loge, m'aperçut et me fouhaita le bonfoir ; je lui répondis en fille bien née. Un homme de qualité ne veut pas être en refte de politeffe. Il entra dans ma loge et me dit des folies auxquelles je répliquois avec fageffe. Enfin, il m'enfila de converfation et nous nous donnâmes, en badinant, quelques coups. J'avois eu le dernier ; je courus après lui dans le deffein de me venger. Il me demanda grâce et me baifa la main ; je m'apaifai. La..... (2), qui paffa en cet inftant, feignit de prendre les préliminaires pour la chofe même. Elle alla fur le théâtre annoncer fes lubriques vifions à Mlle Cartou (3), qui refufa de la croire et qui lui confeilla, la chofe fuppofée vraie, d'en fupprimer le fcandale qui ne pouvoit manquer de rejaillir fur tout le corps. Les méchans n'écoutent point de confeils. Elle raconta le fait à des efprits moins bons et plus crédules fur le compte du prochain. Quand je parus dans les couliffes, on vint me regarder ; on fe parla bas, on rit fous cape. Je m'aperçus que j'étois l'objet de tout ce manége ; j'en demandai la raifon et je l'appris avec toute l'indignation que donne le témoignage de la confcience contre la calomnie. M. de T..... (4), galant, mais fubordonné, fut informé de l'hiftoire par une femme qu'il eft obligé de croire lors même qu'elle ment et je fus facrifiée à fa haine que j'ai encourue fans l'avoir jamais méritée.

Voilà le fait tel qu'il s'eft paffé. Examinons maintenant quel ordre on a obfervé dans l'arrêt de ma profcription. *Unus teftis, teftis nullus :* un feul témoin ne fait point de témoignage ; la loi eft formelle et triomphante en ma faveur. Je n'ai contre moi qu'un témoin, encore n'eft-ce qu'une fille, et quelle fille ! Meffieurs, il me faudroit toute fon impudence pour détailler l'hiftoire de fa vie. Ce que je vous dois, Meffieurs, auffi bien qu'à mon fexe, ne me permet pas de l'entreprendre. Il me fuffit de vous dire que fon amant lui-même l'avoit quittée il y a environ un an. M. Pibrac (5) fait bien pourquoi ; mais ces Meffieurs fe taifent par devoir et je me tais par bienféance. Si ma partie avoit penfé comme moi, je ne me verrois pas aujourd'hui forcée de la noircir pour me juftifier. Tel eft, Meffieurs, le témoin qui dépofe contre moi. Voyons fi ceux qui m'innocentent ne méritent pas au moins de balancer fa dépofition. Le tailleur de la loge ne m'a pas quittée et il nie le fait ; mais, me dira-t-on : 1° Vous avez acheté fon filence. Qu'on prouve la fubornation ; l'on a menacé ce pauvre homme de le chaffer, il a perfifté dans la négative et je ne fuis affurément pas en état de le dédommager de fon

---

(1) Bonnac.
(2) Jacquet.
(3) Chanteuse. Voyez plus haut l'article qui la concerne.
(4) Eugène de Thuret, ancien capitaine au régiment de Picardie, alors directeur de l'Opéra.
(5) Premier chirurgien de la Reine. Il demeurait rue Saint-Thomas-du-Louvre.

emploi s'il venoit à le perdre ; 2º fept autres témoins dépofent contre vous. Qu'on les produife, ces témoins ; qu'ils fe préfentent devant moi pour me confondre par une dépofition unanime et circonftanciée ! Suffit-il d'annoncer des témoins pour condamner un accufé ? La loi n'exige-t-elle pas qu'ils foient confrontés avec lui afin qu'il puiffe infirmer leur témoignage s'il fe trouve ·faux, ou qu'il foit forcé à l'aveu du crime, s'il eft coupable ? 3º La coiffeufe eft d'une profeffion fufpecte ; elle eft à vos gages. Elle n'eft point à mes gages, et quand ce feroit ? En matière criminelle, le témoignage des domeftiques eft reçu dans les tribunaux. La profeffion, à la vérité, eft fufpecte, mais fa per- fonne ne l'eft pas et fa dépofition eft d'un autre poids que celle de ma partie dont, heureufement pour moi, les hiftoires font avérées. M. D....., décoré des honneurs militaires et connu par fa probité, eft-il auffi un témoin fufpect de vénalité ? N'avoit-il pas même des raifons, non-feulement pour m'aban- donner, mais pour être le plus cruel de mes ennemis fi j'avois été coupable ? Il eft cependant le premier et le plus ardent de mes défenfeurs. Il a vu arri- ver M. de B.... (1) ; il a entendu fes propos et mes réponfes ; il a été témoin de mes actions ; rien de tout ce qui s'eft paffé entre nous ne lui a échappé. Un témoignage de cette efpèce eft, je crois, victorieux et doit rejeter fur mon accufatrice toute l'infamie dont elle a voulu me couvrir. Je ne demande point à rentrer à l'Opéra, il ne faut pas même que la femme de Céfar foit foup- çonnée, j'aurois trop à rougir du feul fouvenir de cette affreufe intrigue ; mais, Meffieurs, j'exige un acte de juftice de votre part que vous ne fauriez me refufer. Si la calomnie eft avérée, fifflez mon ennemie ; que vos avanies la forcent à chercher les ténèbres, afile du crime. Elle eft, en chanteufe, ce que je fuis en danfeufe ; vous perdrez peu à fes talens et vous aurez la fatif- faction d'être les vengeurs de l'innocence opprimée (2).

Mlle Petit rentra à l'Académie royale de musique en 1742 (3) et se retira définitivement en 1746.

Voici la liste, aussi complète que possible, des rôles qu'elle a joués à l'Opéra : la Sœur de la Mariée, une Provençale, une Sui- vante de Thalie, dans les *Fêtes de Thalie,* ballet de La Font,

(1) Bonnac.
(2) Mlle Jacquet répondit à ce factum par un mémoire justificatif assez confus et qui ne convain- quit personne.
(3) Il existe sur cette rentrée deux imprimés sans date, intitulés, l'un : *Lettre de Mlle Petit, nou- vellement rentrée à l'Opéra de Paris, à Mlle Dumas, danseuse de l'Opéra de Lyon,* et l'autre : *Ré- ponse de Mlle Dumas, danseuse de l'Opéra de Lyon, à la lettre de Mlle Petit.* La liberté de langage qui règne dans les deux écrits, en rend toute citation impossible.

musique de Mouret, repris en 1722 et en 1735 ; une Suivante de
Flore, une Néréide, l'Amérique, une Suivante de Bacchus, dans
Thétys et Pélée, tragédie de Fontenelle, musique de Colasse,
reprise en 1723 et en 1736 ; une Bergère, un Zéphyr, une Sui-
vante de la Reine des Péris, dans la *Reine des Péris,* comédie de
Fuzelier, musique d'Aubert, en 1725 ; un Démon transformé en
Plaisir, une Prêtresse de Diane, une Bergère, dans *Télégone,* tra-
gédie de Pellegrin, musique de La Coste, en 1725 ; une Suivante
de Vénus, une Orientale, une Bergère, un Esprit aérien, une
Assyrienne, une Égyptienne, un Esprit terrestre, dans *Pyrame et
Thisbé,* tragédie de La Serre, musique de Rebel et Francœur,
en 1726, reprise en 1740 ; une Troyenne, une Esclave, une
Bergère, dans les *Stratagèmes de l'Amour,* ballet de Roy, musique de Destouches, en 1726 ; une Amante contente, une
Femme du peuple de Cathay, la Mère du marié, dans *Roland,*
tragédie de Quinault, musique de Lulli, reprise en 1727 et en
1743 ; une Thébaine, une Nymphe de Diane, une Scythe, dans
Orion, tragédie de La Font et Pellegrin, musique de La Coste,
en 1728 ; une Thessalienne, dans *Tarsis et Zélie,* tragédie de
La Serre, musique de Rebel et Francœur, en 1728 ; une Suivante
de la Paix, une Magicienne, une Moresse, une Femme du peuple
de Palestine, une Amazone, dans *Tancrède,* tragédie de Danchet,
musique de Campra, reprise en 1729 et en 1738 ; une Prêtresse
de Minerve, une Grecque, une Athénienne, dans *Thésée,* tragédie de Quinault, musique de Lulli, reprise en 1729 et en 1744 ;
une Suivante d'Astrée, une Éthiopienne, une Égyptienne, l'Été,
l'Hiver, dans *Phaéton,* tragédie de Quinault, musique de Lulli,
reprise en 1730 et en 1742 ; un Jeu et un Plaisir, une Troyenne,
une Grecque, une Nymphe de Thétys, dans *Pyrrhus,* tragédie de
Fermelhuis, musique de Royer, en 1730 ; une Muse, une Magicienne, une Prêtresse, dans *Télémaque,* tragédie de Pellegrin,

musique de Destouches, reprise en 1730; une Athénienne, une Bacchante, une Matelote, dans *Philomèle,* tragédie de Roy, musique de La Coste, reprise en 1734; une Polonaise, une Athénienne, dans *Pirithoüs,* tragédie de Séguinault, musique de Mouret, reprise en 1734; un Jeu et un Plaisir, une Sultane, une Grecque, une Asiatique, une Odalisque, dans *Scanderberg,* tragédie de La Motte et La Serre, musique de Rebel et Francœur, en 1735; une Guerrière, une Suivante de Minerve, dans les *Romans,* ballet de Bonneval, musique de Niel, en 1736; une Habitante de Cythère, une Chinoise, dans les *Voyages de l'Amour,* ballet de La Bruère, musique de Boismortier, en 1736; une Éthiopienne, un Courtisan de Céphée et de Persée, une Amazone, une Suivante de la Vertu, dans *Persée,* tragédie de Quinault, musique de Lulli, reprise en 1737 et en 1746; une Suivante de l'Harmonie, une Sauvagesse, dans le *Triomphe de l'Harmonie,* ballet de Le Franc, musique de Grenet, en 1737, repris en 1746; une Suivante de Vénus, une Grâce, une Grecque, une Thracienne, une Magicienne, dans *Polydore,* tragédie de Pellegrin, musique de Baptistin, en 1739; une Zégri, une Chasseresse, dans *Zaïde,* ballet de La Marre, musique de Royer, en 1739; une Amante enchantée, une Japonaise, dans *Don Quichotte chez la Duchesse,* ballet de Favart, musique de Boismortier, en 1743; une Muse, une Bacchante, une Prêtresse de Vénus, une Romaine, dans le *Temple de la Gloire,* ballet de Voltaire, musique de Rameau, en 1745; une Divinité de la mer, une Femme du peuple de Sicile, dans *Scylla et Glaucus,* tragédie de D'Albaret, musique de Leclair, en 1746.

(*Dictionnaire des théâtres. — Journal de Barbier.*)

1745. — 25 janvier.

Mlle *Marie-Antoinette Petit se plaint des insolences et des violences du sous-fermier*
général Bouret de Valroche.

L'an.1745, le lundi 25 janvier, huit heures du foir, en notre hôtel et par-
devant nous Charles de Lavergée, etc., eft comparue demoifelle Marie-Antoinette Petit, fille majeure, actrice de l'Opéra, demeurante rue St-Honoré,
chez le fieur Roblin, teinturier, paroiffe St-Roch : Laquelle nous a rendu
plainte contre le fieur Antoine Bouret de Valroche, fous-fermier, demeurant
rue de Richelieu, en une maifon dont eft propriétaire la demoifelle Duro-
cher, èt nous a dit qu'il y a environ trois ans qu'elle a fait connoiffance avec
ledit fieur de Valroche et a même vécu avec lui l'efpace d'environ un an,
pendant laquelle année ledit fieur de Valroche a toujours eu de mauvaifes
façons avec elle plaignante, en forte qu'elle fut obligée quelque tems après
de prier ledit fieur de Valroche de ne plus revenir chez elle : et ledit fieur
de Valroche ayant prié et fait prier elle plaignante de le recevoir de nouveau
chez elle, elle plaignante le fit, au mois de feptembre dernier, pour le bien d'un
enfant qu'ils avoient eu enfemble et duquel elle étoit chargée. Et ledit fieur
de Valroche ayant continué fes mauvaifes manières avec elle plaignante, elle
fut obligée de congédier une feconde fois ledit fieur de Valroche et ce il y a
environ deux mois. Et vendredi dernier ledit fieur de Valroche, étant venu
chez elle plaignante, lui tint de fort mauvais propos en préfence même d'un
des amis d'elle plaignante, dans lefquels difcours ledit fieur de Valroche in-
fulta elle plaignante et même la maltraita de paroles, à quoi elle plaignante
ne répondit rien. Et ledit fieur de Valroche s'étant trouvé le jour d'hier
avec elle plaignante chez le fieur Dalinville, ami d'elle plaignante, où elle
pria ledit fieur de Valroche de ne plus revenir chez elle ; mais ledit fieur de
Valroche eft cependant revenu cejour'hui matin, fur les onze heures, mais
s'en eft retourné, lui ayant été dit que ladite demoifelle Petit, plaignante,
n'étoit pas chez elle. Il eft revenu le même jour fur les fix heures du foir et a
demandé à la domeftique d'elle comparante fi la demoifelle Petit étoit chez
elle, et ladite domeftique ayant répondu que non, quoiqu'elle fût le contraire, ledit fieur de Valroche eft entré dans la cuifine et a dit hautement qu'il
étoit fûr qu'elle plaignante y étoit. Elle plaignante, qui étoit effectivement
dans fon appartement, entendant ce bruit eft venue dans ladite cuifine qui eft
de l'autre côté du palier et a demandé au fieur de Valroche ce qu'il vouloit :
à quoi ledit fieur de Valroche a dit à elle plaignante : « Qui font ceux

qui font chez vous ? Je vous trouve bien plaifante de me recevoir dans une cuifine ! » A quoi elle plaignante a répondu audit fieur de Valroche qu'elle n'avoit pas le tems de lui parler, ni de le recevoir, attendu qu'elle avoit compagnie chez elle. Ledit fieur de Valroche a entré de force dans l'appartement d'elle plaignante, dans lequel il a trouvé les fieurs Gherardi et Grandchamp et eft entré dans ledit appartement en difant qu'il vouloit voir les j... f..... qui étoient là, a mis l'épée à la main et eft ainfi entré. Elle plaignante y étant auffi entrée a voulu empêcher ledit fieur de Valroche de fe fervir de l'épée qu'il tenoit à la main, ce qu'en faifant elle plaignante a reçu quelques légères coupures à la main droite dont le fang eft forti et ayant été repouffé à la porte d'elle plaignante par un domeftique à elle, ledit fieur de Valroche a donné des coups de fon épée dans la porte et s'eft enfuite retiré. Et nous a dit elle plaignante que ledit fieur de Valroche, il y a environ fix femaines, voulut donner à la domeftique d'elle plaignante quatre louis d'or pour qu'elle lui volât fon argenterie et la lui donnât enfuite, ce à quoi fa domeftique n'a pas confenti. Pourquoi et attendu ce que deffus elle eft venue nous rendre plainte.

Signé : MARIE-ANTOINETTE PETIT.

(*Archives nationales,* Y, 13,750.)

PETIT (MADELEINE ET ROSE), danseuses.

1749. — 24 février.

Plainte de Mlles Madeleine et Rose Petit contre un domestique sans condition qui était venu les insulter chez elles.

L'an 1749, le lundi 24 février, dix heures du matin, en l'hôtel et pardevant nous Charles-Élifabeth de Lavergée, etc., font comparues demoifelles Madeleine Petit et Rofe Petit, filles mineures, actrices d'opéra, demeurantes à Paris, rue St-Honoré, paroiffe St-Roch : Lefquelles nous ont rendu plainte contre le nommé Bélus et fa femme, tous deux domeftiques fans condition, demeurant rue Dauphine chez un parfumeur nommé Compagnon, et dit qu'il y a un an ou environ, elles ont pris à leur fervice ladite femme Bélus, qui étoit lors fille, et il y a environ neuf mois, elle eft fortie de leur fervice ayant

époufé ledit Bélus ; lefdites plaignantes lui ont payé fes gages à la réferve
d'un louis de 24 livres que ladite demoifelle Madeleine Petit, plaignante, a
retenu pour payer une revendeufe à la toilette à laquelle elle a répondu de
cette fomme, même par écrit, pour ladite femme Bélus et à fa follicitation.
Depuis que ladite femme Bélus n'eft plus à leur fervice, elles ont appris
qu'elle et fon mari répandoient des injures affreufes chez les différentes perfonnes de la connoiffance des plaignantes ; et non contents de ce, ledit Bélus
et fa femme, voyant qu'on les méprifoit ne faifant aucune attention à leurs
mauvais propos, fe font imaginés de venir chez lefdites plaignantes, il y a
environ une demi-heure. D'un air impertinent, ledit Bélus dit qu'il venoit
chercher ce qui lui étoit dû : lui ayant fait réponfe qu'il feroitfatisfait auffitôt
qu'il remettroit le billet de ladite demoifelle Madeleine Petit, plaignante, il
s'eft répandu, conjointement avec fa femme, dans les termes les plus groffiers,
traitant lefdites plaignantes de « b........, de p...... », de miférables et d'autres
injures des plus infultantes, les menaçant qu'ils viendroient avec du monde
caffer leurs meubles, qu'ils trouveroient des camarades qui s'y prêteroient
volontiers et qu'elles plaignantes s'en repentiroient. Et comme ledit Bélus fe
mettoit en devoir de vouloir les maltraiter, ayant levé fur elles une canne
qu'il tenoit à la main, elles ont ouvert leur fenêtre pour appeler du monde :
alors ledit Bélus et fa femme fe font en allés continuant leurs injures et menaces. Lefdites plaignantes voulant fe mettre à l'abri defdites menaces, lefdits
Bélus et fa femme étant capables de les effectuer, elles nous rendent contre
eux la préfente plainte.

Signé : MADELEN PETIT ; ROSE PETIT.

(*Archives nationales*, Y, 13,754.)

PETITOT (ANNE), danseuse, née vers 1745. Elle figura à
l'Académie royale de musique, de 1762 à 1767.

(*Les Spectacles de Paris.*)

1764. — 26 avril.

Vol d'argenterie commis chez Mˡˡᵉ Anne Petitot.

L'an 1764, le jeudi 26 avril, en l'hôtel et par-devant nous Pierre Chénon,
etc., eft comparue demoifelle Anne Petitot, de l'Académie royale de mufique,

demeurant à Paris, rue St-Honoré, au café militaire : Laquelle nous a dit que dimanche dernier fur les deux heures et demie de relevée, elle s'eſt aperçue qu'il lui a été volé dans fon buffet, qui étoit ouvert, deux cuillers, une fourchette et un gobelet d'argent. Lequel gobelet eſt marqué des lettres F. P. Ne fait la comparante par qui le vol peut lui avoir été fait.

Signé : Chénon ; Petitot.

(*Archives nationales,* Y, 11,352.)

P IERPONT (Jean de), musicien. Il était basson à l'orchestre de l'Académie royale de musique ; il prit sa retraite vers 1749, avec 250 livres de pension, et mourut en 1762.

(*Les Spectacles de Paris.*)

1704. — 24 septembre.

Jean de Pierpont et sa femme se plaignent des insolences du principal locataire de la maison où ils demeurent.

L'an 1704, le mercredi 24 feptembre, quatre heures de relevée, en l'hôtel et par-devant nous Martin Bourfin, etc., font comparus Jean de Pierpont, joueur de baſſon à l'Opéra, et Élifabeth Buzac, ſa femme, demeurant rue St-Honoré vis-à-vis le cadran : Lefquels nous ont fait plainte à l'encontre des fieurs Frémont, demeurant même maiſon, et dit qu'étant obligé le plaignant de rentrer le plus fouvent fort tard, attendu fon métier qui l'oblige à jouer dans les maifons de fon baſſon, pourquoi en entrant dans ladite maiſon il feroit convenu avec le fieur Defoy, principal locataire de ladite maifon, qu'il lui donneroit une clef de la porte de la rue ; ce qu'il a fait. Cependant le jour d'hier, étant rentré fur l'heure de minuit, il a été furpris de trouver la porte fermée aux verrous, ce qui auroit obligé la plaignante, ſa femme, de ſe lever pour lui ouvrir, de forte que cejourd'hui ayant appris que c'étoient les fieurs Frémont qui avoient fermé lefdits verrous, lefdits plaignans ſe feroient tranfportés en leur chambre pour les prier de vouloir bien ne point fermer une autre fois lefdits verrous, et en même tems leur auroit remontré que c'étoit fon métier qui l'obligeoit de revenir tard et que quand il étoit rentré lui plaignant avoit foin de fermer lefdits verrous. Lefdits Frémont, au lieu de recevoir les remontrances des plaignans, les ont couverts de plufieurs injures, entre autres que la plaignante étoit une « f....., une gueufe », et qu'ils lui feroient couper le nez et le vifage par deux gens d'armes et même menacé aufli de tuer les plaignans d'un coup de piftolet qui feroit chargé à trois balles. Et comme lefdits fieurs Frémont font beaucoup violens, qu'ils font des querelles non-feulement aux plaignans, mais à tous les locataires et que de plus ils ont tous fujets de craindre l'effet defdites menaces, ils ont été confeillés de nous rendre plainte.

Signé : JEAN DE PIERPONT ; BOURSIN.

(*Archives nationales,* Y, 13,323.)

———

PILLOT (JEAN-PIERRE), chanteur, né le 18 février 1733, à Escout (Basses-Pyrénées). Il débuta, en 1755, à l'Académie royale de musique dans l'emploi des hautes-contre. « C'est, lit-on dans les *Mémoires secrets,* à la date de 1762, le seul chanteur qu'ose avouer l'Opéra. Quel chanteur encore ! Quel successeur de Jéliote ! Sans âme, sans figure, sans caractère, n'ayant pour lui qu'un peu d'organe. » Cette appréciation est trop sévère. Pillot fut un bon chanteur et rendit de véritables services à l'Opéra, dont il fut le seul ténor applaudi depuis la retraite de Jéliote, en 1755, jusqu'en 1764, époque des débuts de Joseph Legros. Pillot quitta le théâtre en 1771, avec une pension de retraite de 1,500 livres.

Il fut nommé, en 1784, professeur de déclamation à l'École royale de chant et de déclamation, établie à Paris, rue Poissonnière, dans le but de former des sujets pour l'Opéra, et qui existe encore actuellement sous le nom de Conservatoire national de musique et de déclamation.

Depuis 1780 Pillot recevait du Roi une pension de 1,000 livres, en qualité de vétéran de la musique de la Chambre.

Voici la liste de quelques-uns des rôles qu'il a chantés à l'Opéra :
Adonis, dans les *Amours des Dieux*, ballet de Fuzelier, musique
de Mouret, repris en 1757 ; Hippolyte, dans *Hippolyte et Aricie*,
tragédie de Pellegrin, musique de Rameau, reprise en 1757 ;
Lycas, dans *Alcide*, tragédie de Quinault, musique de Lulli,
reprise en 1758 ; Dardanus, dans *Dardanus*, tragédie de La
Bruère, musique de Rameau, reprise en 1760 et en 1768 ; Hilus,
dans *Hercule mourant*, tragédie de Marmontel, musique de Dauvergne, en 1761 ; Renaud, dans *Armide*, tragédie de Quinault,
musique de Lulli, reprise en 1761 et en 1764 ; Zaïs, dans *Zaïs*,
ballet de Cahusac, musique de Rameau, repris en 1761 ; Acis,
dans *Acis et Galathée*, pastorale de Campistron, musique de Lulli,
reprise en 1762 ; Tibulle, dans les *Fêtes grecques et romaines*,
ballet de Fuzelier, musique de Colin de Blamont, repris en 1762 ;
Myrtil, dans la *Guirlande, ou les Fleurs enchantées*, ballet de Marmontel, musique de Rameau, repris en 1762 ; Pylade, dans
Iphigénie en Tauride, tragédie de Duché, musique de Desmarets,
Campra et Berton, reprise en 1762 ; Agénor, chantant le rôle
d'Adonis, dans l'*Opéra de société*, ballet de Mondorge, musique
de Rameau, en 1762 ; Alamir, dans le *Bal*, acte des *Fêtes vénitiennes*, ballet de Danchet, musique de Campra, repris en 1762 ;
Télèphe, dans *Polyxène*, tragédie de Joliveau, musique de Dauvergne, en 1763 ; Titon, dans *Titon et l'Aurore*, pastorale de
La Marre, musique de Mondonville, reprise en 1763 ; Castor,
dans *Castor et Pollux*, tragédie de Bernard, musique de Rameau,
reprise en 1764 ; Lyncée, dans *Hypermnestre*, tragédie de La Font,
musique de Gervais, reprise en 1765 ; Octavio, seigneur véni-
tien, dans l'*Italie*, acte de l'*Europe galante*, ballet de La Motte,
musique de Campra, repris en 1766 ; Lindor, dans *Lindor et
Ismène*, ballet de Bonneval, musique de Francœur neveu, en
1766 ; Thésée, dans *Thésée*, tragédie de Quinault, musique de

Lulli, reprise en 1766, 1767 et 1770 ; Apollon en berger, dans *Apollon et Coronis,* ballet de Fuzelier, musique de Mouret, repris en 1767 ; Corèbe, dans *Ajax,* tragédie de Mennesson, musique de Bertin, reprise en 1770.

Pillot était encore vivant en 1789.

(Mercure de France. — Les Spectacles de Paris. —
Mémoires secrets, I, 12.)

I

1756. — 30 juin.

Jean-Pierre Pillot rend plainte contre un tailleur qui lui retenait des effets sans vouloir les lui rendre.

Cejourd'hui mercredi 30 juin 1756, une heure de relevée, en l'hôtel et par-devant nous Nicolas-Barthélemi Bricogne, etc., eft comparu Jean-Pierre Pillot, muficien ordinaire de l'Académie royale de Paris, y demeurant rue Grange-Batelière, paroiffe St-Euftache : Lequel nous a dit que vers le carnaval dernier il donna au nommé Dufault une robe de femme de fatin à fleurs d'argent pour lui en faire une robe de chambre d'homme ; que depuis ce tems lui comparant a fait toutes fortes d'inftances pour avoir ou la robe de chambre toute faite ou l'étoffe qu'il avoit donnée à faire audit Dufault qui la garde toujours fans vouloir lui remettre. Et comme c'eft un vol de la part dudit Dufault, demeurant rue de la Juffienne, il a été confeillé de nous rendre plainte.

Signé : PILLOT ; BRICOGNE.

(*Archives nationales,* Y, 13,104.)

II

1780. — 1er avril.

Brevet d'une pension de 1,000 livres accordée à Jean-Pierre Pillot.

Brevet d'une penfion de 1,000 livres, en faveur du fieur Jean-Pierre Pillot, né et ondoyé à Efcourt, en Béarn, diocèfe d'Oloron, le 18 février 1733, et a reçu le même jour le fupplément des cérémonies du baptême dans la paroiffe St-Vincent dudit lieu, vétéran de la mufique du Roi, pour lui tenir lieu des appointemens qui lui ont été confervés fur les fonds ordinaires des Menus-Plaifirs, fans retenue, à titre de retraite, en confidération de fes fervices.

PIÈCES JOINTES AU BREVET.

1. — *Acte de baptême de Jean-Pierre Pillot.*

Extrait des regiftres de St-Vincent d'Efcourt, diocèfe d'Oloron, province de Béarn : L'an mil fept cent trente-trois et le dix-huitième jour du mois de février, j'ay fuppléé les cérémonies du baptême à Jean-Pierre Pillot, d'Efcourt, né le même jour et baptifé par la fage-femme à caufe du danger de mort dans lequel il s'eft trouvé, fils légitime de Jean Pillot et de Jeanne Depeneu, de Laffaubelot, conjoints. Parrain, Jean, et marraine, Marie Depillot.

2. — *Déclaration autographe de Jean-Pierre Pillot, relative à sa pension.*

Le fieur Jean-Pierre Pillot, ordinaire de la mufique du Roy, né à Efcout, paroiffe St-Vincent, diocèfe d'Oloron, province de Béarn, l'an 1733, le 18 février, demeurant préfentement à Paris, rue Ste-Anne, paroiffe St-Roch, déclare qu'en fadite qualité d'ordinaire de la mufique du Roy depuis l'année 1759, avoir obtenu de Sa Majefté une penfion annuelle de mille livres pour fes fervices rendus, qui lui ont été payées toujours fans retenue fur les fonds extraordinaires des menus. Il lui refte dû le dernier quartier d'octobre 1778 et l'année entière de 1779.

A Paris, ce 28 octobre 1779.

Signé : JEAN-PIERRE PILLOT.

(*Archives nationales*, O¹, 685.)

PRESTAT (MARIE-CHARLOTTE), élève de l'Académie royale de musique pour le chant.

1768. — 20 juillet.

*Mlle Marie-Charlotte Prestat rend plainte contre un épicier qui lui avait donné
des coups de canne parce qu'elle refusait de le recevoir chez elle.*

L'an 1768, le mercredi 20 juillet, sept heures du matin, en l'hôtel et par-devant nous Bernard-Louis-Philippe Fontaine, etc., est comparue demoiselle
Marie-Charlotte Prestat, fille majeure, élève de l'Académie royale de musique, demeurant rue Mercière, au n° 45 : Laquelle nous a rendu plainte contre
le sieur Malide, marchand épicier, demeurant rue St-Jacques, à côté des
Capucins, et nous a dit qu'il y a environ trois ans qu'elle connoît ledit Malide,
qui s'est adonné à venir chez elle très-familièrement ; que depuis quelque
tems la comparante ayant fait entendre audit Malide qu'elle ne se soucioit
pas de le recevoir chez elle, ce dernier est entré en fureur contre elle et l'a
menacée de la maltraiter ; que le jour d'hier, sur les deux heures de relevée,
ledit Malide est venu chez elle ; qu'il lui a d'abord fait toutes sortes d'insul-
tes et l'a voulu maltraiter ; qu'il s'est ensuite en allé et a emporté la clef de
son appartement en disant qu'il alloit revenir pour lui casser les bras ; qu'effectivement, environ une heure après et vers les six heures du soir, il est revenu chez elle, s'est mis en chemise, s'est saisi d'une canne et lui en a porté
plusieurs coups sur la tête ; que, pour éviter la suite de ces mauvais traitemens, la comparante a pris le parti de se sauver chez une de ses voisines où
elle a passé la nuit parce que ledit Malide, qui avoit la clef de son appartement, est resté chez elle jusqu'à plus de minuit ; que ce matin, ayant voulu
rentrer, elle a aperçu ledit Malide qui étoit déjà à la porte de son appartement
à dessein, sans doute, de continuer ses violences.

Et comme la comparante entend se pourvoir contre ledit Malide pour raison des faits ci-dessus ; que d'ailleurs ledit Malide ayant emporté la clef de
son appartement, elle ignore s'il a cassé ou volé quelques-uns de ses effets,
elle est venue nous rendre la présente plainte.

Signé : FONTAINE ; PRESTAT.

(*Archives nationales*, Y, 13,120.)

R

EY (Louise RÉGIS, dite), danseuse, née à Mar-
seille vers 1737. Fille d'une danseuse de l'Académie
royale de musique, elle débuta au même théâtre en
1751 et y resta jusqu'en 1757 (1), époque où elle
entra à la Comédie-Française en qualité de première danseuse.
L'année suivante, elle alla donner des représentations à l'étranger
en compagnie d'Antoine-Bonaventure Pitrot, maître de ballets
qu'elle épousa, le 26 novembre 1761, à Varsovie. Trois ans plus

---

(1) Dans une ode, adressée à cette époque aux filles les plus célèbres de Paris, que l'auteur qua-
ific énergiquement de *Galériennes de Cythère,* on trouve cette stance sur Mlle Rey :

> Petite monture de page,
> Plus mutine qu'un fapajou,
> Le jour en brillant équipage,
> La nuit, courant le loup-garou ;
> Qu'il fouvienne à ton excellence
> De ces tems où dans la Provence,
> Sur les bancs couverts de frimas,
> Ta mère endurcie au fervice
> Encourageoit ta main novice
> Trop lente à gagner nos ducats!

La mère de Mlle Rey, dont il est question dans les vers qu'on vient de lire, était, de toutes façons, une vraie mère d'actrices, ainsi que le prouve l'aventure suivante, arrivée, en 1760, à une
autre de ses filles, également danseuse à l'Opéra, et dans laquelle elle se montra véritablement héroïque : « La demoifelle Roye, danfeufe..., vient de fe brouiller avec M. de Courchamps, confeiller au Parlement, par un trait qui ne fait pas honneur à ce monfieur parmi le peuple galant.
Voici le fait : M. de Courchamps avoit promis à cette demoifelle de lui donner des diamans......

tard, les deux époux, revenus à Paris, entrèrent à la Comédie-Italienne, le mari pour y conduire les ballets, la femme comme danseuse. En 1765, fatiguée sans doute de son mari, Mme Pitrot quitta le domicile conjugal en emportant tout ce qu'elle put trouver de valeurs, de bijoux et de hardes et en disant hautement que le mariage contracté par elle à Varsovie était nul et que n'étant pas la femme de Pitrot, elle avait le droit de le quitter et de reprendre tout ce qui lui appartenait. Un procès s'engagea ; le Parlement déclara le mariage valable et obligea la femme à retourner vivre avec son mari. Mais Mme Pitrot, prévoyant ce résultat, s'était empressée de rentrer à l'Académie royale de musique, ce qui la soustrayait à l'autorité conjugale.

Elle quitta définitivement l'Opéra en 1771.

Elle a dansé à l'Académie royale de musique dans les opéras ou ballets dont voici les titres : *Acanthe et Céphise*, pastorale de Marmontel, musique de Rameau, en 1751 (rôles d'une Fée et d'une Femme d'un peuple de différents caractères); *les Génies tutélaires,* divertissement de Moncrif, musique de Rebel et Francœur, en 1751 (une Suivante de la Fée de la France) ; *Pygmalion,* entrée du *Triomphe des Arts,* ballet de La Motte, musique de La Barre, retouchée par Balot de Sovot et Rameau, en 1751 (une Paysanne

---

effectivement il lui apporta une paire de girandoles, mais quelques jours après il fit entendre qu'il avoit des difficultés avec le marchand pour le prix, qu'il la prioit de les lui remettre et qu'il lui en donneroit d'autres. Dès le lendemain il lui tint parole et lui préfenta d'autres diamans en lui difant qu'il les lui donnoit, qu'elle pouvoit s'en parer et fe faire voir avec le même jour à l'Opéra-Comique, et qu'à la fortie du fpectacle elle viendroit avec fa mère fouper chez lui. Cette demoifelle, à qui la reprife des premiers diamans avoit fait naitre quelques foupçons, lui demanda s'il n'y avoit plus de difficultés avec le marchand ; M. de Courchamps l'affura du contraire. En confé-quence, la mère et la fille furent à l'Opéra-Comique, la demoifelle parée de fes diamans, et le fpectacle fini, elles fe rendirent pour fouper chez lui, ainfi qu'il étoit convenu. M. de Courchamps affecta des vapeurs, querella beaucoup fes gens de n'avoir pas préparé de fouper ; ces dames l'en-gagèrent à fe calmer en lui propofant de venir fouper chez elles, mais il ne voulut point y confen-tir et fit entendre qu'il vouloit ravoir fes diamans prétextant qu'il n'avoit fait que les confier. La mère Roye, qui ne manque pas par le bec, traita le robin comme un poliffon, l'accabla d'invectives, ôta les boucles d'oreilles de fa fille, les mit dans fa poche, et jura qu'on lui arracheroit plutôt l'âme que les diamans. M. de Courchamps fit monter fes gens et leur ordonna de lui prêter main-forte pour ravoir fes diamans. La mère Roye menaça de donner du couteau dans le ventre au premier qui s'approcheroit d'elle : les gens refufèrent le fervice à leur maître pour cette opération et firent jour à ces femmes qui fe retirèrent promptement chez elles avec les diamans, laiffant le robin dé-fefpéré de n'avoir pas réuffi et menaçant fes gens de faire maifon nette. »

simple); *Acis et Galathée,* pastorale de Campistron, musique de Lulli, reprise en 1752 (une Suivante de Neptune); *les Amours de Tempé,* ballet de Cahusac, musique de Dauvergne, en 1752 (une Égyptienne, une Jeune pastourelle); *le Devin du Village,* intermède de Jean-Jacques Rousseau, en 1753 (une Pantomime); *les Fêtes de Polymnie,* ballet de Cahusac, musique de Rameau, repris en 1753 (une Syrienne); *les Fêtes grecques et romaines,* ballet de Fuzelier, musique de Colin de Blamont, repris en 1753 (une Pastourelle); *la Gouvernante rusée,* opéra de Cocchi, en 1753 (une Polonaise); *le Jaloux corrigé,* opéra de Collé, musique de Blavet, en 1753 (une Matelote); *Titon et l'Aurore,* pastorale de La Marre, musique de Mondonville, en 1753 (une Nymphe); *Castor et Pollux,* tragédie de Bernard, musique de Rameau, en 1754 (une Ombre heureuse, un Génie qui préside aux planètes); *Platée,* ballet d'Autreau et Balot de Sovot, musique de Rameau, repris en 1754 (une Naïade, suivante de Platée); *les Fêtes lyriques,* fragments de divers auteurs, repris en 1766; *Apollon et Coronis,* acte des *Amours des Dieux,* ballet de Fuzelier, musique de Mouret, repris en 1767 (rôle d'une Bergère); *le Carnaval du Parnasse,* ballet de Fuzelier, musique de Mouret, repris en 1767, (Bastienne); *Ernelinde,* tragédie de Poinsinet, musique de Philidor, en 1767; *Zaïs,* ballet de Cahusac, musique de Rameau, repris en 1769; *Ajax,* tragédie de Mennesson, musique de Bertin, reprise en 1770 (rôle d'une Matelote).

(*Dictionnaire des théâtres.* — *Mercure de France.* — *L'Espion anglais.* — *Revue rétrospective,* 2ᵉ série, VI, 50. — Émile Campardon : *les Comédiens du Roi de la troupe italienne.*)

I

1756. — 17 février.

Plainte d'une femme de chambre contre Mᴵˡᵉ Louise Régis, dite Rey, qui ne lui payait pas ses gages et qui retenait indûment divers objets à elle appartenant.

L'an 1756, le mardi 17 février, deux heures de relevée, en l'hôtel et par-devant nous Louis-Euſtache Bouquigni, etc., eſt comparue demoiſelle Charlotte Gigot, ci-devant femme de chambre de la demoiſelle Régis, actrice de l'Opéra, et à préſent hors de maiſon : Laquelle nous a fait plainte contre ladite demoiſelle Régis, demeurant rue Tireboudin près la Comédie-Italienne, et nous a dit qu'il y a environ dix mois qu'elle entra au ſervice de ladite demoiſelle Régis en qualité de femme de chambre, chez laquelle elle a d'abord demeuré quatre mois et demi. Qu'en étant ſortie, elle y eſt rentrée et y a demeuré trois mois moins huit jours ſur le pied de 150 livres par an et en eſt ſortie il y a environ huit jours ſans que ladite demoiſelle Régis l'ait payée de ſes derniers gages montant à la ſomme de 34 livres huit ſols ſix deniers, ni de 12 livres ſept ſols ſix deniers pour le pain d'elle plaignante que ladite demoiſelle Régis doit payer et qui a été débourſé par elle plaignante pendant leſdits trois mois moins huit jours, et le contenu en un mémoire de fournitures montant à 9 livres deux ſols ſix deniers, ſous prétexte que la plaignante lui a perdu deux corſets et un jupon de toile de coton. Qu'elle lui retient auſſi pour ce même prétexte une commode de bois de noyer de la valeur d'un louis, avec une montre à boîte guillochée et chaîne d'or à laquelle ſont une bouſſole et un cœur de criſtal montés en or avec un cachet d'or, ayant ladite montre ſa boîte de chagrin vert; laquelle montre a été donnée à elle plaignante, au mois de janvier dernier, par un ſeigneur qui venoit chez ladite demoiſelle Régis et eſt de la valeur de 20 livres, ſans y comprendre leſdites bouſſole, cœur et bague ſuſdéſignés. Et comme la plaignante a un intérêt ſenſible de ſe faire rendre ſa montre et ſa commode ainſi que le payement des ſommes à elle dues par ladite demoiſelle Régis portées de l'autre part, elle a, pour l'y contraindre, été conſeillée de nous rendre la préſente plainte, aux offres que fait la plaignante de lui tenir compte de 12 livres qu'elle a reçues d'elle et de lui payer leſdits deux corſets et jupon ſuſdéſignés.

Signé : BOUQUIGNI.

(*Archives nationales*, Y, 14,310.)

II

1769. — 24 avril.

Mlle Louise Régis, dite Rey, rend plainte contre le sieur Lamy, courtier en épicerie,
qui refusait de lui restituer deux malles pleines d'effets à elle appartenant,
effets dont son mari, Antoine-Bonaventure Pitrot, s'était emparé et qu'il avait
donnés en garde audit Lamy.

Cejourd'hui lundi 24 avril 1769, dix heures du matin, en l'hôtel et par-
devant nous Pierre Thiérion, etc., eft comparue dame Louife Régis, dite Rey,
femme du fieur Antoine-Bonaventure Pitrot, danfeufe de l'Académie royale
de mufique, demeurant rue Louis-le-Grand, paroiffe St-Roch : Laquelle nous
a dit que, par ordonnance de référé rendue en l'hôtel de M. le Lieutenant
civil du 13 juin 1766, fignée D'Argouges, il eft dit que le fieur Pitrot remet-
tra par provifion à elle comparante fes habits, linges et hardes à fon ufage,
fi fait n'a été, dont elle fe chargera fur l'état qui en fera dreffé, ce qui fera
exécuté; que ledit fieur fon mari, loin d'avoir exécuté cette ordonnance en
ce qui touche fes habits, linges et hardes, les a fait fortir de chez lui et les a
fait paffer dans le tems en des mains étrangères; qu'elle vient d'avoir avis
que ledit fieur Pitrot avoit confié deux malles remplies de fes effets au fieur
Mazion, épicier, il y a environ deux ans; que ledit fieur Mazion, à caufe du
mauvais état de fes affaires, craignant la faifie de fes meubles et marchandifes à la requête d'aucuns de fes créanciers, avoit fait paffer ces deux malles
entre les mains du fieur Lamy, courtier d'épiceries, demeurant rue de la Ver-
rerie, près de la rue de la Poterie; que ces deux malles ayant été redeman-
dées nombre de fois au fieur Lamy, il avoit nié les avoir quoiqu'on lui eût
parlé de la part du fieur Mazion qui a la clef d'une de ces malles; que paroiffant à elle comparante que ce refus ne peut provenir de la part dudit Lamy
que du défir de s'approprier lefdites malles et ce qu'elles contiennent, et les
affaires defdits fieurs Pitrot et Mazion les ayant éloignés de Paris pour longtems, elle vient nous rendre plainte contre ledit Lamy proteftant de fe pourvoir fur icelle ainfi qu'elle fera confeillée de le faire et cependant de demander provifoirement la faifie-revendication defdites malles partout où elles fe
trouveront et la permiffion d'informer de la fouftraction d'icelles, ce qui équi-
polleroit au vol s'il fe trouvoit que ledit Lamy refufât de les repréfenter ou
de déclarer comment il en a difpofé, ou chez qui il les a fait tranfporter dans

le deffein de nier qu'il les eût eues et les eût encore, elle comparante étant
en état d'adminiftrer la preuve du contraire.

Signé : RÉGIS PITROT ; THIÉRION.

(*Archives nationales*, Y, 10,897.)

III

1779. — 2 avril.

*Mlle Louise Régis, dite Rey, femme séparée d'Antoine-Bonaventure Pitrot, rend
plainte contre une domestique qu'elle venait de chasser et qui l'avait injuriée.*

L'an 1779, le vendredi 2 avril, fix heures de relevée, en l'hôtel et par-devant
nous Marie-Joseph Chénon fils, etc., eft comparue demoifelle Louife Régis,
époufe du fieur Antoine-Bonaventure Pitrot, demeurante à Paris, rue des Deux-
Écus, hôtel des Deux-Écus : Laquelle nous a dit que la nommée Victoire l'a
fervie depuis 6 mois et demi à raifon de 150 livres par an. Depuis deux mois
elle ne peut en tirer de fervice et lorfqu'elle fe plaint, elle ne reçoit de cette
fille que des réponfes impertinentes et des injures. Elle a perdu enfin patience
et aujourd'hui lui a dit de fortir et lui a offert fon compte, lui obfervant
qu'elle ne lui donneroit pas plus tant pour la punir du défaut de fervice qu'elle
avoit tiré d'elle ces deux derniers mois que pour la perte de 16 mouchoirs
blancs, trois paires de poches de bazin neuves, garnies de moufleline, un cor-
fet de toile de coton, une pièce d'eftomac piquée d'Angleterre, douze ferviettes unies à linteaux, perte qu'elle ne doit qu'à la négligence de cette fille
qui doit en être refponfable. Et comme cette fille s'eft répandue en mauvais
propos et injures, a refufé de rien recevoir et l'a menacée, pourquoi et pour
avoir raifon d'une pareille conduite de la part de cette fille, la comparante eft
venue nous faire la préfente déclaration.

Signé : L. RÉGIS ; CHÉNON FILS.

(*Archives nationales*, Y, 11,502.)

ROHAN (JEAN-ANTOINE DE), danseur. Cet artiste, qui était
en même temps tailleur d'habits, a rempli à l'Académie
royale de musique les rôles suivants : un Suivant de la Discorde,

une Divinité infernale, dans *Proserpine,* tragédie de Quinault, musique de Lulli, en 1680 ; un Suivant des Muses, un Vendangeur, un Berger, un Bohémien, dans les *Saisons,* ballet de Pic, musique de Louis Lulli et Collasse, repris en 1700.

Rohan est mort le 30 mars 1742, dans sa maison de campagne de Châtenay-sous-Bagneux, laissant pour héritiers Jacques de Rohan, bourgeois de Paris, son frère, et Louise de Rohan, veuve Brûlé, sa sœur.

(*Archives nationales,* Y, 12,144. — *Dictionnaire des théâtres.*)

I

1698. — 2 juillet.

Jean-Antoine de Rohan rend plainte contre un domestique insolent et voleur.

L'an 1698, le mercredi 2 juillet, fur les trois à quatre heures de relevée, eft venu en l'hôtel de nous Jean-Jacques Camufet, etc., Jean-Antoine de Rohan, maître tailleur d'habits, à Paris, maître à danfer des pages de S. A. R. Monfieur et l'un des danfeurs de l'Académie royale, demeurant à Paris, rue St-Honoré, paroiffe St-Germain-l'Auxerrois : Lequel en réitérant les plaintes qu'il nous a dit avoir ci-devant faites à l'encontre du nommé Labruyère, fon garçon, nous a encore rendu plainte à l'encontre de lui, tant au fujet du vol que des infultes qu'il lui a fait et dit que ledit accufé, étant à fon fervice en qualité de fon garçon, il l'a décrié auprès des perfonnes pour lefquelles il travailloit ; qu'il lui a volé une toilette, une vefte et culotte ; qu'étant mécontent de fon fervice, il lui donna fon congé et que depuis qu'il eft forti de la maifon du plaignant, il a été recevoir de l'argent de fes pratiques et notamment du fieur Lamaury, leur difant qu'il venoit de la part de fon maître et qu'il étoit toujours à fon fervice et qu'enfin ayant rencontré fondit garçon, il y a huit jours, rue Dauphine, et lui ayant fait quelques reproches au fujet de ce que deffus, icelui garçon auroit levé fa canne fur fondit maître et donné un revers de coude lui difant plufieurs paroles injurieufes, et que, pour prévenir les informations que le plaignant entendoit faire faire contre lui, il auroit rendu plainte et fait informer et obtenu décret de prife de corps

contre fondit maître fur de faux expofés, en vertu duquel il l'auroit dimanche dernier fait arrêter fous le nom de *quidam,* avec très-grand fcandale.
Dont et de tout ce que deffus ledit de Rohan nous a rendu plainte.

Signé : DE ROHAN ; CAMUSET.

(*Archives nationales*, Y, 11,997.)

II

1698. — 17 octobre.

Jean-Antoine de Rohan se plaint d'avoir été traité de fripon par un gantier.

L'an 1698, le vendredi 17 octobre, fur les deux à trois heures de relevée,
eft venu en l'hôtel de nous Jean-Jacques Camufet, etc., Jean-Antoine de Rohan, danfeur de l'Académie royale, demeurant à Paris, rue St· Honoré, paroiffe St-Germain-l'Auxerrois : Lequel nous a fait plainte à l'encontre du
nommé ...., gantier, et dit que ledit .... vient de venir en fa maifon lui demander le payement d'une paire de gants qu'il a dit au plaignant
lui avoir livrés il y a quelque tems. A quoi le plaignant lui ayant répondu
qu'il ne fe fouvenoit pas d'avoir pris chez lui aucune marchandife fans la lui
avoir payée, il a traité le plaignant de fripon, lui relevant le nez et lui difant,
en jurant et blafphémant le faint nom de Dieu, qu'il la lui payeroit ; et à
l'inftant s'eft mis à la fenêtre de la rue où il s'eft écrié, difant : « Vous êtes
un fripon ! » Ce qui a fait amaffer le voifinage. Et comme c'eft une infulte
qui eft faite au plaignant, il a été confeillé de nous rendre la préfente plainte.

Signé : DE ROHAN ; CAMUSET.

(*Archives nationales*, Y, 11,997.)

III

1699. — 27 novembre.

Plainte de Jean-Antoine de Rohan contre Claude Boileau, sa femme, qui avait quitté
furtivement le domicile conjugal en emportant une quantité considérable d'effets
précieux.

L'an 1699, le vendredi 27 novembre, fur les neuf heures du foir, eft venu
en l'hôtel de nous Jean-Jacques Camufet, etc., Jean-Antoine de Rohan, maître

à danfer des pages de la chambre de S. A. R. Monfieur et l'un des danfeurs
de l'Académie royale, demeurant à Paris, rue St-Honoré : Lequel nous a fait
plainte à l'encontre de Claude Boileau, fa femme, et dit que depuis un tems
quelque moyen honnête dont il ait pu fe fervir pour prévenir la fâcheufe humeur de fa femme et la prévenir fur les infultes et les malhonnêtetés dont
elle ufoit à fon égard, il n'a cependant pas pu y parvenir ; qu'il a été furpris, à fon retour de l'Opéra il y a environ une demi-heure, de ne pas trouver chez lui fadite femme ; que l'ayant demandée à fa fervante, elle lui a fait
réponfe qu'elle étoit fortie fur les fept heures et ne l'avoit pas vue depuis. Et,
un peu après, le plaignant s'en étant allé dans fa chambre a été furpris de
trouver plufieurs coffres et armoires ouverts, dans lefquels ayant regardé, il a
trouvé lefdits coffres et armoires prefque tous vides, fadite femme ayant emporté tout ce qu'elle a trouvé de plus confidérable, ce qu'elle n'a pu faire
qu'au fur et à mefure, y ayant apparemment du tems qu'elle médite fon évafion de fa maifon. Et lui a fadite femme emporté entre autres chofes la
fomme de 1,400 livres en cent louis d'or neufs, quatre chandeliers d'argent,
deux jattes, un fucrier, deux falières, huit cuillères, huit fourchettes et un
baffin. Le tout d'argent avec poinçon de Paris, une montre d'Angleterre de
valeur de 280 livres, une écuelle, un gobelet auffi d'argent, deux gaînes garnies de couteaux d'Angleterre garnis d'argent, fix paires de draps fins, un
lit de tapifferie, la garniture de douze chaifes de point à la turque, huit douzaines de ferviettes ouvrées, deux camifoles de foie d'Angleterre, quatre col-
lets de dentelles de Malines à l'ufage dudit plaignant de valeur de 45 livres
chacun, fix chemifes de toile de Hollande et un collet de point de France
avec les manchettes, un fervice de toile damaffée tout neuf, compofé de 12
ferviettes et deux nappes, deux aunes et demie de brocard d'or, de valeur de
100 livres l'aune, qui n'appartiennent pas au plaignant, une bague d'or garnie
de fix petits diamans, celui du milieu manquant et tous les titres et papiers
du plaignant qui étoient dans lefdits coffres dont le plaignant lui laiffoit ordinairement la libre difpofition, et la quantité de deux douzaines d'autres chemifes de Hollande garnies de dentelles de Malines, pour la valeur de 800 livres de dentelle non employée et tout le menu linge du plaignant. Et comme
il eft important au plaignant de faire connoître ce divertiffement et enlèvement d'effets, etc., il a été confeillé de nous rendre la préfente plainte, de laquelle il nous a requis acte et de vouloir nous tranfporter en fa maifon pour
y dreffer procès-verbal de l'état où font lefdits coffres et armoires.

Signé : DE ROHAN.

En conféquence, nous nous fommes tranfporté en fa maifon, au deuxième
étage de laquelle étant monté, ledit de Rohan nous a fait entrer dans un ré-

duit dans lequel s'eſt trouvé 5 coffres ou caffettes tout ouverts et en iceux très-peu de choſes comme vieille défroque ſervant à habits d'opéra. Sommes en-ſuite entré dans une grande chambre à jour et vue ſur la rue en laquelle s'eſt trouvé un petit bureau et une grande armoire dans leſquels ledit de Rohan nous a dit que ſadite vaiſſelle d'argent et la meilleure partie de ſeſdits titres et papiers enlevés étoient renfermés.

Signé : Camuset.

Et le lendemain ſamedi, huit heures du matin, eſt derechef comparu en notre hôtel ledit de Rohan, lequel en ajoutant à la plainte qu'il nous a rendue le jour d'hier, nous a encore rendu plainte à l'encontre de la femme du nommé Deſchamps, fille du premier lit de ladite femme de Rohan, et du nommé Clé-roy, tapiſſier, leſquels il vient d'apprendre avoir aidé et conſeillé de faire leſdits enlèvemens.

Signé : De Rohan ; Camuset.

(*Archives nationales*, Y, 11,998.)

Rosalie (Marie-Claude-Josèphe Levasseur, dite).

Voy. Levasseur (Marie-Claude-Josèphe, dite Rosalie).

Rose (Charles), chanteur. Il entra à l'Académie royale de musique en 1751 et prit sa retraite en 1767, avec 300 livres de pension.

(*Les Spectacles de Paris.*)

I

1749. — 4 février.

Charles Rose et sa femme se plaignent des injures et des calomnies proférées contre eux par une particulière nommée Doléron.

L'an 1749, le mardi quatrième février, ſix heures de relevée, ſont compa-rus en l'hôtel et par-devant nous Louis-Jérôme Daminois, faiſant fonctions pour l'abſence de Mᵉ Cadot, notre confrère, ſieur Charles Roſe, maître en muſique, et demoiſelle Marie-Jeanne Regnard, ſon épouſe, demeurant à Paris, rue du Jour, paroiſſe St-Euſtache, chez le ſieur Bonvoiſin, aubergiſte : Leſquels nous ont rendu plainte contre l'épouſe du ſieur Doléron, peintre et marchand de tableaux, demeurante même maiſon que les comparans, et dit que la dame Doléron, ſans avoir de ſujet de mécontentement de leur part, va journellement dans les maiſons que les comparans fréquentent et s'y répand contre eux en injures et en invectives, à deſſein, ſans doute, de leur faire perdre la bonne réputation qu'ils ſe ſont acquiſe par leur probité et façon de vivre auprès de tous ceux dont ils ſont connus, notamment chez M. Boucheron, bourgeois, demeurant rue de Cléry, vis-à-vis celle du Gros-Chenet, où ladite femme Doléron, ſurenchériſſant ſur tout le mal qu'elle avoit dit ailleurs, s'eſt adreſſée à la femme de chambre de l'épouſe dudit ſieur Boucheron et lui a dit qu'elle étoit très-ſurpriſe de ce qu'on ſe ſervoit pour muſicien dudit ſieur Roſe ; que c'étoit un homme dénué de tous ſentimens d'honneur ; qu'il avoit épouſé une femme qui étoit d'une conduite débauchée même étant fille ; qu'elle le maltraitoit de paroles et de coups à tout inſtant et à la moindre remontrance qu'il vouloit lui faire ſur ſa façon de ſe comporter et qu'enfin icelle épouſe dudit ſieur Roſe, trouvant que le mariage ne couvroit pas aſſez ſon goût pour la débauche, étoit dans le deſſein d'entrer à l'Opéra pour avoir le privilége de continuer ſon même train de vie plus facilement. Et comme de tels diſcours ſcandaleux de la part de ladite femme Doléron ne tendent qu'à détruire l'honneur et la réputation des comparans ; qu'elle n'a été les tenir à la femme de chambre du ſieur Boucheron qu'à deſſein de faire perdre audit ſieur Roſe les pratiques et écoliers de muſique qu'il a dans la maiſon dudit Boucheron, ils viennent de tout ce que deſſus nous rendre plainte.

Signé : M. Regnard ; Charles Rose.

(*Archives nationales*, Y, 12,152.)

II

1755. — 15 et 16 juillet.

Plainte de M. Larcher de La Londe contre Charles Rose et sa femme qu'il accusait d'être des voleurs, et plainte dudit Rose et de sa femme contre M. Larcher de La Londe et Mᴵˡᵉ de St-Hilaire par qui ils avaient été calomniés et frappés.

L'an 1755, le mardi 15 juillet, ſix heures de relevée, nous Louis Cadot, etc., ayant été requis, nous ſommes tranſporté rue St-Honoré, en une maiſon appar-

tenante à la dame veuve Berthelin, fife vis-à-vis le cloître St-Honoré, où étant
nous aurions vu dans ladite maifon et dans les deux maifons voifines une
quantité de perfonnes aux fenêtres et fur les efcaliers et étant monté au
fecond étage y eft comparu devant nous M. Étienne Larcher de La Londe,
écuyer : Lequel nous a dit avoir requis notre préfent tranfport pour nous
rendre plainte, ainfi qu'il fait par ces préfentes, contre le fieur Rofe, muficien, auquel il avoit fous-loué l'appartement au fecond étage fur la rue de la
maifon où nous fommes, dans lequel il avoit laiffé une glace de cheminée de
la hauteur d'icelle cheminée, y compris un tableau qui eft dans le haut du
parquet et une tapifferie de damas jaune faifant le tour de la falle de deffus
la rue, lequel appartement il a repris pour le préfent terme et doit s'emmé-
nager en icelui, ce qu'il auroit déjà fait fi ledit fieur et demoifelle Rofe
n'euffent pas affecté de s'y enfermer pour ôter à lui comparant la connoiffance
defdits trumeau et tapifferie qu'ils ont vraifemblablement enlevés clandeftine-
ment pour lui en faire tort : raifon par laquelle il a requis notre tranfport à
l'effet d'engager lefdits fieur et demoifelle Rofe de lui livrer lefdits apparte-
mens et lefdits effets. Nous rendant en même tems plainte des injures et
fcandale proférés et lancés contre lui par l'époufe dudit fieur Rofe.

Et nous commiffaire ayant été introduit dans ledit appartement fur la rue
par ledit fieur Larcher de La Londe, s'eft préfentée à nous l'époufe dudit fieur
Rofe qui étoit fort échauffée et fe plaignant d'avoir reçu deux coups de pied
dans le ventre dudit fieur de La Londe, à laquelle ayant demandé qu'étoient
devenus le trumeau de glace et la tapifferie en queftion, ledit fieur Rofe
furvenu a dit qu'il les avoit fait enlever comme à lui appartenant, lui ayant
été vendus par le fieur Leblanc, tapiffier, auquel il les a payés et lequel lui
doit même cent douze livres qu'il s'eft trouvé lui avoir trop payées après le
compte fait enfemble des différens payemens qu'il lui avoit faits ; au furplus
qu'il eft prêt de livrer ledit appartement audit fieur de La Londe ou à la
demoifelle St-Hilaire (à laquelle il a payé fes termes de loyer) et ce dans
l'inftant, n'y reftant prefque plus rien, et qu'il va, à cet effet, faire enlever le
peu d'effets qui lui reftent dans ledit appartement.

Eft auffi comparue demoifelle Marie Jary, époufe de Jacques-Nicolas Leblanc, marchand tapiffier en boutique, rue St-Honoré, près les Capucins : Laquelle nous a dit que par l'arrangement fait entre fon mari et ledit fieur Rofe, la
tapifferie de damas jaune faifant le tour de la chambre fur la rue et le trumeau
de glace qui étoit fur la cheminée en deux pièces avec le tableau d'au-deffus
en camaïeu et un deffus de porte doivent refter audit fieur Larcher de La
Londe qui les a repris fur le même pied qu'il les avoit cédés audit fieur Rofe ;
auquel fieur Larcher de La Londe ledit fieur Leblanc les avoit originairement
vendus : et qu'elle eft furprife que lefdits fieur et demoifelle Rofe en contef-

tent la propriété audit fieur Larcher de la Londe et qu'ils les aient fait enlever.

Et par ledit fieur Larcher de La Londe a été dit qu'il eft très-fingulier que lefdits fieur et demoifelle Rofe aient la témérité d'avancer avoir payé audit fieur Leblanc la valeur des effets en queftion, que le fait eft très-fuppofé et que la preuve que lefdits effets ne font pas à eux réfulte du myftère avec lequel ils les ont fait enlever et de ce qu'ils ont refufé l'entrée de l'appartement en queftion pour cacher leur fourberie et embarraffer ledit Larcher de La Londe pour la réclamation defdits effets; qu'il s'oppofe à l'enlèvement du peu de ceux appartenant audit fieur Rofe qui reftent dans ledit appartement jufqu'à la reftitution des effets en queftion.

Et par ledit fieur Rofe, affifté de maître Louis-François Gomel, fon procureur, a été dit qu'attendu qu'il eft propriétaire defdits meubles et que fa propriété ne fe trouve démentie par aucun titre contraire; que d'ailleurs les meubles étant actuellement dans lefdits lieux n'appartiennent nullement audit de La Londe, il nous déclare qu'il eft dans le deffein de faire enlever tout le furplus defdits meubles et effets dont aucuns ne font réclamés ni revendiqués. Proteftant au furplus de fe pourvoir criminellement contre ledit fieur de La Londe et la demoifelle de St-Hilaire pour raifon des excès, mauvais traitemens et févices exercés en la perfonne de la demoifelle époufe de lui fieur Rofe, et en cas d'empêchement ét oppofition à l'enlèvement de leurs effets, protefte de fe pourvoir provifoirement en l'hôtel de M. le Lieutenant civil pour avoir permiffion de les faire enlever et au principal en tels dommages et intérêts qu'il fera requis.

Et par ledit fieur de La Londe, affifté de maître Louis Mallet, fon procureur, a été dit que, fans fe départir de ce qu'il a deffus dit et fous la réferve de fe pourvoir par faifie et revendication de la tapifferie et de la glace en queftion partout où il la trouvera comme à lui appartenant, il veut bien, pour éviter plus longue conteftation et éviter les frais du référé, confentir, fans tirer à conféquence, à l'enlèvement du peu d'effets qui reftent dans les lieux en queftion, lefquels ne méritent pas les effets d'un référé.

Et par ledit fieur Rofe, affifté comme deffus, a été requis acte du confentement ci-deffus prêté par ledit fieur de La Londe et a fait toutes proteftations contraires et de droit à celles ci-deffus.

Après avoir vaqué à ce que deffus jufqu'à près de onze heures du foir, ledit fieur Rofe eft refté dans ledit appartement en poffeffion du peu d'effets y étant, ainfi qu'il le reconnoît.

Sur quoi, nous, etc., avons dreffé le préfent procès-verbal.

Signé: CADOT.

L'an 1755, le mercredi 16 juillet, fur les neuf heures et demie du foir, en l'hôtel et par-devant nous Pierre Chénon, etc., eft comparu fieur Charles Rofe, l'un des académiciens de l'Académie royale de mufique, demeurant à Paris, préfentement rue St-Honoré, près St-Roch : Lequel, en continuant la plainte qu'il a ci-devant rendue à Me Cadot, notre confrère, fur le procès-verbal par lui dreffé le jour d'hier, lors de fon tranfport à la réquifition du fieur Larcher de La Londe dans l'appartement qu'occupoit le plaignant au fecond étage d'une maifon fife rue St-Honoré, appartenante à la dame veuve Berthelin, et qu'il tenoit de la demoifelle St-Hilaire, lequel appartement il quittoit ledit jour et vuidoit les lieux, nous a d'abondant rendu plainte contre ledit fieur de La Londe et ladite demoifelle de St-Hilaire, demeurant enfemble au fecond étage de ladite maifon et nous a dit que, nonobftant le confentement prêté par ledit fieur de La Londe et la demoifelle de St-Hilaire fur le procès-verbal de notre confrère à ce que le plaignant continuât de faire enlever le furplus des effets reftant dans ledit appartement, ils ont empêché que les crocheteurs, que le plaignant a envoyés ce matin à l'inftant qu'il partoit pour remplir fon devoir au concert de Madame la Dauphine, continuaffent de faire ledit enlèvement jufqu'à ce que le plaignant fût lui-même préfent en perfonne pour les enlever, quoiqu'il eût donné la clef de fon appartement auxdits crocheteurs, ce qui fignifioit bien qu'ils venoient de fa part, le tout ainfi qu'il vient de l'apprendre à fon arrivée; qu'il croît qu'il y auroit de l'imprudence à lui de s'expofer à aller lui-même dans ledit appartement quand il n'en réfulteroit qu'une fcène femblable à celle d'hier. Mais, dans la crainte qu'on ne veuille fe prévaloir de ce que ce reftant de meubles eft encore dans ledit appartement pour lui faire payer le terme courant, il nous rend la préfente plainte.

De plus de ce qu'il vient également d'apprendre à fon arrivée que de deux coups de pied que fon époufe a reçus le jour d'hier de la part dudit fieur de La Londe defquels elle a rendu plainte à notre confrère, elle qui n'étoit accouchée que depuis quatorze jours, elle étoit toute noire et meurtrie defdits deux coups de pied qui lui avoient occafionné une perte de fang dont elle eft dangereufement malade.

Plus, nous rend plainte de ce qu'étant arrivé au concert de Madame la Dauphine, il lui eft revenu que ladite demoifelle St-Hilaire, qui eft également du concert, avoit annoncé à toute l'affemblée de prendre garde à elle, qu'il alloit arriver dans l'affemblée un fripon et un voleur, qu'ils priffent garde à leurs poches, que ce voleur lui avoit enlevé le jour d'hier fa glace, fa tapifferie et d'autres effets, qu'elle leur feroit connoître ce voleur auffitôt qu'il arriveroit; qu'étant arrivé, il fut apoftrophé par ladite demoifelle de St-Hilaire qui dit à toute l'affemblée : « Voilà le voleur dont je vous ai parlé

tout à l'heure. Fermez vos poches. » Ce qui a caufé une rumeur confidérable,
le plaignant étant au concert depuis plus de fept années, n'ayant jamais été
connu que pour un homme exact et plein de probité, ainfi qu'il fut dit par
l'affemblée, incapable d'aucune baffeffe, au lieu que ladite demoifelle n'y eft
encore parue que deux fois. Et comme de pareilles injures et procédés tendent
à déshonorer et perdre le plaignant de réputation, qu'il ne peut reparoître au
concert fans une juftification pleine, entière et égale à l'injure qui lui a été
faite, il nous rend du tout comme dit eft plainte.

Signé : ROSE ; CHÉNON.

Information faite par le commiffaire Chénon. Du lundi 21 juillet 1755, fieur
Jofeph Lepage, âgé de 42 ans, ordinaire de l'Académie royale de mufique,
demeurant à Paris, place du Vieux-Louvre, etc., dépofe que mercredi dernier, étant au concert de Madame la Dauphine, la demoifélle St-Hilaire y
arriva et dit à l'affemblée de prendre garde à fes poches, qu'il y avoit un voleur dans la compagnie et dit que c'étoit le fieur Rofe qui lui avoit volé pour
900 francs de tapifferie qu'elle avoit achetée de lui et dont elle avoit répondu au tapiffier. Ajouta que la veille ledit fieur Rofe étoit venu lui demander à dîner et que pendant ce tems la femme dudit fieur Rofe avoit enlevé lefdits meubles; qu'elle étoit en état de prouver que lefdits meubles
étoient à elle par le témoignage du tapiffier qui avoit fait plainte contre ledit
fieur Rofe; que ledit fieur Rofe étoit un fripon et qu'elle avoit en mains les
preuves pour le faire connoître tel, ce qu'elle a répété à qui l'a voulu entendre en menaçant de faire chaffer ledit fieur Rofe de l'Opéra et du concert
de Madame la Dauphine ;

Sieur Adrien Lefèvre (1), âgé de 45 ans, ordinaire de l'Académie royale
de mufique, demeurant cul-de-fac St-Hyacinthe, paroiffe St-Roch ;

Sieur Blaife Albert (2), âgé de 44 ans, demeurant à Paris, rue des Poulies,
ordinaire de l'Académie royale de mufique ;

Sieur Nicolas-Sébaftien Feret (3), âgé de 29 ans, ordinaire de l'Académie
royale de mufique, demeurant rue St-Nicaife ;

Sieur Marc-Antoine Chappotin (4), âgé de 32 ans, ordinaire de l'Académie royale de mufique et l'un des maîtres de ladite Académie, demeurant rue
Plâtrière ;

---

(1) Lefèvre chantait dans les chœurs et doublait dans les rôles.
(2) Albert, basse-taille dans les chœurs.
(3) Ferret, haute-contre dans les chœurs.
(4) Chappotin, haute-contre dans les chœurs et maître de musique et du chant de l'École de
l'Opéra.

Sieur Jacques St-Martin (1), âgé de 59 ans, ordinaire de l'Académie royale de muſique, demeurant rue d'Argenteuil;

Sieur Louis Aubert (2), âgé de 35 ans, ordinaire de la chambre du Roi et de l'Académie royale de muſique, demeurant à Paris, rue St-Honoré;

Sieur Pierre Levefque (3), âgé de 30 ans, ordinaire de l'Académie royale de muſique, demeurant rue de la Limace;

Sieur Jean Le Roy (4), âgé de 30 ans, ordinaire de l'Académie royale de muſique, demeurant cul-de-ſac St-Hyacinthe;

Sieur Antoine Dauvergne, âgé de 40 ans, compoſiteur et maître de muſique de la Chambre du Roi, demeurant, à Paris, rue Plâtrière, dépoſent tous des mêmes faits, etc., etc., etc.

(Archives nationales, Y, 11,327.)

III

1757. — 10 mai.

Plainte d'un maître chirurgien contre la femme de Charles Rose qui avait battu
sa domestique et invectivé son épouse.

L'an 1757, le mardi 10 mai, deux heures de relevée, en l'hôtel et par-devant nous Pierre Chénon, etc., eſt comparu ſieur Jean-Batiſte Fobert, chirurgien à Paris, y demeurant rue St-Thomas-du-Louvre : Lequel nous a dit que dans la même maiſon où il demeure et ſur le même carré du premier étage demeure le ſieur Roſe, muſicien de l'Opéra, qui depuis trois mois a jugé à propos de retirer de Ste-Pélagie ſa femme qui y étoit enfermée pour mau-vaiſe conduite (5); que depuis ce tems le plaignant, ſa femme et ceux qui ont affaire chez lui ſont journellement expoſés aux inſultes et violences de ladite femme Roſe, indépendamment du bruit qu'elle fait continuellement tant de jour que de nuit par les ſcènes violentes qu'elle fait à ſon mari ; que dimanche dernier ſur les ſept heures du ſoir ladite femme Roſe a inſulté et

(1) Saint-Martin, basse-taille dans les chœurs.
(2) Aubert, premier violon de l'orchestre de l'Opéra.
(3) Levesque, basse-taille des chœurs.
(4) Le Roy, taille des rôles.
(5) Le 8 octobre 1755, en vertu d'ordres du Roi exécutés par l'inspecteur Coutailloux, Marie-Jeanne Regnard, femme de Charles Rose, avait été enfermée à Sainte-Pélagie.
En 1762, elle fut de nouveau arrêtée et enfermée à la requête de ſon mari, qu'elle avait quitté pour aller demeurer rue de Montmorency, au coin de la rue Saint-Martin.

maltraité la demoifelle Angélique, coiffeufe, qui defcendoit de chez la femme du plaignant et s'étoit arrêtée à la porte avec la domeftique du plaignant ; que le lendemain ayant rencontré la nommée Jeanneton, domeftique du plaignant, fur l'efcalier qui ouvroit la porte de l'appartement du plaignant, elle s'eft jetée fur elle et l'a maltraitée de coups ; que cette fille s'eft contentée d'appeler au fecours, que la femme du plaignant a ouvert la porte, a vu fa domeftique maltraitée par ladite femme Rofe, l'a retirée de fes mains et fur les reproches qu'elle a faits à ladite femme Rofe, celle-ci a invectivé la femme du plaignant dans les termes les plus durs et les plus groffiers, a voulu la maltraiter et l'a menacée qu'elle pafferoit par fes mains ; qu'elle a même eu affez d'indifcrétion pour fe mettre à fa fenêtre fur la rue, où elle a répété les mêmes infultes et menaces, et comme ladite femme Rofe eft fujette à fe prendre de vin, que dans cet état elle entre dans des fureurs violentes qui font connues et que le plaignant appréhende que fa femme et lui-même n'en foient victimes, il eft venu nous rendre la préfente plainte.

Signé : FOBERT ; CHÉNON.

(*Archives nationales,* Y, 11,334.)

Voy. ST-HILAIRE (MARIE-MADELEINE DE).

ROSE (MARIE-ROSE POLE, dite), danseuse. Elle était fille de Mlle Delfèvre, danseuse de l'Académie royale de musique, et après avoir reçu les leçons de Deshayes à l'École de danse de l'Opéra, elle parut pour la première fois à ce théâtre en 1782. Elle fut attachée ensuite au corps de ballet de la Comédie-Française et ne reparut à l'Académie royale de musique qu'en 1786, dans *Armide,* tragédie de Quinault, musique de Gluck.

Elle eft, lit-on dans le *Journal de Paris* du 22 septembre 1786, l'élève de M. Veftris le père, que l'on peut dire avoir régné pendant trente années fur ce théâtre. On s'eft aperçu par la nobleffe, les grâces et la fageffe de l'exécution de l'élève que l'intention du maître a été de s'oppofer à ce que les genres fuffent confondus. On a remarqué avec plaifir que tous fes mouvemens étoient naturels, uniquement parce qu'elle paroît s'éloigner des difficultés réfervées aux hommes et qu'elle évite, par ce moyen, les attitudes violentes qui privent la danſeuſe des grâces qui appartiennent à ſon ſexe. Quoique la crainte, inſéparable d'un début, ait beaucoup nui à ſon exécution, les applaudiſſemens univerſels qu'elle a reçus doivent lui ſervir d'encouragemens pour mériter de plus en plus les ſuffrages du public.

Mlle Rose, jeune personne d'un caractère désagréable et capricieux, a dansé à l'Académie royale de musique dans les opéras ou ballets dont les titres suivent : *Armide,* tragédie de Quinault, musique nouvelle de Gluck, reprise en 1786; *la Toison d'or,* tragédie de Dériaux, musique de Vogel, en 1786, reprise en 1788 ; *Phèdre,* tragédie d'Hoffman, musique de Le Moyne, en 1786, reprise en 1787 ; *Pénélope,* tragédie de Marmontel, musique de Piccini, reprise en 1787 ; *Théodore à Venise,* opéra de Moline, musique de Paisiello, en 1787 ; *Arvire et Évelina,* opéra de Guillard, musique de Sacchini et Rey, repris en 1788 ; *Iphigénie en Aulide,* tragédie du bailli du Roullet, musique de Gluck, reprise en 1788 ; *Aspasie,* opéra de Morel, musique de Grétry, en 1789; *Démophon,* opéra de Dériaux, musique de Vogel, en 1789 ; *les Prétendus,* opéra de Rochon de Chabannes, musique de Le Moyne, en 1789 ; *Télémaque et Mentor,* ballet de Gardel jeune, en 1790.

(*Mémoires secrets,* XXIII, 64. — *Journal de Paris,* 22 septembre 1786. — *Revue rétrospective,* 2e série, t. III.)

1788. — 14 décembre.

Plainte de Mlle Marie-Rose Pole, dite Rose, contre un huissier qu'elle accusait d'avoir commis un faux à son préjudice.

L'an 1788, le dimanche 14 décembre, dix heures du matin, en l'hôtel et par-devant nous Jean-Thomas Defreſne, etc., eſt comparue demoiſelle Marie-Roſe Pole, de l'Académie royale de muſique pour la danſe, demeurante rue des Petites-Écuries-du-Roi, n° 12, paroiſſe St-Laurent : Laquelle nous a dit, qu'en vertu de l'ordonnance de M. le juge auditeur au Châtelet du 2 du préſent mois étant au bas de la requête à lui préſentée le même jour, ladite

ordonnance dûment fignée Picard et fcellée, elle a, par exploit du fieur
Marchand, huiffier en la Chambre des comptes, du onze du préfent mois, fait
affigner le fieur Gruot, marchand linger à Paris, y demeurant rue St-Honoré
au domicile par lui élu en la maifon du fieur Debain, huiffier à verge audit
Châtelet, rue de la Ferronnerie, à comparoir hier famedi 13 du préfent mois
par-devant mondit fieur le juge auditeur en fon cabinet au Châtelet pour voir
dire qu'attendu qu'elle n'eft débitrice, obligée, ni condamnée envers lui, fans
avoir égard à l'oppofition par lui formée fur elle entre les mains du fieur
Prieur, caiffier de l'Académie royale de mufique, ledit fieur Prieur fera tenu
nonobftant ladite oppofition de payer et vider fes mains en celles de la comparante des fommes dont il eft comptable envers elle ; que ledit jour famedi
13 du préfent mois, ledit fieur Gruot s'eft préfenté en référé et a demandé le
renvoi par-devant M. le Lieutenant civil, attendu que fa réclamation excédoit
a compétence du juge auditeur ; que le même jour 13 la comparante, rentrant
chez elle à huit heures du foir, a trouvé chez le portier de fa maifon un carré
de papier plié en quatre. Après en avoir pris lecture, elle a vu que ce papier
étoit timbré de la Généralité de Paris et qu'au bas d'icelui étoit appofée la
fignature Debain ; que le papier contient fommation à la requête des fieur et
dame Gruot à la comparante de payer une fomme de 905 livres 18 fols
6 deniers ; que cette fommation contient deux faux : d'abord elle porte que
le fieur Debain a parlé à la perfonne de la comparante ; qu'elle n'a jamais vu
cet huiffier ni ne lui a parlé. En fecond lieu, elle contient une réponfe qu'elle
n'a pas faite puifque cette copie de fommation a été remife au portier qui la
lui a rendue en rentrant chez elle. Elle nous a à l'inftant repréfenté ladite copie
de fommation, datée d'hier 13 décembre avant midi, fignée Debain, et nous
a fait remarquer que la réponfe faite à cette fommation eft de la même main,
de la même encre que le corps de la fommation : ajoutant qu'il eft certain
que cette réponfe a été fabriquée dans la maifon du fieur Debain ; que même
l'adreffe de la comparante mife au bas de cette fommation annonce parfaitement qu'elle a été portée directement de chez l'huiffier et qu'elle n'a pas été
faite dans le domicile de la comparante ; que ces adreffes que les huiffiers
ont pour habitude de mettre au bas de leurs exploits font pour une plus parfaite indication pour leurs clercs ou recors, en un mot, que cette réponfe eft
un faux commis par le fieur Debain contre lequel elle a le plus grand intérêt
de fe pourvoir. En conféquence, elle eft venue nous déclarer qu'elle protefte
contre la prétendue réponfe fabriquée par le fieur Debain (1), qu'elle fe réferve

---

(1) Voici le texte de cette réponse, copiée sur la sommation qui est jointe à la plainte : « Laquelle, parlant comme deffus, a dit et fait réponfe que ces fournitures ne la regardent pas ; qu'il a
plu à la dame Delfèvre, fa mère, de les lui procurer ; que c'eft à elle qu'il faut s'adreffer pour en
avoir le payement et n'a voulu figner, de ce interpellée. »

de s'infcrire en faux contre ladite pièce, et ladite demoifelle nous ayant repréfenté ladite copie de fommation, nous avons remarqué qu'elle eft conforme à
l'énoncé ci-deffus, etc. Dont et de tout ce que deffus elle nous a rendu
la préfente plainte contre le fieur Debain et fes fauteurs, complices et adhérens.

Signé : M. R. POLE ; DEFRESNE.

(*Archives nationales,* Y, 12,082.)

———

R OSIER (FRANÇOIS), danseur.

1704. — 23 janvier.

*François Rosier est accusé par sa sœur de lui avoir dit des injures et d'avoir
tiré l'épée contre elle.*

L'an 1704, le mercredi 23 janvier, trois heures de relevée, eft comparu
par-devant nous Jean Tourton, etc., demoifelle Jeanne Rofier, demeurant
rue de l'Évêque : Laquelle nous a rendu plainte contre François Rofier,
danfeur de l'Opéra, demeurant rue St-Honoré, et dit qu'il y a environ quatre
ans qu'elle a fait tout fon poffible pour tâcher d'entretenir et nourrir ledit
Rofier, fon frère, qui eft établi et marié depuis environ trois ans, mais au lieu
par lui de lui témoigner quelque reconnoiffance des bontés qu'elle a toujours
eues pour lui, elle a été furprife que depuis cinq ou fix mois ou environ ledit
Rofier lui a fait plufieurs malhonnêtetés, et fous prétexte que la plaignante
reçoit les vifites d'un homme qui la recherche en mariage, il n'y a forte de
violences et de mauvais traitemens qu'il n'ait fur elle exercés et notamment cejourd'hui il y a environ une heure que ledit Rofier eft venu chez elle derechef
et après avoir eu quelque converfation enfemble, elle a reçu ledit Rofier qui
s'eft mis dans une colère extraordinaire et lui a renouvelé les violences qu'il
lui avoit ci-devant faites auxquelles il a ajouté les mauvais traitemens, en forte
que fans aucun refpect il l'a traitée de « gueufe, de malheureufe, de p....,
de g.... », qu'il pafferoit de fon épée au travers du corps à celui qui la recher-
choit en mariage. Non content de quoi il a même tiré l'épée fur la compa-

rante de laquelle il la vouloit percer et, en effet, elle auroit perdu la vie ſi ce n'eſt qu'elle a paré les coups que ledit Roſier lui a portés. Et comme il menace journellement ceux qui viennent chez la plaignante de les aſſaſſiner et que même il a paru vouloir en uſer de même avec la plaignante, elle a été conſeillée de venir nous rendre la préſente plainte.

Signé : JEANNE ROSIER ; TOURTON.

(Archives nationales, Y, 12,108.)

S

AINT-HILAIRE (MARIE-MADELEINE DE), chanteuse. Cette artiste débuta à l'Académie royale au mois de juillet 1763 et cessa d'en faire partie en 1765. Voici l'indication de quelques-uns des rôles qu'elle y chanta : Aspasie, dans les *Jeux olympiques,* en 1753 ; Oriane, dans *Amadis,* tragédie de Quinault, musique de Lulli, reprise en 1759 ; Psyché, dans l'*Amour et Pysché,* ballet de Voisenon, musique de Mondonville, repris en 1760 ; Canente, dans *Canente,* tragédie de La Motte, musique nouvelle de Dauvergne, en 1761 ; Iole, dans *Hercule mourant,* tragédie de Marmontel, musique de Dauvergne, en 1761 ; Iphise, dans *Jephté,* tragédie de Pellegrin, musique de Monteclair, reprise en 1761.

(Mercure de France. — Les Spectacles de Paris.)

I

1755. — 22 juillet.

Mlle Marie-Madeleine de St-Hilaire se plaint des insolences et des calomnies de Charles Rose et de sa femme.

L'an 1755, le mardi 22 juillet, fept heures du matin, en l'hôtel et par-devant nous Louis Cadot, etc., eft comparue Marie-Madeleine de St-Hilaire, fille, de l'Académie royale de mufique, demeurant à Paris, rue St-Honoré, paroiffe St-Germain-l'Auxerrois : Laquelle nous a rendu plainte contre le fieur Rofe, muficien, et fa femme de ce que, par une fuite de toutes les injures qu'ils ont débitées tant en fa préfence qu'en fon abfence, publiquement et fcandaleufement contre fon honneur et fa réputation, ils ne ceffent l'un et l'autre de répandre contre elle les invectives les plus déshonorantes ; que le 15 du préfent mois, lors de leur déménagement de l'appartement qu'ils occupoient dans la même maifon où demeure la comparante, ladite femme Rofe, en préfence de fon mari et de tous les locataires et voifins qu'elle avoit affemblés et fait mettre aux fenêtres et fur les efcaliers en pouffant des cris et des injures étonnantes, a traité elle comparante de « b........, f..... p....., f..... g.... » et autres infamies que la pudeur ne permet pas de rappeler, et fi fcandaleufes et fi horribles qu'elles peuvent faire un tort infini à fa réputation ; que ladite femme Rofe s'eft même emportée jufqu'à faire mille menaces à la comparante en difant qu'elle ne périroit jamais que de fa main ; qu'elle comparante a d'autant plus lieu d'être furprife d'un procédé auffi noir qu'elle a comblé perpétuellement ladite femme Rofe et fon mari de fes bienfaits tant dans le tems que ledit Rofe montroit la mufique à elle comparante, que lors des couches de ladite femme Rofe, à laquelle elle comparante a donné toutes fortes de linges, même de l'argent pour payer fa fage-femme, ce qui démontre le caractère et l'ingratitude et la méchanceté les plus marquées ; que le lendemain 16 du préfent mois, la comparante étant à Verfailles dans la falle du concert de Madame la Dauphine pour y remplir fes devoirs et fes fonctions, elle fut extrêmement étonnée d'y voir ledit Rofe tenant un papier à la main, lequel il montroit à tous ceux qui le vouloient voir et difoit hautement que la comparante et le fieur Delalonde étoient deux fripons qui vouloient lui faire rendre des meubles dont il avoit payé la valeur, ce qui étoit une grande coquinerie de leur part et fe répandre en autres propos également injurieux, montrant elle comparante au doigt et cherchant à lui faire les avanies les plus mortifiantes, fans aucun égard pour le lieu où ils étoient; que depuis ledit Rofe et fa femme continuent de répandre leurs injures, menaces et invectives contre la comparante chez toutes les perfonnes de fa connoiffance et furtout à l'Opéra, cherchant à la déshonorer, réitérant continuellement les horreurs ci-deffus détaillées. Et comme elle a un notable intérêt d'arrêter la fuite de pareilles vexations, injures, menaces et de mettre fa vie en fûreté, même de manifefter au public, notamment à l'Académie royale de mufique et aux chefs d'icelle fon innocence et les vexations qu'elle effuie de la part defdits Rofe et de fa femme, elle vient de ce que deffus nous rendre plainte.

Signé : CADOT ; ST-HILAIRE.

(Archives nationales, Y, 12,158.)

II

1755. — 16 décembre.

Nouvelle plainte de Mlle Marie-Madeleine de St-Hilaire contre Charles Rose.

L'an 1755, le mardi 16 décembre, huit heures du foir, nous Louis Cadot, etc., ayant été requis, nous fommes tranfporté vis-à-vis la porte du cloître St-Honoré, en une maifon appartenante à la dame veuve Berthelin, au fecond étage fur le derrière d'icelle ayant vue fur la cour, où étant eft comparue devant nous demoifelle Marie-Madeleine de St-Hilaire, de l'Académie royale de mufique, demeurant en l'appartement où nous fommes : Laquelle nous a dit que non content par le fieur Rofe, auffi de l'Académie royale de mufique, d'avoir abufé de fa confiance au fujet des effets à elle appartenant qui étoient dans un appartement qu'elle lui avoit cédé attenant le fien, de l'avoir infultée vivement en différens endroits et d'avoir répandu contre elle les calomnies les pl---indignes, il auroit encore fuppofé qu'elle comparante l'avoit injurié, et à ce fujet auroit voulu fuborner des témoins pour dépofer des faits par lui imaginés contre elle comparante et, pour y parvenir, il auroit attiré dans des cabarets les perfonnes qu'il a voulu féduire et engager à dire en juftice qu'ils avoient connoiffance defdits faits et calomnies par lui inventés fous la promeffe de les bien payer de la dépofition qu'ils feroient en fa faveur et même de les bien régaler. Pour parvenir à laquelle féduction ledit Rofe a commencé effectivement à régaler, dans un cabaret fitué rue Fromenteau, fur la place du Palais-Royal, qui a pour enfeigne : *L'Ami du cœur,* plufieurs particuliers. Et comme une pareille entreprife de la part dudit Rofe eft un crime capital qui mérite répréhenfion et qu'elle a un notable intérêt de conftater les démarches que ledit Rofe à faites à ce fujet, elle a requis notre tranfport pour nous rendre plainte (1).

Signé : St-Hilaire ; Cadot.

(*Archives nationales,* Y, 12,158.)

S AINT-HUBERTI (Anne-Antoinette CLAVEL , dite), chanteuse, née à Strasbourg le 15 décembre 1756. Elle débuta à l'Académie royale de musique le 23 septembre 1777, par le rôle de Mélisse, dans *Armide,* tragédie de Quinault, mise en musique par Gluck. Peu remarquée dans le principe, elle ne tarda pas à fixer l'attention des amateurs et le 12 mai 1778, à propos du rôle d'Angélique qu'elle avait chanté dans *Roland,* tragédie de Quinault, mise en musique par Piccini, le *Journal de Paris* s'exprimait ainsi sur son compte :

La dame St-Huberti a fu vaincre les effets de fa trop grande timidité. Sa voix a paru tendre, flexible, fonore. Malgré l'accent étranger dont elle n'a pu encore fe dépouiller entièrement, l'habitude qu'elle a de chanter les airs italiens donne à fon chant du piquant et de la grâce et fa jeuneffe permet d'attendre beaucoup des talens dont la nature l'a douée. Nous croyons devoir l'inviter à méditer fes rôles, à prendre de bons guides pour la fcène et furtout à confulter la nature. Muficienne de la première force, exercée depuis fon enfance dans les différens genres de mufique, nous ofons l'exciter à bannir fa timidité en prenant une jufte confiance dans fes avantages et à fe

----

(1) Dans l'information faite en suite de cette plainte, plusieurs témoins, tailleurs à l'Académie royale de musique, déposèrent que Charles Rose leur avait demandé comme un service de dire qu'en laçant, dans sa loge, Mlle de Saint-Hilaire, ils l'avaient entendue affirmer que la dame Rose était « une gourgandine qui avoit été à la fuite de l'armée et mife sur le cheval de bois », mais qu'ils refusèrent parce qu'ils n'avaient jamais entendu Mlle de Saint-Hilaire tenir de semblables propos.

bien perfuader que ce n'eft que par un travail fuivi que l'on peut parvenir à plaire conftamment aux gens de goût.

Le rôle de Lise, dans le *Seigneur bienfaisant,* opéra de Rochon de Chabannes, musique de Floquet, qu'elle chanta au mois de décembre 1780, lui valut, d'un M. de Sireuil, les vers suivants :

> Dis-nous, St-Huberti, par quel preftige heureux
>   Caches-tu l'actrice à nos yeux,
> Pour ne nous préfenter qu'une mère éplorée
> Luttant contre les flots, luttant contre les feux,
> Et tenant dans fes bras un enfant malheureux,
> Qu'effraye, ainfi que nous, ta tendreffe égarée ?
> Tes geftes, tes regards, tes accens, ta douleur,
> Tout eft vrai ; tu fais l'art d'embellir la Nature.
> Mais je n'aime pas moins ton talent féducteur,
> Quand d'un tableau plus doux tu m'offres la peinture ;
> Ton effroi me faifit, ton calme me raffure,
> Et j'applaudis à tout entraîné par mon cœur :
> Soit que le mouvement de la reconnoiffance
> Te précipite aux pieds d'un père généreux,
> Soit qu'au milieu des ris, des fêtes et des jeux,
> D'un fils qui t'eft fi cher ta main guide l'enfance,
> Ou que ta voix touchante, organe de ton cœur,
> Béniffe avec tranfport les foins d'un bienfaiteur.
> Pourfuis. Le Dieu des arts tient fa couronne prête,
>   Elle eft le prix de tes fuccès brillans ;
> Le public enchanté de tes rares talens,
> D'une commune voix la pofe fur ta tête.

Le 23 septembre 1782, *Ariane dans l'île de Naxos,* opéra de Moline, musique d'Edelmann, obtint un grand succès grâce à la manière dont elle interpréta le personnage d'Ariane, et Moline en remercia l'artiste en ces termes :

> On applaudit partout à tes brillans fuccès ;
>   Partout tu feras célébrée.
>   Lorfque d'Ariane éplorée
> Ta féduifante voix exprime les regrets,

Tu nous fais friſſonner, frémir, verſer des larmes ;
Ton pouvoir nous tranſporte aux rives de Naxos.
Chacun veut partager tes mortelles alarmes,
Et l'on croit voir en toi la fille de Minos.
Digne émule de Melpomène,
Par ton art enchanteur, de la lyrique ſcène
Tu deviendras un jour la gloire et l'ornement :
Tu donnes à mes vers une nouvelle vie,
Ariane te doit ſon plus bel agrément.
Brave ſous tes lauriers les ſerpens de l'envie ;
Sur les traces d'Offields, ſur les pas de Clairon,
Par une raviſſante et ſublime magie
A l'immortalité tu fais voler ton nom.

En 1783, Mme Saint-Huberti chanta, en remplacement de Mlle Levasseur, le rôle d'Armide, dans *Renaud,* tragédie de Le Bœuf, musique de Sacchini, et s'y montra bien supérieure à l'artiste qui l'avait créé. Au sortir de la représentation, elle reçut d'un galant anonyme cet aimable madrigal :

J'avois abjuré de l'amour
La frénéſie et la foibleſſe ;
J'avois juré de fuir ſa cour.
Pour vous, ſirène enchantereſſe,
Je deviens parjure en ce jour.
Mais les moyens de s'en défendre ?
Vous êtes belle et vous chantez ;
De vous voir c'étoit bien aſſez,
Falloit-il encor vous entendre !

La même année, le 1er décembre, elle créa Didon, dans *Di-don* (1), tragédie de Marmontel, musique de Piccini, et atteignit

---

(1) Marmontel a raconté dans ses *Mémoires* comment Piccini et lui furent amenés à écrire cet opéra :

« Cette année (1783), le maréchal de Duras, gentilhomme de la Chambre en exercice, me demanda ſi je n'avois rien fait de nouveau et me témoigna le déſir d'avoir à donner à la Reine, à Fontainebleau, la nouveauté d'un bel opéra : « Mais je veux, me dit-il, que ce ſoit votre ouvrage. « On ne vous fait pas aſſez de gré de ce que vous faites pour rajeunir les vieux opéras de Quinault. » Je reconnus, à ce langage, mon confrère à l'Académie et ſes anciennes bontés pour moi. « Monce jour-là à l'apogée de son talent et de sa gloire. Le poëte Moline, qui l'avait célébrée dans *Ariane,* la célébra aussi dans *Didon :*

> Defpréaux nous l'a dit, le vrai feul eft aimable.
> St-Huberti, ton jeu fuffit pour l'attefter.
> Sous les traits de Didon, actrice incomparable,
> Au faîte du talent ton art te fait monter :
> La nature eft ton guide ; en fachant l'imiter,
>   Tu fais te rendre inimitable !

A la douzième représentation de cet opéra, le 16 janvier 1784, les amis enthousiastes de l'actrice lui jetèrent sur la scène une couronne de lauriers entourée d'un ruban blanc sur lequel étaient brodés ces mots : *Didon et Saint-Huberti sont immortelles.* Une modestie feinte ou réelle lui ayant fait repousser cette couronne, quelqu'un lui fit immédiatement passer ce quatrain :

> Ne fois pas fi modefte et de cette couronne
>   A nos yeux viens te décorer.
> Il eft permis de s'en parer
> Quand c'eft le public qui la donne !

« fieur le Maréchal, lui dis-je, tant que mon muficien Piccini fera découragé comme il l'eft, je ne « puis rien promettre. Vous favez avec quelle rage on lui a difputé le fuccès de *Roland* et d'*Atys;* « ils ont réuffi l'un et l'autre et jufque-là le vrai talent a triomphé de la cabale ; mais dans l'*Iphigénie* « *en Tauride* il a fuccombé, quoiqu'il s'y fût furpaffé lui-même. L'entrepreneur de l'Opéra, de Vifmes, « pour groffir fa recette par le concours des deux partis, a imaginé de faire joûter Gluck et Piccini « fur le même fujet ; il leur a fourni deux poëmes de l'*Iphigénie en Tauride.* Gluck, dans le poëme « barbare qui lui eft échu en partage, a trouvé des horreurs analogues à l'énergie de fon ftyle et les « a fortement exprimées. Le poëme remis à Piccini, tout mal fabriqué qu'il étoit, fe trouvoit fufcep- « tible d'un intérêt plus doux ; et au moyen des corrections que l'auteur y a faites fous mes yeux, il « a pu donner lieu à une mufique touchante. Mais après la forte impreffion qu'avoit faite fur les « yeux et fur les oreilles le féroce opéra de Gluck, les émotions qu'a produites l'opéra de Piccini ont « paru foibles et légères. L'*Iphigénie* de Gluck eft reftée au théâtre dont elle s'étoit emparée ; celle « de Piccini n'a pu s'y foutenir ; il en eft confterné et vous feul, Monfieur le Maréchal, pouvez le « relever de fon abattement. — Que faut-il faire pour cela, me demanda-t-il ? — Une chofe très « facile et très jufte, changer en penfion la gratification annuelle qui lui a été promife lorfqu'on l'a « fait venir en France et lui en accorder le brevet. — Très volontiers, me dit le Maréchal, je de- « manderai pour lui cette grâce à la Reine et j'efpère l'obtenir. »

« Il la demanda et il l'obtint et lorfque Piccini alla, avec moi, l'en remercier : « C'eft à la Reine, « lui dit-il, qu'il faut marquer votre reconnoiffance en compofant pour elle cette année un bel « opéra. »

« Je ne demande pas mieux, me dit Piccini en nous en allant, mais quel opéra ferons-nous ? — « Il faut faire, lui dis-je, l'opéra de *Didon,* j'en ai depuis longtemps le projet dans la tête. » (*Mémoires de Marmontel,* tome III, livre X.)

C'était alors presque un crime que de discuter non pas le talent de Mᵐᵉ Saint-Huberti, mais seulement la manière dont elle rendait un rôle. Le *Journal de Paris,* qui au mois d'avril 1785, lors de la reprise de l'*Iphigénie en Aulide,* de Gluck, avait cru pouvoir adresser à l'artiste quelques observations sur son personnage de Clytemnestre, reçut du bailli du Roullet, auteur des paroles d'*Iphigénie,* la lettre suivante :

Vous avez eu tort, Messieurs, de reprocher à Mᵐᵉ St-Huberti dans votre feuille du 21 de ce mois, d'avoir fait plusieurs changemens dans le rôle de Clytemneftre, puisqu'il eft de fait qu'elle n'y en a fait aucun et qu'elle le chante exactement comme il eft noté dans la partition. Vous n'êtes pas mieux fondés dans le reproche plus grave que vous lui faites, dans la même feuille, de dénaturer entièrement l'air : *Armez-vous d'un noble courage,* etc. Cette affertion fingulière et très-offenfante pour l'actrice célèbre qui rend fi admirablement le rôle de Clytemneftre m'a extrêmement furpris ; je m'y attendois d'autant moins que jufqu'ici ce rôle et particulièrement cet air n'avoient point été rendus à la fatisfaction des auteurs et que Mᵐᵉ St-Huberti a faifi feule leurs intentions et ne leur laiffe rien à défirer. Je puis vous certifier, Messieurs, que M. Gluck a toujours défiré et demandé que cet air fût moins chanté que parlé ; que les deux premières phrafes de la première partie en fuffent exécutées d'un mouvement lent et marqué et que le mouvement en fût accéléré par gradation comme les changemens du rhythme l'indiquent. Mais perfonne n'ignore que pour l'exécution vocale de fes ouvrages, M. Gluck n'a pas toujours obtenu ce qu'il défiroit. Vous vous trompez en croyant pouvoir appuyer votre opinion fur le caractère que vous fuppofez à Clytemneftre : mais ce caractère n'eft pas celui que je lui ai donné. Les fentimens dominans dans l'âme de l'époufe d'Agamemnon font particulièrement la fierté et la hauteur. Achille eft indigne de l'*honneur* auquel elle lui permettoit d'afpirer : voilà ce qu'elle dit et ce qui la caractérife. Il ne mérite plus que du mépris puifqu'il a la baffeffe de préférer une autre alliance à celle d'Agamemnon ; mais la dignité de Clytemneftre eft offenfée, elle veut être vengée, elle appelle même la vengeance ; mais elle ne fe permet point la colère : ce fentiment la dégraderoit à fes propres yeux. C'eft d'après ce caractère donné et faifi par M. Gluck que le grand maître a fait cet air déclamatoire et fublime dans toutes fes parties. Je crois qu'il feroit inutile, Messieurs, d'étendre davantage ma réponfe à vos critiques peu réfléchies, pardonnez-moi cette expreffion qui ne peut être trouvée impolie et permettez que Mᵐᵉ St-

Huberti trouve ici, de la part des auteurs d'*Iphigénie,* un témoignage public de leur admiration et de leur reconnoiffance pour la fupériorité fublime avec laquelle elle rend le rôle de Clytemneftre.

J'ai l'honneur d'être, etc.

A cette épître, beaucoup moins polie que ne le pensait le bailli du Roullet, le *Journal de Paris* répondit en ces termes :

Il eft honorable pour Mme St-Huberti d'avoir le fuffrage de l'auteur du poëme et nous l'en félicitons d'autant plus que l'on peut voïr par quelques-unes des expreffions de fa lettre qu'il ne cherche pas à ménager les fignes de fon improbation. Nous avons prouvé par les différens articles dans lefquels nous avons eu à parler de cette actrice que nous partagions l'enthoufiafme du public et ce n'eft pas la critiquer que de n'être pas de fon avis fur un feul point. Si M. Gluck eût voulu les trois premières mefures du morceau dont il s'agit plus ralenties, il eft préfumable qu'il y auroit réuffi, car cela ne préfente aucune difficulté d'exécution ; s'il l'eût voulu, il l'auroit indiqué fur la partition ; s'il l'eût voulu, il l'auroit exigé par fa ritournelle, ainfi qu'il a prefcrit le mouvement lent et étouffé du commencement du chœur d'Armide, *Pourfuivons jufqu'au trépas,* par la nature de la ritournelle et par le choix des inftrumens qui l'exécutent.

Dans l'*Alceste,* de Gluck, repris en 1786 et où elle remplissait le rôle d'Alceste, Mme Saint-Huberti remporta encore un triomphe constaté par ces vers d'Hoffman, qui devait devenir plus tard le célèbre critique du *Journal des Débats:*

Lorfque Didon par un amant trahie,
Aux fombres bords alla chercher la paix,
Tout a pleuré jufqu'à la fombre envie
Qui s'étonna de fentir des regrets.
   Aujourd'hui par de nouveaux charmes
   Alcefte intéreffe à fon tour
   Et l'Hymen vient mêler des larmes
   Aux pleurs qu'a répandus l'Amour.
Tu verras donc, fille de Melpomène,
L'Envie en pleurs gémir de tes fuccès ;
Tant de beautés méritent bien fa haine,
Pardonne-lui les maux que tu lui fais.

> Jouis en paix de ta victoire
> Et laiffe fiffler fes ferpens ;
> Ils ennobliffent tes talens.
> L'Envie eft l'ombre de la Gloire.

Enfin, pour donner une idée de l'engouement excité par Mme Saint-Huberti, on reproduira une épître qui lui fut adressée, quelques jours avant un congé qu'elle devait prendre, par une jeune personne désireuse de l'entendre dans *Alceste,* parce que, selon elle, on ne pouvait devenir épouse et mère sans connaître cet opéra :

> Eft-il vrai qu'infidèle aux vœux de Melpomène,
> Tu vas porter ailleurs les plaifirs de la fcène ?
> Sous tes traits pleins de feu, Didon,
> Victime de l'amour, m'a fait verfer des larmes ;
> A plaindre fes malheurs, j'ai goûté quelques charmes.
> Mais j'ai befoin d'une utile leçon ;
> La vertu feule éclaire la raifon !
> Diffère quelques jours un départ trop funefte,
> Pour être époufe et mère, il faut entendre *Alcefte !*

Le caractère de Mme Saint-Huberti était, parait-il, beaucoup moins agréable que son talent. Dauvergne, directeur de l'Opéra, disait d'elle que c'était la plus méchante femme de son théâtre ; il lui imputait même des vices révoltants (1). Elle était insolente, exigeante et fatiguait l'administration de ses caprices ou de ses prétentions.

Grande muficienne, dit une note de M. de La Ferté en date de 1784, pleine de talent, effentielle à l'Académie. Si la nature ne lui a pas prodigué tous les moyens néceffaires, l'art à fait un prodige en fa faveur. Cette actrice fent trop combien elle eft néceffaire à l'Opéra faute de fujets qui puiffent la remplacer avec avantage. Elle a beaucoup de prétentions ; elle a de l'efprit,

---

(1) Voyez l'*Opéra secret au* xviiie *siècle,* par M. Adolphe Jullien, page 11.

·mais une mauvaife tête ; il faut la ménager mais ne pas la gâter, car bientôt elle fe rendroit, pour ainfi dire, la fouveraine arbitre de l'Opéra.

Mme Saint-Huberti quitta le théâtre en 1790.

Elle a chanté entre autres rôles à l'Académie royale de musique : Mélisse, Armide, dans *Armide,* tragédie de Quinault, musique nouvelle de Gluck, reprise en 1777 et 1784 ; Angélique, dans *Roland,* tragédie de Quinault, musique nouvelle de Piccini, reprise en 1778 ; Lise, dans le *Seigneur bienfaisant,* opéra de Rochon de Chabannes, musique de Floquet, en 1780 ; Laurette, dans l'*Inconnue persécutée,* opéra de Rozoi et Rochefort, musique d'Anfossi, en 1781 ; Ariane, dans *Ariane dans l'île de Naxos,* opéra de Moline, musique d'Edelmann, en 1782 ; Chrysothémis, dans *Électre,* tragédie de Guillard, musique de Le Moine, en 1782 ; Rosette, amante de Myrtil, dans l'*Embarras des richesses,* opéra de D'Alainval et Lourdet de Santerre, musique de Grétry, en 1782 (1); Églé, dans *Thésée,* tragédie de Quinault, musique nouvelle de Gossec, en 1782 ; Sangaride, dans *Atys,* tragédie de Quinault, musique nouvelle de Piccini, reprise en 1783 ; Armide, dans *Renaud,* tragédie de Le Bœuf, musique de Sacchini, en 1783 ; Didon, dans *Didon,* tragédie de Marmontel, musique de Piccini, en 1783 ; Marie, dans *Péronne sauvée,* opéra de Sauvigny, musique de Dézaides, en 1783 ; Chimène, dans *Chimène,* tragédie de Guillard, musique de Sacchini, en 1784 ; Délie, dans *Tibulle,* acte des *Fêtes grecques et romaines,* ballet de Fuzelier, musique nouvelle de Mlle Beaumesnil, repris en 1784 ; Hypermnestre, dans les *Danaïdes,* opéra du bailli du Roullet et Tschudi, musique de Salieri, en 1784 ; Iphigénie, dans *Iphigénie en Aulide,*

---

(1) Le costume de Mme Saint-Huberti dans cette pièce fut l'objet de critiques, résumées dans une lettre adressée au *Journal de Paris,* le 25 décembre 1782 et dont voici un passage : « Je ne fais pas fi les jardinières des environs d'Athènes laiffoient voir auffi leurs cuiffes nues à travers de la gaze, comme Mme Saint-Huberti dans Rofette, mais je fais que ce genre de vérité a déplu à des perfonnes de goût. »

tragédie du bailli du Roullet, musique de Gluck, reprise en 1785
et en 1788; Climène, femme de Panurge, dans *Panurge dans
l'île des Lanternes,* comédie-opéra du comte de Provence (Louis
XVIII) et Morel, musique de Grétry, en 1785; Pénélope, dans
Pénélope, tragédie de Marmontel, musique de Piccini, en 1785,
reprise en 1787; Alceste, dans *Alceste,* tragédie du bailli du Roullet, musique de Gluck, reprise en 1786; Camille, dans les *Horaces,* tragédie de Guillard, musique de Salieri, en 1786; Phèdre,
dans *Phèdre,* tragédie d'Hoffman, musique de Le Moine, en
1786; Mandanne, fille de Xerxès, dans *Thémistocle,* tragédie de
Morel, musique de Philidor, en 1786; Dircé, dans *Démophon,*
tragédie de Marmontel, musique de Chérubini, en 1788; Nephté,
dans *Nephté, reine d'Égypte,* opéra d'Hoffman, musique de
Le Moine, en 1789.

Mme Saint-Huberti avait épousé vers 1775, à Berlin, un sieur
Claude-Philippe Croisilles, se disant officier au service du Roi de
Prusse et qui se faisait appeler de Saint-Huberti. Elle rompit en
1778 cette union où, comme le prouvent les documents publiés
plus loin, elle fut loin de trouver le bonheur et épousa en secondes
noces, en 1790, le comte d'Entraigues, agent des émigrés français, qui l'initia à toutes ses intrigues politiques. En 1812, elle
fut assassinée avec son mari, près de Londres, par un domestique
qui se donna ensuite la mort.

Le buste de Mme Saint-Huberti dans *Ariane* a été fait, en 1783,
par Deseine, sculpteur sourd-muet.

(*Archives nationales,* O¹, 630. — *Mémoires secrets,*
XXV, 47. — *Journal de Paris,* 14 mai 1778, 25 février 1781, 26 septembre 1782, 15 mars et 5 décembre 1783, 18 janvier 1784, 28 avril 1785,
1er mars et 15 juin 1786. — Adolphe Jullien :
l'Opéra secret au xviiie *siècle.*)

I

1778. — 31 juillet.

Mme Anne-Antoinette Clavel, dite St-Huberti, rend plainte contre le sieur Claude-Philippe Croisilles de St-Huberti, qui se prétendait marié avec elle et qui venait de la voler tandis qu'elle était à l'Opéra.

L'an 1778, le vendredi 31 juillet, neuf heures de relevée, en l'hôtel et par-devant nous Marie-Jofeph Chénon fils, etc., eft comparue demoifelle Anne-Antoinette Clavel, dite St-Huberti, penfionnaire du Roi à l'Opéra: Laquelle nous a dit que le fieur de St-Huberti, qui fe prétend marié avec elle par un prétendu acte de célébration à Berlin, a abufé depuis près de trois ans de la confiance de la comparante pour s'inftaller chez elle et y refter malgré elle, s'y rendre maître et même la maltraiter. Il a plufieurs fois cependant quitté la maifon, mais toujours en emportant les bijoux et effets de la comparante qu'il mettoit en gage ou vendoit : il y rentroit violemment mais les mains vides et la comparante étant dans l'impuiffance de réclamer contre de pareilles perfécutions n'ayant pas de papiers. Enfin, aujourd'hui pendant qu'elle étoit à l'Opéra, ledit St-Huberti a encore abufé de fa confiance et de fon abfence pour emporter les effets, papiers et mufique de la comparante, même la mufique qui eft à l'Opéra, elle fe trouve dans le plus grand embarras et le fieur St-Huberti a la fineffe de lui demander, par une lettre du mercredi 29 de ce mois, des papiers et effets qu'il a déjà eu la précaution d'emporter. Pourquoi et pour parvenir à avoir chez elle la paix que le fieur de St-Huberti a depuis longtemps éloignée et pour forcer ledit fieur St-Huberti à lui rendre fes effets, papiers et mufique et principalement celle appartenante à l'Opéra, elle eft venue nous rendre la préfente plainte.

Signé : A. A. Clavel ; Chénon fils.

(*Archives nationales,* Y, 11,412.)

II

1778. — 31 août.

Le sieur Croisilles de St-Huberti requiert un commissaire de se transporter avec lui rue de l'Arbre-Sec dans la maison où Mme Anne-Antoinette Clavel, dite St-Huberti, s'est retirée en fuyant le domicile conjugal et d'y saisir les objets à lui appartenant qu'on y trouvera. En vertu de ce réquisitoire, le commissaire Chénon et le sieur Croisilles de St-Huberti se transportent rue de l'Arbre-Sec et saisissent dans les poches de Mme St-Huberti 22 lettres dont il est formé une liasse, laquelle liasse est remise par le commissaire au sieur de St-Huberti.

L'an 1778, le lundi 31 août, fept heures du matin, en l'hôtel et par-devant nous Pierre Chénon, etc., eſt comparu fieur Charles-Philippe Croifilles de St-Huberti, bourgeois de Paris, y demeurant rue des Orties, butte et paroiffe St-Roch : Lequel nous a dit que dame Marie-Antoinette Clavel, fa femme, avec laquelle il eſt commun en biens, par des mauvais confeils a quitté la demeure commune furtivement et a fait enlever beaucoup d'effets. Le comparant vient d'apprendre qu'elle s'eſt réfugiée rue de l'Arbre-Sec, au premier étage de la maiſon du grenetier. Quoique le comparant ait le droit d'y aller feul et d'y exercer toute la plénitude de fon pouvoir, il croit qu'il eſt plus prudent de nous requérir de l'y accompagner pour dreffer procès-verbal qui conftatera juridiquement la tranflation de demeure de la dame fon époufe et conféquemment fon évafion de chez le comparant, même les meubles et effets qui garniffent les lieux qu'elle occupe et les papiers qui s'y trouveront de quelque efpèce et nature qu'ils foient.

Signé : CROISILLES DE ST-HUBERTI.

Sur quoi nous commiffaire, etc., nous fommes tranfporté avec lui en un appartement ayant vue fur ladite rue de l'Arbre-Sec dont l'ouverture nous a été faite par la nommée Dubois, domeſtique de la dame St-Huberti, et paffé dans la feconde pièce donnant fur la rue, y avons trouvé ladite dame St-Huberti couchée dans l'alcôve. Ledit fieur St-Huberti s'eſt faifi des poches qu'il a arrachées des mains de fa femme dans lefquelles fe font trouvées 22 lettres dont nous avons formé une liaffe et à la réquifition dudit fieur de St-Huberti nous les avons cotées et paraphées, ladite dame de St-Huberti ayant refufé de le faire de ce fommée et les avons remifes audit fieur St-Huberti. Ladite dame de St-Huberti a fait toutes proteftations de fe pourvoir, dont et du tout nous avons donné acte et fait le préfent procès-verbal.

Signé : Croisilles de St-Huberti ; Chénon.

(*Archives nationales,* Y, 11,411.)

III

1778. — 3 septembre.

Mme Anne-Antoinette Clavel, dite St-Huberti, s'étant plainte des mauvais pro-
cédés du commissaire Chénon lors de son transport rue de l'Arbre-Sec où elle
s'était réfugiée, le fieur Chénon écrit au Lieutenant de police pour lui rendre
compte de la façon dont il a exécuté cette opération.

Monsieur,

Lundi dernier 31 août, entre 7 et 8 heures du matin, à la réquifition du fieur St-Huberti, je me fuis tranfporté avec lui rue de l'Arbre-Sec dans un appartement que fa femme, chanteufe à l'Opéra, a loué et où elle s'eft retirée depuis fon évafion de chez fon mari. L'unique objet de cette opération étoit de conftater le fait de la retraite de fa femme pour après fe pourvoir comme il aviferoit. Il étoit accompagné de deux perfonnes et moi de mon clerc. Nous fommes entrés dans cet appartement dont l'ouverture nous a été faite par la fervante, nous avons trouvé la femme St-Huberti couchée, le mari s'eft auffitôt jeté fur les poches, la femme a voulu les retenir, ils fe font tiraillés à qui les auroit, elles font reftées au mari qui me les a remifes entre les mains en me requérant d'en retirer les papiers. Je n'y ai trouvé en papiers que quelques lettres qui au premier coup d'œil m'ont paru lettres de galanterie. Le mari m'a requis de conftater et de les lui remettre. J'en ai fait une liaffe compofée de 22 pièces, je les ai paraphées par première et dernière, j'ai requis la femme de les parapher auffi, ce qu'elle a refufé, je les ai remifes au mari et j'ai du tout dreffé procès-verbal que j'ai terminé par des proteftations de la part de la femme de fe pourvoir.

Je puis vous affurer, Monfieur, qu'il n'y a eu d'autres actes de violence que les tiraillemens réciproques entre le mari et la femme de la part de l'un pour avoir les poches et de la part de l'autre pour les retenir. Il eft vrai que dans ce débat la femme a été attirée hors de fon lit, mais il n'y a eu aucun coup de cifeaux, aucun évanouiffement. Il y a eu beaucoup de cris de la part de la femme. Lorfqu'elle a eu cédé elle craignoit que la violence de fes cris n'eût intéreffé fa voix. Elle l'a effayée en nous régalant de quelques éclats, cadences et roulemens qui l'ont raffurée fur fes inquiétudes. Elle n'a pas dit un mot des coups de cifeaux dont eft queftion au mémoire; elle fe plaignoit feulement d'une douleur au petit doigt de l'une de fes mains qu'elle difoit avoir été fatigué par la réfiftance qu'elle avoit faite à cacher fes poches. Rien ne lui a été enlevé de fes poches que les 22 lettres.

3 feptembre 1778.

(Archives nationales, Y, 11,411.)

IV

1782. — 6 avril.

Lettre du ministre de la maison du Roi à M. de La Ferté, intendant des Menus-Plaisirs, relative à un refus de service de Mme Anne-Antoinette Clavel, dite St-Huberti.

Je reçois, Monfieur, la lettre que vous avez pris la peine de m'écrire au fujet de la dame St-Huberti. Un fimple exil ne la puniroit pas fuffifamment de fon refus, fi elle y perfifte. Je crois plus convenable de commencer par lui faire notifier un ordre de faire fon fervice à l'Opéra à peine de punition, de la faire furveiller jufqu'à cette époque et de la faire conduire à l'hôtel de la Force le même jour à cinq heures du foir, fi elle n'eft pas alors rendue à l'Opéra et qu'elle continue de refufer d'y chanter. J'écris en conféquence à M. Le Noir la lettre ci-jointe à cachet volant. Je vous prie de la lui faire remettre après en avoir pris lecture.

J'ai l'honneur d'être très-parfaitement, Monfieur, etc.

AMELOT.

A Verfailles, le 6 avril 1782.

(Archives nationales, O¹, 629.)

V

1784. — 23 novembre.

Brevet d'une pension de 500 livres accordée par le Roi à Mme Anne-Antoinette Clavel, dite St-Huberti.

Brevet d'une penfion de 500 livres en faveur d'Anne-Antoinette Clavel de St-Huberti, née le 15 décembre 1756 et baptifée le lendemain dans la paroiffe

St-Pierre le plus Jeune de la ville de Strasbourg, laquelle penſion lui a été accordée ſur le tréſor royal en conſidération de ſes ſervices en qualité d'actrice de l'Académie royale de muſique.

PIÈCES JOINTES AU BREVET.

1. — Acte de baptême de Mme Anne-Antoinette Clavel, dite St-Huberti.

Extractus ex libro baptiſmali parochiæ ad ſanctum Petrum juniorem intra Argentinam, p. 168 : Hodie decimo ſexto decembris, anno milleſimo ſeptingenteſimo quinquageſimo ſexto, a me infraſcripto fuit baptizata Anna-Antonia, filia domini Petri Clavel, muſici? et dominæ Claudiæ-Antoniæ Pariſet, ejus uxoris legitimæ, pridie nata. Patrinus fuit dominus Claudius-Franciſcus Guillemain, in negociis regiis occupatus, et matrina Anna Goyer nata Lebrun, patre præſente, qui una mecum ſubſcripſerunt.

2. — Lettre autographe de Mme Anne-Antoinette Clavel, dite St-Huberti,
relative à sa pension.

Je ne croyois pas, Monſieur, qu'il fallût autant de démarches de votre part pour obtenir l'expédition de ce brevet, car il ne m'eût pas plus coûtée de vous les faire parvenir ſur le champs ſans vous donner l'embaras de vous en occuper ſi ſouvent.

Je ne compte pas prendre, pour toucher cette penſion, d'autre qualité que celle qui me l'a faite obtenir du Roy ; mes noms et ſurnoms ſont dans mon extrait de baptême, mon nom de famille ettoit Clavel. Celui de mon mari étoit Croiſille de St-Huberty, mais comme ce dernier eſt celui ſous lequel je ſuis connue au ſpectacle, c'eſt auſſi celui que je ſigne. J'imaginois que ce nom ſuffiſoit.

N'ayant plus de mari, je ne prendrai pas le nom de Croiſille, alors je crois, Monſieur, que l'on pourroit m'expédier le brevet ſous celui de Mlle Clavel dite St-Huberty pour éviter toute eſpèce d'erreur.

En attendant votre avis ſur lequel je me repoſe entièrement, j'ai l'honneur d'être, Monſieur, votre très-humble ſervante.

Signé : DE ST-HUBERTY.

P.-S. — Je vous prierai de me renvoyer mon extrait de baptême lorſqu'il ne vous ſervira plus.

Ce 24 ſeptembre 1784.

(*Archives nationales*, O¹, 672.)

Saint-Léger (Catherine de), danseuse.

1723. — 12 août.

Mˡˡᵉ Catherine de St-Léger se plaint d'avoir été insultée et battue par un nommé La Boulaye, homme très-violent.

L'an 1723, le jeudi 12ᵉ jour d'août, cinq heures de relevée, nous Hilaire Tripperet, etc., ayant été requis, fommes tranfporté rue Royale en une maifon dont eft propriétaire le fieur Soumain, chirurgien de Monfeigneur le duc d'Orléans; où étant et monté dans un appartement au premier étage ayant vue fur ladite rue, y avons trouvé damoifelle Catherine de St-Léger, danfeufe de l'Opéra, demeurante en l'appartement où nous fommes : Laquelle nous a fait plainte et a dit qu'elle eft journellement expofée aux infultes du nommé Laboulaye, homme très-violent; qu'il y a environ une heure la damoifelle plaignante étant à fa fenêtre donnant fur ladite rue à caufer avec deux dames de fes amies, elle a été furprife de fe voir infultée par ledit Laboulaye, qui eft venu au-deffous defdites fenêtres et parlant à ladite demoifelle plaignante, il l'a traitée de toutes fortes d'injures les plus atroces, entre autres de « p..... p....... », qu'elle couroit les mauvais lieux, ajoutant que la maifon où elle étoit demeurante étoit un b..... : en forte qu'il lui a fait un fcandale public en difant hautement qu'elle avoit paffé par les grands remèdes de la vérole, de laquelle il l'avoit fait guérir. Se plaint, en outre, de ce que ledit Laboulaye fait courir dans Paris des libelles diffamatoires contre l'honneur et la réputation de ladite damoifelle plaignante; que lundi dernier elle fut encore infultée par ledit Laboulaye en paffant rue l'Évêque, où il lui donna un foufflet et mit enfuite l'épée à la main en criant que ladite damoifelle plaignante étoit une gueufe qui venoit de lui couper la bourfe, qu'il falloit l'arrêter; que, fans le fecours de la populace amaffée au bruit, elle auroit été expofée à toutes fortes de violences, puifqu'il la menaçoit de lui couper le vifage et fe fauva pour éviter d'être arrêté par ladite populace qui étoit très-indignée d'un tel procédé. Et comme de telles infultes font fouvent réitérées par ledit Laboulaye, la damoifelle plaignante a été confeillée de requérir notre tranfport à l'effet de nous rendre la préfente plainte.

Signé : Catherine de St-Léger ; Tripperet.

(*Archives nationales*, Y, 11,144.)

SARON (Marie-Claudine), danseuse, née vers 1739, fut attachée à l'Académie royale de musique, de 1759 à 1767. En 1779, elle fut l'héroïne d'une aventure qui amusa tout Paris et dans laquelle elle sut mettre les rieurs de son côté. Un notaire, très-amateur des filles d'Opéra, lui avait gracieusement prêté, sur sa signature, 1,800 livres ; puis, pensant que sa créance lui donnait tous les droits, il sollicita et obtint de la danseuse la faveur d'un rendez-vous. Quelques jours après, Mlle Saron, qui s'imaginait avoir désintéressé le notaire, fut fort étonnée de recevoir la visite d'un agent de police muni du billet souscrit par elle et lui en demandant, au nom de l'exigeant tabellion, le paiement intégral. La danseuse eut beau expliquer ce qui s'était passé et comme quoi elle avait lieu de se croire libérée de sa dette, l'agent n'en persista pas moins dans sa réclamation et se retira après l'avoir engagée à payer. Mlle Saron adressa alors à ce personnage la lettre suivante qu'elle eut soin de rendre publique et qui couvrit le notaire d'un ridicule ineffaçable :

Je voudrois bien déférer à votre confeil, j'en fais grand cas, mais cela m'eft impoffible et mon Adonis, qui eft un homme de loi, fait la raifon pourquoi. De tout ce que j'ai, rien ne m'appartient plus que mes faveurs ; le Roi retient une partie de mes rentes pour payer les impofitions ; des gens de mauvaife foi me difputent le refte : mais S. M. ne fe réferve rien fur les premières et la chicane n'y peut mordre. J'ai le droit inconteftable d'en difpofer librement et par conféquent de les donner ou de les vendre. On interdit ceux qui prodiguent leur bien au premier venu, on les traite de fols et je ne fuis pas folle. Vous conviendrez après avoir vu le perfonnage que rien ne pouvoit m'exciter à la générofité ; au moins doit-on recueillir le plaifir du bienfait. J'ai donc vendu ce que je ne voulois pas accorder gratuitement ; rien ne manque à la vente et tous les notaires de Paris y auroient paffé qu'elle ne feroit pas mieux en règle. Ils m'ont appris qu'il y falloit trois points : la chofe, le prix et le confentement. J'ai livré la première, je retiens le fecond et quant au troifième, fon portrait, dont l'acquéreur m'a gratifié, en répond. Je fuis prête à le lui rendre : s'il me croit dédommagée par ce cadeau, je ne me fuis pas trouvée fatisfaite de fa perfonne et l'image ne m'a jamais tenu lieu de réalité. Quand je voudrai être généreufe, je choifirai mieux ; ainfi, quoiqu'il foit humiliant dans tout autre cas d'avouer bonnement que l'intérêt feul m'a guidée, je préfère cependant pour mon amour-propre que l'on m'accufe plutôt de cupidité exceffive que de mauvais goût. Je m'en rapporte à votre bon jugement, Monfieur, et à la fagacité du magiftrat que je refpecte et dont je réclame l'équité ; c'eft une dérifion que la prétention de ce petit notaire, une miférable chicane ; j'efpère que fes confrères le remettront dans les bons principes.

A cette lettre, Mˡˡᵉ Saron joignit une sommation accompagnée d'offres réelles pour la remise du portrait du notaire et ne rendit jamais les 1,800 livres.

Après avoir quitté l'Opéra, elle ouvrit à Paris un tripot public et s'y conduisit de façon à mériter les surnoms d'impudique et de voleuse dont la renommée la décora.

(*Les Spectacles de Paris. — Mémoires secrets*, XIV, 312 ; XXI, 12. *— Journal des inspecteurs de M. de Sartine*, pages 78, 96, 109, 277, 314.)

1767. — 5 juin.

Mˡˡᵉ Marie-Claudine Saron accuse Mˡˡᵉ Ledoux, sa camarade, de l'avoir insultée et d'exciter contre elle plusieurs jeunes gens qui l'ont menacée.

L'an 1767, le vendredi 5 juin, dix heures du foir, en notre hôtel et pardevant nous Jean-François Hugues, etc., eft comparue demoifelle Marie Saron, époufe du fieur Ignace Vincent, bourgeois de Lyon, elle danfeufe à l'Académie royale de mufique, demeurante à Paris, rue Neuve et paroiffe St-Euftache : Laquelle nous a rendu plainte contre la demoifelle Ledoux, ci-devant nommée Agathe, auffi danfeufe à l'Opéra, et dit qu'elle plaignante céda à un particulier, à fa prière et réquifition, une montre d'or qui lui appartenoit, de laquelle montre ce particulier fit préfent à ladite demoifelle Ledoux ; que quelques jours après les parens de ce même particulier prièrent la plaignante de vouloir bien reprendre fa montre et faire remettre à ce particulier un billet qu'il lui avoit laiffé pour la valeur d'icelle ; que la plaignante voulant obliger cette famille reprit la montre et rendit ledit billet ; que ladite demoifelle Ledoux, mécontente de ce procédé qui n'avoit cependant rien que d'honnête, témoigna beaucoup de reffentiment à la plaignante et s'emporta contre elle

jufqu'aux invectives et aux injures ; que même elle ligua contre elle. plufieurs
jeunes gens qui lui font affidés et qu'elle fe vante de faire agir à fon gré pour
faire fcène et infulter la plaignante dans divers lieux, même à l'Opéra :
ajoutant qu'elle contraindroit la plaignante à fortir de Paris ; que ces menaces
ont été effectuées il y a aujourd'hui huit jours fortant du fpectacle de l'Opéra
où plufieurs des jeunes gens menacèrent la plaignante de faire contre elle
des vers et des chanfons, difant qu'elle leur payeroit ; que, de plus, aujour-
d'hui pendant le tems du fpectacle et tandis que ladite plaignante s'habilloit
dans fa loge, ladite demoifellę Ledoux ofa menacer la plaignante de lui faire
faire un mauvais parti par lefdits jeunes gens à qui, pour les irriter contre la
plaignante, elle fe propofoit de dire qu'elle avoit parlé mal d'eux ; qu'elle
ajouta, en préfence de plus de douze perfonnes, que la plaignante étoit une
voleufe et qu'elle avoit volé tout l'Opéra, ce qu'elle affaifonna de beaucoup
d'épithètes fales et groffières que la plaignante ne fe permet pas de rapporter
ici. Et comme toutes ces imputations et ces menaces peuvent avoir des fuites
très-dangereufes et pourroient même donner lieu à des fcènes et à des violences que la plaignante veut éviter, appréhendant même que quelques jeunes
gens peu prudens exécutent les menaces que ladite demoifelle Ledoux a
faites, crainte qui eft d'autant mieux fondée que ladite demoifelle Ledoux a
déjà été punie par la juftice pour la même caufe et qu'elle a le plus grand intérêt à en faire impofer à ladite demoifelle Ledoux, elle eft venue nous rendre
la préfente plainte.

Signé : M. Saron ; Hugues.

Information faite par-devant le commissaire Hugues. — Du mercredi 10 juin
1767, neuf heures du matin, demoifelle Henriette Leroy, âgée de 14 ans
paffés, danfeufe à l'Académie royale de mufique, demeurante à Paris, rue du
Mail, paroiffe St-Euftache, etc., dépofe que le vendredi 5 juin, jour de la
difpute entre ladite demoifelle Ledoux et la demoifelle Saron et au moment
où elle a appris que ladite difpute avoit eu lieu, elle dépofante étoit à danfer,
en forte qu'elle n'a rien entendu du tout de ce qui s'eft paffé entre elles ;
que quand elle dépofante eft revenue dans fa loge, elle a bien remarqué un
refte de difpute entre elles, paroiffant l'une et l'autre fort en colère, mais elle
n'a point entendu les menaces portées en ladite plainte ; qu'elle a feulement entendu ladite demoifelle Ledoux demander à ladite demoifelle Saron
un billet de loterie qu'elle avoit et qui avoit porté un lot que ladite demoifelle Saron ne voulut point rendre en lui difant : « Eft-ce que vous ne vous
fiez pas à moi ? »

Pierre Boucher, âgé de 33 ans, domeftique au fervice de la demoifelle

David, danfeufe à l'Opéra, chez laquelle il demeure rue Neuve-des-Petits-Champs, paroiffe St-Euftache, etc. Dépofe que le vendredi cinq juin préfent mois, étant dans la loge de fa maîtreffe à l'Opéra, laquelle eft commune avec lefdites demoifelles Saron, Ledoux et autres, vint ladite demoifelle Ledoux qui fe plaignit hautement de ce que ladite demoifelle Saron ne vouloit pas lui donner la note ou la copie d'un billet de loterie de l'École royale militaire qui avoit gagné ; que ladite Saron furvint dans ladite loge à qui ladite demoifelle Ledoux demanda encore la copie dudit billet, que ladite demoifelle Saron la refufa prétendant qu'elle n'avoit plus ledit billet et qu'elle l'avoit confié à quelqu'un pour le recevoir ; que ladite demoifelle Ledoux dit à ladite demoifelle Saron qu'elle ne fe fioit pas à elle, parce que quelqu'un qui étoit capable de prendre une montre pouvoit bien l'attraper d'une autre manière ; que tout le monde difoit que c'étoit une voleufe, jufqu'à fes domeftiques, et qu'elle le lui prouveroit ; qu'enfuite elles fe dirent refpectivement diverfes injures.

Jean-Guillaume-Alexandre Suplice, âgé de 50 ans, maître tailleur pour femmes, demeurant à Paris, rue Fromenteau, paroiffe St-Germain, etc. Dépofe qu'il y a quelque tems, il a ouï parler indirectement d'une montre qui avoit été vendue par ladite demoifelle Saron à un particulier qui en avoit fait préfent à ladite demoifelle Ledoux et que ladite demoifelle Saron l'avoit reprife ; que vendredi dernier le dépofant étant dans l'Opéra en la loge où s'habillent les danfeufes, il entendit ladite demoifelle Ledoux dire à d'autres danfeufes qu'elle avoit gagné, avec ladite demoifelle Saron, à la loterie de l'École royale militaire où elles avoient mis chacune fix livres et qu'il étoit forti deux numéros ; qu'elle ajouta qu'elle avoit envoyé fon domeftique chez ladite demoifelle Saron pour avoir la copie du billet, mais que ladite demoifelle Saron avoit refufé de la donner en difant qu'elle n'avoit plus ledit billet ; que furvint auffitôt, dans ladite loge, ladite demoifelle Saron à qui ladite demoifelle Ledoux dit : « Vous favez, mademoifelle, que nous avons gagné à la loterie » ; que ladite demoifelle Saron répondit : « Eh bien ! en vous payant, tout eft dit ! » que ladite demoifelle Ledoux dit : « Croyez-vous que je recevrai ainfi mon argent à votre volonté ? Je veux avoir la copie du billet. » Que ladite demoifelle Saron répondit : « Eft-ce que vous vous méfiez de moi ? » ajoutant qu'elle ne pouvoit pas lui donner ladite copie, attendu qu'elle avoit chargé un particulier de recevoir ledit billet ; que ladite demoifelle Ledoux s'emporta alors violemment contre ladite demoifelle Saron à qui elle dit beaucoup d'injures et entre autres qu'elle étoit une voleufe, connue pour telle à l'Opéra, que fon propre domeftique l'avoit dit au fien et ajouta : « Ne comptez pas faire dudit billet comme de ma montre », et répéta encore plufieurs fois qu'on la connoiffoit à l'Opéra pour une voleufe ; que ladite demoifelle

Saron répondit à ladite demoiselle Ledoux qu'elle le lui prouveroit ; quels étoient ceux qui la faisoient passer pour voleuse ? qu'elle y mangeroit sa chemise pour se faire faire réparation. Qu'enfin lesdites demoiselles Ledoux et Saron se sont respectivement injuriées et ladite demoiselle Saron a reproché à ladite demoiselle Ledoux qu'elle l'avoit menacée de lui faire faire un mauvais parti par des mousquetaires et des jeunes gens qui lui étoient affidés.

Antoine Chastel, âgé de 17 ans, domestique au service de la demoiselle Lahaye, danseuse à l'Opéra, chez laquelle il est demeurant, rue des Bons-Enfans, paroisse St-Eustache, et Marie-Anne Yaigne, fille âgée de 21 ans, cuisinière au service de la demoiselle Dauvillier, danseuse à l'Opéra, demeurante rue Jean-St-Denis au coin de la rue St-Honoré, déposent des mêmes faits dans les mêmes termes.

Jean Plodis, âgé de 33 ans, maître tailleur pour femmes, demeurant à Paris, rue de Richelieu, paroisse St-Eustache, etc. Dépose (comme les autres relativement au billet de loterie).... que ladite demoiselle Ledoux injuria ladite demoiselle Saron en lui disant entre autres choses qu'elle étoit une voleuse, connue pour telle et qu'elle avoit volé tout l'Opéra ; que, par suite de ladite dispute elles s'injurièrent et se firent divers reproches ; entre autres ladite demoiselle Saron reprocha à ladite demoiselle Ledoux qu'elle voyoit chez elle des crocs : à quoi ladite demoiselle Ledoux lui répondit : « Je vous ferai voir si les mousquetaires sont des crocs et je leur dirai ! » que, de plus, elle menaça ladite demoiselle Saron qu'elle la contraindroit à sortir de Paris.

Demoiselle Anne Dauvillier, âgée de 19 ans, danseuse à l'Académie royale de musique, demeurante à Paris, rue St-Honoré au coin de la rue Jean-St-Denis, paroisse St-Germain-l'Auxerrois, etc. Dépose que le vendredi 5 du présent mois étant à s'habiller dans sa loge à l'Opéra qui est commune avec les demoiselles Ledoux, Saron et autres, il s'éleva une dispute entre lesdites demoiselles Ledoux et Saron au sujet d'un lot (le témoin dépose ensuite comme les autres relativement au billet de loterie)... qu'elles se dirent beaucoup d'injures que la déposante n'entendit point étant alors sortie de ladite loge pour aller au théâtre. Ajoute la déposante qu'à l'égard de la montre dont est question laquelle a donné lieu à la mésintelligence qui, depuis quelques jours, étoit entre les demoiselles Ledoux et Saron, elle ne trouve pas, d'après ce qu'on lui en a dit, que les faits soient conformes à ce qui est porté en ladite plainte ; que ce qu'elle a ouï dire à cet égard est que ladite demoiselle Saron avoit vendu sa montre 40 livres, que la déposante a entendu dire ne valoir pas plus de 20, à un jeune particulier qui en fit présent aussitôt, au su de la demoiselle Saron, à ladite demoiselle Ledoux avec laquelle elle étoit fort amie alors ; que, comme ledit particulier n'avoit point d'argent pour payer ladite montre, elle accepta de lui un billet ; que n'ayant pas trouvé ledit billet bien fait elle s'en fit faire un fecond ; que n'étant pas non plus contente de la façon dont le fecond étoit fait, elle s'en fit faire un troifième et rendit les deux premiers ; que depuis, ladite demoifelle craignant de ne pas être payée dudit billet et envifageant que la famille de ce particulier pourroit s'imaginer qu'elle avoit eu quelques liaifons avec lui, reprit ladite montre et pour y parvenir elle demanda à ladite demoifelle Ledoux, un foir qu'elles étoient allées enfemble chez Nicolet, à aller coucher avec elle, prétextant que fes domeftiques étoient couchés et qu'elle devoit aller le lendemain de bonne heure à la campagne ; que de fait, étant venue coucher chez ladite demoifelle Ledoux et s'étant levée avant que cette dernière fût éveillée, elle prit ladite montre qui étoit, à ce que croit la dépofante, à la cheminée et l'emporta en difant à la cuifinière qu'elle emportoit ladite montre pour régler fa pendule.

Marguerite Namin, âgée de 48 ans, travaillant en couture, demeurante à Paris, rue du Mail, paroiffe St-Euftache, etc. Dépofe comme les précédens témoins.

Signé : HUGUES.

(*Archives nationales*, Y, 11,008.)

S MORTO (BERNARDO), musicien. Il jouait du théorbe à l'orchestre de l'Opéra.

1707. — 7 mars.

Bernardo Smorto rend plainte contre sa femme qui voulait entrer comme danseuse à l'Opéra malgré lui et qui, sur son refus, l'avait injurié et avait quitté le domicile conjugal en emportant tous les effets qui s'y trouvaient.

L'an 1707, le lundi 7e mars, eft comparu par-devant nous Étienne Duchefne, etc., Bernardo Smorto, noble meffinien, théorbifte à l'Opéra de cette ville de Paris, y demeurant rue du Four, paroiffe St-Euftache : Lequel nous a dit et fait plainte que, ayant époufé il peut y avoir fix ans Marie-Anne Martinet, fans aucune dot, en la ville de Rouen où il faifoit alors fa demeure, il feroit refté avec elle l'efpace de dix-huit mois après lequel il feroit

venu en cette ville et fe feroit établi dans la rue du Four, faubourg St-
Germain, et trois ans après le plaignant feroit entré à l'Opéra en qualité
de théorbifte aux appointemens de 500 livres, ce qui l'auroit obligé de s'ap-
procher du quartier St-Honoré et feroit venu demeurer rue du Four, paroiffe St-Euftache, avec fadite femme et fon·fils qui n'eft âgé que de 4 ans et
demi : de forte que depuis 15 mois ou environ qu'il eft à l'Opéra, fa femme
l'auroit vivement follicité de l'y faire auffi entrer pour y danfer. De laquelle
propofition le plaignant ayant été juftement indigné, il auroit fait auprès
d'elle tout fon poffible pour lui ôter cette fantaifie de l'efprit, lui faifant entendre le peu d'honneur et de ftabilité qu'il y avoit pour une femme dans un
pareil emploi ; mais, n'ayant pu réuffir pour la détourner de cette idée, il auroit appris qu'elle avoit fait connoiffance avec le nommé Armand, maître à
danfer, fon voifin, chez lequel elle alloit journellement répéter les hautes
danfes, ce qui l'auroit obligé de lui dire qu'il ne confentiroit jamais à cela, et
l'ayant même pris en particulier, il lui auroit exagéré la confufion qu'une
pareille profeffion donneroit à lui plaignant, qu'elle avoit à en craindre les
fuites et qu'enfin étant couturière, il valoit beaucoup mieux qu'elle s'appli-
quât à fe perfectionner dans la couture et à conferver fes habitudes que de
s'expofer aux hafards d'une danfeufe publique. Mais, n'ayant pas trouvé dans
l'efprit de fa femme la docilité et l'union qu'il efpéroit d'elle, au lieu de
déférer à fes confeils, elle l'auroit traité de « b..... de chien, malheureux,
p........ » et d'autres invectives et lui portant le poing fous le nez. Et d'autres
jours qu'elle lui difoit qu'elle entreroit à l'Opéra malgré lui, elle s'échauffoit
tellement contre lui qu'elle lui a plufieurs fois pris le couteau et l'a pourfuivi
le menaçant de le percer de fon épée, avec des violences et des emportemens
qui alloient à l'excès : ce que le plaignant a toujours fouffert dans l'idée que
cette fantaifie pafferoit avec le tems ; mais, le jour de St-Mathias, 24 février
dernier, revenant de l'Opéra et rentrant dans fon appartement, il fut furpris
de le voir entièrement démeublé, fans tapifferie, tables, ni chaifes, et que fa
femme avoit fait emporter par des crocheteurs tous ces meubles, linge, vaiffelle, batterie de cuifine, emmenant fon fils et lui ayant ôté jufqu'à fon tour
de lit, matelas, lit de plume et couvertures, enfin, l'ayant réduit à la paillaffe,
ce qui l'a obligé d'emprunter de fes voifins fon néceffaire : et depuis ce
tems-là il n'a pu découvrir où elle fe feroit retirée ni ce qu'elle étoit devenue. Dont et de tout ce que deffus il nous rend plainte.

Signé : BERNARDO ; DUCHESNE.

(*Archives nationales*, Y, 13,056.)

SOMMERVILLE (Marie CONBETTE, dite), chanteuse. Elle quitta l'Opéra en 1751.

1731. — 27 décembre.

Plainte de Marie Conbette, dite Sommerville, contre une servante qui l'avait volée.

L'an 1731, le jeudi 27 décembre, onze heures trois quarts du foir, en l'hôtel et par-devant nous Charles Charles, etc., eft comparue Marie Conbette, dite de Sommerville, actrice de l'Opéra, fille, demeurante rue de la Comédie-Fran-çoife, paroiffe St-Sulpice, au troifième fur le devant d'une maifon dont la de-moifelle Poupart eft principale locataire ou propriétaire : Laquelle nous a dit qu'elle avoit depuis cinq jours feulement, en qualité de domeftique à fon fervice, une particulière nommée Dubois, femme du nommé Dubois, cocher : elle ne penfoit pas en avoir du chagrin ; cependant, lorfqu'elle eft rentrée ce foir à huit heures et demie à la maifon, elle n'y a plus trouvé ladite Dubois. Elle auroit appris de la demoifelle Dauterne, autre locataire de la même mai-on, que ladite Dubois en étoit fortie dès les cinq heures et qu'elle étoit allée voir fon mari, à ce qu'elle lui avoit dit. Elle lui a remis en même tems la clef de fa chambre dans laquelle étant entrée par ce moyen elle a trouvé que ladite Dubois lui avoit pris, volé et emporté de fon armoire où étoient les clefs, une garniture de tête à deux pièces de mouffeline brodée garnie de dentelles à réfeaux; plus, dans le tiroir d'une table qui étoit auffi ouvert, une boîte à mouches d'argent blanc par-deffus et dorée en dedans, à jour par-def-fus feulement, fans chiffre ni gravure ; un étui de poche auffi d'argent blanc ouvrant et fermant fans refforts ni vis, non gravé par les deux bouts, cifelé tout autour ; un cure-oreilles d'argent dans ledit étui. Plus dans fon cabinet, lequel étoit auffi ouvert, un jupon de toile indienne à bouquets détachés, doublé de flanelle blanche; un cafaquin auffi de toile indienne à deffin fuivi fans doublure ; une robe abattue de fatin tout neuf, à raies bleues et jaunes nuancées, doublée de toile bleue excepté le corps lequel eft doublé de taffetas rayé gris de perle, gris de lin et autrement et auffi excepté les manches qui font doublées de gros de Tours blanc. Elle a fait ce qu'elle a pu pour dé-couvrir où étoit allée véritablement ladite Dubois et elle auroit appris qu'elle étoit allée, en effet, coucher avec ledit Dubois, fon mari, rue St-Dominique, chez le nommé Valanoy, peintre barbouilleur, dans une chambre au premier fur le derrière d'une maifon de laquelle eft principal locataire le fieur Plet, maitre vitrier: Ledit Valanoy logeant quelquefois des fervantes, à ce qu'elle a appris, et fa femme vendant des reftes de viandes cuites devant la porte de la Charité. Elle s'y feroit auffitôt tranfportée et elle auroit fait ce qu'elle auroit pu pour l'engager à lui rendre fes effets, mais elle n'a pu y réuffir. Elle n'a pu même fe faire ouvrir la porte et comme néanmoins elle a intérêt d'avoir la reftitution de fes effets ci-deffus défignés à elle volés, c'eft pourquoi, elle dite de Sommerville eft venue nous en porter la préfente plainte pour fe pourvoir ainfi qu'elle avifera contre ladite femme Dubois, etc.

Signé : MARIE CONBETTE.

(Archives nationales, Y, 10,750.)

———

SUBLIGNY (MARIE-THÉRÈSE PERDOU DE), danseuse, née en 1666. Dès 1688, elle était attachée à l'Académie royale de musique où, de 1689 à 1707, elle a rempli les rôles suivants : une Nymphe de Flore, une Phrygienne, une Néréide, dans *Atys,* tragédie de Quinault, musique de Lulli, reprise en 1689 et en 1699 ; une Bergère, dans *Cadmus et Hermione,* tragédie de Quinault, musique de Lulli, reprise en 1690 ; une Bergère, dans le *Ballet de Villeneuve-Saint-Georges,* de Banzy, musique de Collasse, en 1692 ; une Nymphe, une Femme du peuple de Carthage, dans *Didon,* tragédie de Mme de Xaintonge, musique de Desmarets, en 1693, reprise en 1704 ; une Moresse, une Sultane, dans l'*Europe galante,* ballet de La Motte, musique de Campra, en 1697, repris en 1706 ; une Hespéride, une Bergère, une Égyptienne, dans *Issé,* pastorale de La Motte, musique de Destouches, en 1698 ; une Bergère, dans *Amadis de Grèce,* tragédie de La Motte, musique de Destouches, en 1699 ; une Amazone, une Bohémienne, une Grâce, dans *Marthésie, reine des Amazones,* tragédie de La Motte, musique de Destouches, en 1699 ; une Ombre heureuse, dans *Proserpine,* tragédie de Quinault, musique de Lulli, reprise en 1699 ; Diane, nymphe des fontaines, un Faune,

dans *Canente,* tragédie de La Motte, musique de Collasse, en
1700; une Bergère dansante, une Espagnolette, la Mariée, dans
le *Carnaval,* mascarade, musique de Lulli, reprise en 1700; une
Prêtresse de Junon, une Héroïne, dans *Hésione,* tragédie de Danchet, musique de Campra, en 1700; une Suivante du Printemps,
la Femme du Seigneur, dans les *Saisons,* ballet de Pic, musique
de Louis Lulli et Collasse, repris en 1700; une Moresse, une
Grecque, une Prêtresse de Diane, dans *Alcine,* tragédie de La
Motte, musique de Campra, en 1701, reprise en 1705; une
Héroïne, dans *Amadis de Gaule,* tragédie de Quinault, musique
de Lulli, reprise en 1701; une Nymphe de Diane, dans *Aréthuse,*
ballet de Danchet, musique de Campra, en 1701; un Plaisir, une
Mégarienne, dans *Scylla,* tragédie de Duché, musique de Théobalde, en 1701; une Bergère, une Suivante de Neptune, dans
Acis et Galatée, pastorale de Campistron, musique de Lulli, reprise en 1702 et en 1704; une Matelote, une Bergère, dans les
Fragments de M. Lulli, ballet de Danchet, musique de Campra,
en 1702; une Suivante de Thomiris, dans *Médus,* tragédie de La
Grange-Chancel, musique de Bouvart, en 1702; une Habitante
champêtre, une Amante fortunée, dans *Armide,* tragédie de Quinault, musique de Lulli, reprise en 1703; une Bergère, dans les
Muses, ballet de Danchet, musique de Campra, en 1703; un Jeu
junonien, une Matelote, dans *Persée,* tragédie de Quinault, musique de Lulli, reprise en 1703; une Suivante de Flore, une Scaramouchette, dans *Psyché,* tragédie de Corneille de Lisle, musique
de Lulli, reprise en 1703; un Génie sous la forme d'un Jeu et d'un
Plaisir, dans *Ulysse,* tragédie de Guichard, musique de Rebel, en
1703; une Suivante de Plutus, la Danse, un Masque, dans le
Carnaval et la Folie, comédie de La Motte, musique de Destouches, en 1704; une Nymphe, dans *Iphigénie en Tauride,* tragédie
de Duché, musique de Desmarets, mise au théâtre par Danchet

et Campra, en 1704; une Suivante de la Jeunesse, dans *Isis*, tragédie de Quinault, musique de Lulli, reprise en 1704; Flore, dans
Alcide, ou la mort d'Hercule, tragédie de Campistron, musique
de Louis Lulli et Marais, reprise en 1705; une Bacchante, une
Danseuse dans une fête marine, dans *Philomèle,* tragédie de Roy,
musique de La Coste, en 1705; une Femme du peuple, la Mariée,
dans *Roland,* tragédie de Quinault, musique de Lulli, reprise en
1705; une Suivante de Vénus, une Danseuse dans une fête marine, dans *Télémaque,* fragments arrangés par Danchet, musique
de Campra, en 1705; une Nymphe de Diane, Flore, dans le
Triomphe de l'Amour, ballet de Quinault, musique de Lulli, revisé
par Danchet et Campra et repris en 1705; une Matelote, dans
Alcyone, tragédie de La Motte, musique de Marais, en 1706; une
Suivante de la Paix, une Sarrasine de la suite de Clorinde, dans
Tancrède, tragédie de Danchet, musique de Campra, en 1707.

(Dictionnaire des théâtres.)

I

1735. — 8 mai.

Plainte rendue par divers individus parmi lesquels se trouvait Louis Francœur,
l'un des vingt-quatre violons du Roi, contre Mlle Marie-Thérèse de Subligny
qui les avait injuriés et les avait inondés d'ordures.

L'an 1735, le dimanche 8 mai, environ heure de minuit, par-devant nous
Louis-Jérôme Daminois, etc., font comparus Jean-Baptiste Delaporte, marchand parfumeur, demoifelle Marguerite Channafard, fon époufe, demeurant
rue St-Honoré, paroiffe St-Euftache, ayant lui fon habit de drap noir et fa
perruque nouée gâtés d'urine et elle fa robe de damas fond aurore à fleurs et
fa garniture aufli gâtée d'urine, ainfi qu'il nous eft apparu; fieur Louis-René
Delaporte, de même profeffion, et demoifelle Catherine Francœur, fa femme,
demeurant fufdite rue paroiffe St-Roch, et Louis Francœur, l'un des 24 vio-

lons du Roi (1), demeurant fufdite rue, paroiffe St-Euftache : Lefquels nous
ont fait plainte contre la demoifelle de Subligny, fille majeure, ci-devant de
l'Académie royale de mufique, et fa compagne, auffi fille majeure, demeurant
même maifon au-deffous de l'appartement dudit fieur Francœur, et dit, favoir :
ledit fieur Francœur que, cejourd'hui, il y a environ une heure et demie,
lefdits fieurs Delaporte, fes beau-frère et coufin, font venus chez lui pour y
reprendre lefdites demoifelles leurs femmes qui y avoient foupé feules avec
lui, et lefdits fieurs Delaporte que, montant l'efcalier pour aller chercher
leurs femmes chez ledit fieur Francœur, ils ont entendu la voix de ladite
compagne dire : « Voilà encore des canailles qui montent en haut » et que
tout préfentement, étant defcendus avec elles et ledit Francœur qui les recon-
duifoit, il leur a été jeté de la fenêtre de la demoifelle de Subligny, qui donne
fur la cour, une potée d'urine dont lui fieur Jean-Baptifte Delaporte et fon
époufe ont été gâchés ; que s'étant tous récriés qui leur jetoit ainfi de l'eau,
leur en a été rejeté par deux fois de fuite fur eux de la même fenêtre et fe
font entendus traiter par ladite compagne de voleurs et leurs femmes de
« p...... » ; ajoutant ledit fieur Francœur à fon égard, que par plufieurs fois,
fes amis qui le font venus voir ont été infultés par ladite compagne de ladite
demoifelle de Subligny de paroles choquantes fans leur en avoir donné aucun fujet, ce qu'il ne peut attribuer qu'à leur mauvais caractère. Pourquoi
font venus nous rendre la préfente plainte.

Signé : DELAPORTE ; LOUIS DELAPORTE ; L. FRANCŒUR ;
MARGUERITE DE CHANNAZART - DELAPORTE ;
CATHERINE FRANCŒUR - DELAPORTE ; DA-
MINOIS.

(*Archives nationales*, Y, 11,665.)

II

1735. — 9 mai.

Plainte de Mˡˡᵉ Marie-Thérèse de Subligny contre des individus parmi lesquels se
trouvait Louis Francœur, l'un des vingt-quatre violons du Roi, par lesquels
elle avait été indignement injuriée.

L'an 1735, le lundi 9 mai, huit heures du matin, en l'hôtel et par-devant
nous Louis-Jérôme Daminois, etc., font comparues demoifelle Marie-Thérèfe

---

(1) Frère aîné de François Francœur, compositeur de musique et directeur de l'Opéra.

de Subligny et Madeleine Bailleul, filles majeures, demeurantes enſemble rue St-Honoré, paroiſſe St-Euſtache : Leſquelles nous ont fait plainte contre le ſieur Francœur l'aîné, de l'Académie royale de muſique, qui eſt garçon, les ſieurs Delaporte, marchands gantiers parfumeurs, dont l'ûn eſt ſon beau-frère et l'autre couſin dudit beau-frère, leurs femmes et autres qui étoient de leur compagnie, et dit qu'après avoir eſſuyé des bruits très-conſidérables qui ſe ſont faits le jour d'hier chez ledit Francœur, qui occupe le troiſième appartement au-deſſus du leur où elles vivent tranquillement ſans aucun do-meſtique, de la part deſdits accuſés qui y ont dîné, ſoupé, chanté et danſé au ſon des violons et l'ont ſouffert ſans mot dire ; qu'elles ſe ſont couchées avant dix heures, elle demoiſelle de Subligny dans la chambre ſur la rue et elle Bailleul dans celle qui donne ſur la cour, qu'elles ont été éveillées avec ſur-priſe à minuit par les coups redoublés de pied et autres que les accuſés ſont venus donner dans leur porte ſur l'eſcalier de manière à l'enfoncer et par les injures de « vieilles b........, vieilles g..... et p...... » qu'ils ont vomies contre elles, ſuppoſant, contre vérité, qu'elles venoient de jeter de l'eau ſur eux, ayant entendu ledit Francœur s'écrier en ces termes à ſa gouvernante : « Eſt-ce vous, Mme Soudain, qui venez de nous jeter de l'eau ? » Qu'elle Bailleul s'étant levée auſſitôt et avancée vers ſa fenêtre qui étoit entr'ouverte a aperçu ledit Francœur tenant une lumière à la main et un autre qu'elle n'a pu bien remarquer lequel allongeoit vers ladite fenêtre ſon épée nue qu'il tenoit à la main lui diſant : « Avance-donc, vieille b........, vieille p....., il faut que je te tue. » Leſquelles injures ledit Francœur, lui et les autres ont répétées à pluſieurs fois et a été obligée pour les faire retirer de jeter au viſage de celui qui tenoit l'épée un pot d'eau nette qu'elle a trouvée dans ſon pot à l'eau ſans lui rien répondre ; qu'en deſcendant leſdits accuſés ont répété et avec grand ſcandale leſdites injures. Dont et de tout ce que deſſus les plaignantes ont été conſeillées de nous rendre plainte et ladite demoiſelle de Subligny a déclaré ne pouvoir ſigner à cauſe de ſa vue qu'elle a très-baſſe (1).

Signé : De Bailleul ; Daminois.

(*Archives nationales,* Y, 11,665.)

(1) Ou plutôt parce qu'elle ne ſavait pas écrire.

T

 ACITE (Thérèse), danseuse, fut attachée aux
chœurs de l'Opéra, de 1768 à 1770.

1770. — 5 janvier.

Mlle Thérèse Tacite se plaint d'avoir été injuriée par un tapissier nommé Caumont.

L'an 1770, le vendredi 5 janvier, onze heures du matin, en l'hôtel et
par-devant nous Pierre Chénon, etc., eſt comparue demoiſelle Thérèſe Tacite,
danſeuſe de l'Opéra, demeurante à Paris, rue St-Honoré, à l'hôtel d'Auver-
gne : Laquelle nous a rendu plainte contre le ſieur Caumont, marchand tapiſſier, rue St-Denis, vis-à-vis la rue aux Ours, et nous a dit que, ſur la conteſtation entre le ſieur Baret, marchand bijoutier, et le ſieur Ravary, marchand
tapiſſier, au ſujet du prix des meubles qui garniſſent l'appartement de la plaignante, il a été ordonné par ſentence du Châtelet que les meubles ſeroient
viſités et priſés par experts, le ſieur Caumont a été nommé pour le ſieur Baret. Hier entre cinq et ſix heures du ſoir, le ſieur Baret, le ſieur Ravary, le
ſieur Caumont et l'autre tapiſſier nommé expert pour le ſieur Ravary ſont venus chez la plaignante à l'effet deſdites viſite et eſtimation : le ſieur Caumont
et l'autre expert ſe ſont fait indiquer par le ſieur Baret les meubles qu'il étoit

queftion d'eftimer, après quoi le fieur Caumont a dit au fieur Baret et au fieur Ravary de fe retirer, ce qu'ils ont fait. La plaignante a fait rappeler le fieur Baret à qui elle avoit un mot à dire, mais le fieur Caumont lui a dit avec dureté et groffièrement qu'il n'avoit que faire dudit Baret ni de perfonne et qu'il n'entreroit pas. La plaignante a eu beau repréfenter au fieur Caumont qu'elle n'avoit qu'un mot à dire au fieur Baret, qu'elle concevoit bien qu'il ne devoit pas être préfent à la vifite et eftimation non plus que le fieur Ravary pour ne point gêner les avis des experts nommés, mais qu'encore une fois elle ne lui faifoit dire de remonter que pour lui dire un mot qu'elle avoit oublié de lui dire et qui étoit indifférent à la conteftation, ledit fieur Caumont qui, fans doute n'étoit pas de fang-froid ou qui manque par l'éducation et le favoir-vivre, s'eft échappé dans des vivacités inexcufables et s'eft répandu contre la plaignante dans les propos les plus indécens et les plus infultans, et comme elle a intérêt d'en faire impofer audit fieur Caumont et d'avoir fatif-faction des injures qu'il a proférées contre elle, elle eft venue nous rendre la préfente plainte.

Signé : TACITE ; CHÉNON.

(*Archives nationales,* Y, 11,379.)

T ARADE (THÉODORE-JEAN), musicien. Il fut attaché en qua-lité de violon à l'orchestre de l'Opéra, de 1751 à 1776, époque où il prit sa retraite avec 400 livres de pension.

(*Les Spectacles de Paris.*)

1771. — 24 juin.

Plainte de Théodore-Jean Tarade contre son propriétaire qui lui faisait subir toutes sortes de vexations.

L'an 1771, le lundi 24 juin, une heure du matin, en notre hôtel et par-devant nous Charles Convers-Déformeaux, etc., eft comparu Théodore-Jean Tarade, ordinaire de l'Académie royale de mufique, demeurant à Paris, rue Mouffetard, paroiffe St-Médard, maifon dont le fieur Cocatrix Dazor eft pro-priétaire : Lequel nous a rendu plainte contre ledit Dazor et fa femme de-meurant même maifon que lui plaignant et dit qu'il occupe un appartement et jardin en dépendant qu'il tient dudit Dazor à raifon de 250 livres par an, le bail de trois, fix ou neuf années, qui ont commencé le premier juillet dernier, lefdits loyers payables de fix mois en fix mois defquels il a payé fix mois échus le premier janvier dernier, de forte qu'il n'en doit encore rien ; que malgré qu'il ne leur doive rien lefdits Dazor et fa femme depuis environ fix mois ne ceffent de fe répandre contre lui dans le voifinage en propos les plus déshonorans et tendant à lui faire perdre dans le quartier tout crédit, et entre autres, de dire que lui plaignant eft fur le point de faire banqueroute; qu'il vend fes meubles pièce à pièce et les emporte; qu'il eft de mauvaife paye et qu'il n'y a aucune fûreté de lui faire crédit ; que par une fuite de ces mauvais propos et de la haine que lefdits Dazor et fa femme lui portent, fans qu'il leur en ait donné aucun fujet, ils ont imaginé, il y a deux jours, de faire pofer une ferrure à la pórte de l'allée où il n'y avoit avant qu'un loquet et de donner des clefs de cette ferrure à tous les autres locataires à l'exception de lui plaignant. Et que le jour d'hier plufieurs perfonnes de la famille de lui plaignant et de fes amis ayant foupé chez lui, il a été fort furpris que, lorfqu'ils ont voulu fe retirer à dix heures trois quarts, ils ont trouvé ladite porte d'allée fermée à clef et encore plus de ce que, après y avoir frappé plufieurs fois et avoir appelé lefdits Dazor et fa femme et les avoir priés de faire ouvrir ladite porte, ils fe font à la fin préfentés l'un et l'autre à leur fenêtre, à onze heures un quart, lui en vefte et en bonnet de coton et la femme en déshabillé, encore coiffée et ayant fon collier et ont conftamment refufé d'ouvrir ladite porte ou d'en donner la clef, difant qu'il étoit trop tard, qu'ils avoient leurs raifons pour n'en pas donner à lui plaignant malgré qu'ils en euffent donné aux autres, de forte que lefdites perfonnes de la compagnie de' lui plaignant ont été retenues en ladite maifon jufqu'à plus de minuit que le fieur de Lahante, autre locataire, qui eft rentré par le moyen de fa clef, a facilité par l'ouverture qu'il a faite de ladite porte leur fortie et celle de lui plaignant à l'effet de nous rendre la préfente plainte; que ce qui paroît animer lefdits Dazor et fa femme eft l'envie qu'ils ont de rentrer en poffeffion du jardin dans lequel lui plaignant a fait beaucoup de dépenfes pour l'embellir et qu'ils fe font même vantés qu'ils feroient à lui plaignant tant de fottifes et de groffièretés qu'ils l'obligeroient de demander la réfiliation de fon bail. Et comme il a intérêt de fe pourvoir pour raifon de ces injures, mauvais propos et excès, il eft venu de tout ce que deffus nous rendre la préfente plainte.

Signé : TARADE ; CONVERS-DÉSORMEAUX.

(*Archives nationales,* Y, 11,697.)

TESTARD (Marie-Anne-Xavier MATHIEU, dite), danseuse, néę à Rouen, vers 1746. Avant d'appartenir à l'Académie royale de musique, où elle figura pendant les années 1769
et 1770, elle avait été attachée aux corps de ballet de l'Opéra-
Comique et de la Comédie-Française, ainsi que l'indique cette
mention du *Journal des inspecteurs de M. de Sartine,* à la date du
5 juin 1762 :

La demoifelle Marie-Anne Mathieu, dite Teftard, âgée de 15 ans et demi,
eft native de Rouen, parfaitement bien faite, belle peau, d'une jolie figure. A
été emmenée en cette ville, il y a environ quatre à cinq ans, par fes père et
mère jouiffant de 7 à 8,000 livres de rente. La mère, femme d'intrigue, à
fon arrivée à Paris, fit apprendre à danfer à fa fille et la fit entrer à l'Opéra-
Comique..... Elle fut enfuite figurante à la Comédie-Françoife.

(*Journal des inspecteurs de M. de Sartine,* pages 139,
175, 214, 269.)

1769. — 15 octobre.

*Plainte de Mlle Marie-Anne-Xavier Mathieu, dite Testard, contre ses domestiques
qui l'avaient insultée et menacée.*

L'an 1769, le 15e jour d'octobre, onze heures du foir, en notre hôtel et
par-devant nous Louis Joron, etc., eft comparue demoifelle Marie-Anne-
Xavier Teftard, danfeufe à l'Opéra, demeurant à Paris, rue Contrefcarpe,
faubourg St-Antoine, paroiffe Ste-Marguerite : Laquelle nous a rendu plainte
contre les nommés St-Jean, fon cocher, la demoifelle Victoire, fa femme de
chambre, Deshaies, fon laquais, et la nommée Vincent, fa cuifinière, tous
quatre mis chez elle par M. le marquis de Romé, et nous a dit qu'aujour-
d'hui, fur les trois heures après midi, elle a demandé à ladite Victoire de lui
apporter l'état de fon linge à l'effet de la renvoyer parce qu'elle n'étoit pas
contente d'elle. Que ladite Victoire s'eft répandue contre la plaignante en
mauvais propos. Qu'elle a traité la plaignante de « b........ » et la plaignante s'eft vue obligée de ne rien lui répondre dans la crainte d'en être maltraitée. Qu'auffitôt la plaignante a été dans la dernière furprife de voir venir
dans fon appartement le nommé St-Jean, fon cocher, qui, fans que la plai-

gnante lui ait rien dit, a dit à la plaignante qu'il ne vouloit plus la mêner et vouloit fon compte pour fortir de chez la plaignante auffitôt. Que la plaignante lui ayant ordonné de mettre fes chevaux au carroffe parce qu'elle avoit befoin d'aller à l'Opéra, ledit St-Jean lui a répondu qu'il ne toucheroit pas aux chevaux et a mis par là la plaignante dans le cas de manquer fon devoir. Que peu de tems après ladite Vincent, cuifinière, eft venue auffi demander fon compte à la plaignante qui le lui a donné ainfi qu'à ladite Victoire et audit St-Jean. Qu'à l'égard dudit Deshaies la plaignante a été obligée de le renvoyer pour de mauvais propos qu'elle a appris qu'il tenoit contre elle. Et comme la plaignante ne fait quels motifs ont engagé fes domeftiques à lui manquer auffi effentiellement; que les propos injurieux qu'ils lui ont tenus et les menaces qu'ils lui ont faites l'ont mife dans la plus grande crainte et que pour le moment elle fe trouve fans domeftiques, étant obligée de partir cette nuit pour Fontainebleau et d'abandonner fa maifon à dès mains étrangères, elle a été confeillée de venir nous rendre la préfente plainte.

Signé : TESTARD ; JORON.

(*Archives nationales*, Y, 13,962.)

———

THAUNAT (MARIE-ANNE), chanteuse. Elle débuta à l'Académie royale de musique en 1774 et cessa d'en faire partie en 1789. Mlle Thaunat fut une artiste laborieuse et méritante ainsi que le conftate une note émanée de l'administration de l'Opéra, en date de 1784, et qui est ainsi conçue : « Elle a une bonne voix pour les rôles de haine ; aussi nécessaire pour les confidentes et les coryphées. »

(*Archives nationales*, O^1, 630. — *Les Spectacles de Paris.*)

1786. — 3 avril.

Plainte de Marie-Anne Thaunat contre un sculpteur qui lui avait fait une scène affreuse en plein boulevard.

L'an 1786, le lundi 3 avril, dix heures, en notre hôtel et par-devant nous Achille-Charles Danzel, etc., font comparues demoifelle Marie-Anne Thaunat, attachée à l'Opéra, demeurante rue du Temple, n° 153, et demoifelle Marie-Anne Singery, demeurante rue Tireboudin : Lefquelles nous ont dit et déclaré, favoir, ladite demoifelle Thaunat qu'elle a fait la connoiffance, il y a environ dix mois, d'un fieur Pillon, fculpteur, demeurant chez le fieur Royer, verniffeur en carroffes, rue Baffe-du-Rempart, n° 22 ; que depuis ce tems elle a eu la faibleffe de fe prêter à toutes les volontés dudit fieur Pillon et de recevoir fes hommages et lui a même prêté en différentes fois huit louis qu'elle n'a pu ravoir, mais qu'il en a abufé à un tel point qu'il n'y a pas de fcènes défagréables qu'il ne faffe à chaque inftant à la comparante qui a été forcée de lui défendre l'entrée de fa porte ; qu'à compter de cet inftant ledit fieur Pillon ne ceffe de fe répandre en invectives contre elle et de la menacer de la battre et de la maltraiter partout où il voudra ; que dimanche dernier il a effectué en partie fes menaces ; qu'il a été trouver la comparante dans le foyer de l'Opéra, lui a dit qu'il vouloit abfolument aller chez elle ; que fur le refus qu'elle a fait d'accepter la propofition, il l'a fuivie partout en lui tenant les propos les plus malhonnêtes, ce qui a forcé la comparante de fortir avec plufieurs de fes amies et de fe retirer chez une d'elles pour échapper aux pourfuites dudit fieur Pillon, mais que ce dernier les a fuivies et s'étant approché fur le boulevard de la comparante, il la maltraita en lui tenant les plus mauvais difcours, ce qui fit amaffer du monde et caufa le plus grand fcandale ; que depuis ce tems ledit fieur Pillon ne ceffe de lui écrire les lettres les plus malhonnêtes dans lefquelles il réitère les menaces qu'il a faites de vive voix : et comme elle ne fe croit pas en fûreté et qu'elle craint à chaque inftant de voir ledit fieur Pillon effectuer lefdites menaces, elle eft venue de tout ce que deffus nous rendre la préfente plainte. Et à l'égard de la demoifelle Surgery, elle nous a pareillement rendu plainte contre ledit fieur Pillon et nous a dit qu'elle ne connoît ledit fieur Pillon qu'à caufe de la demoifelle Thaunat qui eft fon amie et avec laquelle elle fe trouve fouvent ; qu'elle n'a jamais eu la moindre liaifon avec lui ; que, cependant, il a la hardieffe de l'infulter et de la menacer de la maltraiter toutes les fois qu'il en trouvera l'occafion ; qu'elle étoit fur le boulevard dimanche dernier avec la demoifelle Thaunat et plufieurs autres perfonnes lorfque ledit fieur Pillon y a fait une fcène très-défagréable pour elles ; qu'il s'eft répandu en invectives et menaces contre elle et comme elle a également le plus grand intérêt de prévenir les menaces dudit Pillon et de le faire refter tranquille, elle eft venue également nous faire la préfente déclaration.

Signé : THAUNAT ; SINGERY ; DANZEL.

(*Archives nationales*, Y, 11,803.)

THÉVENARD (Gabriel-Vincent), chanteur, né à Orléans le 10 août 1669. Il entra à l'Académie royale de musique vers 1690, et sept ans plus tard, en 1697, il avait complétement conquis les suffrages du public et était devenu le chanteur en vogue de l'Opéra.

Un musicographe de mérite, Lecerf de la Viéville, seigneur de Fréneuse, parle en ces termes de Thévenard, dont il fut le contemporain :

> Il avoit l'air noble, fa voix étoit fonore, moelleufe, étendue ; il graffeyoit un peu, mais, par fon art, il trouvoit moyen de faire un agrément de ce défaut. Jamais muficien n'a mieux entendu l'art de chanter. C'eft à lui que l'on doit la manière naturelle et coulante de débiter le récitatif fans le faire languir en appuyant fur les tons pour faire valoir fa voix. Je citerai, par exemple, le récitatif de Phinée dans l'opéra de *Perfée :*
>
> Que le ciel pour Perfée eft fécond en miracles !....
>
> Thévenard étoit un tiers de tems de moins que Beaumavielle à chanter ce beau récitatif, parce qu'il faifoit plus d'attention à la déclamation fuivie et coulante que demande le récitatif qu'au foin de faire valoir fa voix par des fons nourris et emphatiques, ainfi qu'il étoit d'ufage parmi nos anciens acteurs.

Cet artiste quitta l'Opéra en 1730 et se retira avec une pension de retraite de 1,500 livres.

Thévenard était grand buveur, et chaque jour il avalait des quantités considérables de vin, sous le spécieux prétexte de fortifier sa voix. C'était aussi un original, et on raconte de lui des traits qui nous le peignent comme un homme dépourvu d'éducation, mais possédant à un haut degré l'indépendance du caractère. Lorsque le marquis d'Antin, régisseur royal de l'Opéra, se démit de ses fonctions, il fit distribuer aux principaux artistes une gratification de 1,000 livres. Thévenard, qui n'avait probablement pas à se louer du fonctionnaire, refusa cet argent en pré-

tendant qu'on en donnerait autant à un Savoyard. Un autre
jour, l'ambassadeur d'Angleterre, pensant lui être agréable,
s'entretenait du désir qu'avait son souverain de le voir et de l'entendre. « Monsieur, répondit fièrement l'artiste, je le représente,
lui et ses semblables, trois fois par semaine à l'Académie royale
de musique ! »

Thévenard, dit encore Lecerf de la Viéville, étoit fujet à fe prendre de belles paffions, ce qui lui réuffiffoit fort bien. Il en donna la preuve la plus fingulière quoiqu'il eût 60 ans paffés. Une jolie pantoufle qu'il vit fur la boutique d'un cordonnier le rendit tout à coup amoureux d'une demoifelle qu'il
n'avoit jamais vue. Il la découvrit enfin et fut affez heureux pour obtenir fa
main par le moyen d'un oncle de la jeune fille, grand buveur de profeffion,
comme lui. Cinq ou fix douzaines de bouteilles de vin de Bourgogne, vidées
en tête-à-tête, dans leur confeil, le firent parler avec tant d'éloquence et d'une
manière fi pathétique à fa fœur, mère de la demoifelle, qu'elle finit par l'accorder à Thévenard.

Muni du consentement de la famille, Thévenard eut encore à
lutter contre le curé de sa paroisse, qui refusait de célébrer le mariage à cause de l'excommunication dont étaient frappés les comédiens. L'artiste eut beau mettre en avant son titre d'académicien
de l'Académie royale de musique, l'inflexible curé persista dans
son refus. Il finit pourtant par céder ; mais si l'on considère que
ce mariage eut lieu postérieurement au mois de juillet 1729 et
que très peu de temps après, Thévenard quitta le théâtre, il est
permis d'en conclure que l'Église, pour passer outre, exigea de
lui le sacrifice de sa profession.

Depuis 1697 jusqu'en 1729, Thévenard a chanté à l'Académie
royale de musique les rôles suivants : Silvandre, Zuliman, dans
l'*Europe galante,* ballet de La Motte, musique de Campra, en
1697, repris en 1706, 1715 et 1724 ; Jupiter, Hylas, Hercule,
dans *Issé,* pastorale de La Motte, musique de Destouches, en
1698, reprise en 1708, 1719 et 1721 ; Amadis, dans *Amadis de*

Grèce, tragédie de La Motte, musique de Destouches, en 1699, reprise en 1711 et 1724; Argapise, dans *Marthésie, reine des Amazones,* tragédie de La Motte, musique de Destouches, en 1699; Picus, dans *Canente,* tragédie de La Motte, musique de Collasse, en 1700; Corydon, Tircis, l'Égyptien, un Musicien, un Médecin, dans le *Carnaval,* mascarade, musique de Lulli, reprise en 1700; Anchise, dans *Hésione,* tragédie de Danchet, musique de Campra, en 1700, reprise en 1709; Apollon, Vertumne, dans les *Saisons,* ballet de Pic, musique de Louis Lulli et·Collasse, repris en 1700, 1707, 1712 et 1722; Pygmalion, dans le *Triomphe des Arts,* ballet de La Motte, musique de La Barre, en 1700; Alphée, dans *Aréthuse,* ballet de Danchet, musique de Campra, en 1701; Florestan, Arcalaüs, dans *Amadis de Gaule,* tragédie de Quinault, musique de Lulli, reprise en 1701, 1707 et 1718; Alcide, dans *Omphale,* tragédie de La Motte, musique de Destouches, en 1701, reprise en 1721; Minos, roi de Crète, dans *Scylla,* tragédie de Duché, musique de Théobalde, en 1701, reprise en 1720; Neptune, dans *Acis et Galatée,* pastorale de Campistron, musique de Lulli, reprise en 1702 et en 1704; un Habitant du palais d'Armide, Philène, Mars, Éraste, amant de Léonore, dans les *Fragments de M. Lulli,* ballet de Danchet, musique de Campra, en 1702, repris en 1708; Médus, fils d'Égée et de Médée, dans *Médus,* tragédie de La Grange-Chancel, musique de Bouvart, en 1702; Épaphus, dans *Phaéton,* tragédie de Quinault, musique de Lulli, reprise en 1702, 1710 et 1721; Tancrède, dans *Tancrède,* tragédie de Danchet, musique de Campra, en 1702, reprise en 1707, 1717 et 1729; Cadmus, dans *Cadmus et Hermione,* tragédie de Quinault, musique de Lulli, reprise en 1703 et en 1711; Bacchus, Méléagre, fils d'Althée, dans les *Muses,* ballet de Danchet, musique de Campra, en 1703; Phinée, frère de Céphée, dans *Persée,* tragédie de Quinault, mu-

sique de Lulli, reprise en 1703, 1710 et 1722; le Roi, père de
Pysché, Mars, dans *Psyché,* tragédie de Corneille de Lisle,
musique de Lulli, reprise en 1703 et en 1713; un Sauvage,
Ulysse, dans *Ulysse,* tragédie de Guichard, musique de Rebel,
en 1703 ; le Carnaval, dans le *Carnaval et la Folie,* comédie de
La Motte, musique de Destouches, en 1704, reprise en 1719;
Oreste, dans *Iphigénie en Tauride,* tragédie de Duché, musique
de Desmarets, mise au théâtre par Danchet et Campra, en 1704,
reprise en 1711 et en 1719; Hiérax, une Parque, dans *Isis,* tragédie de Quinault, musique de Lulli, reprise en 1704 et en 1717;
Philoctète, dans *Alcide, ou la mort d'Hercule,* tragédie de Campistron, musique de Louis Lulli et Marais, reprise en 1705;
Athlant, dans *Alcine,* tragédie de Danchet, musique de Campra,
en 1705 ; Apollon, Amisodar, dans *Bellérophon,* tragédie de Corneille de Lisle et Fontenelle, musique de Marais, reprise en 1705
et en 1718 ; Térée, dans *Philomèle,* tragédie de Roy, musique de
La Coste, en 1705, reprise en 1709 et en 1723 ; Mars, Bacchus,
Apollon, dans le *Triomphe de l'Amour,* ballet de Quinault, musique de Lulli, revisé par Danchet et Campra, repris en 1705;
Alcide, dans *Alceste, ou le Triomphe d'Alcide,* tragédie de Quinault,
musique de Lulli, reprise en 1706 et en 1728; Pélée, dans *Alcyone,*
tragédie de La Motte, musique de Marais, en 1706 ; Agamemnon,
dans *Cassandre,* tragédie de La Grange-Chancel, musique de
Bouvard et Bertin, en 1706 ; Pyrrhus, dans *Polyxène et Pyrrhus,*
tragédie de La Serre, musique de Collasse, en 1706; Roger,
dans *Bradamante,* tragédie de Roy, musique de La Coste, en
1707; Arcas, Égée, dans *Thésée,* tragédie de Quinault, musique
de Lulli, reprise en 1707, en 1720 et en 1729; Celœnus, le
Temps, dans *Atys,* tragédie de Quinault, musique de Lulli,
reprise en 1708 et en 1725; Pélops, dans *Hippodamie,* tragédie
de Roy, musique de Campra, en 1708 ; Neptune, dans *Thétys et*

Pélée, tragédie de Fontenelle, musique de Collasse, reprise en
1708, en 1712 et en 1723 ; Méléagre, fils d'Althée, dans *Méléagre,*
tragédie de Joly, musique de Baptistin, en 1709 ; Jupiter, sous le
nom d'Idas, dans *Sémélé,* tragédie de La Motte, musique de Marais,
en 1709 ; Diomède, roi d'Étolie, dans *Diomède,* tragédie de La
Serre, musique de Bertin, en 1710 ; le Carnaval, Léandre, François, amant d'Irène, Alamir, dans les *Fêtes vénitiennes,* ballet de
Danchet, musique de Campra, en 1710, repris en 1712 et en 1721 ;
Licarcis, prince du sang des rois de Syrie, aimé de Manto et qui
aime Ziriane, dans *Manto la Fée,* tragédie de Mennesson, musique
de Baptistin, en 1711 ; Priam, dans *Achille et Polyxène,* tragédie de
Campistron, musique de Lulli et Collasse, reprise en 1712 ; Mars,
Silène, dans les *Amours de Mars et de Vénus,* ballet de Danchet,
musique de Campra, en 1712 ; Corysus, grand-prêtre de Bacchus, dans *Callirhoé,* tragédie de Roy, musique de Destouches,
en 1712 ; Idoménée, dans *Idoménée,* tragédie de Danchet, musique de Campra, en 1712 ; Diomède, roi d'Étolie, Ovide, chevalier romain, dans les *Amours déguisés,* ballet de Fuzelier,
musique de Bourgeois, en 1713 ; Hidraot, dans *Armide,* tragédie de Quinault, musique de Lulli, reprise en 1713 et en 1724 ;
Créon, roi de Corinthe, dans *Médée et Jason,* tragédie de La
Roque (l'abbé Pellegrin), musique de Salomon, en 1713 ; Télèphe, dans *Télèphe,* tragédie de Danchet, musique de Campra, en
1713 ; Eurylas, prince descendant d'Éole, dans *Arion,* tragédie
de Fuzelier, musique de Matho, en 1714 ; Acaste, Dorante, dans
les *Fêtes de Thalie,* ballet de La Font, musique de Mouret, en
1714, repris en 1722 ; Adraste, dans *Télémaque,* tragédie de Pellegrin, musique de Destouches, en 1714 ; Licas, buveur, dans
les *Plaisirs de la Paix,* ballet de Mennesson, musique de Bourgeois, en 1715 ; Pluton, dans *Proserpine,* tragédie de Quinault,
musique de Lulli, reprise en 1715 et en 1727 ; Thestor, sous le

nom d'Amphiare, dans *Théonoé,* tragédie de La Roque (l'abbé
Pellegrin), musique de Salomon, en 1715 ; Borée, dans *Zéphyr
et Flore,* ballet de du Boullay, musique de Louis et Jean-Louis
Lulli, repris en 1715 ; Danaüs, roi d'Argos, dans *Hypermnestre,*
tragédie de La Font, musique de Gervais, en 1716 ; Roland,
dans *Roland,* tragédie de Quinault, musique de Lulli, reprise en
1705, 1716 et en 1727 ; Thésée, dans *Ariadne,* tragédie de
La Grange-Chancel et Roy, musique de Mouret, en 1717 ;
Almon, prince volsque, cru père de Camille, dans *Camille,* tragédie de Danchet, musique de Campra, en 1717 ; Mars, dans
Vénus et Adonis, tragédie de Jean-Baptiste Rousseau, musique
de Desmarets, reprise en 1717 ; Éraste, amant de Lucinde, dans
les *Ages,* ballet de Fuzelier, musique de Campra, en 1718 ;
Pâris, dans le *Jugement de Pâris,* pastorale de Mlle Barbier (l'abbé
Pellegrin), musique de Bertin, en 1718, reprise en 1727 ;
Zoroastre, dans *Sémiramis,* tragédie de Roy, musique de Destouches, en 1718 ; Valère, Lisimon, dans les *Plaisirs de la campagne,* ballet de Mlle Barbier (l'abbé Pellegrin), musique de
Bertin, en 1719 ; Protée, dans les *Amours de Protée,* ballet de
La Font, musique de Gervais, en 1720 ; Polydore, fils de Priam,
dans *Polydore,* tragédie de Pellegrin, musique de Baptistin, en
1720 ; Phorbas, roi des Phlégiens, amant d'Isménide, dans
Créuse l'Athénienne, tragédie de Roy, musique de La Coste, en
1722 ; Adraste, roi des Indiens, dans *Roland,* tragédie du chevalier (l'abbé) Pellegrin, musique de Desmarets, en 1722 ; Apollon,
Alcibiade, Marc-Antoine, dans les *Fêtes grecques et romaines,*
ballet de Fuzelier, musique de Colin de Blamont, en 1723 ;
Euryte, roi des Centaures, dans *Pirithoüs,* tragédie de Séguinault,
musique de Mouret, en 1723 ; le Destin, Ixion, Valère, dans les
Éléments, ballet de Roy, musique de La Lande et Destouches,
en 1725 ; Nourredin, caliphe d'Égypte, dans la *Reine des Péris,*

comédie de Fuzelier, musique d'Aubert, en 1725 ; Télégone, fils
d'Ulysse et de Circé, dans *Télégone,* tragédie de Pellegrin, musique de La Coste, en 1725 ; Acaste, dans le *Ballet sans titre,* en
1726 ; Pyrame, dans *Pyrame et Thisbé,* tragédie de La Serre,
musique de Rebel et Francœur, en 1726 ; Léandre, Émile, dans
les *Stratagèmes de l'Amour,* ballet de Roy, musique de Destouches, en 1726 ; Neptune, Bacchus, dans les *Amours des Dieux,*
ballet de Fuzelier, musique de Mouret, en 1727 ; Saturne, dans
le *Parnasse,* ballet, en 1729.

Thévenard est mort à Paris, le 24 août 1741.

> (*Dictionnaire des théâtres. — Les Spectacles de Paris.
> — Mercure de France. — Mémoires de Mathieu
> Marais. —* Nérée Désarbres : *Deux Siècles à
> l'Opéra.*)

1702: — 24 mai.

*Extrait d'une lettre du ministre de la maison du Roi au Lieutenant de police,
relative à Gabriel-Vincent Thévenard.*

..... S'il y avoit quelque foupçon de duel entre Louifon (1) et Thévenard,
de l'Opéra, qui fe font battus (2), M. le Lieutenant criminel devroit en ce
cas y avoir attention et procéder contre eux fuivant les déclarations.

> (*Archives nationales,* O¹, 363.)

(1) Mᶫᶫᵉ Louise Moreau, dite Louison, était une chanteuse de l'Académie royale de musique
qui ne manquait pas de mérite. Elle a joué, entre autres rôles, la Paix, dans *Proserpine,* tragédie
lyrique de Quinault, musique de Lulli, en 1680, et la Musicienne, dans le *Bourgeois gentilhomme,*
comédie-ballet de Molière, musique de Lulli, représentée par les artistes de l'Opéra, devant le Roi,
en 1691. La sœur de Mᶫᶫᵉ Louison Moreau, Mᶫᶫᵉ Françoise Moreau, dite Fanchon, était comme elle
chanteuse à l'Académie royale de musique. On trouve sur ces deux demoiselles, une assez plaisante
anecdote dans les *Mélanges* de Boisjourdain ; nous la reproduisons ici : « Un jour que le Dauphin,
fils de Louis XIV, avoit témoigné du goût pour Fanchon Moreau, jolie courtifane attachée à l'Opéra,
Dumont, gendre de Lulli, écrivit à cette fille pour l'avertir de fe trouver à Meudon. La lettre, au
lieu d'être rendue à Fanchon Moreau, fut rendue à fa fœur Louifon, qui étoit fort laide, mais qui
fut exacte au rendez-vous. Cependant Dumont
avoit connu la méprife, il arrive avec l'autre et frappe à la porte : « Vous vous trompez, Monfeigneur, s'écria-t-il, ce n'eft pas celle-là ! » Point de réponfe. Dumont redoubla encore, enfin
Monfeigneur ouvre la porte et protefte qu'il eft fort content de la première et qu'il verra fa compagne une autre fois : puis il lui fit offrir dix louis ; mais Fanchon Moreau, irritée de ce qu'on la
renvoyoit fans la voir, prit cet argent et le jeta au nez de Dumont qui en étoit porteur. Elle conta
fon aventure et quelques jours après, tout le monde en rit. »

(2) A coups de poing dans les coulisses de l'Opéra.

THÉVENIN (Mlle), danseuse. Elle figura à l'Académie royale de musique pendant l'année 1774.

1777. — 22 septembre.

Le marquis de Villette se plaint d'avoir été insulté, au Colisée, par Mlle Thévenin.

L'an 1777, le lundi 22 feptembre, dix heures du matin, en l'hôtel et par-
devant nous Marie-Jofeph Chénon fils, etc., eft comparu Charles, marquis de
Villette (1), colonel des dragons, demeurant quai des Théatins en fon hôtel :
Lequel nous a dit qu'hier à neuf heures du foir il étoit au Colifée, il paffoit
devant la demoifelle Thévenin, anciennement à l'Opéra. La demoifelle Thévenin, fans aucune raifon, a dit hautement à des gens d'affez mauvaife façon
qui l'entouroient : « Voici le plus cruel ennemi des femmes ! » Le comparant ne fachant à quoi tendoit ce propos, a paffé fon chemin, mais cette fille
a répété ce propos plus haut qu'elle ne l'avoit fait d'abord, elle a même ajouté
que le comparant étoit un « b..... ». Le comparant a dit à cette fille que fi
elle ne fe taifoit, il lui feroit ôter fes diamans et mettre à l'hôpital. La
demoifelle Thévenin a dit au comparant qu'il lui avoit volé fes diamans. A
ce propos le comparant, qui s'étoit contenu jufqu'alors, a manqué de patience
et a porté à la demoifelle Thévenin un coup du fouet qu'il tenoit à la main.
Pourquoi et pour avoir raifon des infultes qu'il a reçues de la demoifelle Thévenin, il eft venu nous rendre la préfente plainte.

Signé : Le Marquis DE VILLETTE ; CHÉNON fils.

(Archives nationales, Y, 11,499.)

THIBERT (JEANNE-ÉLÉONORE), danseuse. Elle a rempli à
l'Académie royale de musique, de 1722 à 1736, les rôles suivants : une Bergère, un Masque, une Matelote, la Mère de la
mariée, une Espagnole, une Provençale, une Arlequine, dans les

(1) Né à Paris, le 4 décembre 1736, mort député à la Convention nationale le 9 juillet 1793.
Voltaire, dont il était l'ami et qui l'avait marié en 1777 à Mlle de Varicour, est mort dans son
hôtel du quai des Théatins (actuellement quai Voltaire), le 30 mai 1778.

Fêtes de Thalie, ballet de La Font, musique de Mouret, repris en 1722 et en 1735 ; une Suivante de la Vertu, un Jeu junonien, un Matelot, dans *Persée,* tragédie de Quinault, musique de Lulli, reprise en 1722 ; une Suivante du Permesse, une Bergère, un Masque, dans les *Saisons,* ballet de Pic, musique de Louis Lulli et Collasse, repris en 1722 ; une Grâce, un Jeu, une Matelote, une Athénienne, une Bacchante, dans *Philomèle,* tragédie de Roy, musique de La Coste, reprise en 1723 et en 1734 ; une Bergère héroïque, une Danseuse dans un quadrille, un Démon transformé en Songe, dans *Pirithoüs,* tragédie de Séguinault, musique de Mouret, en 1723, reprise en 1734 ; une Amante contente, une Femme du peuple du Cathay, la Mère de la mariée, une Suivante de Logistille, dans *Roland,* tragédie de Quinault, musique de Lulli, reprise en 1723 ; une Néréide, l'Afrique, une Suivante de Flore, l'Amérique, une Suivante de Bacchus, dans *Thétys et Pélée,* tragédie de Fontenelle, musique de Collasse, reprise en 1723 et en 1736 ; un Esprit transformé en Plaisir, dans *Armide,* tragédie de Quinault, musique de Lulli, reprise en 1724 ; une Néréide, dans *Atys,* tragédie de Quinault, musique de Lulli, reprise en 1725 ; une Suivante de Neptune, une Figurante dans une fête marine, une Bergère, un Zéphyr, dans la *Reine des Péris,* comédie de Fuzelier, musique d'Aubert, en 1725 ; une Suivante de Vénus, une Matelote, une Prêtresse de Diane, une Habitante d'Ithaque, dans *Télégone,* tragédie de Pellegrin, musique de La Coste, en 1725 ; une Suivante de Vénus, une Assyrienne, une Orientale, une Bergère, un Esprit aérien, dans *Pyrame et Thisbé,* tragédie de La Serre, musique de Rebel et Francœur, en 1726 ; une Troyenne, une Esclave, dans les *Stratagèmes de l'Amour,* ballet de Roy, musique de Destouches, en 1726 ; une Grâce, dans le *Jugement de Pâris,* pastorale de Mlle Barbier (l'abbé Pellegrin), musique de Bertin, reprise en

1727; une Habitante de la Seine, une Amazone, une Amante heureuse, une Corinthienne, une Guerrière, dans *Médée et Jason,* tragédie de La Roque (l'abbé Pellegrin), musique de Salomon, reprise en 1727 et en 1736; une Femme du peuple de Sicile, une Nymphe, une Ombre heureuse, une Divinité céleste et terrestre, dans *Proserpine,* tragédie de Quinault, musique de Lulli, reprise en 1727; une Grâce, une Thébaine, une Nymphe de Diane, une Scythe, dans *Orion,* tragédie de La Font et Pellegrin, musique de La Coste, en 1728; une Grâce suivante de Vénus, une Bergère, une Prêtresse, une Argienne déguisée, dans la *Princesse d'Élide,* ballet de Pellegrin, musique de Villeneuve, en 1728; un Jeu et un Plaisir, une Habitante des rives du Pénée, une Suivante de la Sibylle Delphique, une Bergère héroïque, dans *Tarsis et Zélie,* tragédie de La Serre, musique de Rebel et Francœur, en 1728; une Grâce, dans *Hésione,* tragédie de Danchet, musique de Campra, reprise en 1729; une Suivante de la Paix, une Magicienne, une Moresse, une Nymphe, une Femme du peuple de la Palestine, dans *Tancrède,* tragédie de Danchet, musique de Campra, reprise en 1729; une Bacchante, une Prêtresse de Minerve, une Grecque, une Bergère, une Athénienne, dans *Thésée,* tragédie de Quinault, musique de Lulli, reprise en 1729; une Bacchante, une Jeune fille de la suite de Diane, dans le *Caprice d'Érato,* divertissement de Fuzelier, musique de Colin de Blamont, en 1730; une Grâce, dans le *Carnaval et la Folie,* comédie de La Motte, musique de Destouches, reprise en 1730; une Suivante d'Astrée, une Indienne, une Égyptienne, dans *Phaéton,* tragédie de Quinault, musique de Lulli, reprise en 1730; un Jeu et un Plaisir, une Troyenne, une Grecque, une Nymphe de Thétys, dans *Pirrhus,* tragédie de Fermelhuis, musique de Royer, en 1730; une Muse, une Magicienne, une Prêtresse, un Démon transformé en nymphe, une Bergère, une Matelote, dans *Télémaque,* tragédie de Pellegrin, musique de Destouches, reprise en 1730; une Bergère, une Suivante d'Urgande, dans *Amadis de Gaule,* tragédie de Quinault, musique de Lulli, reprise en 1731; une Vieille, une Bohémienne, une Scaramouchette, une Matelote, une Bergère, dans les *Fêtes vénitiennes,* ballet de Danchet, musique de Campra, repris en 1731; une Grâce, dans *Idoménée,* tragédie de Danchet, musique de Campra, reprise en 1731; un Jeu et un Plaisir, une Babylonienne, une Prêtresse de Proserpine, une Ombre heureuse, une Bergère, une Sirène, dans les *Sens,* ballets de Roy, musique de Mouret, en 1732; une Suivante de Minos, un Esprit transformé, une Bergère, dans *Scylla,* tragédie de Duché, musique de Théobalde, reprise en 1732; une Provençale, dans les *Caractères de l'Amour,* ballet de Pellegrin, musique de Colin de Blamont, en 1733; un Plaisir, une Moresse, une Grecque, dans *Omphale,* tragédie de La Motte, musique de Destouches, reprise en 1733; une Femme du peuple de la Grèce, dans la *Fête de Diane,* divertissement de Fuzelier, musique de Colin de Blamont, en 1734; une Suivante de Circé, dans les *Fêtes nouvelles,* ballet de Massip, musique de Duplessis, en 1734; une Grâce, dans *Iphigénie en Tauride,* tragédie de Duché, musique de Desmarets, mise au théâtre par Danchet et Campra, reprise en 1734; une Sultane, une Italienne, une Odalisque, dans *Scanderberg,* tragédie de La Motte et de La Serre, musique de Rebel et Francœur, en 1735; une Bergère, une Sultane, dans l'*Europe galante,* ballet de La Motte, musique de Campra, repris en 1736; une Espagnole, une Fée, dans les *Romans,* ballet de Bonneval, musique de Nieil, en 1736.

Mlle Thibert était encore attachée à l'Académie royale de musique en 1737.

(Dictionnaire des théâtres.)

1737. — 24 septembre.

*Mlle Jeanne-Éléonore Thibert porte plainte contre des individus qui, au sortir
de l'Opéra, l'ont injuriée, battue et blessée.*

L'an 1737, le mardi 24 feptembre, entre neuf et dix heures du foir, nous
Louis-Jérôme Daminois, etc., requis, nous fommes tranfporté dans une chambre au premier appartement d'une maifon à porte cochère fife rue l'Évêque,
paroiffe St-Roch, où nous avons trouvé demoifelle Jeanne-Éléonore Thibert,
fille majeure, de l'Académie royale de mufique, y demeurante, bleffée d'une
contufion confidérable autour de l'œil droit et d'une autre à l'avant-bras
gauche : Laquelle, en cet état, nous a fait plainte contre deux quidams vêtus
de petit-gris avec un affez grand galon d'argent fur les devans du juftaucorps
et un plus étroit fur les devans de leurs veftes, dont l'un de haute taille et
l'autre de taille plus petite, et dit qu'après l'opéra fini, elle eft fortie par les
cours du Palais-Royal, tenant un domeftique fous le bras et eft fortie par la
petite porte qui donne rue de Richelieu pour s'en revenir chez elle ; que, fous
ladite porte, l'un defdits quidams, qui y étoit arrêté, a pris la plaignante par le
bras gauche, en lui difant : « Bonjour, ma petite reine. » Auquel fans autre
parole elie a dit qu'il fe trompoit ; qu'elle a continué fon chemin par la rue
du Rempart, qui eft vers ladite porte, jufqu'au bout d'icelle qui donne rue
St-Honoré; qu'en tournant la boutique du fieur Montais, épicier, lefdits quidams, qui la fuivoient, l'ont arrêtée au-devant de ladite boutique et s'étant
avancés, le plus grand lui a mis la main fur le col, difant qu'il la connoiffoit
bien et a dit à fon camarade : « Donne donc du tabac à cette petite reine. »
Lequel a tiré fa tabatière qu'il a préfentée ouverte à la plaignante qui l'a repouffée du bras gauche et fait tomber fadite tabatière. Sur quoi ledit particulier plus grand a dit à l'autre qui ne difoit rien : « Tu fouffres qu'on jette à
terre ta tabatière et tu ne te venges pas ! » Qu'elle plaignante eft entrée auffitôt dans la boutique où le plus petit quidam, ayant ramaffé fa tabatière, l'a
fuivie et a porté à la plaignante un coup de poing de toute fa force au vifage
dont il l'a bleffée de la manière fufobfervée et de plus au nez dont le fang eft
venu en abondance, l'a traitée ainfi que l'autre de raccrocheufe qui vouloit les voler et d'autres injures des plus atroces que la pudeur ne lui permet
pas de nous réciter, l'ont même menacée de la faire mettre à l'hôpital ; qu'elle
plaignante, outrée de fe voir ainfi maltraitée, a faifi le plus grand par le
haut de fon juftaucorps et crié au voleur et au guet, lequel particulier a pris

de violence la plaignante par le bras gauche pour l'attirer hors de ladite boutique en lui difant : « Viens donc, gueufe ! » Et fans des fruitières qui étalent au-devant d'icelle et vis-à-vis qui font venues au fecours de la plaignante, fe font mifes entre elle et ledit quidam et ont fait entrer la plaignante en ladite boutique, ils l'auroient maltraitée bien davantage. Ayant voulu y entrer par plufieurs fois, vomiffant contre elle les mêmes injures, ce que plufieurs voifins et paffans qui fe font amaffés au bruit, les ont empêchés de faire ; ce que voyant lefdits quidams, ils fe font retirés et enfuite les fieurs Gigon et Boulot, tailleurs de ladite Académie royale, paffant fortuitement et ayant reconnu la particulière dans ladite boutique, l'ont reconduite chez elle. Dont et du tout ladite demoifelle Thibert nous a rendu plainte.

Signé : THIBERT.

(*Archives nationales,* Y, 11,667.)

THOMAS (PIERRE), chanteur.

I

1699. — 4 février.

Plainte de Pierre Thomas contre un boucher qui lui réclamait de l'argent sans raison et qui le menaçait de l'assassiner.

Du 4 février 1699, cinq à fix heures du foir.

Pierre Thomas, muficien de l'Opéra, demeurant rue de la Monnoie, chez la dame Maffon, lequel nous rend plainte à l'encontre d'Étienne Gentil, étalier boucher, et dit qu'à heure préfente paffant à la pointe St-Euftache, il a été faifi par derrière par l'accufé, en lui difant : « B..... de chien, paye-moi les 800 livres que tu me dois. » Le plaignant lui a dit qu'il ne lui devoit rien et que s'il lui devoit quelque chofe il en auroit bonne juftice. L'accufé a crié hautement qu'il étoit un fripon, un voleur ; que l'habit et la cravate qu'il avoit lui appartenoient, les lui ayant achetés ; qu'il alloit époufer la fille de la Defgruchets ; qu'elle étoit une coquine et une friponne ; qu'il lui arracheroit fon épée, lui en balafreroit le vifage et à ladite Defgruchets et à fa fille ; qu'il l'attendroit à la fortie de l'Opéra et lui paferoit fon épée au travers du corps et que s'il favoit la demeure du plaignant, il iroit l'attendre à la fortie de chez lui et le couperoit en pièces avec fon fentoir, ce qui ne manqueroit pas de lui arriver tôt ou tard. Et comme l'accufé eft un homme coutumier d'exécuter fes menaces et que tout eft à craindre de fa part, c'eft le fujet pour lequel il nous rend la préfente plainte.

(*Archives nationales,* Y, 13,047.)

II

1700. — 28 octobre.

Plainte de Pierre Thomas, contre un sieur Naze par lequel il avait été odieusement invectivé et menacé.

L'an 1700, le jeudi 28 octobre, huit heures du foir, par-devant et en l'hôtel de nous Martin Bourfin, etc., a été amené par une brigade du guet commandée par le fieur Begon, un particulier, jeune homme vêtu de rouge, nommé Naze le fils, à l'encontre duquel le fieur Pierre Thomas, muficien de l'Académie royale des plaifirs de Sa Majefté, demeurant près la porte St-Martin, comparant, nous a fait plainte et dit que heure préfente, revenant de la répétition de l'Opéra, paffant rue St-Martin pour retourner chez lui, il a été falué par la fille du nommé Duflot, aubergifte, demeurant rue et vis-à-vis les murs de St-Martin, ce qui l'a obligé de s'entretenir un moment avec elle ; qu'à l'inftant eft furvenu ledit Naze qui, après avoir falué le plaignant, lui a demandé comment fe gouvernoit le fieur Germain, fon beau-frère ; que lui ayant répondu qu'il ne le voyoit point par rapport à ce qu'il avoit voulu le faire affaffiner et que fa belle-mère ne le trouvoit pas à propos, ledit Naze l'auroit auffitôt entrepris et le traitant de b..... de chien, de maraud, lui auroit dit que n'étoit le refpect de ladite fille Duflot il lui donneroit un fouf-flet et que s'il vouloit paffer le ruiffeau il lui f....... quatre coups de pied dans le c.. et qu'il parleroit. A quoi ledit fieur plaignant ayant répondu qu'il pouvoit exécuter fon deffein fans paffer ledit ruiffeau, ledit Naze lui auroit dit qu'il l'exécuteroit bien, mais que c'étoit le refpect de ladite fille qui le retenoit, et continuant d'injurier ledit plaignant, lui auroit fait plufieurs menaces et entre autres que demain avant qu'il fût huit heures du matin il le trouveroit dans le quartier et lui feroit donner fon fait ; ce que ladite brigade ayant entendu, laquelle étoit à écouter les injures et menaces que ledit fieur Naze, faifoit audit fieur plaignant, elle fe feroit avancée et s'étant faifie dudit Naze, elle l'auroit amené en notre hôtel où ledit fieur plaignant l'ayant fuivi nous en a rendu la préfente plainte et requis qu'attendu qu'il n'eft pas en fûreté de fa perfonne ledit Naze foit arrêté et conduit prifonnier à fes rifques, périls et fortunes (1).

Signé : BOURSIN ; P. THOMAS.

(*Archives nationales*, Y, 12,310.)

III

1701. — 15 août.

Plainte de Pierre Thomas contre ses beaux-frères qui avaient tenté de l'assassiner.

L'an 1701, le lundi 15e jour d'août, fept heures du foir, par-devant et en l'hôtel de nous Martin Bourfin, etc., eft comparu le fieur Pierre Thomas, muficien de l'Académie royale, demeurant proche la rue St-Martin : Lequel en continuant les plaintes qu'il a ci-devant faites à l'encontre des nommés Antoine et Germain Defgruchets, fes beaux-frères, pour raifon de l'affaffinat qu'ils ont voulu commettre en fa perfonne, nous a dit que journellement le fieur Defgruchets, en haine de ce que ledit fieur plaignant demeure actuelle-ment chez la dame Defgruchets, leur mère, cherchent l'occafion de l'affaffiner ; que le jour d'hier ayant fu que ledit fieur plaignant étoit aux Jéfuites de la rue St-Antoine, ils auroient été à l'iffue des vêpres l'attendre pour exécuter leurs mauvais deffeins et le voyant defcendre les degrés de l'églife, ledit Germain Defgruchets vint l'infulter en lui donnant des nafardes fur le nez pour l'obliger à mettre l'épée à la main : mais, ayant aperçu que ledit fieur plaignant étoit accompagné de quelques-uns de fes amis qui paroiffoient braves et vigoureux, ils fe feroient retirés. Et cejourd'hui ayant encore fu que ledit fieur plaignant étoit allé aux Jéfuites pour y chanter à fa manière ordi-naire et qu'il devoit paffer fur le boulevard de la porte St-Martin pour rentrer chez lui ainfi qu'il a coutume de faire, ils auroient été l'y attendre il y a en-viron une heure et l'ayant enfin aperçu comme il defcendoit le foffé pour rentrer chez lui, ledit Antoine Defgruchets feroit venu à lui et lui auroit déchargé fur les bras et autres parties de fon corps nombre de coups de bâton et auroit crié audit Germain Defgruchets : « A moi, dragon ! » Lequel Ger-

---

(1) Naze fut écroué dans les prisons du bailliage de Saint-Martin-des-Champs.

main étant auſſitôt arrivé, auroit tiré l'épée et ſe feroit mis en devoir de le
percer : ce que voyant ledit fieur plaignant, pour garantir ſa vie, auroit tiré
fon épée et ſe feroit, du mieux qu'il auroit pu, débarraſſé d'eux et enfin ſe feroit
retiré chez lui où étant et environ une demi-heure après leſdits Antoine et
Germain Defgruchets feroient venus à la porte de ladite dame Defgruchets,
leur mère, auroient jeté quantité de pierres dans ſes vitres et jurant et blafphémant le faint nom de Dieu, auroient menacé le plaignant de le tuer tôt
ou tard ainſi que ladite dame Defgruchets, leur mère. Pour raiſon de quoi
ledit fieur plaignant et elle font venus nous en rendre plainte.

Signé : P. Thomas ; Boursin.

(*Archives nationales*, Y, 12,313.)

———

TRAVENOL (Louis), musicien, né à Paris vers 1698. Il
entra comme violon à l'orchestre de l'Opéra en 1739 et
quitta le théâtre en 1759, avec 350 livres de pension de retraite.
Travenol est connu par les démêlés qu'il eut, en 1746, avec
Voltaire qui l'accusa alors d'avoir fait réimprimer deux ouvrages
dans lesquels il était décrié : le *Triomphe poétique* et le *Discours
prononcé à la porte de l'Académie française*. L'auteur de la *Hen-
riade* fit faire, pour supprimer ces deux libelles, une visite domi-
ciliaire chez le musicien, alors absent de Paris, et dans l'empor-
tement de sa vanité blessée, ne connaissant plus de mesure, il fit
mettre en prison le vieux père de Travenol, âgé de plus de 80 ans.
Un procès s'engagea alors au Châtelet et le Lieutenant criminel
condamna Travenol fils, comme diffamateur de Voltaire, à lui
payer 300 livres à titre de réparation, et Voltaire, à payer 600 livres
de dommages et intérêts à Travenol père. Mécontentes de cette
sentence qui paraît pourtant assez équitable, les parties en appe-
lèrent au Parlement, mais l'arrêt définitif ne fut jamais prononcé
et l'affaire en resta là. Travenol, toutefois, essaya de continuer la
guerre en publiant avec l'avocat Mannory le *Voltairiana ou Élo-*

ges amphigouriques de François-Marie Arouet de Voltaire, libelle dans lequel il avait réuni tous les pamphlets écrits par Voltaire, mais ce dernier s'abstint de répondre.

En 1754, Travenol s'attaqua à Jean-Jacques Rousseau, qui venait de faire paraître sa *Lettre sur la musique française,* et composa, pour y répondre, un ouvrage intitulé : *Arrêt du Conseil d'État d'Apollon rendu en faveur de l'orchestre de l'Opéra, contre le nommé J. J. Rousseau, copiste de musique.* Rappelons que le citoyen de Genève était, à cette époque, tellement exécré par les musiciens de l'Académie royale de musique, qu'ils le pendirent en effigie. Rousseau assure même dans ses *Confessions* qu'ils avaient formé le projet de l'assassiner un soir à sa sortie du théâtre.

Travenol a publié en outre un grand nombre d'écrits, parmi lesquels on citera seulement : la *Galerie de l'Académie royale de musique, contenant les portraits en vers des principaux sujets qui la composent en la présente année 1754, dédiée à J. J. Rousseau de Genève.*

On lui doit aussi les notes à l'aide desquelles Durey de Noinville a composé son *Histoire de l'Opéra.*

Il est mort en 1783, à Paris.

(*Les Spectacles de Paris.* — Quérard : *la France littéraire.* — Fétis : *Dictionnaire des musiciens.*)

I

1741. — 2 novembre.

Plainte de Louis Travenol contre un libraire qu'il accusait de vouloir lui dérober un manuscrit.

L'an 1741, le jeudi 2 novembre, onze heures du matin, en notre hôtel et par-devant nous François-Joſeph Doublon, etc., eſt comparu ſieur Louis

Travenol, ordinaire de l'Académie royale de muſique, demeurant à Paris, rue
des Roſiers, faubourg St-Germain, paroiſſe St-Sulpice : Lequel nous a fait
plainte et dit que, cherchant à vendre un manuſcrit dont il eſt auteur, qui a
pour titre : *l'Actrice punie par le faux étranger,* ſuivi d'un recueil de vers ſur
différentes matières, il auroit été adreſſé le jour d'hier au nommé Oſmont,
marchand libraire à Paris, y demeurant rue de la Harpe, chez un perruquier,
près la rue Serpente, qui lui auroit fait entendre qu'il le lui feroit vendre au
ſieur Behours, libraire à Rouen, de préſent logé chez ſon frère, rue du Bac,
faubourg St-Germain ; que le croyant ſincère il auroit eu la facilité de le lui
confier pour le lui rendre cejourd'hui huit heures du matin ou la valeur
d'icelui ; mais au lieu par ledit Oſmont d'avoir fait les démarches néceſſaires et
de tenir ſa parole, il ne paroît pas ni dans ſa maiſon ni dans aucun endroit, et
comme il a un intérêt ſenſible d'avoir raiſon de ce procédé qui eſt une ſubti-
lité et ſurpriſe des plus grandes de la part dudit Oſmont qui ne s'abſente que
pour avoir le tems de tirer des copies de ce manuſcrit et par ce moyen le
fruſtrer de ſon ouvrage, il s'eſt retiré par-devers nous pour nous rendre la
préſente plainte.

Signé : TRAVENOL ; DOUBLON.

(*Archives nationales,* Y, 11,458.)

II

1748. — 13 octobre.

*Plainte de Louis Travenol contre des femmes qui avaient jeté d'une fenêtre, sur
ses habits, une potée d'urine.*

L'an 1748, le dimanche 13 octobre environ, ſix heures et demie du matin,
en l'hôtel et par-devant nous François-Simon Leblanc, etc., eſt comparu
ſieur Louis Travenol, de l'Académie royale de muſique, demeurant rue du
Bac, au coin de la rue de Grenelle, paroiſſe St-Sulpice : Lequel nous a rendu
plainte contre les demoiſelles Poiſtry, demeurantes ſuſdite rue de Grenelle,
au ſecond étage d'une maiſon dont le ſieur Leleu, maître ſellier, eſt propriétaire ou principal locataire et dans laquelle il demeure, et encore contre
ledit ſieur Leleu comme devant répondre de ſes locataires. Et nous a dit qu'il
y a un inſtant le plaignant, paſſant ſuſdite rue de Grenelle pour aller à la
campagne où il avoit beſoin (1), il lui ait été jeté une potée d'urine ſur le

---

(1) Il allait à Saint-Mandé chez le comte de Bérulle, pour un concert.

corps, provenant de la fenêtre de la chambre occupée par lefdites demoifelles
Poiftry dans la maifon dudit fieur Leleu, de manière que l'habit dudit fieur
plaignant qui eft de drap tout neuf, couleur marron, fa vefte de droguet
de foie de même couleur, le tout doublé de raz de St-Cyr, et fa perruque en
bourfe font remplis de taches et hors d'état d'être portés ; que cela lui fait
un tort confidérable n'étant pas en état par là d'aller à la campagne où il
devoit gagner de l'argent. C'eft pourquoi, comme il a intérêt d'avoir réparation du tort fait à fes hardes, il s'eft retiré par-devant nous pour nous faire
la préfente plainte.

Signé : LEBLANC ; TRAVENOL.

(Archives nationales, Y, 10,762.)

III

1750. — 18 mai.

Plainte de Louis Travenol contre plusieurs individus qui l'avaient maltraité.

L'an 1750, le lundi 18 mai, trois heures de relevée, en l'hôtel et par-devant
nous Charles-Jacques-Étienne Parent, etc., faifant pour l'abfence de Me Leblanc, notre confrère, eft comparu fieur Louis Travenol, de l'Académie
royale de mufique, demeurant rue Jacob, paroiffe St-Sulpice : Lequel nous
a rendu plainte contre le fieur Nez, marchand limonadier, principal locataire
de la maifon où il habite fufdite rue, contre fon garçon de boutique et contre
un particulier fous-locataire d'une chambre au quatrième étage de ladite
maifon, et nous a dit qu'il y a environ deux heures, revenant de notre hôtel
avec la demoifelle Travenol, fa fœur, qui nous a rendu plainte contre ledit
fieur Nez et rentrant enfemble dans l'allée de la maifon dudit fieur pour
monter à l'appartement qu'ils occupent, ledit fieur Nez l'a plufieurs fois
appelé par fon nom ; que le comparant, ayant une parfaite connoiffance des
excès et emportemens auxquels ledit fieur Nez s'étoit livré vis-à-vis de la
demoifelle fa fœur et voulant les éviter, il a continué fon chemin : mais ledit
fieur Nez, ne pouvant plus contenir fa colère ni cacher fes mauvais deffeins,
l'a traité de coquin et d'infolent et s'eft voulu jeter fur le plaignant tout
furieux, mais il en a été empêché ; que le garçon dudit fieur Nez et ladite
particulière, qui occupe une chambre au quatrième étage, et plufieurs autres
perfonnes inconnues au plaignant, fe font fur-le-champ répandus en invec-

tives contre le comparant, fe font jetés fur lui comme il montoit l'efcalier de
ladite maifon, lui ont donné plufieurs coups de poing, l'ont égratigné au vifage et aux mains et ont fait tant d'efforts pour le jeter à bas dudit efcalier
qu'ils lui ont déchiré fon habit et fa chemife, en telle forte que s'ils avoient
pu venir à bout de le renverfer par terre, ils l'auroient maltraité beaucoup
davantage, excités à cela par ledit fieur Nez qui, malgré qu'il fût retenu,
vouloit abfolument fe jeter fur le plaignant pour le maltraiter. C'eft pourquoi il nous a rendu plainte et nous eft apparu que fon habit couleur marron
eft en partie déchiré fur l'épaule gauche et fa chemife entièrement déchirée
par devant.

Signé : PARENT ; L. TRAVENOL.

(*Archives nationales*, Y, 10,764.)

———

T RIBOU (DENIS-FRANÇOIS), chanteur, né vers 1695. Il débuta à l'Académie royale de musique en 1721 et quitta le
théâtre en 1741, avec une pension de retraite de 1,500 livres.

C'est lui qui, dit-on, présenta au Régent un placet en vers
qu'il déclama, chanta et dansa. La chronique contemporaine
avance qu'il fut aimé à la fois par Mlle Le Couvreur, la célèbre
tragédienne, et par une grande dame et que cette dernière,
dans un accès de jalousie, tenta de faire empoisonner l'actrice, sa
rivale.

Il y a trois ou quatre mois, dit le *Journal de Barbier,* à la date de mars
1730, qu'on a conté une hiftoire dans Paris qu'un abbé (Bouret) avoit écrit
à la Lecouvreur qu'il étoit chargé de l'empoifonner et que la pitié lui faifoit
donner cet avertiffement. Les uns ont dit que c'étoit avec un bouquet, les
autres que c'étoient des bifcuits. On réveille à préfent cette hiftoire et l'on ne
foupçonne pas moins que la ducheffe de B[ouillon], fille du prince de
S[obiefki], qui eft folle de Tribou, acteur de l'Opéra, quoiqu'elle ait pour
amant le comte de C[lermont], mais il faut qu'il fouffre cela. On dit que
Tribou aimoit beaucoup la Lecouvreur et que voilà la querelle.

Marmontel, qui connut Tribou après sa retraite de l'Opéra,

lui a consacré dans ses *Mémoires* les quelques lignes que l'on va
lire :

L'épicurien Tribou, difciple du P. Porée et l'un de fes élèves les plus·
chéris (1), depuis acteur de l'Opéra et après avoir cédé la fcène à Jéliote,
vivant libre et content de peu, étoit charmant dans fa vieilleffe par une humeur anacréontique qui ne l'abandonnoit jamais. C'eft le feul homme que
j'ai vu prendre congé gaiement des plaifirs du bel âge, fe laiffer doucement
aller au courant des années et dans leur déclin conferver cette philofophie
verte, gaie et naïve que Montaigne, lui-même, n'attribuoit qu'à la jeuneffe.

Tribou a chanté à l'Académie royale de musique les rôles suivants : le Soleil, Phaéton, dans *Phaéton,* tragédie de Quinault,
musique de Lulli, reprise en 1721 et en 1730 ; Léandre, dans les
Fêtes de Thalie, ballet de La Font, musique de Mouret, repris en
1722 ; Mercure, Persée, dans *Persée,* tragédie de Quinault, musique de Lulli, reprise en 1722 et en 1737 ; Renaud, prince croisé,
dans *Renaud,* tragédie du chevalier (l'abbé) Pellegrin, musique
de Desmarets, en 1722 ; Zéphyr, Aquilon, dans les *Saisons,* ballet
de Pic, musique de Louis Lulli et Collasse, repris en 1722 ; Amyntas, Éros, Tibulle, dans les *Fêtes grecques et romaines,* ballet de
Fuzelier, musique de Colin de Blamont, en 1723, repris en 1733 ;
la Discorde, Pirithoüs, dans *Pirithoüs,* tragédie de Séguinault,
musique de Mouret, en 1723, reprise en 1734 ; le Soleil, Mercure,
dans *Thétys et Pélée,* tragédie de Fontenelle, musique de Collasse,
reprise en 1723 ; un Matelot, dans *Amadis de Grèce,* tragédie de
La Motte, musique de Destouches, reprise en 1724 ; le Chevalier
danois, dans *Armide,* tragédie de Quinault, musique de Lulli,
reprise en 1724 ; Artémise, gouvernante de Florise, Damon, dans
les *Ages,* ballet de Fuzelier, musique de Campra, repris en 1724 ;
Philène, Octavio, dans l'*Europe galante,* ballet de La Motte,

(1) Au collége Louis-le-Grand, alors dirigé par les Jésuites.

musique de Campra, repris en. 1724 et en 1736; Acis, dans
Acis et Galatée, pastorale de Campistron, musique de Lulli, reprise
en 1725 et en 1734; le Sommeil, Atys, dans *Atys,* tragédie de Quinault, musique de Lulli, reprise en 1725 et en 1738; Mercure,
Arion, Vertumne, dans les *Éléments,* ballet de Roy, musique de
La Lande et Destouches, en 1725, repris en 1734; le Printemps,
dans les *Fêtes de l'Été,* ballet de Mlle Barbier (l'abbé Pellegrin),
musique de Monteclair, repris en 1725; l'Euphrate, dans la *Reine
des Péris,* comédie de Fuzelier, musique d'Aubert, en 1725; le
Grand-Prêtre de Minerve, dans *Télégore,* tragédie de Pellegrin,
musique de La Coste, en 1725; Apollon, Éraste, dans le *Ballet
sans titre,* en 1726; Timante, rival d'Iphis, dans les *Stratagèmes
de l'Amour,* ballet de Roy, musique de Destouches, en 1726; un
Faune, Apollon, dans les *Amours des Dieux,* ballet de Fuzelier,
musique de Mouret, en 1727, repris en 1737; Arcas, dans le
Jugement de Pâris, pastorale de Mlle Barbier (l'abbé Pellegrin),
musique de Bertin, reprise en 1727; Jason, un Corinthien, un
Matelot, une Furie, dans *Médée et Jason,* tragédie de La Roque
(l'abbé Pellegrin), musique de Salomon, reprise en 1727 et en 1736;
Alphée, dans *Proserpine,* tragédie de Quinault, musique de Lulli,
reprise en 1727 et en 1741; Médor, dans *Roland,* tragédie de Quinault, musique de Lulli, reprise en 1727; Triton, dans les *Amours
de Protée,* ballet de La Font, musique de Gervais, repris en 1728;
Bellérophon, dans *Bellérophon,* tragédie de Corneille de Lisle et
Fontenelle, musique de Lulli, reprise en 1728; Lyncée, dans
Hypermnestre, tragédie de La Font, musique de Gervais, reprise
en 1728; Orion, fils de Neptune, dans *Orion,* tragédie de La
Font et Pellegrin, musique de La Coste, en 1728; Tersandre,
prince d'Argos, dans la *Princesse d'Élide,* ballet de Pellegrin, mu-
sique de Villeneuve, en 1728; Tarsis, du sang de Pénée, dans
Tarsis et Zélie, tragédie de La Serre, musique de Rebel et Fran-

cœur, en 1728; Adonis, Linus, dans les *Amours des Déesses,* ballet de Fuzelier, musique de Quinault, en 1729; Télamon, dans *Hésione,* tragédie de Danchet, musique de Campra, reprise en 1729 et en 1743; Palémon, dans les *Nouveaux Fragments,* en 1729; un Sage enchanteur, un Sylvain, dans *Tancrède,* tragédie de Danchet, musique de Campra, reprise en 1729; Thésée, dans *Thésée,* tragédie de Quinault, musique de Lulli, reprise en 1729; Céyx, dans *Alcyone,* tragédie de La Motte, musique de Marais, reprise en 1730; Plutus, le Professeur de Folie, dans le *Carnaval et la Folie,* comédie de La Motte, musique de Destouches, reprise en 1730 et en 1738; Acamas, prince du sang de Pyrrhus, dans *Pyrrhus,* tragédie de Fermelhuis, musique de Royer, en 1730; Télémaque, dans *Télémaque,* tragédie de Pellegrin, musique de Destouches, reprise en 1730; Amadis, dans *Amadis de Gaule,* tragédie de Quinault, musique de Lulli, reprise en 1731; Endymion, dans *Endymion,* pastorale de Fontenelle, musique de Colin de Blamont, en 1731; Idamante, dans *Idoménée,* tragédie de Danchet, musique de Campra, reprise en 1731; Éraste, le Maître de musique, dans les *Fêtes vénitiennes,* ballet de Danchet, musique de Campra, repris en 1731 et en 1740; le Soleil, Protésilas, Bacchus, dans les *Sens,* ballet de Roy, musique de Mouret, en 1732; Agénor, dans *Callirhoé,* tragédie de Roy, musique de Destouches, reprise en 1732; Iphis, prince d'Ionie, dans *Byblis,* tragédie de Fleury, musique de La Coste, en 1732; Mercure, dans *Isis,* tragédie de Quinault, musique de Lulli, reprise en 1732; Ammon, prince des Ammonites, dans *Jephté,* tragédie de Pellegrin, musique de Monteclair, en 1732; Arsame, prince africain, amant d'Elvire, dans les *Caractères de l'Amour,* ballet de Pellegrin, musique de Colin de Blamont, en 1733; l'Amour, Zélindor, roi des Génies du feu, dans l'*Empire de l'Amour,* ballet de Moncrif, musique de Brassac, en 1733; Hippolyte, dans

Hippolyte et Aricie, tragédie de Pellegrin, musique de Rameau, en 1733; Apollon, dans *Issé,* pastorale de La Motte, musique de Destouches, reprise en 1733; Iphis, dans *Omphale,* tragédie de La Motte, musique de Destouches, reprise en 1733; Damon, dans les *Fêtes nouvelles,* ballet de Massip et Duplessis, en 1734; Pylade, dans *Iphigénie en Tauride,* tragédie de Duché, musique de Desmarets, mise au théâtre par Danchet et Campra et reprise en 1734; Athamas, dans *Philomèle,* tragédie de Roy, musique de La Coste, reprise en 1734; Ulysse, dans *Achille et Déidamie,* tragédie de Danchet, musique de Campra, en 1735; Tacmas, prince persan, dans les *Indes galantes,* ballet de Fuzelier, musique de Rameau, en 1735, repris en 1736; Scanderberg, prince d'Albanie, dans *Scanderberg,* tragédie de La Motte et La Serre, musique de Rebel et Francœur, en 1735; Iphis, Léon, Lindor, dans les *Romans,* ballet de Bonneval, musique de Nieil, en 1736; l'Amour déguisé en Tyrien sous le nom d'Alcidon, dans les *Voyages de l'Amour,* ballet de La Bruère, musique de Boismortier, en 1736; l'Envie, la Nourrice d'Hermione, dans *Cadmus et Hermione,* tragédie de Quinault, musique de Lulli, reprise en 1737; Castor, dans *Castor et Pollux,* tragédie de Bernard, musique de Rameau, en 1737; Orphée, Hylas, dans le *Triomphe de l'Harmonie,* ballet de Le Franc, musique de Grenet, en 1737; Iphis, Mercure, dans le *Ballet de la Paix,* de Roy, musique de Rebel et Francœur, en 1738; Admète, dans *Alceste, ou le Triomphe d'Alcide,* tragédie de Quinault, musique de Lulli, reprise en 1739; Almansor, prince de la maison des Abencérages, dans *Zaïde,* ballet de La Marre, musique de Royer, en 1739; Zéphyr, dans les *Amours du Printemps,* ballet de Bonneval, musique de Colin de Blamont, en 1739 (1).

---

(1) J'ai omis de mentionner qu'en 1735, Tribou chanta le rôle de Smindiride, dans les *Grâces,* ballet de Roy, musique de Mouret.

Tribou, qui était pourvu de la charge de théorbe de la musique du Roi, est mort à Paris, le 14 janvier 1761.

(*Dictionnaire des théâtres.* — *Mercure de France.* — *Journal de Barbier,* II, 95. — *Mémoires de Marmontel,* I, livre IV. — Nérée Désarbres : *Deux Siècles à l'Opéra.*)

1753. — 10 juin.

Donation faite par Denis-François Tribou à Marguerite-Charlotte Moignon, femme Roche, sa domestique, d'une somme de 3,000 livres de retenue que Sa Majesté lui a accordée sur sa charge de théorbe de la musique de la chambre du Roi.

Par-devant les conseillers du Roi, notaires au Châtelet de Paris soussignés, fut présent sieur Denis-François Tribou, pensionnaire du Roi, demeurant à Paris, rue de Richelieu, paroisse St-Eustache, lequel pour récompenser la femme Roche, ci-après nommée, des services que son mari et elle lui ont rendus, a par ces présentes donné par donation entre-vifs et irrévocable à Marguerite-Charlotte Moignon, femme de Claude Roche, domestique dudit sieur Tribou, de son mari, pour ce comparant, autorisée à l'effet des présentes, demeurant à Paris, rue Montmartre, susdite paroisse St-Eustache, à ce présente et acceptante, la somme de trois mille livres de retenue que Sa Majesté a bien voulu accorder audit sieur Tribou sur la charge de théorbe de la musique de la chambre du Roi, dont le Roi a donné l'agrément au sieur Pierre Jéliot en survivance dudit sieur Tribou, suivant le brevet du 4 mars 1753, signé Louis et plus bas Phelypeaux, déposé pour minute à Me Bessonnet, l'un des notaires soussignés, par acte de cejourd'hui, pour par ladite femme Roche toucher et recevoir ladite somme lorsqu'il y aura lieu, sur sa simple quittance, sondit mari l'autorisant par ces présentes irrévocablement à ce sujet. A l'effet de quoi ledit sieur Tribou se dessaisit en faveur de ladite femme Roche de tous ses droits de propriété dans ladite somme et la subroge en son lieu et place dans tous les droits résultant dudit brevet de retenue, consentant qu'il soit fait mention des présentes sur ledit brevet par ledit Me Bessonnet, notaire et dépositaire d'icelui. Et ledit sieur Tribou, voulant d'autant plus gratifier ladite femme Roche, s'oblige, jusqu'à ce qu'elle touche ladite somme de trois mille livres, de lui payer annuellement pour lui tenir lieu en partie des intérêts que ladite somme devroit produire, soixante-quinze livres par année, en deux payemens égaux, de fix mois en fix mois, à compter feulement du jour du décès de fon mari, même de continuer après fon décès à fes enfans la même fomme, fi elle a furvécu fondit mari ; car pendant la vie dudit Roche, ledit fieur Tribou ne fera tenu en aucun cas de payer lefdites foixante-quinze livres. Cette donation eft faite fous la condition que ladite fomme de 3,000 livres demeurera propre à ladite femme Roche et à fes enfans nés et à naître de fon mariage avec ledit fieur Roche et fous la réferve que fait ledit fieur Tribou du retour et réverfion en fa faveur de ladite fomme de trois mille livres dans le cas où ladite femme Roche et fefdits enfans viendroient à décéder avant lui, etc. Fait et paffé à Paris, en la demeure dudit fieur Tribou, l'an 1753, le 10 juin, etc.

(*Archives nationales,* Y, 378.)

V

ARLET (Marie-Rose), danseuse, née vers 1714. On trouve dans le *Journal de Barbier,* à la date d'octobre 1740, de curieux détails sur un vol dont Mlle Varlet fut la victime et dont l'auteur, un dentiste, expia son crime en place de Grève :

Sur la fin du mois dernier, il eſt arrivé une aventure dont la fin n'a pas été heureuſe. Un nommé Gaulard, chirurgien-dentiſte, étoit garçon ou aſſocié de Fauchard qui eſt le premier homme de Paris pour les dents, demeurant rue de la Comédie....' Ce Gaulard étoit un homme de 30 ans, gagnant, à ce qu'on dit, 3 ou 4,000 livres par an, débauché, voyant des filles et dépenſant beaucoup. Il connoiſſoit entre autres Mlle Varlet, fille ſervant aux plaiſirs de la ville de Paris, laquelle en ouvrant devant lui une armoire lui laiſſa voir beaucoup d'or, environ 250 louis, en quoi conſiſtoit ſa petite fortune. Gaulard propoſa un jour à cette fille une partie d'opéra-comique et un ſouper et l'engagea de mener avec elle ſa fille de chambre. Il les mena. Il prit prétexte d'être obligé d'aller une heure de tems chez une femme de qualité pour les dents. Il prit le même carroſſe de remiſe, revint chez Mlle Varlet, entra dans ſa chambre, força l'armoire et prit les 250 louis et même quelques hardes, les porta en différens endroits, retourna trouver Mlle Varlet, ſoupa avec elle et la ramena chez elle. Cette fille, fort défolée de fe voir volée, fit du bruit, fe donna le lendemain les mouvemens néceffaires. Elle eut par des circonf-tances quelques foupçons fur Gaulard, elle porta fes plaintes au Lieutenant de police. On dit que Gaulard lui renvoya la moitié de l'argent par un prêtre de St-Sulpice, ce qui ne fatisfit point Mlle Varlet. Le Lieutenant de police envoya chercher Gaulard, lequel ayant rendu de mauvaifes raifons a été ar-rêté et fur-le-champ eft convenu de tout. Comme Fauchard (fon affocié) a beaucoup d'amis dans les gens de confidération, que même il a époufé la fille de Duchemin (1), comédien dont la troupe étant à Fontainebleau étoit à portée de folliciter, l'inftruction du procès a traîné en longueur tant au Châ-telet qu'au Parlement. On a dit ici que Mlle Gauffin (2), première comédienne, avoit été introduite dans le cabinet du Roi et s'étoit jetée à fes pieds et que nombre de feigneurs avoient follicité. On comptoit qu'il auroit fa grâce et en dernier lieu qu'on avoit commué la peine aux galères, car cela a fait l'en-tretien dé tout Paris. Mais l'action préméditée a paru trop noire. On a penfé que cela pourroit autorifer des enfans de famille dans le libertinage à tenter de pareils tours, qu'il n'y auroit plus de fûreté. Le Roi a conftamment refufé la grâce et hier famedi 29 de ce mois, le pauvre Gaulard a été pendu en place de Grève et en grande compagnie.

Un peu avant son arrestation Gaulard, se sentant menacé, avait eu l'audace, pour détourner les soupçons, de se dire partout ca-lomnié par Mlle Varlet et de porter contre elle, chez le commis-saire Cadot, la plainte publiée ci-après.

(Journal de Barbier, III, 224.)

1740. — 19 septembre.

Le dentiste Gaulard se plaint d'avoir été calomnié par Mlle Varlet
qui l'accusait de vol.

L'an 1740, le lundi 19 feptembre, onze heures du matin, en l'hôtel et par-devant nous Louis Cadot, etc., eft comparu fieur Nicolas Gaulard, chirur-

---

(1) Comédien du Roi de la troupe française. Il débuta en 1717 et prit sa retraite en 1740.
(2) Jeanne-Catherine Gossem, dite Gaussin, comédienne du Roi de la troupe française, née en 1711, débuta en 1730, prit sa retraite en 1763 et mourut en 1767.

gien-dentifte, demeurant à Paris avec le fieur Fauchard, auffi chirurgien-dentifte, rue de la Comédie-Françoife : Lequel nous a rendu plainte contre la
demoifelle Varlet, ci-devant actrice à l'Opéra, demeurant rue de Seine, même
maifon que celle de Me Juvet, procureur au Châtelet, de ce que ladite Varlet
ayant fait débiter dans le public qu'il lui avoit été volé, la nuit du jeudi au
vendredi dernier, la quantité de trois cens louis d'or, qu'il n'eft pas vraifem-
blable qu'une perfonne comme elle ait jamais eus, un habit d'homme galonné
en or et une montre à répétition, il auroit appris qu'elle avoit eu l'impudence
d'accufer le comparant d'avoir commis un pareil crime et de dire dans le
monde que c'étoit lui qui avoit fait le coup, fous prétexte que le jour qu'elle
prétend avoir été volée elle avoit fait une partie de fouper avec lui comparant et cinq autres perfonnes au faubourg St-Laurent, rue de Carême-Pre-
nant (1), et qu'il s'étoit abfenté, après l'avoir conduite, fur les quatre à cinq
heures après-midi, de l'endroit où on foupa depuis ladite heure de quatre à
cinq de relevée jufqu'à celle de dix heures du foir qui étoit l'heure prife pour
fe mettre à table : pendant lequel tems il retourna chez lui et fut chez le fieur
Nicolas Adam, marchand boucher, rue des Boucheries-St-Germain, une de
fes pratiques, et revint chez lui travailler de fa profeffion, fuivant et ainfi
qu'il eft en état de le prouver exactement s'il en étoit befoin pour fa juftification et qu'il reffortit de chez lui fur les neuf heures et demie pour retourner
joindre la compagnie audit fouper, et qu'en chemin faifant, il paffa chez le
fieur Gerauldi, auffi chirurgien-dentifte, qui devoit être de la partie et qui n'y
fut point et d'où il fut retrouver la compagnie, étant pour lors dix heures qui
venoient de fonner. Et comme il eft de la dernière importance à lui comparant de prévenir jufqu'aux moindres impreffions qu'une pareille calomnie
pourroit occafionner fur fa réputation, lui qui eft fujet au public et qui a toujours joui d'une réputation faine et entière et fur lequel on n'a jamais eu lieu
de jeter aucun foupçon et que, s'il demeuroit tranquille fur une pareille accufation, on pourroit croire qu'il y feroit infenfible, il eft venu nous rendre
plainte de ce que deffus.

Signé : GAULARD ; CADOT.

(*Archives nationales*, Y, 12,142.)

Vaugancour (Anne Daniel, dite), danseuse.

(1) Chez Louis Lécluse, célèbre acteur de l'Opéra-Comique et qui fonda plus tard le théâtre
des Variétés-Amusantes.

1751. — 4 août.

Plainte de Mlle Anne Daniel, dite Vaugancour, contre son propriétaire qui lui avait volé une brosse et qui l'avait menacée de la maltraiter.

L'an 1751, le mercredi 4 août, onze heures et demie du matin, en l'hôtel de nous Michel-Martin Grimperel, etc., eft comparue Anne Daniel de Vaugancourt, fille mineure, actrice de l'Opéra, demeurante rue Pavée, paroiffe St-Sauveur, dans la maifon du nommé Duval : Laquelle nous a dit que depuis qu'elle demeure chez ledit Duval, ledit Duval et fa femme ne ceffent de l'injurier ; qu'il leur eft même fouvent arrivé de lui cracher fur la tête lorfqu'elle fe mettoit à la fenêtre et ce parce qu'elle leur avoit demandé de l'argent qu'ils lui doivent pour raifon d'une alcôve et de plufieurs planches qu'elle leur a anciennement vendues. Lundi dernier fur les onze du foir, elle comparante en fermant fa fenêtre laiffa tomber une broffe dans la cour ; que le jour d'hier, elle comparante revenant de la répétition à l'Opéra le dit au bourrelier qui occupe la boutique de ladite maifon, et le pria de ne la rendre qu'à elle ; qu'un inftant après un des ouvriers dudit bourrelier monta chez elle comparante et lui dit que ledit Duval avoit dit que ladite broffe lui appartenoit et que pour éviter les querelles, fon maître avoit rendu ladite broffe audit Duval ; qu'elle comparante pria ledit compagnon bourrelier d'aller poliment chez ledit Duval et de lui dire que cette broffe étoit à elle comparante et qu'elle le prioit de la lui rendre ; que ledit Duval répondit que la broffe étoit à lui et qu'elle comparante étoit une miférable de la réclamer ; que peu de tems après ledit Duval et fa femme font defcendus à la porte de l'appartement d'elle comparante et voulurent l'ouvrir pour la frapper et lui dirent qu'elle le leur payeroit et qu'ils n'ignoroient pas qu'elle étoit enceinte et qu'ils ne feroient contens que lorfqu'ils l'auroient maltraitée et qu'ils auroient foin de ne pas épargner fon ventre ; que comme ledit Duval et fa femme font connus pour des gens très-dangereux et qu'elle a un intérêt fenfible de fe mettre à l'abri des menaces qu'ils lui ont faites et des mauvais traitemens qu'ils paroiffent difpofés à exercer contre elle, c'eft la raifon pour laquelle elle a pris le parti de fe retirer par-devant nous pour nous rendre plainte.

Signé : DE VAUGANCOUR.

(*Archives nationales*, Y, 13,376.)

V ERDUN (Mlle), danseuse. De 1725 à 1729, elle a rempli à l'Académie royale de musique les rôles suivants : une Néréide, dans *Atys,* tragédie de Quinault, musique de Lulli, reprise en 1725 ; une Habitante d'Ithaque, dans *Télégone,* tragédie de Pellegrin, musique de La Coste, en 1725 ; une Assyrienne, un Esprit terrestre, dans *Pyrame et Thisbé,* tragédie de La Serre, musique de Rebel et Francœur, en 1726 ; une Troyenne, une Esclave, dans les *Stratagèmes de l'Amour,* ballet de Roy, musique de Destouches, en 1726 ; une Amazone, une Corinthienne, dans *Médée et Jason,* tragédie de La Roque (l'abbé Pellegrin), musique de Salomon, reprise en 1727 ; une Suivante de la Victoire, une Ombre heureuse, dans *Proserpine,* tragédie de Quinault, musique de Lulli, reprise en 1727 ; une Suivante de la principale fée, une Suivante de Logistille, dans *Roland,* tragédie de Quinault, musique de Lulli, reprise en 1727 ; une Thébaine, une Scythe, dans *Orion,* tragédie de La Font et Pellegrin, musique de La Coste, en 1728 ; une Nymphe, un Amant d'Amaryllis, dans la *Princesse d'Élide,* ballet de Pellegrin, musique de Villeneuve, en 1728 ; un Jeu et un Plaisir, une Suivante de la Sibylle Delphique, dans *Tarsis et Zélie,* tragédie de La Serre, musique de Rebel et Francœur, en 1728 ; une Suivante de la Paix, dans *Tancrède,* tragédie de Danchet, musique de Campra, reprise en 1729.

(*Dictionnaire des théâtres.*)

1727. — 12 novembre.

Dominique Fuzelier accuse Mlle Verdun de vouloir l'escroquer.

L'an 1727, le mercredi 12 novembre, fept heures du foir, eft comparu pardevant nous Jean Tourton, etc., en notre hôtel le fieur Dominique Fuzelier, bourgeois de Paris (1), demeurant rue du Mouton : Lequel nous a rendu

(1) Il était fils de Louis Fuzelier, né en 1672, mort en 1752, qui, en société avec Le Sage et Dorneval, a composé pour les théâtres de la foire un grand nombre d'ouvrages applaudis, et qui a fait représenter à l'Académie royale de musique divers ballets héroïques.

plainte contre la nommée Verdun, actrice de l'Opéra, et dit qu'il a eu le
malheur de connoître ladite Verdun au mois de mai de la préfente année, laquelle, abufant de la foibleffe du plaignant, a trouvé depuis ce tems le moyen
de lui efcroquer une fomme de 3,263 livres, fous prétexte que c'étoit pour
retirer de la vaiffelle d'argent, une montre d'or, une tabatière d'or eftimée
800 livres et un diamant eftimé 1,500 livres : laquelle fomme de 3,263 livres
il a eu la foibleffe de lui prêter fous promeffe qu'elle lui remettroit entre fes
mains lefdits effets. Mais comme il s'eft aperçu le 10 de ce mois que ladite
Verdun étoit dérangée et qu'elle avoit mauvais commerce avec différens particuliers avec lefquels il y a tout lieu de craindre qu'elle ne complote contre
le plaignant de concert avec eux quelque mauvais deffein, ladite Verdun
menant d'ailleurs une conduite toute des plus déréglées, laquelle, au lieu de
retirer les nippes et argenterie qu'elle avoit mis en gage, a confommé et
mangé mal à propos l'argent que le plaignant lui avoit donné et qu'il y a
tout lieu de craindre de la part de ladite Verdun quelque furprife, c'eft la raifon pour laquelle il a été confeillé de fe tranfporter par-devant nous pour
nous rendre la préfente plainte.

Signé : Fuzelier ; Tourton.

(*Archives nationales,* Y, 12,128.)

———

VESTRIS (Gaëtan-Appoline-Balthazar), danseur, né à
Florence, le 18 avril 1729. Il débuta à l'Académie royale
de musique sous les auspices du fameux Louis Dupré, son maître,
devint en 1751 danseur seul et fut nommé, dix ans plus tard, ad-
joint et survivancier de Barthélemi Lany, alors maître et compositeur des ballets de l'Opéra. En 1767, les directeurs du théâtre
Berton et Trial, fatigués de ses absences perpétuelles, le rayèrent
des contrôles. Mais de hautes influences le firent réintégrer dans
tous ses emplois. Lany prit sa retraite en 1770 et Vestris fut
nommé maître et compositeur des ballets de l'Académie royale
de musique. Il remplit ces fonctions jusqu'en 1776, époque où il
les abandonna avec une pension de retraite de 1,500 livres, pour
faire place à Noverre, ancien maître à danser de la reine Marie-

Antoinette. Vestris redevint alors premier danseur et il resta au théâtre jusqu'en 1781. Il se retira alors définitivement avec une retraite de 3,000 livres, motivée par ses services exceptionnels, qui jointe à sa pension de maître des ballets formait le total, considérable pour l'époque, de 4,500 livres. De plus, en 1782, le Roi lui accorda une autre pension de 4,700 livres, en qualité de premier danseur des ballets de la cour.

Vestris, auquel un de ses frères avait décerné le surnom de *Diou de la danse* que lui confirma le public, n'égalait pourtant pas son maître Dupré. Dorat, dans son poëme de la *Déclamation*, le dit formellement :

> Veftris, par le brillant, le fini de fes pas,
> Nous rappelle fon maître et ne l'éclipfe pas.

Mme Lebrun, dans ses *Mémoires*, lui a consacré ces quelques mots :

> Il étoit grand, très-bel homme et parfait dans la danfe noble. Je ne faurois vous dire avec quelle grâce il ôtoit et remettoit fon chapeau au falut qui précédoit le menuet; auffi toutes les jeunes femmes de la Cour, avant leur préfentation, prenoient-elles quelques leçons de lui pour faire les trois révérences.

La vanité de cet excellent artiste dépassait de beaucoup l'amour-propre traditionnel des danseurs. Ses mots sont restés célèbres : « Il n'y a que trois grands hommes en Europe, disait-il, le Roi de Prusse, M. de Voltaire et moi. » A quelqu'un qui le complimentait sur la légèreté prodigieuse de la danse de son fils : « Oui, répondait-il, si Auguste touche quelquefois la terre, c'est pour ne pas humilier ses camarades. »

Ce hâbleur sans pareil était un parfait honnête homme. A l'époque où la scandaleuse banqueroute du prince de Guéméné

faisait tant de bruit à Paris, il apprit que son fils avait fait quelques
dettes de jeune homme. Il les acquitta immédiatement, puis il
manda le coupable, l'admonesta fort et ferme et termina sa harangue par cette superbe apostrophe : « Allez, Monsieur, et sachez
que je ne veux pas de Guéméné dans ma famille ! »

Vestris a composé deux ballets assez médiocres, *Endymion* et
le *Nid d'oiseaux.*

Il a dansé à l'Académie royale de musique dans les opéras ou
ballets dont voici les titres : *le Carnaval et la Folie,* comédie de
La Motte, musique de Destouches, reprise en 1748 (rôle d'un
Matelot); *Almasis,* ballet de Moncrif, musique de Royer, en 1750
(un Turc); *les Fêtes vénitiennes,* ballet de Danchet, musique de
Campra, repris en 1750 (un Masque galant); *Ismène,* pastorale
de Moncrif, musique de Rebel et Francœur, en 1750, reprise en
1751 (un Faune); *Léandre et Héro,* tragédie de Le Franc, musique de Brassac, en 1750 (un Romain); *Tancrède,* tragédie de
Danchet, musique de Campra, reprise en 1750 et en 1764 (un
Guerrier, un Homme du peuple de la Palestine); *Thétys et Pélée,*
tragédie de Fontenelle, musique de Collasse, reprise en 1750 (un
Triton, un Scythe); *Acanthe et Céphise,* pastorale de Marmontel,
musique de Rameau, en 1751 (un Génie suivant Oroès, un Esprit
cruel); *les Sens,* ballet de Roy, musique de Mouret, repris en
1751 (un Berger); *Églé,* ballet de Laujon, musique de La Garde,
en 1751, repris en 1772 (un Suivant de la Fortune); *la Guirlande,
ou les Fleurs enchantées,* ballet de Marmontel, musique de Rameau,
en 1751 (un Berger); *les Indes galantes,* ballet de Fuzelier, musique de Rameau, repris en 1751 et en 1761 (Borée); *Acis et
Galatée,* pastorale de Campistron, musique de Lulli, en 1752 (un
Suivant de Polyphème); *les Amours de Tempé,* ballet de Cahusac,
musique de Dauvergne, en 1752 (une Ombre d'amant heureux); *Omphale,* tragédie de La Motte, musique de Destouches,

reprise en 1752 et en 1769 (un Lydien, un Grec, un Magicien);
le Devin du village, intermède de Jean-Jacques Rousseau, en
1753, repris en 1772 (un Pantomime en chasseur); *les Fêtes de
Polymnie,* ballet de Cahusac, musique de Rameau, repris en 1753
(un Jeu et un Plaisir, un Chasseur); *les Fêtes grecques et romaines,*
ballet de Fuzelier, musique de Colin de Blamont, repris en 1753,
1762 et 1770 (le Chef de la danse, un Berger, un Lutteur); *la
Gouvernante rusée,* opéra de Cocchi, en 1753 (un Jardinier); *Titon
et l'Aurore,* ballet de La Marre, musique de Mondonville, en
1753, repris en 1768 (un Plaisir, un Jeu et un Ris); *Castor et
Pollux,* tragédie de Bernard, musique de Rameau, reprise en
1754, 1772 et 1773 (un Gladiateur, un Génie qui préside aux
planètes); *Platée,* ballet d'Autreau et Balot de Sovot, musique de
Rameau, repris en 1754 (un Satyre); *les Sybarites,* ballet de Marmontel, musique de Rameau, en 1757 (un Sybarite); *les Surprises de l'Amour,* ballet de Bernard, musique de Rameau, en
1757 (Endymion); *Alceste,* tragédie de Quinault, musique de
Lulli, reprise en 1758; *Proserpine,* tragédie de Quinault, musique
de Lulli, reprise en 1758; *Amadis de Gaule,* tragédie de Quinault,
musique de Lulli, reprise en 1759; *Canente,* tragédie de La Motte,
musique nouvelle de Dauvergne, reprise en 1760; *Dardanus,*
tragédie de La Bruère, musique de Rameau, reprise en 1760,
1768 et 1769; *le Prince de Noisy,* ballet de La Bruère, musique
de Rebel et Francœur, en 1760; *Armide,* tragédie de Quinault,
musique de Lulli, reprise en 1761; *Zaïs,* ballet de Cahusac, musique de Rameau, repris en 1761 et en 1769; *Iphigénie en Tauride,* tragédie de Duché, musique de Desmarets, Campra et
Berton, reprise en 1762; *les Fêtes d'Hébé, ou les Talents lyriques,*
ballet de Mondorge, musique de Rameau, repris en 1764 et en
1770; *Naïs,* ballet de Cahusac, musique de Rameau, repris en
1764; *les Fêtes de l'Hymen et de l'Amour,* ballet de Cahusac, mu-

sique de Rameau, repris en 1765; *la Femme,* acte des *Fêtes de Thalie,* ballet de La Font, musique de Mouret, repris en 1765; *Hypermnestre,* tragédie de La Font, musique de Gervais, reprise en 1765 (rôle d'un Argien); *l'Italie,* acte de *l'Europe galante,* ballet de La Motte, musique de Campra, repris en 1776 (un More); *les Fêtes lyriques,* fragments de divers auteurs repris en 1766; *Sylvie,* ballet de Laujon, musique de Berton et Trial, en 1766; *Ernelinde,* tragédie de Poinsinet, musique de Philidor, en 1767; *Énée et Lavinie,* tragédie de Fontenelle, musique nouvelle de Dauvergne, reprise en 1769; *Érigone,* acte des *Fêtes de Paphos,* ballet de La Bruère, Collet et Voisenon, musique de Mondonville, repris en 1769; *Hippomène et Atalante,* ballet de Brunet, musique de Vachon, en 1769; *Ajax,* tragédie de Mennesson, musique de Bertin, reprise en 1770; *Jason et Médée,* ballet de Noverre, en 1770, repris en 1771 et 1776 (rôle de Jason); *Zoroastre,* tragédie de Cahusac, musique de Rameau, reprise en 1770; *Zaïde,* ballet de La Marre, musique de Royer, repris en 1770; *Alcyone,* tragédie de La Motte, musique de Marais, reprise en 1771; *le Prix de la valeur,* ballet de Joliveau, musique de Dauvergne, en 1771; *Pyrame et Thisbé,* tragédie de La Serre, musique de Rebel et Francœur, reprise en 1771; *Aline, reine de Golconde,* ballet de Sedaine, musique de Monsigny, repris en 1772; *l'Amour et Psyché,* ballet de Voisenon, musique de Mondonville, repris en 1772; *le Feu,* acte des *Éléments,* ballet de Roy, musique de Destouches, repris en 1773; *Endymion,* ballet de Gaëtan Vestris, en 1773 (rôle d'Endymion); *l'Union de l'Amour et des Arts,* ballet de Le Monnier, musique de Floquet, en 1773; *Zélindor, roi des Sylphes,* ballet de Moncrif, musique de Rebel et Francœur, repris en 1773; *Azolan,* ballet de Le Monnier, musique de Floquet, en 1774 (rôle de Bacchus); *le Carnaval du Parnasse,* ballet de Fuzelier, musique de Mondonville, repris en 1774; *Iphigénie en Aulide,*

tragédie du bailli du Roullet, musique de Gluck, en 1774; *Orphée,*
tragédie de Moline, musique de Gluck, en 1774; *Sabinus,* tragédie de Chabanon, musique de Gossec, en 1774; *Alexis
Daphné,* pastorale de Chabanon, musique de Gossec, en 1775;
Cythère assiégée, ballet de Favart, musique de Gluck, en 1775;
la Turquie, acte de *l'Europe galante,* ballet de La Motte, musique
de Campra, repris en 1775; *la Provençale,* acte des *Fêtes de
Thalie,* ballet de La Font, musique de Mouret, repris en 1775;
Apelles et Campaspe, ballet de Noverre, en 1776 (rôle d'Apelles);
les Horaces, ballet de Noverre, en 1777; *Myrtil et Lycoris,* ballet
de Bocquet et Bouteillier, musique de Désormery, en 1777; *Alceste,*
tragédie du bailli du Roullet, musique de Gluck, en 1779; *Amadis,*
tragédie de Quinault, musique nouvelle de Bach, en 1779; *Mirza
et Lindor,* ballet de Gardel aîné, en 1779 (1).

Vestris, qui avait épousé Mlle Anne Heinel, danseuse de l'Académie royale de musique, est mort à Paris, le 27 septembre 1808.

(*Dictionnaire des théâtres.* — *Mercure de France.* —
Mémoires secrets, III, 286, 317; XXII, 138. —
Dorat : *la Déclamation.* — *Mémoires de* Mᵐᵉ *Le-
brun,* I, 132.)

I

1780. — 28 mars.

*Gaëtan-Appoline-Ballhazar Vestris demande une pension de retraite
de 3,000 livres.*

A Monfeigneur Amelot, miniftre, ayant le département de Paris. Monfeigneur, il eft de règle à l'Opéra de donner 1,500 livres de penfion de retraite
aux premiers fujets qui ont fervi 15 ans. Sa Majefté, le feu Roi, en a accordé
2,000 à ceux dont les fervices avoient paffé 20 ans.

Quelque (*sic*) foit la déférence du fieur Veftris pour ce règlement, il le croit

(1) Vestris reparut une fois sur la scène de l'Opéra, le 1er mars 1800, pour les débuts de son
petit-fils Armand-Auguste Vestris.

quelquefois fufceptible d'une exception lorfque celle-ci eft fondée fur une diftinction de fervices capable d'en mériter une de la part d'une adminiftration
éclairée et bienfaifante.

C'eft cette double confidération, Monfeigneur, qui autorife le fuppliant à
vous demander avec fa retraite, 3,000 livres de penfion, à l'inftar de celle qui
a été accordée au fieur Larrivée. Trente-deux ans de fervices fuivis dont
vingt-neuf de primauté, un élève formé par fes foins dont les talens feront
oublier les fiens et plus que tout cela votre bienveillance fage et généreufe
qui les encourage et les foutien (sic) font des titres bien propres à exciter la
confiance du fupliant (sic) et dont les exemples feront toujours dans les
anales (sic) de l'Opéra.

Celui-ci ne peut par cette raifon même tirer à conféquence : il n'arrivera
peut-être jamais que deux premiers fujets tels que les fieurs Veftris et Larrivée, ayant de fi longs fervices à produire à l'adminiftration, fe trouvent enfemble fur fon état de dépenfe.

Il pourra au contraire tourner à fon avantage en engageant les premiers
talens (plus fenfibles à cette marque de diftinction qu'à leur intérêt) à continuer leurs fervices au delà des termes prefcrits par les règlemens et à préférer par conféquent la peine au repos.

C'eft, Monfeigneur, à une âme comme la vôtre à fentir cette vérité. Qui
fait mieux que vous que c'eft ce concours heureux de talens en tous genres
qui a toujours diftingué ce royaume de tous les autres et que ce font les
mêmes récompenfes fi flatteufes pour eux qui les ont conftamment fixés en
France.

Rien ne pourra jamais égaler la refpectueufe reconnoiffance du fupliant (sic)
que la fincérité des vœux qu'il ne ceffera d'adreffer au ciel pour la conferva-
tion de vos précieux jours.

Paris, le 28 mars 1780.

(Archives nationales, O¹, 630.)

II

1782. — 12 mai.

Brevet d'une pension de 4,700 livres accordée à Gaëtan-Appoline-Balthazar Vestris.

Brevet d'une penfion de 4,700 livres, produifant net 4,650 livres en faveur
du fieur Gaëtan-Appoline-Balthazar Veftris, né à Florence, le 18 avril 1729,

et baptifé le même jour dans l'églife collégiale de St-Jean-Baptifte de ladite ville, premier danfeur des ballets du Roi. Cette penfion compofée des objets ci-après, favoir: Une fomme de 2,650 livres, produit net de deux objets portés dans un précédent brevet; une penfion de 2,000 livres qui lui a été accordée fur le tréfor royal, fans retenue, à charge de retraite par décifion de ce jour 12 mai 1782, à la charge néanmoins par ledit fieur Veftris de continuer le fervice lorfque les circonftances l'exigeront et qu'il en fera requis et jufqu'à ce qu'il en ait été abfolument difpenfé.

PIÈCE JOINTE AU BREVET.

Traduction de l'acte de baptême de Gaëtan-Appoline-Balthazar Vestris.

Je fouffigné chancelier de la prévôté des marchands de la ville de Florence, certifie que dans les regiftres des baptêmes de ladite ville on trouve l'enregiftrement ci-après: Gaëtan-Apollini-Balthafar, fils de Thomas-Marie-Hippolyte Veftris et de Violante-Béatrix de Dominique-Brufcagli, né le 18 avril 1729, à neuf heures du matin. Le parrain eft M. Gaëtan de Dominique-Brufcagli.

Fait et donné à Florence, le 27 juillet 1759.

MICHEL-ANGE BARTHOLINI, chancelier.

(*Archives nationales,* O¹, 688.)

VESTRIS (MARIE-JEAN-AUGUSTIN, dit AUGUSTE), danseur, fils naturel du précédent et de Mlle Allard, danseuse de l'Opéra. Il naquit à Paris le 27 mars 1760 et débuta à l'Académie royale de musique, à l'âge de 12 ans, au mois de septembre 1772. Dans sa *Correspondance littéraire,* Grimm a rendu compte en ces termes de ce début:

On a vu depuis quelques jours à l'Opéra un phénomène fingulier: le grand Veftris, appelé par fes frères et fes fœurs *lou Diou de la danfe,* a été remplacé par un enfant de douze ans et demi dans les entrées de cette trifte

Cinquantaine, qu'on pfalmodie actuellement fur le théâtre du Palais-Royal. Cet enfant a danfé avec la même précifion, le même aplomb et prefque la même force que le grand Veftris, et celui-ci n'a pas été humilié de fe voir prefque effacé par un enfant. C'eft que cet enfant eft non feulement fon élève, mais fon fils ; c'eft le pur fang des dieux conçu dans les chaftes flancs de la groffe Terpfichore Allard, la première fauteufe du fiècle fi la fuperbe Allemagne n'avoit produit cette fublime Heinel qui eft venue en France partager et même difputer les lauriers du grand Veftris. Celui-ci étant Florentin de naiffance, la France n'eft proprement que le théâtre de l'émulation de deux étrangers qui ont pouffé le mécanifme de leur art à la dernière perfection. Aucun prêtre n'ayant béni l'union paffagère du grand Veftris et de la groffe et brillante Allard, la naiffance du petit Veftris n'a pu obtenir la fanction des lois ; mais la nature qui aime à confoler par fes faveurs des rigueurs de nos inftitutions, lui a prodigué fes dons les plus précieux en le douant des talens de fon père et de fa mère à la fois. Le public, pour confacrer ce prodige, a appelé cet enfant *Veftrallard.* Jugez ce qu'un fi heureux naturel a dû devenir fous la culture d'un père tendre et éclairé à qui ce fils reffemble fi parfaitement qu'en le voyant danfer on croiroit voir le grand Veftris à travers une lunette qui rapetiffe et éloigne les objets ! Auffi le *Mercure de France* n'a-t-il pu fe défendre de faire compliment au père et à la mère fur le fuccès de leur rejeton ; mais ce rejeton n'étant avoué ni par l'Églife ni par la loi, les partifans des mœurs publiques ont crié à l'indécence et l'on ne doute pas que le *Mercure,* à l'occafion de fon compliment, ne foit repris par une cenfure de la Sorbonne, ou par un mandement de fon provifeur, M. l'archevêque de Paris. Le début du petit Veftris fur le théâtre de l'Opéra nous a privés à la fois de la préfence du père et de la mère, le père ayant cédé fes entrées à fon fils, et la chafte mère n'ayant ofé danfer après lui de peur de s'attirer des applaudiffemens capables d'effaroucher fa pudeur. Si tous les enfans que Mˡˡᵉ Allard a eus de différens pères (1) naiffent avec autant de talent que celui-ci, l'Opéra n'aura pas befoin d'autre pépinière pour remplacer, toujours avec avantage, les fujets que le tems et les révolutions théâtrales lui enlèvent.

Vestris fils entra ensuite comme élève à l'école de danse de l'Académie royale de musique, devint en 1776 danseur seul et

---

(1) On prête au danseur Dauberval, qui avait eu les bonnes grâces de Mˡˡᵉ Allard, un bien plaisant mot à propos du jeune Vestris. Des coulisses, il assistait à ses débuts et, émerveillé, il s'écria : « Quel talent! C'est le fils de Vestris, et ce n'est pas le mien! Hélas! je ne l'ai manqué que d'un quart d'heure! »

en double et fut promu en 1780, à l'âge de vingt ans, au rang de premier sujet.

Cet artiste, l'un des meilleurs danseurs qui aient jamais paru sur la scène de l'Opéra, fut, dans sa jeunesse, un véritable fléau pour les directeurs de ce théâtre. Ses exigences étaient sans bornes et sans cesse il réclamait soit des augmentations d'appointements, soit des congés. Insolent et impudent à l'excès, il refusa un jour de danser devant la reine Marie-Antoinette et devant le roi de Suède qui étaient venus à l'Académie royale de musique tout exprès pour le voir, et cela sans aucun prétexte plausible, uniquement par caprice. Cette incartade lui valut quelques jours d'emprisonnement à la Force et ce reproche de son père indigné : « Comment ! la Reine de France fait son devoir ; elle te prie de danser, et tu ne fais pas le tien ! Je t'ôterai ton nom ! » Quelques jours plus tard, lorsqu'il reparut au théâtre, le public, irrité de sa conduite, lui fit une réception orageuse : « A genoux ! des excuses ! » lui criait-on de toutes parts, et comme le jeune homme restait fort interdit, Vestris père sortit des coulisses et s'écria d'une voix tremblante de colère : « A genoux ! des excuses !... Auguste, dansez ! » Les spectateurs se mirent à rire et Auguste fut applaudi.

Dans ses *Mémoires*, Mme Lebrun parle en ces termes de Vestris fils :

C'étoit le danſeur le plus ſurprenant qu'on puiſſe voir, tant il avoit à la fois de grâce et de légèreté. Quoique nos danſeurs actuels n'épargnent point les pirouettes, perſonne bien certainement n'en fera jamais autant qu'il en a fait ; puis tout à coup il s'élevoit au ciel d'une manière ſi prodigieuſe qu'on lui croyoit des ailes.

Berchoux, dans son poëme de la *Danse, ou les Dieux de l'Opéra*, a dit de lui :

Sa jambe s'élevoit au niveau de ſa tête ;
Ses bras développés eſſayoient les contours

Qu'inventa la tendreffe au pays des amours.
Sa tête fur fon col mollement balancée,
Abandonnée au vent et libre de penfée,
De fon corps affoupli fuivoit les mouvemens.
Ses mollets à grands coups fe heurtoient en huit tems,
Et bientôt élançant une jambe intrépide,
Il décrivoit un cercle élégant et rapide.

Vestris fils fut l'un des danseurs des ballets de la cour et il obtint du Roi, à ce titre, une pension de 4,800 livres.

Il quitta l'Opéra en 1816.

De 1772 à 1790, Vestris fils a dansé dans les opéras ou ballets dont les titres suivent : *la Cinquantaine,* pastorale de Desfontaines, musique de La Borde, en 1772 ; *Endymion,* ballet de Gaëtan Vestris, en 1773 (rôle de l'Amour); *Sabinus,* tragédie de Chabanon, musique de Gossec, en 1774 ; *Céphale et Procris,* tragédie de Marmontel, musique de Grétry, en 1775 ; *la Provençale,* acte des *Fêtes de Thalie,* ballet de La Font, musique de Mouret, repris en 1775 ; *Philémon et Baucis,* ballet de Chabanon, musique de Gossec, en 1775 ; *les Petits Riens,* ballet de Noverre, en 1778 ; *Alceste,* tragédie de Quinault, musique nouvelle de Gluck, reprise en 1779; *Écho et Narcisse,* pastorale de Tschudi, musique de Gluck, en 1779 (rôle du Berger); *les Caprices de Galatée,* ballet de Noverre, repris en 1780 (Acis, amant de Galatée) ; *l'Embarras des richesses,* opéra de d'Alainval et Lourdet de Santerre, musique de Grétry, en 1782 (Zéphyr); *Thésée,* tragédie de Quinault, musique nouvelle de Gossec, reprise en 1782 ; *Atys,* tragédie de Quinault, musique nouvelle de Piccini, en 1783 ; *la Chercheuse d'esprit,* ballet de Gardel aîné, repris en 1783 (rôle de l'Éveillé); *Péronne sauvée,* opéra de Sauvigny, musique de Dézaides, en 1783 ; *Renaud,* tragédie de Le Bœuf, musique de Sacchini, en 1783 (rôle d'un Berger) ; *la Rosière,* ballet de Gardel aîné, en 1783 (le Surveillant); *Iphigénie en Aulide,* tragédie du bailli du

Roullet, musique de Gluck, reprise en 1785 ; *Panurge dans l'île des Lanternes,* opéra du comte de Provence (Louis XVIII) et Morel, musique de Grétry, en 1785 ; *Pénélope,* tragédie de Marmontel, musique de Piccini, en 1785, reprise en 1787 ; *Pizarre,* opéra de Duplessis, musique de Candeille, en 1785 ; *le Premier Navigateur, ou le Pouvoir de l'Amour,* ballet de Gardel aîné, en 1785 (rôle de Daphnis); *Phèdre,* tragédie d'Hoffman, musique de Le Moine, en 1786, reprise en 1787 ; *les Sauvages,* ballet des frères Gardel, en 1786 ; *Alcindor,* opéra de Rochon de Chabannes, musique de Dézaides, en 1787 ; *le Coq du village,* ballet de Gardel aîné, d'après Favart, en 1787 (rôle du Garçon); *Œdipe à Colonne,* tragédie de Guillard, musique de Sacchini, en 1787 ; *Amphitryon,* opéra de Sedaine, musique de Grétry, en 1788 ; *Arvire et Évélina,* opéra de Guillard, musique de Sacchini, repris en 1788 ; *Démophon* (1), opéra de Marmontel, musique de Chérubini, en 1788 ; *Aspasie,* opéra de Morel, musique de Grétry, en 1789 ; *Démophon,* opéra de Dériaux, musique de Vogel, en 1789 ; *les Prétendus,* opéra de Rochon de Chabannes, musique de Le Moine, en 1789 ; *les Pommiers et le Moulin,* opéra de Forgeot, musique de Le Moine, en 1790.

Auguste Vestris est mort à Paris, le 6 décembre 1842.

(*Mémoires secrets,* VI, 251. — *Journal de Paris,* 27 octobre 1779, 13 janvier 1789. — Grimm : *Correspondance littéraire,* VIII, 61 ; X, 302. — *L'Opinion du parterre,* germinal an XIII. — *Mémoires de Madame Lebrun,* I, 132. — Albert de La Salle : *Les Treize Salles de l'Opéra.*)

(1) Vestris fils faillit se tuer en dansant dans cette pièce. « Il eſt arrivé vendredi dernier, 9 janvier 1789, dit le *Journal de Paris,* un accident qui pouvoit priver le public d'un talent qui lui eſt bien cher. Dans le dernier ballet de *Démophon,* une trappe de théâtre s'eſt enfoncée ſous M. Veſtris qui danſoit. Il a totalement diſparu aux yeux des ſpectateurs. Leur effroi n'a ceſſé que lorſqu'il a reparu porté par ſes camarades. Sa chute a été de ſept pieds et demi. Il a été retenu par un plancher qui eſt à cette diſtance du théâtre. Il ne s'eſt pas bleſſé et n'a qu'une contuſion au côté. La commotion qu'il a reçue a exigé une ſaignée et on eſpère qu'il reparoitra bientôt. »

I

1780. — 26 mars.

Lettre écrite au nom du ministre de la maison du Roi à Marie-Jean-Augustin Vestris.

Le miniftre du Roi, Monfieur, content des fervices que vous avez rendus jufqu'à ce jour à l'Académie royale de mufique, reconnoiffant la fupériorité de vos talens, me charge de vous annoncer qu'il vous met au rang de fes premiers fujets. Cette faveur à votre âge doit vous encourager à faire de nouveaux efforts pour mériter de plus en plus les juftes applaudiffemens du public.

Je fuis très-parfaitement, Monfieur, etc.

Paris, 26 mars 1780.

(Archives nationales, O¹, 629.)

II

1780. — 20 juillet.

Lettre du ministre de la maison du Roi à M. de La Ferté, intendant des Menus-Plaisirs, relative à une gratification annuelle à délivrer à Marie-Jean-Augustin Vestris.

Le fieur Veftris fils, ayant demandé un traitement particulier pour pouvoir fe fixer à toujours au fervice du Roi à l'Opéra, mais dans une forme que les circonftances préfentes ne permettroient pas de mettre fous les yeux de Sa Majefté, j'en ai conféré avec M. le Directeur général des finances qui, rendant la même juftice que moi aux talens du fieur Veftris fils et en faveur des bons et anciens fervices du fieur Veftris père, a bien voulu confentir à fe charger, fur le tréfor royal, d'une gratification annuelle de 4,800 livres qui lui feront payées par une ordonnance particulière, à la charge par les fieurs Veftris de garder le plus grand fecret fur une grâce fi extraordinaire et qui pourroit bien tirer aux plus grandes conféquences, vu qu'il y a plufieurs fujets dans différens genres également diftingués par leurs talens et par l'ancienneté et l'exactitude de leurs bons fervices. Je ferai très-aife que de pareils exemples continuent d'exciter le zèle des fieurs Veftris et me mettent à même de leur donner de nouvelles preuves du cas que je fais de leurs talens. Je vous prie, pour affurance de mes difpofitions à leur égard et pour qu'ils connoiffent l'importance du fecret que je leur recommande, de leur donner copie de ma lettre.

Je fuis très-fincèrement, Monfieur, etc.

AMELOT.

A Verfailles, le 20 juillet 1780.

(*Archives nationales,* O¹, 629.)

III

1782. — 4 août.

Brevet d'une pension de 4,800 livres accordée à Marie-Jean-Augustin Vestris.

Brevet d'une penfion de 4,800 livres en faveur du fieur Marie-Jean-Auguftin Veftris, né et baptifé le 27 mars 1760, paroiffe St-Leu-et-St-Gilles à Paris, danfeur des ballets du Roi. Cette fomme de 4,800 livres, fans retenue, dont il jouiffoit précédemment à titre de gratification extraordinaire et dont il a été payé jufqu'au premier avril précédent, a été, à compter de ce jour, convertie en penfion fur le tréfor royal.

PIÈCE JOINTE AU BREVET.

Acte de baptême de Marie-Jean-Augustin Vestris.

Extrait tiré des regiftres des baptêmes faits en l'églife paroiffale de St-Leu-St-Gilles à Paris, en l'année mil fept cent foixante, folio 6 : Le jeudi vingt-fept mars, fufdite année, eft né et a été baptifé Marie-Jean-Auguftin, fils de Gaëtan-Marie Veftris, bourgeois de Paris, et de Marie Allard, fon épqufe (1), rue St-Denis, de cette paroiffe. Le parrain : Jean-Baptifte Veftris, oncle de

---

(1) Cette qualification donnée à la mère du jeune Vestris n'est pas exacte. Mᴵˡᵉ Allard et Gaëtan Vestris n'étaient pas mariés.

l'enfant, demeurant même maifon du père de l'enfant ; la marraine : Marguerite Thévenet, fille majeure, bourgeoife de Paris, rue St-Honoré, paroiffe St-Germain-l'Auxerrois. Le père abfent pour fes affaires.

(*Archives nationales,* O¹ 688.)

IV

1781. — 21 octobre.

Mémoire présenté à Louis XVI par le ministre de la maison du Roi au sujet des exigences de Marie-Jean-Augustin Vestris.

Le fieur Veftris fils, en récompenfe de la fupériorité de fes talens, a été porté l'année dernière, par une grâce particulière, aux appointemens des premiers fujets de la danfe qui font de mille écus. Comme, malgré cette première grâce, il étoit difpofé à quitter le théâtre de Paris pour paffer en Angleterre, M. Necker penfa que Votre Majefté devoit, pour le retenir, lui accorder fur fon tréfor royal, une gratification de 4,800 livres et Votre Majefté voulut bien y confentir et même à ce qu'il lui fût accordé, à compter du 1ᵉʳ octobre de l'année dernière, un congé de huit mois pour aller à Londres avec fon père. Ce congé lui a été accordé et même prolongé de plus d'un mois, et il eft conftant que leur féjour à Londres leur a valu plus de 100,000 fr.

Tant de grâces multipliées n'ont pas fatisfait l'ambition du jeune Veftris et il demande aujourd'hui fon congé abfolu, fi on ne lui accorde pas par brevet, en penfion, la gratification de 4,800 livres et l'année prochaine un congé de huit mois comme l'année dernière, ou fi on ne lui affure pas un fort fixe de 10,000 livres outre la gratification de 4,800 livres et toujours le congé de huit mois en 1782.

Ces demandes font ridicules et l'obtention de pareilles grâces tireroit à de fi grandes conféquences vis-à-vis des autres fujets de l'Académie royale de mufique, que je crois devoir propofer à Votre Majefté de les refufer et d'accepter le congé abfolu du jeune Veftris dans le cas où il perfifteroit à vouloir le donner, mais fous la condition prefcrite par tous les règlemens de continuer fon fervice à l'Opéra pendant un an à la date de fon congé abfolu. Et comme ce jeune homme a la tête très-vive et qu'on doit s'attendre que, malgré fon engagement qui devroit l'obliger à refter ici une année, il pourroit, d'un moment à l'autre, quitter l'Opéra et paffer tout de fuite à Londres, je fupplie Votre Majefté de m'autorifer à faire épier fa conduite et à le faire arrêter au premier foupçon que l'on auroit de fon départ. Je penferois même qu'il feroit utile de menacer le fieur Veftris père de le rendre refponfable de la conduite de fon fils et de lui faire craindre la perte de toutes les penfions dont il jouit pour fes anciens fervices s'il ne veilloit pas, du moins, à lui faire remplir l'obligation à laquelle il eft engagé par les règlemens de continuer à danfer encore pendant une année.

Au bas eft écrit de la main du Roi : APPROUVÉ.

Bon pour ampliation : AMELOT.

(*Archives nationales*, O¹, 629.)

V

1783. — 21 mars.

Lettre de M. de La Ferté au ministre de la maison du Roi, relative aux prétentions de Marie-Jean-Augustin Vestris.

Monfeigneur, le fieur Veftris eft venu ce matin me dire qu'il trouvoit très-humiliant que le fieur Nivelon eût comme lui une place de premier fujet et qu'il feroit dans le cas de fe retirer fi cela étoit. J'ai commencé par l'affurer que le fieur Nivelon ne jouiffoit pas encore de cette place qui ne lui avoit été promife que dans le cas de retraite du fieur d'Auberval. Cette réponfe ne l'ayant pas fatisfait, je lui ai ajouté que lui, Veftris, avoit un traitement particulier de 4,800 livres, à quoi il m'a répliqué que cela n'avoit rien de commun avec l'Opéra. Je l'ai fort affuré que cette grâce ne lui avoit cependant été accordée que relativement à l'Opéra ; enfin il a pouffé la chofe jufqu'à me dire que, s'il étoit néceffaire, il en parleroit à la Reine et qu'au total on favoit faire plus de cas dans les pays étrangers des talens, après m'avoir dit pendant une heure mille chofes auffi déraifonnables qu'il feroit trop long de vous rapporter. Je lui ai dit que je lui rendois toute la juftice qu'il méritoit fur l'exactitude de fon fervice et fur fes talens, mais qu'il ne devoit pas en abufer pour oublier les grâces dont le Roi l'avoit comblé ainfi que fon père et qu'il ne devoit pas non plus chercher à humilier fes camarades, quoiqu'ils euffent moins de talent que lui, et que j'imaginois que fi le Roi étoit informé de nouvelles difficultés de fa part, que Sa Majefté pourroit bien leur retirer toutes fes grâces et néanmoins l'empêcher de paffer dans le

pays étranger à peine de ne jamais reparoître dans le royaume et que, quelque amitié que j'euffe pour lui, je ne lui cachois pas que fi l'on me faifoit
l'honneur de me confulter que ce féroit mon avis, je lui ai ajouté que certainement on verroit avec indignation fa jaloufie, lorfqu'on fauroit qu'il vouloit
s'oppofer à l'avancement de Nivelon pour lequel toute la Cour s'étoit intéreffé. Je ne fais fi cela lui en a impofé, mais il a fini par me dire qu'il me
remettroit un mémoire pour vous, Monfieur, et qu'il me prieroit de l'appuyer.
Je lui ai répondu que je mettrai au bas tout ce que je venois de lui dire, malgré cela nous nous fommes bien féparés. J'ai parlé ce foir à fon père auquel
j'ai dit les mêmes chofes. Il s'eft retranché à fon ordinaire à me dire qu'il
ne confeilloit point fon fils, mais qu'il ne pouvoit défapprouver fa façon de
penfer, ce qui m'a mis dans le cas de m'expliquer plus fortement, en comparant fes talens à ceux de fon fils ; enfin, il m'a dit que fi fon fils faifoit bien,
il ne donneroit pas de mémoire, mais qu'il fe borneroit à me prier de vous
engager de lui donner ne fût-ce qu'une épingle, une marque de diftinction à
la fin de l'année et qu'enfin fi l'on vouloit foutenir ce fpectacle, il falloit ré-
compenfer les gens à talens. J'ai répondu à tout et nous y ferions encore
fans la fin de l'Opéra. J'ai rencontré le fils qui m'a dit en fortant qu'il ne
feroit point de mémoire, mais qu'il vous prieroit de lui accorder quelque
chofe que ce fût à la fin de l'année

Toutes ces têtes font perdues, Monfieur ; ils s'étayent tous d'une protection
qu'ils n'ont pas, croyant que la Cour eft uniquement occupée d'eux. Vous
jugerez fi vous devez prévenir la Reine ; mais je crois qu'il feroit à défirer,
ainfi que M. de Vougny me le difoit tout à l'heure, que le Roi voulût bien
paroître parler un peu ferme fur tout ce monde.

(Archives nationales, O¹, 637.)

———

VIGOUREUX (Geneviève-Louise), chanteuse, née vers
1749. Elle débuta à l'Académie royale de musique en 1776.

1778. — 16 juillet.

Plainte de Mlle Geneviève-Louise Vigoureux contre son mari qui la maltraitait.

L'an 1778, le jeudi 16 juillet, dix heures du matin, en l'hôtel et par-devant
nous Jean-François Hugues, etc.; eft comparue Geneviève-Louife Vigoureux,

femme de Pierre Navailles, garçon tapiffier, demeurant à Paris, rue d'Anjou, faubourg St-Honoré, paroiffe de la Madeleine la Ville-l'Évêque : Laquelle nous a rendu plainte contre ledit Pierre Navailles et a dit qu'elle l'a époufé le 30 novembre 1765, n'ayant alors que feize ans et fans expérience, elle n'a pu qu'obéir à fes père et mère qui ne prévirent pas alors les fuites d'un mariage fi mal afforti ; ils étoient fans biens, fon père avoit été garçon imprimeur et fa fanté ne lui permettoit plus de travailler ; quant à fa mère, elle n'avoit eu aucun métier, il étoit donc très-imprudent de marier une jeune perfonne qui n'avoit d'autres talens que la mufique qu'on lui avoit fait apprendre dès fa plus tendre enfance, à un homme de trente ans fans fortune et fans état. Elle refta fix mois après fon mariage chez fes père et mère, ledit Navailles, fon mari, n'ayant pas même de chambre pour la loger. Elle ne tarda pas à connoître tous fes malheurs, car fondit mari la laiffa manquer de tout et fe livra contre elle aux procédés les plus durs, non-feulement en propos mais encore en actions, fans avoir égard à fa jeuneffe et à fa douceur ; il lui eft fouvent arrivé de la maltraiter, même de tirer l'épée fur elle, et fans les voifins il l'auroit tuée. La plaignante à qui on n'avoit appris aucun métier pour gagner fa vie, fe voyant dénuée de tout, fans fecours de fon mari qui ne faifoit rien, les père et mère de la plaignante fans reffources et même malades, réduite au défefpoir par la mauvaife conduite dudit Navailles, fon mari, il ne lui refta d'autres reffources que de profiter des talens de la mufique qu'on lui avoit donnés ; elle fe préfenta à l'Académie royale de mufique où elle fut admife en 1766, et comme elle avoit du talent elle eut en entrant mille livres d'appointements qui la mirent en état, moyennant fa grande économie, de pouvoir vivre et foutenir fes père et mère. Depuis ce tems, ledit Navailles s'eft porté à toutes fortes d'excès envers la plaignante ; il eft toujours refté fans état, a vécu dans l'oifiveté et s'eft livré à la débauche au point qu'il a été attaqué de maladie honteufe dont la plaignante a eu la bonté, quoiqu'elle ne vécût plus avec lui, de le faire guérir. Elle a payé les chirurgiens, ainfi qu'elle eft en état de le juftifier par les quittances du fieur Baget du 21 mars 1774. A peine ledit Navailles s'eft-il vu guéri, il a recommencé fes fcènes violentes, fuivant la plaignante dans les rues jufqu'à la porte de l'Académie de mufique et de l'Opéra, lui difant, devant tout le public qu'il faifoit amaffer, les injures les plus groffières, voulant toujours la tuer et fe mettant en devoir de l'exécuter fi les paffans ne l'en euffent empêché. Ses excès ont été pouffés au point qu'un jour les voifins, indignés defdites violences, firent venir la garde et arrêté à la clameur publique et conduit chez maître Chénon, notre confrère, où étant, craignant les fuites fâcheufes que pouvoient avoir les excès auxquels il s'étoit livré, voyant même ledit maître Chénon prêt à en référer au magiftrat pour l'envoyer en prifon, il demanda grâce, promit d'être plus modéré, de laiffer la plaignante tranquille et figna même un écrit par lequel il fe foumettoit de la laiffer vivre paifiblement. Quelque tems après, on procura audit Navailles une place de valet de chambre tapilier chez M. l'ambaffadeur de Portugal; la plaignante qui n'avoit pour fubfifter et faire vivre fes père et mère que les modiques appointemens qu'elle recevoit à l'Opéra et le produit de quelques écolières à qui elle montroit la mufique, fit néanmoins un effort pour équiper ledit Navailles qui manquoit de tout. Elle le fit habiller, lui fournit du linge, une montre et tout ce qui étoit néceffaire pour paroître chez M. l'ambaffadeur; qu'il y eft refté trois années et il en a été renvoyé pour fa mauvaife conduite. Il en eft forti fans avoir rien épargné et n'a pas eu honte, après tous ces mauvais procédés, de venir encore demander de l'argent à la plaignante; qu'il a recommencé fes anciennes fcènes, lui a écrit des lettres les plus obfcènes, notamment une fans date et fans fignature qu'elle nous a repréfentée et nous déclare être de fon écriture, laquelle contient les injures les plus groffières et elle a été d'elle et de nous fignée. Malgré tous les mauvais procédés dudit Navailles, la plaignante s'eft épuifée pour l'aider à former un établiffement qu'il difoit pouvoir faire, et le 26 janvier de l'année dernière, elle lui donna une fomme de 700 livres dont il lui fit fa reconnoiffance. Au lieu de l'employer à s'établir, comme il l'avoit promis, il a continué fon genre de vie et s'eft livré à la débauche de plus en plus. La plaignante eft tous les jours menacée par lui, il ne ceffe de lui dire les injures les plus groffières, en forte que fa vie n'eft pas en fûreté et qu'elle eft dans des alarmes continuelles et ofe à peine fortir, elle eft expofée à chaque inftant de voir faifir et vendre fes hardes, fon linge et fes meubles pour les mauvaifes affaires de fon mari, de manière que la vie eft pour elle un objet perpétuel de douleur et de défefpoir. Et comme elle a tout lieu de penfer que la juftice mettra fin à tous fes maux, elle eft venue nous rendre la préfente plainte.

Signé : G. L. VIGOUREUX ; HUGUES.

(Archives nationales, Y, 11,019.)

V ILLERS (Barbe MARÉCHAL, dite de), danseuse.

1750. — 21 septembre.

Plainte de Mlle Barbe Maréchal, dite de Villers, contre une domestique congédiée qui était venue faire tapage et l'injurier à la porte de sa maison.

L'an 1750, le lundi 21 feptembre, dix heures du matin, en l'hôtel et par-devant nous Charles-Élifabeth Delavergée, etc., eft comparue demoifelle Barbe Maréchal, dite de Villers, fille, actrice de l'Opéra de Paris, y demeurant rue St-Honoré, près le Palais-Royal, paroiffe St-Germain-l'Auxerrois : Laquelle nous a rendu plainte à l'encontre de la femme du nommé Labrie, jardinier, elle domeftique, demeurant rue du Champfleuri, maifon du fieur Lachanterie, et dit qu'il y a environ fept mois qu'elle a pris à fon fervice ladite femme Labrie et ayant eu lieu d'être mécontente des fervices de ladite Labrie, elle l'a renvoyée mardi dernier et lui a payé ce qui lui étoit dû, dont elle a été contente. Cependant ladite Labrie, étant fortie de fon appartement et étant fur l'efcalier, a fans aucun fujet infulté ladite plaignante dans des termes très-groffiers, difant hautement que ladite plaignante étoit une coquine et une gueufe et l'a menacée. A quoi la plaignante n'a pas répondu ni fait aucune attention. Environ une heure après, ladite Labrie a renvoyé à ladite plaignante la clef de fon appartement qu'elle avoit emportée et, par le porteur de ladite clef, elle a fait remettre une lettre à ladite plaignante non fignée, laquelle ne contenoit que des injures, traitant ladite plaignante de p..... et difant qu'elle lui préparoit un précipice dans lequel elle la feroit tomber fi elle ne prenoit pas garde à elle. Ladite plaignante a encore méprifé lefdites injures et menaces et a même perdu ladite lettre, croyant que ladite Labrie ne récidiveroit pas, laquelle lettre ladite plaignante a fait voir à deux perfonnes. Mais famedi dernier, fur lès cinq heures de relevée, ladite Labrie s'eft avifée de venir à la porte cochère de la maifon où demeure ladite plaignante, où elle eft reftée plus d'une heure à répandre hautement les horreurs les plus indignes contre ladite plaignante, ce qui a fait amaffer une populace affreufe. Et ladite Labrie difoit que ladite plaignante étoit un refte de foldats aux gardes, « une p....., une g....., une coquine, une miférable » ; qu'elle la feroit chaffer de l'Opéra par ce qu'elle diroit ; qu'elle enverroit du monde faire tapage chez elle, qu'elle reviendroit elle-même ; que fi la plaignante ofoit paroître, elle Labrie la tignonneroit, maltraiteroit et infinité d'autres injures et menaces. Comme lefdites injures et menaces font par récidive et que la plaignante a intérêt d'en empêcher le cours et fe mettre à l'abri des menaces de ladite Labrie au fujet des bacchanals qu'elle a dit qu'elle lui feroìt ou feroit faire, cette Labrie étant capable de les exécuter, elle a été confeillée de nous rendre plainte.

Signé: B. Maraichalle de Viler.

(*Archives nationales*, Y, 13,757.)

V INCENT (Mlle), chanteuse. De 1703 à 1705, elle a rempli les rôles suivants : Laïs, une Athénienne, dans les *Muses*, ballet de Danchet, musique de Campra, en 1703 ; la Jeunesse, dans *Psyché*, tragédie de Corneille de Lisle, musique de Lulli, reprise en 1703 ; une Amante enchantée, une Bergère, dans *Roland*, tragédie de Quinault, musique de Lulli, reprise en 1705 ; une Indienne, la Jeunesse, dans le *Triomphe de l'Amour*, ballet de Quinault, musique de Lulli, revisé par Danchet et Campra et repris en 1705 ; Spinette, suivante d'Isabelle, dans la *Vénitienne*, comédie de La Motte, musique de La Barre, en 1705.

En 1721, Mlle Vincent n'était plus, depuis quelques années, attachée à l'Opéra.

(*Dictionnaire des théâtres.*)

1721. — 14 décembre.

Mlle Vincent invective deux particuliers qui se plaignaient de ce qu'elle leur avait jeté des ordures sur leurs habits.

L'an 1721, le dimanche 14 décembre, quatre heures de relevée, par-devant nous Louis-Jérôme Daminois, en notre hôtel font comparus fieurs Louis-Touffaint Gamart, écuyer, et Denis-Henri Gamart, auffi écuyer, fon frère, demeurant

rue et paroiſſe St-Roch, ayant, ſavoir: ledit Gamart l'aîné un habit de drap
couleur d'olive, brodé partout d'argent de la largeur de trois doigts, tout neuf,
gâté d'urine chaude tout le long du côté gauche et ſa perruque de cheveux
naturels toute mouillée, et ledit ſieur Gamart le cadet, ayant ſon habit de
velours couleur de cannelle, avec paremens d'étoffe d'or, auſſi gâté de même
urine chaude en pluſieurs endroits dont il nous eſt apparu: Leſquels, en cet
état, nous ont fait plainte contre la demoiſelle Vincent, demeurante rue
Neuve-des-Bons-Enfans, dont la maiſon a vue et ſortie ſur le jardin du Palais-
Royal et dit que tout préſentement, cauſant enſemble dans ledit jardin du
Palais-Royal ſous les fenêtres de ladite maiſon, ils ſe ſont tout à coup ſentis accablés d'une potée d'urine chaude qui les a mis dans l'état où nous les voyons;
qu'ayant auſſitôt jeté les yeux en haut, ils ont vu ladite demoiſelle Vincent,
ci-devant de l'Opéra et les connoiſſant, qui ſe retiroit de ladite fenêtre, tenant
en ſa main le pot de chambre qu'elle venoit de leur jeter, ce qu'elle n'a certainement fait que par malice et affectation, étant expreſſément défendu de
jeter aucune vilainie dans ledit jardin par les fenêtres qui y donnent; que eux
plaignans ſont montés auſſitôt par l'eſcalier du jardin de ladite maiſon, dont
la porte leur a été ouverte par la ſervante de ladite demoiſelle Vincent, pour
ſe plaindre à elle de ce que deſſus; qu'ils ont trouvé le ſieur Dumézy, capitaine des Gardes de la porte de S. A. R. Monſeigneur le duc d'Orléans, dans
l'entreſol, couché dans un lit: auquel s'étant plaints de ce qui venoit de leur
arriver de la part de ladite demoiſelle, il leur a dit que cela ne pouvoit pas
être, vu qu'elle n'y étoit pas. Les plaignans, perſuadés du contraire, ſont
montés par un petit eſcalier dérobé qu'ils connoiſſent, lequel conduit au premier appartement, au haut duquel ils ont trouvé ladite demoiſelle qui cherchoit à les éviter. A laquelle s'étant plaints de ce qu'elle venoit de faire, en
lui montrant leurs habits qui leur reviennent chacun à 8 ou 900 livres tout
gâtés, ils ont été ſurpris qu'au lieu de leur en faire quelque excuſe, comme
elle l'auroit dû faire, elle les a accablés d'injures groſſières, les a traités de
gueux et a donné un coup de pied à lui plaignant l'aîné qui, par prudence,
s'eſt retiré avec ſon frère et ont pris à témoin les perſonnes qui étoient ſur
l'eſcalier de la maiſon voiſine du côté du jardin, de l'urine jetée ſur eux par
ladite demoiſelle Vincent. Pourquoi ſont venus rendre plainte.

Signé: DE GAMART ; DE GAMART ; DAMINOIS.

(*Archives nationales,* Y, 11,651.)

APPENDICE

I

1760. — 7 août.

Deux limonadiers se disputent l'enseigne de Café de l'Opéra.

L'an 1760, le jeudi 7 août, trois heures de relevée, en l'hôtel
et par-devant nous Pierre Chénon, etc., eſt comparu ſieur François Pilloy, maître limonadier à Paris, y demeurant rue St-Honoré
au coin de celle des Bons-Enfans, en une maiſon qui a pour enſeigne *le Café de l'Opéra :* Lequel nous a rendu plainte contre le
ſieur Antoine-Joſeph Mabille, auſſi maître limonadier à Paris, et
nous a dit qu'il y a quatre ans qu'il a pris le fonds du ſieur Briſſet,
maître limonadier, qui avoit pour enſeigne *le Café de l'Opéra.*
Le ſieur Briſſet le tenoit depuis huit ans de la veuve Lavoiſière
qui avoit demeuré pendant vingt ans avec la même enſeigne du
Café de l'Opéra. Le ſieur Mabille a jugé à propos de louer le
deſſous des remiſes de l'Académie royale de muſique pour y établir ſon café et voulant prendre l'enſeigne du *Café de l'Opéra,*
il a fait aſſigner le plaignant extraordinairement en l'hôtel de
M. le Lieutenant général de police par exploit du 1er du préſent
mois pour contraindre le plaignant à ſupprimer ſon enſeigne
parce qu'il vouloit la prendre. M. le Lieutenant de police par ſon
ordonnance du lendemain, ſans préjudicier aux droits reſpectifs
des parties, les a ſur le tout renvoyées en ſon audience du Châtelet. Cependant le ſieur Mabille, au mépris de cette ordonnance
et des règlemens de police qui défendent à ceux qui, étant du
même commerce, viennent s'établir dans une rue où demeure
un de leurs confrères de prendre la même enſeigne, ſans attendre

le jugement du magiſtrat, a eu la témérité de poſer cejourd'hui matin une enſeigne ayant pour titre : *le Café de l'Opéra.* Et comme c'eſt une entrepriſe contre les règlemens et l'ordonnance de M. le Lieutenant général de police, le ſieur Pilloy eſt venu nous rendre la préſente plainte.

Signé : PILLOY ; CHÉNON.

(*Archives nationales,* Y, 11,343.)

II

1763. — 9 avril.

Procès-verbal de l'incendie de l'Opéra (1).

L'an 1763, le ſamedi 9 avril, ſur l'avis donné à nous Girard, Sirebeau et Thierion, etc., que le feu avoit pris le 6 du préſent mois dans la ſalle de l'Opéra, nous nous y ſommes tranſportés, ledit jour onze heures et demie du matin et ayant vu que ladite

(1) Le *Journal de Barbier* donne sur l'incendie de 1763 les détails suivants :

« Le mercredi 6 avril, lendemain des fêtes de Pâques, le feu a pris ſur les neuf heures du matin ſur le théâtre de l'Opéra par la faute d'ouvriers qui faiſoient ſécher des peintures ſur les toiles pour préparer la ſalle pour l'opéra du mardi 12 avril. Il devoit même y avoir un bal pour la capitation des acteurs. Le feu a pris à la grande toile qui étoit baiſſée et qui a bientôt gagné le cintre où tout le bois et autres matières combuſtibles ont formé un incendie ſérieux que les ouvriers n'ont pu arrêter, d'autant qu'à cauſe de la vacance du théâtre il n'y avoit point d'eau dans les tonneaux et qu'ils ont trop tardé à demander du ſecours : tout l'Opéra, ſalle, loges, plafonds, décorations et machines de théâtre ont été conſumés. On a ſauvé heureuſement le clavecin qui étoit reſté dans l'orcheſtre qui paroît aſſez laid, mais qui eſt, au dire de tout le monde, le plus parfait de l'Europe, très-ancien et qui n'a pas de prix. Le feu a gagné la partie du Palais-Royal qui étoit contiguë à la ſalle de l'Opéra et y a cauſé aſſez de dommages ; la calotte du grand eſcalier a écroulé entièrement. Le toit et la charpente de l'aile du bâtiment à droite, dans la première cour, juſqu'à la rue St-Honoré, ont été brûlés et découverts ainſi que quelques vieux bâtimens, derrière le grand eſcalier, qui tenoient au théâtre, où pluſieurs perſonnes qui avoient des logemens ont été obligées de déménager et de jeter les meubles par les fenêtres. M. le duc de Chartres, qui étoit dans ſon appartement ſur le jardin, a eu toutes les attentions néceſſaires pour faire donner à manger à tous ceux qui ont donné du ſecours : capucins, ſoldats aux gardes, même à pluſieurs officiers qui y ont donné la main…. Le Roi a fait dire par une lettre du miniſtre, le dimanche 10 avril, à tous les acteurs, actrices et autres employés de l'Opéra qu'ils fuſſent tranquilles ſur leur ſort et que leurs appointemens courroient comme à l'ordinaire. »

(*Journal de Barbier,* VIII, 67.)

falle étoit en feu, nous nous fommes donné tous les mouvemens néceffaires pour contribuer de notre part à empêcher le
progrès du feu en faifant venir de l'eau de tous côtés, en commandant au guet d'arrêter tous les paffans dans toutes les rues
adjacentes au Palais-Royal pour les faire travailler à former des
chaifnes d'hommes et de femmes pour faciliter le travail et à
faire venir du fumier pour faire des bâtardeaux ; et malgré toutes
les attentions, précautions et foins que fe font donnés Meffieurs
les magiftrats que nous avions fait avertir dudit incendie, ainfi
que les officiers des princes qui habitent le Palais-Royal, leurs
architectes, entrepreneurs et autres, toute la falle de l'Opéra a
été confumée et le feu s'eft communiqué dans les bâtimens du
Palais-Royal, de forte que l'on n'a pu être maître du feu et de fon
progrès qu'environ fept heures du foir, nonobftant une grande
quantité de pompes qui ont donné fans interruption de l'eau, le
travail d'une grande quantité d'ouvriers et des fecours des Gardes
françoifes et fuiffes, qui font furvenus, commandés par leurs officiers. Pour faciliter les opérations qui ont été faites, ont été pris
nombre d'outils de différentes efpèces, tant fur le quai de la Fer-
raille qu'ailleurs, dont les mémoires feront fournis fous peu de
jours par les marchands après la remife qui leur aura été faite de
ceux qui ont été rapportés et ramenés et remis en l'hôtel de nous
Girard. Sur la fin du jour, nous avons envoyé chercher des flambeaux et des terrines de fuif pour éclairer tout l'extérieur de la
place du Palais-Royal et falle de l'Opéra, l'intérieur du Palais
ayant été illuminé par l'ordre des officiers du prince ; laquelle illumination a été continuée jufqu'à la nuit dernière inclufivement.
Pendant lequel tems le travail n'a point ceffé jour et nuit et nous
commiffaires n'avons pas difcontinué tous trois alternativement
et la plupart du tems enfemble, pendant le jour et pendant la nuit,
d'y affifter avec nos confrères qui y ont été diftribués les uns après

les autres, deux à deux par les fyndics de notre compagnie. Il a
été fourni par Jacob, maître cordier, demeurant rue St-Honoré,
des cordages qui ont fervi à démolir et à jeter bas deux chemi-
nées qui étoient en péril imminent et pour attacher des échelles
les unes avec les autres. Nous avons obfervé que prefque tous les
feaux ont été perdus ou brifés, et il nous a été attefté par le fieur
Gauthier, adminiftrateur de l'hôpital des Quinze-Vingts, que de
150 feaux que ledit hôpital avoit fournis, il n'en avoit été rapporté que 45, dont 12 feulement étoient en état de fervir.

Obferve, moi Girard, qu'il m'a été remis par maître Laûmô-
nier, mon confrère, ledit jour 6, une petite caffolette avec une
éponge dedans, une petite cuvette, qui paroît provenir d'un flacon, une petite broche de 5 pouces de long fur laquelle eft gravée
une fleur de lys avec les numéros 14 et 50; lefdits trois effets
d'argent : deux petites boucles d'oreille de caillou blanc montées
en vermeil et une bague montée en or, compofée d'une pierre qui
nous paroît être un grenat et aux côtés deux petites pierres fines
taillées en brillans.

Dont et de tout ce que deffus avons fait et dreffé procès-verbal.

Signé : SIREBEAU.

(*Archives nationales,* Y, 14,207.)

III

1781. — 8 juin.

Procès-verbal de l'incendie de l'Opéra (1).

L'an 1781, le vendredi 8 juin, huit heures et demie du foir,
nous Pierre Chénon, etc., fur l'avis que nous avons eu que le

---

(1) Le *Journal de Paris* des 9 et 10 juin 1781 donne, fur l'incendie de l'Opéra, les détails fui-
vants :

« Le feu a pris hier à l'Opéra ; il eft dans le moment où nous écrivons à fon plus haut degré, la

feu étoit à l'Opéra, nous nous y fommes tranfporté et étant entré
dans la Cour des Fontaines dépendante du Palais-Royal, nous
avons vu qu'en effet la falle de l'Opéra étoit embrafée. Nous
avons appris que M. le Lieutenant général de police étoit déjà
arrivé et étoit avec Monseigneur le duc de Chartres. Nous avons
trouvé MM. les commiffaires Sirebeau, Fontaine, Legretz, Chénon fils, Carré, et font furvenus fucceffivement MM. Leger,
Serreau, Michel, Landelle, Lefeigneur et autres. A l'inftant
font furvenus M. le prévôt de Paris, M. le lieutenant criminel, MM. les lieutenans particuliers et M. le procureur du
Roi, M. le gouverneur de Paris, M. le prévôt des marchands,
M. le procureur du Roi et autres officiers du Bureau de la
ville. Le fieur Morat, directeur général des pompes, y étoit
déjà avec fes pompes et fes pompiers. Il y avoit auffi un détachement des Gardes françoises et des Gardes fuiffes commandés
par leurs officiers; M. le chevalier Dubois y étoit avec des déta-
chemens de fa garde tant à pied qu'à cheval. Les magiftrats fe

---

flamme éclaire tous les environs. Nous ne pouvons donner d'autres détails finon qu'il a pris aux
décorations; ce malheur n'a été fuivi d'aucun autre, tout le monde étoit forti depuis un peu de
tems. Nous donnerons demain les détails qu'il fera poffible de fe procurer......

« 10 juin 1781. Nous avons annoncé, dans la feuille d'hier, le terrible événement de l'incendie
de l'Opéra et en même tems nous avons dû prévenir que le feu n'avoit commencé que quelques
momens après la fin du fpectacle. En effet, il n'eft péri qui que ce foit de fpectateurs dont la plus
grande partie n'a appris l'événement que par le cri public. Le feu a pris à huit heures et demie
dans la partie des décorations qu'on appelle les frifes et plafonds. La rapidité de la communication
relativement à la fechereffe des matières a rendu vains les efforts de ceux des ouvriers qui ont
tenté de l'éteindre. On peut fe figurer, en effet, la difficulté d'arrêter les progrès des flammes fur
des matières auffi combuftibles que des toiles et des châffis chargés de vernis et de peintures à
l'huile et enfin fur des charpentes auffi immenfes et dont les pièces de bois font pour ainfi dire
preffées les unes fur les autres. Auffi la totalité de l'intérieur de la falle a-t-elle été détruite dans
l'efpace d'une demi-heure ou environ et la chaleur a été telle qu'une partie des pierres de taille
qui compofent la cage a été calcinée. L'ordre qui a régné dans la diftribution des fecours et l'intelligence qui y a préfidé ont garanti toutes les autres dépendances de ce fpectacle et les maifons
voifines. On craignoit furtout pour le fuperbe bâtiment du Palais-Royal qui n'a reçu prefque aucun
dommage. Le moment où le feu a pris étoit celui où les fujets employés au dernier ballet fe désha-
billoient. Auffi ce n'eft que quelques-uns d'entre eux et quelques ouvriers qui ont été les triftes
victimes de cet affreux événement. On a retrouvé jufqu'à préfent neuf cadavres et par les recherches qui ont été faites on peut fe flatter de l'efpoir de n'en pas découvrir beaucoup plus. Ceux
retrouvés font deux danfeurs figurans, trois tailleurs et quatre ouvriers machiniftes. Aucun des
premiers fujets n'a péri.

« Au furplus, tous ceux de qui le public eft en droit d'attendre des fecours dans ces funeftes occafions, ont donné des marques du zèle le plus infatigable. »

font concertés avec le fieur Morat et ont donné les ordres néceffaires. Et comme le feu fe portoit d'un côté fur le grand efcalier
du Palais-Royal et de l'autre fur l'aile des bâtimens de la Cour
des Fontaines vers les loges des acteurs, le fieur Morat, ayant
jugé qu'il n'étoit plus poffible de fauver la falle, a tout auffitôt fait
des difpofitions, placé et dirigé fes pompes pour éviter toute communication avec les corps des bâtimens du Palais-Royal.

Les fecours ont été ordonnés avec tant d'intelligence et portés
avec tant d'activité, que dès les onze heures du foir la communication a été interceptée tant à droite qu'à gauche, de forte que le
foyer eft refté dans l'intérieur de la falle de l'Opéra dont toute la
boiferie et la charpente ont été confumées.

Les religieux mendians qui s'étoient tranfportés à cet incendie
fe font confondus avec les Gardes françoifes et les Gardes fuiffes
pour le fervice des pompes et pour le tranfport des effets de ceux
qui ont cru devoir déménager.

Dudit jour vers les dix heures du foir pour fauver de l'incendie
une échoppe fermée fituée Cour des Fontaines, adoffée au mur de
l'Opéra, que l'on a dit appartenir au fieur Nivard, horloger et
diftributeur de billets de loterie, cette échoppe, qui étoit fermée, a
été enfoncée de l'ordre et en préfence de M. le commiffaire Thiot,
qui en a fait retirer plufieurs pendules, effets, billets de loterie et
autres papiers ainfi qu'une fomme de 609 livres. Le tout a été
tranfporté chez le nommé Perrin, portier du petit hôtel d'Orléans,
rue des Bons-Enfans, lequel s'en eft chargé fur un état qui en a
été dreffé et qui eft refté entre les mains dudit maître Thiot.

Dans la nuit dudit jour vendredi 8 au famedi 9, le fieur Long-
pré, infpecteur de police, a arrêté et conduit chez M. le commiffaire Chénon fils, le nommé Mathieu Fougereau, domeftique
fans condition, qui s'eft trouvé chargé de différens effets dont
partie a été préfumée appartenir à la demoifelle Levaffeur et à la

demoiſelle Laguerre, toutes deux actrices de l'Opéra, d'autant
qu'il s'eſt trouvé faiſi des deux clefs qui ſont celles des armoires
de ces deux actrices. Ledit ſieur Fougereau a été interrogé, il a
rendu mauvais compte de ces effets et a été envoyé au For-
l'Évêque.

Le comble et la toiture de la ſalle ſont tombés à trois repriſes,
ce qui a ranimé les flammes du foyer et les a fait ſortir et élever
comme des volcans à une hauteur conſidérable. Le vent qui
venoit de l'Oueſt a porté les flammes ſur le corps du bâtiment
du Palais-Royal qui règne le long de la rue des Bons-Enfans, de
ſorte que quatre manſardes en ont été enflammées, mais au moyen
des ſecours qui ont été portés à tems cet embraſement n'a pas
eu de ſuite.

Le ſervice des pompes a continué pendant toute la nuit avec
la même intelligence et activité, de ſorte que le ſamedi 9 juin, ſur
les cinq heures du matin, les ouvriers ſont parvenus à s'introduire
dans les corridors. Ils y ont aperçu un cadavre ; ils l'ont deſcendu
et l'ont expoſé Cour des Fontaines et ſucceſſivement ils en ont
trouvé huit autres, les uns entiers, les autres mutilés, tous incendiés. Ils ont été dépoſés proviſoirement dans une chambre dépendante du logement du ſuiſſe du Palais-Royal, du côté de la
rue des Bons-Enfans.

Le même jour ſamedi 9, ſur les huit heures du matin, ces
neuf cadavres ont été tranſportés, en notre préſence, par les nommés Leroy et Soliat, gagne-deniers, ſur une civière de la chambre du ſuiſſe dans la chapelle St-Clair, dépendante du Chapitre
St-Honoré, rue des Bons-Enfans, et laiſſés en la garde de Maurice
Latour, officier dudit Chapitre, chargé du ſoin de cette chapelle.

Le premier de ces cadavres s'eſt trouvé entier, encore vêtu
d'un habit de camelot gorge de pigeon, gilet de drap, culotte de
nankin, bas de ſoie, ſouliers avec des boucles noires en forme de

perles, boucles de jarretières d'acier. Dans fon gouffet s'eft trouvée
une montre, au nom de *Roprat à l'hôtel Soubife,* dans fa boîte
d'or, avec un cordon de foie, une clef et un cachet de métal jaune ;
un écu de 6 livres et trois pièces de monnoie. Dans fes poches
de culotte, un couteau ployant à manche de corne, deux clefs dont
une de fûreté et l'autre paffe-partout. Dans la poche droite de
fon habit, un mouchoir de toile rouge à carreaux fans marque et
une tabatière de carton doublée d'écaille ayant fur le deffus un
médaillon repréfentant deux petits amours en relief et en or fur
nacre de perle avec une glace entourée d'un cercle d'or, l'écaille
du dedans, tant de la cuvette que du couvercle, corrompue par
la chaleur. S'eft auffi trouvé fon chapeau qui paroit d'étoffe
commune.

Le même jour, ce cadavre a été reconnu par le fieur Charles
Richer de la Rigaudière, dit Beaupré, danfeur chez Audinot, demeurant rue Guérin-Boiffeau, chez la veuve La Rigaudière, fa
mère, maifon du fieur Martin, maître fondeur, pour être celui
de Pierre Richer de la Rigaudière, dit Beaupré, fon frère, âgé de
27 ans, natif de Paris, danfeur de l'Opéra, demeurant avec lui
chez fa mère ci-deffus nommée. Il a été auffi reconnu pour tel
par Jean-Baptifte Michonis, fon coufin maternel, brigadier des
fermes du Roi, demeurant fufdite rue Guérin-Boiffeau, maifon
du fieur Viardot, marchand orfèvre.

A l'égard des huit autres, un feul, qui eft moins mutilé que les
autres, a été cru être celui du fieur Danguy, auffi danfeur à l'O-
péra (1).

Ledit jour famedi 9 juin, fur le midi, le fieur Dauvergne, di-

---

(1) Joseph-Antoine Touchon, dit Danguy, né vers 1743, avait débuté à l'Opéra en 1769. En
1781, on faisait circuler sous le manteau un manuscrit intitulé : *Lettre de Dangui, danseur de l'Opéra,
péri dans le feu du 8 juin dernier, à sa mère, touchant les véritables causes de l'incendie de cette salle,*
qui est un pamphlet contre le duc de Chartres et qui représente sa vie comme une suite d'infamies, de lâchetés et d'escroqueries.

recteur de l'Opéra, nous a dit qu'ayant envoyé chez tous les acteurs, chanteurs et danfeurs de l'Opéra et chez tous les ouvriers
et autres perfonnes attachées à ce théâtre, il ne s'eft trouvé de
manque que ceux ci-après nommés, favoir : Pierre–Jean-Florent
Richer de la Rigaudière, dit Beaupré, et le fieur Dangui, tous deux
danfeurs. Pierre-François Mériot père, Pierre Haft, dit Clermont,
et Pierre Lafargue, tous trois tailleurs. Claude Blondel, Mathias
Guimbert, Antoine Joppé, dit Berri, et Nicolas Lavocat, tous
quatre ouvriers attachés à l'Opéra, ainfi que Jean Vidal, enfant de
12 à 13 ans, domeftique du fieur Huart (1), danfeur.

Ledit jour famedi 9 juin, Louis Couchon, maitre tailleur, demeurant à Paris, rue du Chantre, a déclaré que Pierre-François
Mériot, fon beau-père, âgé de 56 ans, attaché à l'Opéra, demeurant rue du Champ-Fleuri, vis-à-vis l'hôtel d'Enghien, étoit
vendredi dernier à l'Opéra pour fon fervice, qu'il n'a pas reparu
depuis et qu'il eft probable qu'il foit du nombre des incendiés,
d'autant que le fieur Lafalle, fecrétaire de l'Académie, lui a dit
que l'un des cadavres incendiés avoit été trouvé dans la loge n° 17,
qui eft celle dudit Mériot.

Le même jour, le fieur Morat, directeur des pompes, a annoncé
que l'un de fes pompiers, nommé Jean Auvray, étoit tombé dans
les flammes et n'avoit pas reparu.

Ledit jour, Julien Quémant, dit Duclos, foldat invalide, a déclaré que Claude Blondel, fon beau-père, âgé de 66 ans, l'un des
ouvriers attachés à l'Opéra, demeurant fur l'égout Montmartre,
maifon du fieur Chevet, marchand épicier, fe trouve auffi de
manque et qu'il eft à préfumer qu'il eft du nombre de ceux qui
ont eu le malheur d'être incendiés.

Dudit jour famedi 9 juin, M. le Lieutenant criminel et M. le

---

(1) Alexis Huart, né vers 1760, avait débuté à l'Opéra le 6 janvier 1780 ; il était élève de Lany.

procureur du Roi ayant pris communication de notre procès-verbal, M. le Lieutenant criminel, ce requérant le procureur du Roi, a ordonné que les neuf cadavres incendiés qui fe font déjà trouvés et ceux qui pourront encore être retrouvés feront inhumés en la paroiffe St-Euftache, préalablement vus et vifités par les médecins et chirurgiens du Châtelet, pour conftater leur fexe, et qu'il fera par nous informé du contenu en notre procès-verbal, circonftances et dépendances pour parvenir, autant qu'il fera poffible, à conftater les noms, l'état et les demeures de ceux qui ont péri dans l'incendie, tant de ceux qui ont déjà été retrouvés que de ceux qui pourront encore fe trouver fous les décombres, que nous nous chargerons des effets trouvés dans les habits de celui qui a été reconnu pour être le nommé Richer de la Rigaudière, dit Beaupré, et de ceux qui fe trouveront par la fuite pour être remis à qui il appartiendra, que les neuf cadavres refteront dans la chapelle St-Clair, à la garde de Maurice Latour, officier du Chapitre St-Honoré, jufqu'à leur inhumation que M. le Lieutenant criminel a indiquée pour demain dimanche, 10 du préfent mois, fix heures du foir. Pour laquelle inhumation nous délivrerons un extrait de notre procès-verbal qui fera tranfcrit fur les regiftres de la paroiffe St-Euftache, fur lefquels regiftres le doyen et les trois fyndics de la compagnie des commiffaires figneront pour l'authenticité de l'acte mortuaire. M. le Lieutenant criminel a ordonné que fa préfente ordonnance fera exécutée nonobftant oppofitions ou appellations quelconques et fans y préjudicier.

Signé : BACHOIS.

Ledit jour famedi 9 juin, fur les fix heures du foir, les médecins et chirurgiens du Châtelet ont fait la vifite des neuf cada-

vres incendiés de laquelle il réfulte qu'ils font tous du fexe mafculin.

Le même jour, il a été fait par M. le commiffaire Belle, premier fyndic, une diftribution des commiffaires, afin qu'il s'en
trouve toujours trois de fervice, tant de jour que de nuit, pour les
opérations relatives à l'incendie et de l'agrément de Monfeigneur
le duc de Chartres, nous fommes établis dans la chapelle de la
Cour des Fontaines pour être à portée de prêter notre miniftère
au befoin.

Dans la nuit du famedi 9 au dimanche 10, le fieur Nivard,
horloger et buralifte de loteries, dont les effets avoient été tranfportés la nuit précédente chez le portier du petit hôtel d'Orléans,
rue des Bons-Enfans, de l'ordre et en préfence de M. le commiffaire Thiot, s'eft préfenté avec fa femme pour les retirer. M. le
commiffaire Thiot s'y eft tranfporté avec eux, leur a fait remettre leurs effets ainfi que les 609 livres qui y avoient été dépofées,
mais ils ont obfervé qu'il leur manque un fac dans lequel il y
avoit fept cens et quelques livres, lequel fac ils avoient laiffé dans
la banquette de leur échoppe fous des bûches et bouts de bois et
qu'après recherches faites, ils n'y ont pas retrouvé.

Le dimanche 10 juin, heure de midi, Louis-Gafpard Delaunay,
marchand mercier, demeurant rue St-Honoré, maifon du
fieur Pécoul, parfumeur, près l'Opéra, ayant une boutique au
Palais-Royal, fous la voûte de la falle à manger de Monfeigneur
le duc de Chartres, près la Cour des Fontaines : a déclaré que
vendredi dernier pendant l'incendie, étant occupé à déménager
fa boutique, quelqu'un s'eft officieufement chargé d'une montre
d'étalage remplie de boucles d'acier et de boutons de manche de
pinchebec et il ne fait où cette montre a été tranfportée.

Le même jour dimanche 10 juin, fur les quatre heures après
midi, fieur Pierre Joffet de St-Laurent, capitaine au régiment

de Luxembourg, demeurant à Paris, grande rue du Faubourg-
St-Martin: a déclaré que vendredi dernier, au moment que le
feu s'eft manifefté, il étoit fur le théâtre, il avoit dans fa poche
un portefeuille de foie puce ayant une ferrure à plaque d'or, dans
lequel étoit un bon de 2,050 livres fur M. Randon de là Tour,
payable au porteur au mois de feptembre prochain; trois billets
noirs de la caiffe d'efcompte de mille livres chacun dont il ignore
les numéros; trois reçus du fieur Lebas ou fon commis, le premier de 74 livres et les deux autres de Noifeux, fon commis, de
trois cens livres chacun; un billet de 168 livres fait par un particulier dont il ne fe rappelle pas le nom et dont l'ordre lui a
été paffé par le fieur Pelletier, négociant, rue St-Magloire; un
autre billet de neuf cens livres foufcrit à fon profit par le fieur
Bonnemain, de St-Germain-en-Laye, dont moitié eft payable
dans le courant du préfent mois et le refte au mois de feptembre;
un relevé de compte fourni par la femme de St-Julien, fait à
Cançale, et d'autres papiers dont il ne fe rappelle pas la nature:
qu'étant fur le théâtre, ayant voulu monter dans les frifes pour
donner les fecours dont il pouvoit être capable, il a été pouffé et
feroit tombé s'il n'avoit été accroché et fufpendu par fon habit;
que s'étant débarraffé, il s'eft retiré chez lui, mais fe trouvant indifpofé, il s'eft couché, et ce n'eft que ce matin qu'il s'eft aperçu
de la perte de fon portefeuille qui a pu fortir de fa poche lorfqu'il
s'eft trouvé accroché par fon habit.

Ledit jour dimanche 10 juin, fix heures et demie du foir, Jean-
Baptifte Défaubliaux, chef de brigade des gardes des pompes,
demeurant rue de la Juffienne, a repréfenté plufieurs lambeaux
de l'uniforme des pompiers qui ont été trouvés dans les décombres et qui doivent provenir de l'habit de Jean Auvray, garde-
pompes, âgé de 28 ans, natif de la paroiffe de Bornel, près Chambly, diocèfe de Beauvais, demeurant vieille place aux Veaux,

maifon du fieur Maindorge, marchand boucher, lequel Jean Auvray étoit de garde à l'Opéra ; plus deux clefs, l'une moyenne, l'autre paroiffant être une clef de cadenas : lefquelles deux clefs il nous a dit avoir été reconnues par les camarades dudit Auvray pour lui appartenir. Et comme ledit Auvray fe trouve de manque, il eft à préfumer que fon corps eft l'un des neuf qui ont déjà été trouvés s'il ne fe retrouve pas dans les décombres.

Le même jour, M. le commiffaire Alix a été informé que Mᵐᵉ la marquife de la Chaffe ou de la Châtre, demeurante au Palais-Royal, réclamoit une pendule qui avoit été enlevée pendant l'incendie et qu'elle ignoroit où elle avoit été tranfportée.

Le fieur Beffon, marchand de marchandifes des Indes, demeurant cloître St-Honoré, a déclaré qu'on avoit apporté chez lui une pendule fans lui annoncer à qui elle appartenoit ni d'où elle provenoit.

Ledit jour dimanche 10 juin, fur les fept heures du foir, M. le curé de St-Euftache, précédé de fon clergé et de.......... enfans bleus, ayant chacun un flambeau, eft venu à la chapelle St-Clair pour l'inhumation des neuf cadavres incendiés, lefquels ont été tranfportés dans des bières à St-Euftache. Nous repréfentant : monfieur Mouricault, doyen ; meffieurs Guyot et Fontaine, fyndics, et M. Huguet repréfentant M. Belle, premier fyndic : avons accompagné immédiatement après les corps, quatre infpecteurs de police, M. Dauvergne, directeur de l'Opéra, le fieur Défaubliaux, chef de brigade des pompes, et quatre pompiers, plufieurs membres de l'Académie royale de mufique ont fuivi et dans cet ordre, on eft allé à St-Euftache par la rue des Bons-Enfans, la rue St-Honoré, la rue de Grenelle et la rue Coquillière. Il y avoit en tête deux cavaliers de la garde de Paris et fur les deux ailes un détachement de l'infanterie. Entrés dans l'églife, les corps ont été dépofés dans le chœur entourés de 40 cier-

ges. Le maître-autel et les autels de côté étoient tendus des or-
nemens de deuil. Il y avoit 18 cierges fur le maître-autel et après
l'office des morts, célébré par M. le curé, les corps ont été en-
terrés dans l'églife au pied des orgues.

Meffieurs les quatre commiffaires ci-deffus nommés ont figné
fur les deux regiftres l'acte mortuaire conçu en ces termes :
« Cejourd'hui dimanche 10 juin 1781, ont été inhumés dans l'é-
glife de cette paroiffe, en exécution de l'ordonnance de M. le
Lieutenant criminel rendue fur les concluſions de M. le procureur du Roi, le tout en date du jour d'hier, inféré au procès-verbal par M. le commiffaire Chénon père, au fujet de l'incendie de
l'Opéra déclaré le vendredi 8 de ce mois, entre 8 et 9 heures du
foir, les neuf cadavres du fexe mafculin fuivant le rapport des
médecins et chirurgiens du Châtelet, incendiés et trouvés dans
les lieux incendiés, dépofés dans la chapelle St-Clair, dépendante du cloître St-Honoré. L'un reconnu pour être celui de
Pierre Richer de la Rigaudière, dit Beaupré, âgé d'environ 27 ans,
penfionnaire du Roi, qui demeuroit rue et paroiffe St-Sauveur ;
l'autre pour être celui de Jofeph-Antoine Touchon-Danguy, âgé
de 36 ans, natif de Paris, paroiffe St-Nicolas-des-Champs,
auffi penfionnaire du Roi, demeurant chez la veuve Danguy, fa
mère, rue Chapon, fufdite paroiffe. A l'égard des fept autres, ils
n'ont point été reconnus et n'ont pu l'être, attendu l'état dans
lequel le feu les a réduits : mais il eft obfervé que par les recherches qui ont été faites depuis vendredi dernier pour reconnoître
ceux des employés et ouvriers de l'Académie royale de mufique
qui pourroient manquer, il eft conftaté que les nommés : Mériot
père, Clermont et Lafargue, tous trois tailleurs ; les nommés
Lavocat, Guimbert, Joppé, dit Berri, et Blondel, tous quatre ouvriers de ladite Académie, et le domeftique du fieur Huart ne fe
font pas trouvés, ce qui donne lieu de préfumer que les fept ca-

davres non reconnus font partie des neuf ci-deſſus nommés et annoncés manquer. Le tout ainſi qu'il eſt au plus long énoncé au procès-verbal rédigé par ledit commiſſaire Chénon. Ladite inhumation faite en préſence de......, ſauf à être par la ſuite fait mention ſur le préſent regiſtre de ce qui pourroit aſſurer l'identité des cadavres inhumés et juſqu'à préſent non reconnus et a été annexé au préſent regiſtre un extrait du procès-verbal dudit ſieur commiſſaire Chénon. »

Du lundi 11 juin, heure de midi, le ſieur Dauvergne, directeur de l'Opéra, nous a remis :

1° Une montre qui paroît avoir été émaillée dont le mouvement et la boîte ſont en fuſion par le feu ;

2° Une autre montre qui paroît avoir été d'or entourée de roſes et fondue en partie ;

3° Quatre cercles de tabatière en argent ;

4° Un écu de ſix livres, un gros ſol et trois pièces de monnoie ;

5° Sept boutons d'habits en acier à queue ;

6° Trois petites clefs dans un anneau de fer ;

7° Une groſſe montre au nom d'Arthus dans ſa boîte d'argent, de forme antique, ſans glace ni aiguilles des minutes ;

8° Deux boucles de ſouliers, l'une grande en cuivre, taillée en pointes de diamans, l'autre moyenne, d'argent à filets ;

9° Douze clefs de différentes grandeurs dont trois numérotées XVII, XVIII et XVIIII.

Ledit ſieur Dauvergne nous a obſervé que les deux montres, les quatre cercles de tabatière, les boutons d'habit et les trois petites clefs dans leur anneau ont été reconnus par les camarades du ſieur Danguy pour lui appartenir, et que l'écu de ſix livres et les quatre pièces de monnoie qui ont été trouvés avec les mêmes effets paroiſſent auſſi lui appartenir.

Le même jour lundi 11 juin, une heure après midi, nous avons fait remettre à Marie-Anne Lachapelle, femme de Louis Darcin, domeftique de M. le chevalier de Rocherolles, chambellan de Monfeigneur le duc d'Orléans, et en préfence de Jean-Louis Ledoux, domeftique de Mme la marquife de Rocherolles mère, demeurante rue de l'Univerfité, un fecrétaire de bois de paliffandre fermé à clef, qui avoit été tranfporté le jour de l'incendie de chez M. le chevalier de Rocherolles fils, demeurant au Palais-Royal, Cour des Fontaines, et qu'ils ont reconnu dans la chapelle de la Vierge de l'églife St-Honoré.

Ledit jour lundi 11 juin, fur les fix heures du foir, le fieur Lehoux a arrêté et conduit par-devant nous Nicolas Becqx, tailleur, qui avoit expofé en vente le couvercle d'une fontaine appartenante au fieur Ledoyen, reftaurateur, rue des Bons-Enfans, qui a perdu beaucoup d'effets, entre autres une montre d'or et quatre pièces d'argenterie. Nous avons interrogé ce Becqx et nous l'avons envoyé au Châtelet dont nous avons dreffé procès-verbal féparé des préfentes.

Le mardi 12 juin, neuf heures du matin, les fieurs Gabriel et Glaufer, tous deux officiers-majors de la garde de Paris, nous ont déclaré que les ouvriers du fieur Harmand, entrepreneur de bâtimens de la ville, travaillant au déblai des décombres, venoient de trouver dans les matériaux partie des inteftins d'un corps humain, ce que nous avons vérifié : nous les avons fait dépofer dans un réduit jufqu'à nouvel ordre et nous avons chargé le fieur Harmand d'ordonner à fes ouvriers, s'ils trouvoient encore quelques offemens ou débris de corps humain, de les mettre dans le même endroit et de nous en donner avis.

Dudit jour mardi 12 juin, deux heures de relevée, Marie-Thérèfe Dufoffé, veuve du fieur Claude-Antoine Touchon-Danguy, bourgeois de Paris, demeurante rue Chapon, la troifième porte cochère après le mur des Carmélites, a reconnu, parmi les effets à nous remis par le fieur Dauvergne, la montre émaillée et celle entourée de rofes, les fept boutons d'acier à queue, trois grandes clefs et les trois petites qui étoient dans un anneau pour le tout appartenir à Jofeph-Antoine Touchon-Danguy, fon fils, âgé de 36 ans, danfeur de l'Opéra, demeurant avec elle. Nous les lui avons remis avec l'écu de fix livres, le gros fol et les trois pièces de monnoie ainfi que les quatre cercles de tabatière.

Le même jour mardi 12 juin, le fieur Bourmencet, maître maçon, demeurant rue du Champ-Fleuri, a déclaré que Pierre Hafte, dit Clermont, âgé de près de 76 ans, natif de Clermont–Ferrand, maître tailleur attaché à l'Opéra, eft fon beau-père, qu'il demeuroit avec lui et qu'il n'eft point revenu depuis vendredi dernier, jour de l'incendie, ce qui fait préfumer qu'il eft du nombre des neuf cadavres qui ont été trouvés incendiés et qui ont été inhumés le dimanche, 10 de ce mois, à St-Euftache.

Le mercredi 13 et jours fuivans, on s'eft occupé à tranfporter les bois incendiés et les fers qui ont été dépofés fur la place du Palais-Royal, et les décombres qui ont été tranfportés à une décharge vers la nouvelle églife que l'on conftruit pour les capucins, quartier de la Chauffée-d'Antin.

Les pompes ont continué de manœuvrer pour rafraîchir les matériaux et en faciliter le tranfport jufques et compris le famedi 16 au foir que la dernière a été retirée.

Le dimanche 17, comme tous les décombres fe font trouvés déblayés à l'exception de ce qui eft refté dans les intervalles des parpains de pierre qui font pofés fur le fol au-deffous du théâtre et qu'on ne pouvoit plus s'attendre de trouver d'autres reftes des corps incendiés, nous nous fommes concerté avec M. le curé de St-Euftache pour faire porter au cimetière ceux qui avoient été retirés des décombres.

Et le lundi 18, dès les cinq heures du matin, ces triftes reftes ont été retirés, en notre préfence, de l'endroit où nous les avions fait féqueftrer et ont été tranfportés au cimetière de St-Jofeph, ce dont a été fait mention pour fervir autant qu'il eft poffible à conftater la mort des deux perfonnes dont les corps n'avoient point été trouvés lors de l'inhumation du dimanche 10, n'y en ayant eu que neuf d'inhumés fur les onze qui manquoient.

Dont et de quoi avons fait et dreffé le préfent procès-verbal.

Signé : BELLE ; MAILLOT ; MOURICAULT ; SIREBEAU ; HUGUES ; MUTEL ; CARRÉ ; LEGRETZ ; GILLET ; PIERRE ; CRESPY ; FERRAND ; LERAT ; DUPUY ; CHÉNON FILS ; DULARRY ; CHENU ; NINNIN ; LANDELLE ; CHÉNON.

Information faite, au sujet des personnes mortes lors de l'incendie de l'Opéra, par le commissaire Chénon père.

Du jeudi 21 juin 1781, Marie-Jeanne Prévôt, âgée de 45 ans, veuve de Claude Richer de la Rigaudière, maître éventailliſte, demeurante à Paris, rue Guérin-Boiffeau, maifon du fieur Merlin, maître fondeur, etc. Dépofe que Pierre-Jean-Florence Richer de la Rigaudière, dit Beaupré, fon fils, âgé de 27 ans et demi, natif de Paris, paroiffe St-Laurent, danfeur de l'Opéra, demeurant rue St-Sauveur, buvoit et mangeoit journellement chez la dépofante fa mère. Le vendredi 8 de ce mois, il a été faire fon fervice à l'Opéra ; elle apprit que l'Opéra étoit incendié, elle craignit pour fon fils. Ses craintes augmentèrent encore lorfqu'elle ne le vit point revenir pour fouper : elle envoya Charles-Florence Richer, fon fecond fils, danfeur chez Audinot, qui demeure avec elle, et le fieur Michonis fon coufin, brigadier des fermes, et ils lui rapportèrent le lendemain famedi qu'ils avoient reconnu ledit Pierre-Jean-Florence Richer de la Rigaudière, fon fils aîné, au nombre de ceux qui avoient eu le malheur de périr dans l'incendie. Lui avons préfenté la montre d'or, la tabatière, le mouchoir, le couteau, les deux clefs et le chapeau trouvés fur le cadavre de fon fils qu'elle a reconnus pour lui appartenir et les lui avons remis avec l'écu de fix livres et trois pièces de monnoie qui fe font trouvés dans fes poches.

Jean-Baptifte Michonis, âgé de 45 ans, brigadier des fermes, demeurant à Paris, rue Guérin-Boiffeau, maifon du fieur Viardot, marchand orfèvre, etc. Dépofe que le famedi 9 de ce mois, lendemain de l'incendie de l'Opéra, la dame de la Rigaudière, inquiète fur le fort de fon fils aîné, danfeur de l'Opéra, envoya fon fils cadet avec le dépofant pour favoir des nouvelles : ils furent introduits dans la chapelle St-Clair, dépendante du Chapitre St-Honoré, où l'on avoit expofé neuf cadavres incendiés, et ils y reconnurent celui de Pierre-Jean-Florence Richer de la Rigaudière, dit Beaupré, fils aîné de ladite veuve de la Rigaudière, danfeur à l'Opéra et coufin du dépofant.

Marie-Jeanne Berfon, âgée de 65 ans, veuve de Mathias Guimbert, employé à l'Opéra en qualité de manœuvre, demeurante à Paris, rue de la Lune, au café de Malte, etc. Dépofe que fon mari, âgé de 58 ans, natif de Paris, paroiffe St-Laurent, étoit attaché à l'Opéra depuis 28 ans en qualité de manœuvre. Son traitement étoit d'abord de 20 fols par jour, enfuite il a été de 25 fols et depuis 1763, époque du premier incendie, il étoit à raifon de 30 fols par jour, ce qui le faifoit vivre tout doucement ainfi que la dépofante qui n'a point de métier ni d'autre reffource, attendu fon âge avancé. Son mari avoit coutume de revenir exactement tous les foirs après fon fervice. Le vendredi 8 de ce mois, apprenant que le feu étoit à l'Opéra et ne voyant pas revenir fon mari, elle a craint qu'il ne lui fût arrivé accident. Sa crainte s'eft réalifée le lendemain matin, lorfqu'elle a appris que du nombre des perfonnes qui avoient péri dans l'incendie, il y avoit quatre ouvriers, favoir : fon mari, le nommé Blondel, le nommé Berri et le nommé Lavocat. Lui avons repréfenté les effets à nous remis par le fieur Dauvergne, parmi lefquels elle a reconnu la boucle de fouliers en cuivre taillée en diamans pour appartenir à fon défunt mari et la lui avons remife.

Marie-Thérèfe Dufoffé, âgée de 66 ans, veuve du fieur Claude-Antoine Touchon-Danguy, bourgeois de Paris, y demeurant rue Chapon, près le mur des Carmélites, etc. Dépofe que Jofeph-Antoine Touchon-Danguy, fon fils, âgé de 36 ans, natif de Paris, paroiffe St-Nicolas-des-Champs, danfeur à l'Opéra depuis 13 ans, demeuroit avec la dépofante : il venoit régulièrement tous les foirs à l'Opéra. Le vendredi 8 de ce mois, fur les neuf heures et demie du foir, elle apprit que le feu étoit à l'Opéra : ne voyant pas revenir fon fils, elle fut inquiète fur fon compte, et le lendemain, elle apprit par l'avertiffeur que l'on avoit trouvé dans les corridors et dans la falle neuf corps incendiés du nombre defquels étoient fon fils et le fieur Beaupré. La dépofante a fu depuis par le fieur Guillet, danfeur, qui étoit de la même loge que fon fils, que les fieurs Simonin et Dufel, danfeurs de la même loge, avoient eu le bonheur de s'échapper par la fenêtre et avoient voulu donner la main à fon fils pour en faire autant. Lui avons repréfenté les effets à nous remis par le fieur Dauvergne, parmi lefquels elle a reconnu les deux montres de fon fils, l'une émaillée, l'autre entourée de rofes, cinq clefs, dont trois dans un anneau, et fept boutons d'acier, nous les lui avons remis avec les quatre cercles de tabatière, l'écu de fix livres, le gros fol et les trois pièces de monnoie.

Claude-François Mériot, âgé de 32 ans, maître tailleur, de-

meurant à Paris, rue Aubry-le-Boucher, etc. Dépoſe que Pierre-
François Mériot, ſon père, âgé de 57 ans, natif de Paris, paroiſſe
St-Euſtache, maitre tailleur attaché à l'Opéra, demeurant rue
du Champ-Fleuri, vis-à-vis l'hôtel d'Enghien, étoit de ſervice à
l'Opéra le vendredi 8 de ce mois, jour qu'il a été incendié, et qu'il
n'a pas reparu depuis. Le ſieur Leſcalier, auſſi maitre tailleur de
l'Opéra, étoit de ſa même loge; le dépoſant a appris dudit Leſcalier que ledit Mériot père étoit reſté le dernier et qu'il devoit avoir
péri dans l'incendie. Lui avons repréſenté les clefs à nous remiſes
par le ſieur Dauvergne, le dépoſant a reconnu dans ces clefs celle
numérotée XVII pour être celle de la loge qu'occupoit ſon père.
A auſſi reconnu la clef de l'armoire de ſon père dont il nous a
repréſenté la double et la lui avons remiſe. A auſſi reconnu la boucle d'argent à filets que nous lui avons auſſi remiſe.

Louis Courchoud, âgé de 46 ans, maitre tailleur attaché à l'O-
péra, gendre du ſieur Mériot père, demeurant à Paris, rue du
Chantre, etc. Dépoſe qu'il étoit à l'Opéra le vendredi 8 juin,
lorſque le feu y a pris, il a envoyé la fille Morel, l'une de ſes plu-
mettes, c'eſt-à-dire qui travaille ſous ſes ordres, à la loge du père
Mériot, no XVIII, pour l'avertir du feu et lui dire de ſe ſauver.
Cette fille eſt revenue dire au dépoſant qu'elle avoit rencontré le
père Mériot ſur l'eſcalier qui s'en alloit et qu'elle l'avoit conduit
juſqu'au pied de l'eſcalier. Cependant ledit Mériot père n'a point
reparu et le lendemain le dépoſant a ſu par le ſieur Trotet, auſſi
maître tailleur de l'Opéra, que ledit Mériot étoit remonté croyant
avoir encore le tems de prendre ſa canne et ſon chapeau qui
étoient reſtés dans ſa loge, et le ſieur Laſale lui a dit que ledit
Mériot avoit été trouvé brûlé dans ſa loge.

Anne Arbertier, âgée de 37 ans, femme de Antoine Blet, marchand de bois pour les bâtimens, demeurante à Paris, rue Jean-
St-Denis, etc. Dépoſe que Pierre Lafargue, âgé de près de 60

ans, natif de Bordeaux, plumet du fieur Clermont, maître tailleur de l'Opéra, qui occupoit une chambre au quatrième dépendant de la maifon que tient la dépofante, n'ayant pas reparu
depuis l'incendie de l'Opéra, elle a appris qu'il y avoit péri ainfi
que ledit Clermont. Le nommé Maraffin, plumet de Mériot, a
dit à la dépofante que ledit Lafargue avoit été trouvé confumé
dans la loge dudit Mériot. Ajoute la dépofante que ledit Lafargue étoit garçon et qu'on ne lui connoît aucun parent à
Paris.

Du vendredi 22 juin, Marie-Madeleine Bouvart, âgée de 58
ans, veuve de Claude Blondel, ouvrier menuifier à l'Opéra, elle
ouvrière en raccommodage d'habits, demeurant rue Montmartre,
vis-à-vis l'égout, maifon du fieur Chevet, marchand épicier, etc.
Dépofe que Claude Blondel, fon mari, âgé de 63 ans, natif de
Paris, étoit attaché à l'Opéra depuis 23 ans en qualité d'ouvrier
menuifier fous les ordres du fieur Arnoud et enfuite du fieur
Boulet, machinifte. Lorfqu'elle a appris que le feu étoit à l'Opéra,
elle a eu de l'inquiétude pour fon mari. Son inquiétude s'eft aug-
mentée lorfqu'elle ne l'a point vu revenir comme à fon ordinaire.
Le lundi fuivant, elle a fu du nommé Paindebled, l'un des ma-
nœuvres de l'Opéra qui étoit à la Charité, qu'il avoit vu le fieur
Blondel, mari de la dépofante, et le nommé Guimbert tomber de
deffus les faux ponts dans les flammes.

Du dimanche 24, Jofeph-Étienne Delamée, âgé de 29 ans,
cordonnier, demeurant à Paris, rue Perpignan, en la cité-maifon
du fieur Flamand, maître couvreur, etc. Dépofe que le vendredi
8 de ce mois, il étoit fur le théâtre, lorfque le feu y a pris par un
plafond du côté de la loge de M. le duc d'Orléans. Il y étoit
venu pour parler à Antoine Joppé, dit Berri, fon beau-père, âgé
de 52 ans, natif de Paris, paroiffe St-Étienne-du-Mont, manœuvre à l'Opéra, demeurant rue Mouffetard, près la rue Co-

peau, entre un marchand mercier et un marchand de fers. Ledit
Berri, voyant le plafond enflammé, monta au cintre pour y porter fecours, mais il a eu le malheur d'y périr.

Marie Laplanche, âgée de 49 ans, veuve de Nicolas Lavocat,
manœuvre à l'Opéra, demeurant rue d'Orléans, faubourg St-
Marcel, près la Communauté des prêtres, etc. Dépofe que le vendredi 8 de ce mois, Nicolas Lavocat, fon mari, âgé de 50 ans,
natif de Troyes, eft allé à l'Opéra pour fon ouvrage. Sur les onze
heures du foir, ne le voyant pas revenir, elle a pris de l'inquiétude. Cependant, croyant qu'il pouvoit être furvenu quelque ouvrage extraordinaire, elle s'eft couchée, et dans la nuit, fur les
quatre heures, le nommé Jolicœur, l'un de fes camarades, a
frappé à la porte de la dépofante et lui a demandé fi fon mari
étoit rentré; fur ce que la répondante lui a répondu que non,
Jolicœur lui a dit que le feu étoit à l'Opéra, ce qui lui a fait appréhender que fon mari n'y ait péri, et depuis il n'a pas reparu.
La dépofante n'en a eu aucune nouvelle, quelques recherches
qu'on ait faites, finon qu'elle a ouï dire qu'il étoit du nombre de
ceux qui avoient eu le malheur de périr dans l'incendie.

Jean-Baptifte Troté, âgé de 39 ans, maître tailleur attaché à
l'Opéra, demeurant à Paris, rue des Cinq-Diamans, etc. Dépofe
qu'à l'inftant que le feu s'eft déclaré à l'Opéra, il eft forti de fa
loge avec tout fon monde. Il a rencontré fur le corridor le père
Mériot qui revenoit fur fes pas pour rentrer dans fa loge et y
reprendre fa canne et fon chapeau, et comme il n'a pas reparu depuis, il eft à préfumer qu'il a péri dans l'incendie.

Jofeph Moncaffin, âgé de 40 ans, plumet du fieur Mériot
père, tailleur de l'Opéra, demeurant à Paris, rue de Grenelle-
St-Honoré, etc. Dépofe comme le précédent.

Sieur Silvain Ducel, âgé de 38 ans, danfeur de l'Opéra, demeurant rue des Deux-Écus, au coin de celle de Varenne, etc.

Dépofe qu'au moment que le feu s'eſt manifeſté à l'Opéra, il étoit encore dans ſa loge avec le ſieur Simonnet, le ſieur Danguy et le nommé Lacroix, tailleur. Le dépoſant, le ſieur Simonnet et ledit Lacroix ſe ſont ſauvés par l'œil-de-bœuf au-deſſus de la chambre des comptes, ils ont gagné le long du plomb juſqu'au bâtiment du Palais-Royal et ils ont eu le bonheur d'échapper. Comme le ſieur Danguy avoit la vue baſſe, il n'a vraiſemblablement pas oſé les ſuivre : il eſt reſté dans ſa loge où il a été étouffé et brûlé.

Sieur Philippe Simonnet, âgé de 26 ans, danſeur de l'Opéra, demeurant à Paris, rue des Prouvaires, etc. Dépoſe comme le précédent.

Sieur Pierre Bourmancé, âgé de 36 ans, maître maçon à Paris, demeurant rue du Champ-Fleuri, etc. Dépoſe que Pierre Haſte, dit Clermont, ſon beau–père, âgé de 76 ans, natif de la paroiſſe d'Herment, diocèſe de Clermont-Ferrand, juridiction et élection de Riom, étoit l'un des maîtres tailleurs de l'Opéra, le jour de l'incendie, et qu'il a eu le malheur d'y périr dans ſa loge avec celui des deux danſeurs qui ont.été brûlés et qui étoit de ſa même loge.

Du lundi 25 juin. Sieur Antoine Dauvergne, âgé de 66 ans, directeur généraļ de l'Académie royale de muſique et ſurinten-dant de la muſique du Roi, demeurant rue St-Nicaiſe, à l'hôtel de l'Académie royale de muſique, etc. Dépoſe que le vendredi, 8 de ce mois, un quart d'heure après le ſpectacle fini, étant encore ſur le théâtre, il entendit du bruit, s'avança au fond du théâtre, vit à une friſe au ſeptième châſſis du côté du Palais-Royal, un peu de feu comme on en voit aſſez fréquemment dans les repréſentations : il cria à quelques ouvriers d'éteindre ce feu-là. Les ouvriers ſe mirent en devoir de le faire. Malgré tous leurs efforts, le feu gagna ce côté de la friſe en totalité ; alors il cria aux ouvriers de couper les cordes pour faire tomber fur le théâtre cette frife enflammée. Ils ne purent d'abord en couper que quelques cordes du côté du Palais-Royal. Ce côté tomba fur le théâtre et dans l'inftant la flamme fe communiqua du côté oppofé avec beaucoup de violence. Ce même feu fe communiqua à toutes les frifes et plafonds ainfi qu'au char de l'Amour qui étoit refté en l'air et de là à tout ce qui comporte la partie du fond du théâtre. Dès le commencement qu'il s'étoit aperçu du progrès du feu, il avoit envoyé un homme, nommé Carbonnel, pour avertir les pompiers. Ce fecours n'a pu arriver affez tôt pour arrêter les progrès des flammes, de forte que la falle étoit totalement embrafée lorfque le fecours eft arrivé. Le dépofant n'eft forti du théâtre que lorfque les châffis de chaque côté du fond étoient en feu, il avoit même déjà donné ordre de faire fortir tout le monde du petit foyer et des loges des acteurs dans le même moment qu'il avoit envoyé chercher les pompiers. Malheureufement quelques-uns, dans la confiance que c'étoit un feu ordinaire, font reftés et ont été victimes des flammes. Le dépofant a fait le lendemain l'appel général et il s'eft trouvé qu'il manquoit les fieurs Danguy, etc. (voyez les noms plus haut). Il apprit que le nommé Vidal, âgé de 12 ou 13 ans, domeftique du fieur Huart, danfeur, avoit péri n'ayant pas ofé fuivre fon maître qui étoit fauté par une fenêtre du fecond étage. On a rapporté au dépofant quelques effets confiftant en, etc. (voyez plus haut le détail de ces effets).

Charles-Étienne Barnou fils, âgé de 29 ans, ouvrier employé à l'Opéra, demeurant à Paris, rue de la Corne, faubourg St-Germain, etc. Dépofe qu'il a reconnu les cadavres de Mériot père et de Lafargue.

Du lundi 2 juillet. Anne Lorient, dite Nanette, fille, blanchiffeufe, demeurante rue de la Vieille-Lanterne, vieille place aux Veaux, maifon du fieur Maindorge, etc. Dépofe que le jour de

l'incendie de l'Opéra, elle fut inquiète fur le compté du nommé
Auvray, l'un des pompiers, qui demeuroit même maifon qu'elle,
au cinquième étage, et le lendemain, elle apprit qu'il y avoit péri.
Elle fait qu'il fe nommoit Jean Auvray, qu'il étoit âgé de 28 à
30 ans, natif de Bornel, près Chambly, évêché de Beauvais, ci-
devant garçon de moulin pour le fieur Buquet, meunier à Paris,
dont le moulin eft fous le pont Notre-Dame.

Sieur Jean-Baptifte Défaubliaux, âgé de 42 ans, chef de brigade des gardes-pompes, demeurant rue de la Juffienne, à
l'hôtel des pompes, etc. Dépofe au fujet de la mort du pompier
Auvray.

Du lundi 9 juillet. Nous fommes tranfporté au village de
Neuilly-fur-Marne, diftant de Paris de trois lieues, où nous avons
reçu la dépofition du fieur Huart au fujet de la mort du nommé
Vidal, fon domeftique, incendié au feu de l'Opéra.

Sieur Alexis Huart, âgé de près de 20 ans, danfeur à l'Opéra,
doublant les fieurs Veftris et Gardel, demeurant à Paris, rue du
Sentier, de préfent à Neuilly-fur-Marne, chez le fieur Lecordier,
etc. Dépofe que le 8 juin dernier, après avoir danfé le dernier acte,
il eft monté à fa loge pour fe déshabiller. A peine le fieur Mériot
père, tailleur de la loge, l'eut-il délacé qu'il entendit crier au feu.
Il a ouvert la porte de fa loge pour fe fauver, mais la flamme et
la fumée font entrées avec abondance, de forte qu'il a vitement
refermé la porte. Il a ouvert la fenêtre qui donne fur le corridor
de la Cour des Fontaines et quoique élevé à la hauteur d'un troifième étage au-deffus de l'entrefol, il s'eft déterminé à fauter par
la fenêtre. A moitié chemin, il a été accroché par le pan de fon
habit à une gouttière, ce qui a rompu la force de la chute, et il
eft tombé dans une petite cour attenant l'efcalier des acteurs.
Malgré que le coup de la chute ait été ainfi rompu, cela n'a pas
empêché que le dépofant a été eftropié de la jambe droite, raifon

pour laquelle il eſt chez le ſieur Lecordier, ſon ami, où on lui a
ordonné des bains aromatiques. Il avoit laiſſé dans ſa loge le ſieur
Beaupré, danſeur, et le nommé Jean Latelife Vidal, âgé de 15 ans,
natif d'Aurillac, domeſtique du dépoſant. Le dépoſant les avoit
excités à le ſuivre lorſqu'il s'eſt déterminé à ſauter, il le leur a
même répété en criant de la cour où il étoit tombé et il a appris
qu'ils avoient été incendiés l'un et l'autre. Le dépoſant obſerve
qu'il avoit laiſſé audit Vidal, comme il a coutume de le faire pendant qu'il danſe, l'argent qu'il avoit, montant à ce jour-là environ
50 francs tout en argent blanc, ſes deux montres, l'une d'or de
couleur guillochée, l'autre unie, un écrin dans lequel étoit une
paire de boucles de ſouliers à pierre du prix de 7 louis et demi,
indépendamment de trois paires de bas de ſoie blancs, trois paires
de bas de différentes couleurs, ſix chemiſes et autres nippes qui
étoient dans ſa loge. Ledit Vidal avoit lui-même une groſſe montre d'argent.

Du lundi 14 juillet. Sieur Nicolas-Claude Armand, âgé de 32
ans, entrepreneur de bâtimens, demeurant à Paris, rue de Cha-
banois. Dépoſe que travaillant avec le ſieur ſon père, entrepreneur
des bâtimens de la ville, au déblai des décombres provenant de
l'incendie de l'Opéra, nous lui avons obſervé que des onze perſonnes qui avoient péri dans l'incendie, y compris le pompier, l'on
n'avoit trouvé que les neuf cadavres qui avoient été inhumés le
dimanche 10 juin, ſurlendemain de l'incendie, et qu'il en reſtoit
deux à trouver, nous lui avons recommandé de veiller à la recherche de ces deux ſujets, il a en conſéquence donné ordre à ſes
ouvriers de recueillir avec ſoin les débris de cadavre qui ſe trouveroient dans les fouilles, et à meſure qu'il s'en eſt trouvé, il les
a fait mettre de côté et nous en donner avis. Lorſque tout le
déblai a été fait, il ne s'eſt trouvé qu'une partie d'inteſtins et
quelques oſſemens en petite quantité qui raſſemblés ne pouvoient

appartenir à plus de deux cadavres, et le lundi 18 au matin, nous les avons fait enlever par un foſſoyeur de St-Euſtache.

Claude Homet, âgé de 45 ans, récureur de puits, demeurant rue St-Victor, au coin de la rue des Boulangers, maiſon du ſieur Martin, etc. Dépoſe que lors de l'incendie de l'Opéra, c'eſt lui qui, avec le nommé Herbet, a retiré d'un corridor, au troiſième étage, à droite en entrant par la rue Saint-Honoré, deux corps incendiés et grillés et les ont deſcendus dans le logement du ſuiſſe du côté de la rue des Bons-Enfans.

Signé : CHÉNON.

(*Archives nationales*, Y, 11,421.)

IV

1786. — 17 décembre.

Procès-verbal dressé à la requête du directeur de l'Académie royale de musique contre plusieurs amateurs qui avaient établi un théâtre de Société en contravention des droits et priviléges de l'Opéra.

L'an 1786, le dimanche 17 décembre, ſept heures du ſoir, nous Pierre Chénon, etc., pour l'exécution des lettres patentes de Sa Majeſté données à Verſailles au mois de juin 1769, enregiſtrées au Parlement le 12 août de la même année et à la réquiſition de Antoine Dauvergne, écuyer, chevalier de l'ordre du Roi, ſurintendant de la muſique de Sa Majeſté et directeur général de ſon Académie royale de muſique, demeurant à Paris, hôtel de l'Académie, rue St-Nicaiſe, nous ſommes tranſporté rue St-Antoine au-deſſus de la rue Tiron, en une maiſon appartenante au ſieur

Bouland, architecte expert et infpecteur général des bâtimens de Monfeigneur le duc d'Orléans, à l'effet de conftater un fpectacle qui fe donne dans ladite maifon en contravention defdites lettres patentes données en faveur de l'Académie royale de mufique. Et étant entré dans un bâtiment neuf, fur le derrière de ladite maifon, nous avons demandé à parler à l'un des chefs de la Société. Ledit fieur Bouland eft furvenu, auquel avons fait entendre le fujet de notre tranfport : avons vu une affemblée nombreufe dans une falle de fpectacle diftribuée en parquet, galeries, premières et fecondes loges pouvant contenir environ 300 perfonnes, un théâtre avec décorations et couliffes, deux acteurs, mâle et femelle, actuellement en fcène et que l'on jouoit la comédie ayant pour titre : *la Feinte par amour* (1), plus un orcheftre compofé de 20 muficiens.

Y avons auffi trouvé Me Claude Charlier, huiffier des confeils du Roi, lequel nous a dit être venu au même effet que nous.

Ledit fieur Bouland nous a conduit dans une chambre, au premier étage du corps de logis ayant vue fur la rue St-Antoine, occupée par le fieur Camps, médecin et oculifte des ambaffadeurs, à l'effet de ne point interrompre la continuation du fpectacle.

Ledit fieur Bouland, qui nous a dit être l'un des fociétaires, nous a déclaré que l'établiffement du fpectacle où nous fommes eft compofé de 60 perfonnes de différens rangs et états, à la tête defquelles M. le préfident Pinon, M. le baron de Corberon, miniftre plénipotentiaire du Roi auprès d'une des cours d'Allemagne, ont bien voulu fe mettre ; qu'ils n'ont aucun acteur ni muficiens à gages, que perfonne ne paye pour entrer, que les frais de la location, de l'illumination et autres font payés par les 60 affociés,

(1) Comédie en un acte, en vers, de Dorat.

que les acteurs font du nombre des affociés et fe fourniffent à
leurs frais de leurs coftumes; que la Société, ainfi compofée, a
choifi plufieurs de fes membres qu'elle a diftribués en deux comi-
tés, l'un defquels fe charge de maintenir l'ordre et la décence dans
la falle, de parer à tous les inconvéniens qui pourroient arriver,
et l'autre eft chargé de la police et du choix des pièces de comédie
qui s'y repréfentent et de la diftribution des rôles de chacun
defdits fociétaires. Ledit fieur Bouland nous a de plus obfervé
que l'Académie royale de mufique a d'autant moins lieu de prendre
de l'ombrage à l'occafion de ce fpectacle qu'il ne s'y repréfente
aujourd'hui et à l'inftant aucune pièce de mufique, fi vrai que la
pièce qui fe repréfente actuellement eft la *Feinte par amour* et que
la feconde qu'on va donner eft le *Bourru bienfaifant* (1), toutes
deux comédies dans lefquelles il n'y a point de mufique. De plus,
les affociés affemblés obfervent qu'ils ne font pas dans le cas de
l'application des lettres patentes à eux notifiées, même en repréfentant, ainfi qu'ils ont fait jufqu'à préfent et en différens tems,
des opéras-comiques. Pourquoi ils font toutes proteftations qu'ils
fe réfervent de faire valoir devant qui il appartiendra. Et a ledit
fieur Bouland refufé de figner fon dire. Et avant de nous retirer,
avons vu qu'il a été repréfenté pour feconde pièce la comédie du
Bourru bienfaifant.

Dont et de quoi avons fait et dreffé le préfent procès-verbal.

Signé : CHÉNON.

(*Archives nationales,* Y, 11,430.)

(1) Comédie en trois actes, en prose, de Goldoni.

V

1789 — 1790.

Liste des personnes auxquelles le Roi veut bien accorder les entrées gratuites à l'Opéra, les jours de spectacle.

ARTICLE I.

Hôtel de ville.

Anciens échevins conformément à la décifion du Roi qui leur accorde leurs entrées à vie fuivant la lettre du miniftre du 28 novembre 1780 :

MM. Vieillard.
  Sarrazin.
  Bafly.
  Boucher d'Argis.
  Charlier.
  Veytard, greffier de la ville.
  De Villeneuve, tréforier.
  Buffault, ancien receveur, à caufe de la conceffion faite à M. de Vifmes.
  Le capitaine des gardes de la ville.
  Lecocq, aide-major.
  Le capitaine des gardes de M. le Gouverneur de Paris.
  Un écuyer de M. le Gouverneur.
  Le fecrétaire de M. le Prévoft des marchands.
  Le fecrétaire du Cabinet.
  Veytard de Lorme, ancien fecrétaire de la Prévôté de la ville.
  Deux officiers des gardes de M. le Gouverneur, parterre.
  Deux pages de M. le Gouverneur,   id.

ARTICLE II.

Auteurs.

MM. Favart.
  Laujon.
  Marmontel.
  De Bury.
  Dauvergne.
  Joliveau.
  Philidor.
  Monſigny.
  Sedaine.
  De Chabanon.
  De La Borde.
  Le marquis de Saint-Marc,
    même au balcon.
  Le Monnier.
  Goſſec.
  Grétry.
  De La Garde.
  Piccini.
  Pitra.
  Guillard.

MM. De Viſmes de St-Alphonſe.
  Morel.
  Rochon de Chabannes.
  Fenouillot de Falbaire, à vie, à
    cauſe de la ceſſion du *Pre-
    mier Navigateur.*
  Moline.
  Le Moyne.
  Saliéri.
  Le comte de Moras, de la fa-
    mille de Lulli, pour les ou-
    vrages nouveaux après quatre
    repréſentations.
  Dériaux.
  Hoffman.
  De Beaumarchais.
  Gerſin.
  Valadier.
  Dezaides.

ARTICLE III.

Directeurs et épouſes de directeurs.

MM. de Viſmes.
  Joliveau.
Mmes Trial, veuve.
  Berton, veuve.

Mme Girard, fille de M. Rebel.
M. Francœur.
Mme Laval, fille de M. Francœur.

ARTICLE IV.

Acteurs et autres sujets retirés avec la pension des grands appointemens.

MM. Jéliot.
    Pillot.
    Laval.
    Aubert.
    Geflin.
    Durand.
    Francœur neveu.
    Le Gros.
    Garnier.
    Ferret.
    Noverre.
    Larrivée.

Mlles Chevalier.
    Le Maure.
    Fel.
    Dubois.
    Arnould.
    Beaumefnil.
    Peflin.
    Duplant.
    Le Vaffeur.
    Couppé.
    Lyonnois.
    La Salle.

ARTICLE V.

Comité de l'Opéra.

MM. Janfen, infpecteur de l'Opéra.
    Paris, deffinateur du cabinet du Roi.
    Barthélemi, peintre de l'Académie.
    Bocquet, pour les coftumes.
    La Salle.
    La Suze.
    Gardel.
    Rey.

ARTICLE VI.

Comité pour l'examen des poëmes.

MM. Gaillard.
    L'abbé Delille.
    De Champfort.
    Bailly.

MM. Lemierre.
    Dacier.
    Dutheil.
    Suard, fecrétaire du Comité.

ARTICLE VII.

Perſonnes attachées à L'Opéra.

M. Prieur.
Mme Prieur.
MM. Lepaute, horloger.
Protain, peintre, au parterre.
Baudon,   id.
Sarrazin,   id.
Tardif,   id.
Deleufe,   id.
Charny, fculpteur, au parterre.
Mitier, médecin, amphithéâtre.
Pipelet, chirurgien, au parterre.
La Caze,   id.
Vergès,   id.
Capdeville,   id.

ARTICLE VIII.

Maîtres de l'école du chant.

MM. Langlé.   MM. Gobert.
Guichard.   Rodolphe.
Richel.   Guénin.
St-Amand.   Nochez.
Méon.   Prévoft.

ARTICLE IX.

Maiſon du Roi.

MM. De Chamilly père, premier valet de chambre du Roi.
De Chamilly fils,   id.
Tourteau de Septeuil,   id.
Thierry,   id.
Crécy,   id.
Le comte d'Angiviller.

MM. De La Ferté, commiffaire général de la maifon du Roi.
Randon de la Tour, tréforier général.
De Bar, fecrétaire de la maifon du Roi.
Mique.
D'Allainville, maître des logis de la maifon du Roi.
Lemoine, premier valet de chambre du Roi en furvivance.
Le frère de M. de La Chapelle, commiffaire général de la maifon
du Roi.

ARTICLE X.

Menus-Plaifirs du Roi.

MM. Des Entelles, intendant des Menus.
De La Touche, ancien intendant.
Hébert, ancien tréforier des Menus.
Houdon, garde-magafin général des Menus.
Giroux, furintendant de la mufique du Roi.
Les huiffiers des ballets du Roi.
Martin, furintendant de la mufique du Roi.

ARTICLE XI.

Gouvernement du Louvre et des Tuileries.

MM. le marquis de Champcenetz, gouverneur des Tuileries.
Clos, lieutenant-général de la Prévôté.
Cloys, concierge du Louvre.
De Farcy, commis au dépôt du Louvre.
Duparc, infpecteur.

ARTICLE XII.

Garde militaire.

MM. les officiers-majors des Gardes françoifes, fuivant la lifte de M. le Major.
Dubois, commiffaire des Gardes françoifes.
De La Chaux, grand prévoft.
Un aide-major des chevau-légers en place.
Le Prévôt général de la connétablie.
De La Croix, commiffaire des chevau-légers.

MM. Dumas, maréchal des logis des Gardes françoifes.
Le commandant, Garde de Paris, amphithéâtre.
Le major,   id.
L'infpecteur,   id.
Le premier aide-major, M. Seigneur, amphithéâtre.
Deux officiers de la Garde de Paris, au parterre.
Desfontaines, brigadier des Gardes du corps du Roi, chargé de la police des quatre compagnies.
De Prifey, ancien major des Gardes du corps.
De Rocquemont fils.
Rémy, fecrétaire du régiment des Gardes françoifes.
De Liré, commiffaire des Gardes françoifes.

ARTICLE XIII.

Comédie-Françoife.

Tous les fujets compofant la Comédie-Françoife, fuivant la lifte donnée par le femainier, à la charge d'un même nombre d'acteurs de l'Opéra à la Comédie-Françoife, et avec l'exception réciproque des trois premières repréfentations des ouvrages nouveaux feulement, ainfi qu'il en a été décidé au Comité de l'Opéra du 11 juillet 1785.

MM. Molé.
Dugazon.
Des Effarts.
Dazincourt.
Fleury.
Bellemont.
Vanhove.
Florence.
Courville.
Dorival.
Marfy.
Dunant.
Saint-Prix.
Saint-Phal.

MM. La Rochelle.
Champville.
Gérard.
Naudet.
Bellot.
Guyardelle.
Marchand.
Baudron.
Grammont.
Talma.
Rameau.
Mlles Bellecour.
Veftris.
La Chaffaigne.

Mlles Suin.　　　　　　　　Mlles Devienne.
　　　Sainval.　　　　　　　　　Candeille.
　　　Raucourt.　　　　　　　　Petit.
　　　Contat.　　　　　　　　　Fleury.
　　　Thénard.　　　　　　　　Maſſon.
　　　Joly.　　　　　　　　　　Deſgarcins.
　　　Laurent.　　　　　　　　Lolotte.
　　　Émilie Contat.

ARTICLE XIV.

Premiers commis, ſecrétaires des miniſtres et des magiſtrats.

MM. Jurieu, premier commis de la maiſon du Roi.
　　La Chapelle, premier commis du miniſtre.
　　Commyn, premier ſecrétaire de M. le baron de Breteuil.
　　Finot, premier ſecrétaire de M. le baron de Breteuil.
　　Cauchi, ſecrétaire du cabinet de M. le Lieutenant de police.
　　Georges, des bureaux du miniſtre.
　　Le Clerc, ancien ſecrétaire de M. le comte de Maurepas.
　　De La Flotte, premier commis du Tréſor royal.
　　Deſtouches,　　　　　　　id.
　　Santerre,　　　　　　　　id.
　　Gaujard,　　　　　　　　id.
　　La Roche, premier commis des dépêches du Contrôle général.
　　De Bruys, ſecrétaire du miniſtre.
　　Beauffre, ancien ſecrétaire de M. de Malesherbes.
　　De Souches, premier commis du Tréſor royal.
　　Liré, chef de bureau du Contrôle général.
　　Chambert, ſecrétaire de M. le Lieutenant civil, parterre.
　　Grenier, ſecrétaire de Mme la princeſſe de Lamballe, id.
　　Carital, ancién ſecrétaire de M. de Chouſy, id.
　　Martin, ancien ſecrétaire de M. le Lieutenant de police.
　　Dufreſne, premier commis à la liquidation au Contrôle général.
　　Juillé (Mgr de Villedeuil).
　　Pouteau, premier ſecrétaire de M. de Villedeuil.
　　Génin, ſecond ſecrétaire de M. de Villedeuil.
　　Bignon, premier ſecrétaire de M. le Procureur général.
　　Des Gardes, ſecrétaire de M. de Villedeuil.
　　Coindet, premier ſecrétaire de M. Necker (à vie).

ARTICLE XV.

Rédacteurs des journaux.

MM. l'abbé Aubert, auteur de la *Gazette de France* et cenſeur des *Affiches,* première repréſentation.
De Watteville, pour l'article des *Affiches,* première repréſentation.
De Corancez, pour le *Journal de Paris,* première repréſentation.
Panckouke, rédacteur du *Mercure.*
L'abbé Nolin, directeur des pépinières.
De La Place, ancien auteur du *Mercure.*
Boyer, ancien rédacteur de l'article des ſpectacles, parterre.
Xhrouet, directeur du *Journal de Paris.*

ARTICLE XVI.

Artiſtes.

MM. Caffieri, ſculpteur.
Poyet, architecte.
Moreau, graveur du cabinet du Roi.
Vernet, peintre.
Dugour, deſſinateur, pour avoir été attaché à l'Opéra, parterre.
Chalgrin, architecte, amphithéâtre.

ARTICLE XVII.

Gouverneurs des pages.

MM. Vernotte, gouverneur des pages de la maiſon d'Orléans.
Leblanc, gouverneur des pages de M. le prince de Conti.
Deux pages de chaque prince du ſang.

ARTICLE XVIII.

Officiers de l'Opéra.

MM. Rouen, notaire.
Guillaume le jeune, notaire.

MM. Margantin, notaire.
     Rofe, procureur.
     De La Place, procureur, parterre.
     Mautort, notaire de M. de Villedeuil.

ARTICLE XIX.

Officiers de police.

MM. Bellanger, lieutenant particulier du Châtelet.
     Simonneau, commiffaire du quartier.
     Chénon père, commiffaire du quartier.
     Chénon fils, commiffaire du quartier.
     D'Hémery, infpecteur de la librairie.
     Quidor, infpecteur.
     Morat, commandant des gardes-pompes du Roi.
     Deville, adjoint à M. Morat.

ARTICLE XX.

Receveur de la capitation.

M. Mabille, directeur général des vingtièmes et capitations.

ARTICLE XXI.

Bailleurs de fonds; entrées à vie à toutes les repréfentations et à toutes les places.

MM. Riboutté.	MM. Beaugeard.
St-Vaft.	Minel.

ARTICLE XXII.

Entrées particulières.

MM. Aubert.	MM. Maillet.
Campan père.	Gaillard.
Campan fils.	Jême.
Kornmann.	Le Rat.

MM. Richer, maître de muſique des Enfans de France.

Les deux receveurs des hôpitaux.

Morel, receveur général des voitures de la Cour, parterre.

Donnadieu, maître d'armes, parterre.

et Mme de Guerne, à cauſe du voiſinage incommode de l'Opéra, amphithéâtre.

Amelot de Chaillou.

Chevalier de Villemotte, à toutes les repréſentations, à l'amphithéâtre.

Mme Gardel, la mère.

MM. Gaillard, directeur des Variétés.

Dorfeuil, id.

(Archives nationales, O¹, 635.)

ERRATUM.

Tome Ier, page 139, article Collasse, ligne 17,

Liſeʒ : Collasse mourut à Versailles, le 17 juillet 1709.

TABLE DES ARTICLES

——

A

B

BOUTELOU, chanteur. I, 75.

BULLE (Anne CADILLAC, dite), placeuse. I, 79.

BURET (Mˡˡᵉˢ BABIN DE GRANDMAISON, dites), chanteuses. I, 81.

C

CAMARGO (Marie-Anne DE CUPIS, dite), danseuse. I, 85.

CAMPRA (André), compositeur. I, 96.

CARRÉ (Marie-Thérèse), danseuse. I, 98.

CARTOU (Marie-Claude-Nicole), chanteuse. I, 99.

CÉZÉRON, danseur. I, 102.

CHARMOIS (Mˡˡᵉ), danseuse. I, 103.

CHASSÉ DE CHINAIS (Claude-Louis-Dominique DE), chanteur. I, 105.

CHAUVET (Étienne-Siméon), musicien de l'orchestre. I, 115.

CHEFDEVILLE (Marie-Madeleine JENDREST, femme de Jean-Étienne), chanteuse. I, 116.

CHENNEVAL (Louise), danseuse. I, 119.

CHEVALIER (Marie-Jeanne FESCH, dite), chanteuse. I, 121.

CHEVRIER (Louise DALISSE, dite), danseuse. I, 127.

COCHEREAU (Jacques), chanteur. I, 131.

COLLASSE (Pascal), compositeur. I, 138.

COUPPÉ (Edmée), danseuse. I, 140.

COUPPÉ (Marie-Angélique), chanteuse. I, 144.

COUTURIER (Jeanne-Baptiste), danseuse. I, 156.

CUPIS (Charles DE), musicien de l'orchestre. I, 157.

CUPIS (François DE), musicien de l'orchestre. I, 158.

CUVILLIER (Louis-Antoine), chanteur. I, 159.

D

DANGEVILLE (Antoine-François BOTOT, dit), danseur. I, 163.

DARCY (Marie-Barbe CAMISSE, dite), danseuse. I, 169.

DAUBERVAL (Jean BERCHER, dit), danseur. I, 171.

DAUVERGNE (Antoine), compositeur. I, 182.

DAVID (Claude), chanteur. I, 206.

DEFRESNE (Marie-Françoise DESFRESNES, dite), danseuse. I, 209.

DELAHAYE (Marie-Sophie TOUSSAINT, dite), danseuse. I, 213.

DELASALLE (Jean-François), musicien. I, 214.

DELISLE (Mˡˡᵉ), danseuse. I, 215.

DELOGE (Élisabeth GUILLOT, dite), chanteuse. I, 217.

E

F

*

G

GARDEL aîné (Maximilien-Léopold-Philippe-Joseph GARDEL, dit), danseur. I, 324.

GARDEL cadet (Pierre GARDEL, dit), danseur. I, 334.

GARNIER (Pierre-Jean-Baptiste), musicien de l'orchestre. I, 338.

GARRUS (Hippolyte), chanteuse. I, 339.

GÉLIN (Nicolas), chanteur. I, 340.

GHERARDI (Jean-Baptiste), danseur. I, 345.

GIRARDIN (Gertrude), chanteuse. I, 347.

GOLVIN (Jean-Baptiste-Michel), musicien de l'orchestre. I, 350.

GONDRÉ (Louise), chanteuse. I, 351.

GOULU (Madeleine), chanteuse. I, 360.

GRANDI (Marie-Anne-Josèphe LIBESSART, dite), danseuse. I, 360.

GRÉGOIRE (HONORÉ, dit), chanteur. I, 365.

GUIMARD (Marie-Madeleine), danseuse. I, 366.

H

HARANT (Anne), danseuse. I, 391.

HEINEL (Anne), danseuse. I, 394.

HUGUES (Jeanne-Élisabeth), danseuse. I, 399.

HUS (Auguste), danseur. I, 412.

J

JACQUET (Louise), chanteuse. II, 1.

JAVILLIER (Claude), danseur. II, 5.

JÉLIOTE (Pierre), chanteur. II, 11.

K

KERKOFFEN (Anne-Marguerite DE), chanteuse. II, 21.

L

LABBÉ DE SAINT-SEVINT (Joseph), musicien de l'orchestre. II, 27.

LABORIE (Anne), danseuse. II, 29.

M

MAUPIN (MᏞᏞᵉ D'AUBIGNY, mariée au sieur), chanteuse. II, 177.
MINAUT (Anne), danseuse. II, 181.

MIRÉ (Jeanne-Charlotte ABRAHAM, dite), danseuse. II, 183.

N

NANINE (Adélaïde MALERBE, dite), danseuse. II, 191.
NARBONNE (Pierre-Marie), chanteur. II, 193.

NIVELON (Louis-Marie), danseur. II, 195.
NOVERRE (Jean-Georges), danseur. II, 202.

O

OLIVET (Louis-Hilaire D'), danseur. II, 217.

P

PARISOT (Jean-Antoine), musicien de l'orchestre. II, 221.
PASQUIER (Madeleine-Claude), chanteuse. II, 222.
PERRIER (Nicolas), chanteur. II, 225.
PESLIN (Marguerite-Angélique), danseuse. II, 226.
PETIT (Marie-Antoinette), danseuse. II, 232.

PETIT (Madeleine et Rose), danseuses. II, 239.
PETITOT (Anne), danseuse. II, 240.
PIERPONT (Jean DE), musicien de l'orchestre. II, 241.
PILLOT (Jean-Pierre), chanteur. II, 242.
PRESTAT (Marie-Charlotte), élève de l'Académie royale de musique. II, 245.

R

REY (Louise RÉGIS, dite), danseuse. II, 247.
ROHAN (Jean-Antoine DE), danseur. II, 252.

ROSALIE (Marie-Claude-Josèphe LE-VASSEUR, dite), chanteuse. II, 256.
ROSE (Charles), chanteur. II, 256.